AF318575

# ARCHITECTURE
## FRANÇOISE,
### OU
## RECUEIL
## DES PLANS, ÉLÉVATIONS,
## COUPES ET PROFILS

Des Eglifes , Maifons Royales , Palais , Hôtels & Edifices les plus confidérables de Paris , ainfi que des Châteaux & Maifons de Plaifance fitués
aux environs de cette Ville, ou en d'autres endroits de la France, bâtis par
les plus célebres Architectes, & mefurés exactement fur les lieux.

*Avec la defcription de ces Edifices, & des Differtations utiles & intéreffantes*
*fur chaque efpece de Bâtiment.*

Par JACQUES-FRANÇOIS BLONDEL, *Profeffeur d'Architecture.*

### TOME QUATRIEME,

Contenant la Defcription du Louvre & du Palais des Tuileries ; celle du Château, Parc,
& Jardins de Verfailles.

*Enrichi de cinquante-huit Planches en taille douce.*

### A PARIS,

Chez CHARLES-ANTOINE JOMBERT, Imprimeur-Libraire du Roi pour
l'Artillerie & le Génie, rue Dauphine, à l'Image Notre-Dame.

### M. DCC. LVI.

*AVEC APPROBATION ET PRIVILEGE DU ROI.*

# *AVERTISSEMENT.*

PENDANT l'efpace de tems qui s'eft écoulé entre l'impreſſion de la defcription du Louvre que nous donnons ici, & la publication de ce quatrieme Volume, il eſt furvenu des changemens ſi confidérables dans ce Palais, que nous avons cru devoir en prévenir nos Lecteurs.

En Juillet 1754, nous avions mis ſous Preſſe cette defcription faite long-tems auparavant, & dans l'état que cet Edifice s'étoit trouvé habité depuis pluſieurs années (a); mais en 1755, M. le Marquis *de Marigny*, Directeur Général des Bâtimens du Roi, détermina enfin Sa Majeſté au rétabliſſement du Louvre : rétabliſſement qui fut commencé le 16 Février de la même année; de forte que cet Edifice abandonné depuis près d'un ſiecle, parvenant bien-tôt à ſa perfection, annoncera à la poſtérité ce que peuvent la vigilance & les lumieres d'un Chef épris de l'amour des Beaux Arts, & attentif à leur profpérité.

Toute la façade du côté de S. Germain l'Auxerrois va être inceſſamment reſtaurée, ainſi que celle de l'intérieur de la cour du Louvre qui lui eſt adoſſée : une partie des dedans de cette aîle de Bâtiment du côté de la rue S. Honoré ſera rendue habitable pour la Jurifdiction du Grand Conſeil; dans l'autre partie, du côté de la Riviere, on ſe propoſe de diſtribuer de grandes Salles, dans lefquelles ſera dépoſée l'immenſe collection d'Hiſtoire & de Curiofités Naturelles qu'avoit raſſemblé feu M. le Comte *d'Ons-en-bray*, & qu'il a léguée à l'Académie Royale des Sciences. De magnifiques efcaliers, des porches, des périſtiles vont prendre la place des Ecuries & Remiſes qui étoient contenues dans la plus grande partie de l'enceinte de cette aîle de Bâtiment; enfin les atteliers des Artiſtes cités dans notre defcription, tels qu'ils étoient alors, feront placés ailleurs, pour qu'on puiſſe procurer plus de commodités aux Académies, dont les Salles d'aſſemblée ſont difperſées dans les divers étages de ce Palais. Tous ces travaux ſont déja fort

---

(a) On peut voir ( page 16, note *d* ) que l'impreſſion de la defcription du Louvre donnée ici, eſt de beaucoup antérieure à la publication de ce Volume, l'Auteur n'ayant pas fait mention dans cette note de l'augmentation des Membres de cette Académie dont il fait nombre depuis l'année derniere, enforte qu'au lieu de 24 Académiciens à laquelle elle ſembloit être fixée, elle eſt compoſée aujourd'hui de 30, dont 15 de la premiere claſſe, & 15 de la feconde.

avancés, & promettent une exécution fuivie ; mais ce qui contribue le plus à la gloire de M. le Marquis *de Marigny*, c'eſt la démolition des Bâtimens que la cupidité ou l'ignorance avoit fait élever au milieu de la cour, & qui venant d'être raſés de fond en comble, laiſſeront jouir du coup d'œil des chef-d'œuvres répandus dans les façades intérieures de ce Palais. Une telle entrepriſe fera d'autant plus d'honneur à ce *Mecene* des Beaux Arts, qu'il a fallu ſentir toute la beauté de cet Edifice pour en déſirer la perfeĉtion.

Nous avons promis dans notre deſcription des parties de détail qui ſe trouveront dans le ſeptieme Volume de ce Recueil ; nous aurons ſoin de rendre compte alors des événemens qui ſe ſeront paſſés dans la reſtauration de ce Palais : nous avertiſſons ſeulement ici que nous n'avons point prétendu que les jugemens que nous avons portés concernant l'ordonnance & les reſtaurations à faire au Louvre, ne puſſent être combattus ; ils doivent être regardés ſeulement comme le réſultat des obſervations que nous avons faites ailleurs ſur les Edifices de même genre, & élevés pour la même fin, & doivent être conſidérés comme une ſuite des préceptes fondamentaux de l'Art, qui font la baſe des principes que nous avons établis dans notre Introduĉtion.

Il nous reſte à rendre compte à nos Souſcripteurs des raiſons qui ont occaſionné le retardement de ce Volume. Le Libraire plein du déſir de remplir ſes engagemens, n'a rien négligé pour ſatisfaire à ſa parole ; les occupations de l'Auteur, l'étendue de l'ouvrage, les recherches qu'il a fallu faire pour conduire ce Volume à un certain dégré de perfeĉtion, voilà les cauſes de tant de délais. Nous convenons de ce fait avec confiance, perſuadés que le plus grand nombre de nos Leĉteurs trouvera les deſcriptions contenues dans ce Volume d'une toute autre importance que les précédentes. Cette conſidération, dont nous ne nous ſommes apperçus qu'en mettant la main à l'œuvre, détermina M. *Jombert* à publier l'année paſſée un Programme, qui en annonçant aux Souſcripteurs ce retardement, les avertiſſoit auſſi de retirer le troiſieme Volume mis ſous preſſe depuis long-tems.

Le précis de ce Programme eſt que l'importance des trois Maiſons Royales qui devoient compoſer ce quatrieme Volume, ayant exigé de nous un travail beaucoup plus conſidérable que nous ne nous y étions attendus, nous avions cru devoir préférer la perfeĉtion de l'œuvre entier, ( quoique peut-être encore au deſſous de l'attente du Public ) à des obſervations faites à la hâte, & dépouillées des principaux traits Hiſtoriques, traits qui deviennent d'autant plus intéreſſans que les trois Edifices contenus ici, feront toujours précieux à la Nation & à la Poſtérité.

D'ailleurs pour parvenir à quelque ſuccès dans nos deſcriptions, nous avons cru devoir marcher à pas égal dans la Théorie de l'Architeĉture, & dans ce qui confirme l'expérience de cet Art : pour cela nous avons

pris

pris de nouveaux engagemens avec le Public, en lui offrant des leçons qui ont exigé de nous un travail fuivi, & qui font fondées fur la plus grande partie des obfervations faites fur les lieux avec nos Citoyens: ces leçons devenues comme le réfultat des préceptes de l'Art, nous ont conduit à concilier enfemble les principes qu'il étoit queftion d'établir pour conftruire, diftribuer & décorer d'une maniere relative à chaque genre d'Edifice. Ces moyens nous ont déja prouvé quelques fuccès, & ont paru réunir les fentimens des Artiftes, le jugement des amateurs, & les applaudiffemens des hommes de goût.

Attentif à cet enchaînement qui déformais doit nous guider, nous ofons affurer nos Lecteurs de plus d'exactitude pour l'avenir: peut-être nous feroit-il encore permis de lui promettre une plus grande perfection. Aujourd'hui membre de l'Académie Royale d'Architecture, nous avons lieu de nous flatter que les lumieres de ce Corps illuftre réfléchiront fur notre travail & la fuite de ce Recueil. Plufieurs ont déja donné leur fuffrage à ce Volume; quel efpoir plus fatisfaifant pour nous, que de pouvoir offrir au Public un tel garant!

# TABLE
## DES CHAPITRES
### CONTENUS DANS LE QUATRIEME VOLUME
### DE L'ARCHITECTURE FRANÇOISE.

## *FAUTES A CORRIGER.*

Page 78, ligne 15, au lieu de vingt-six sur vingt-neuf, lisez $52\frac{1}{2}$ sur $59\frac{1}{2}$.
Page 99, ligne 14, M. le Prince d'Aumale, lisez de Lamballe.

Le Palais des Thuileries du côté de la Cour.

# ARCHITECTURE
## FRANÇOISE.

# LIVRE SIXIEME.
## DU LOUVRE ET DU PALAIS DES TUILERIES.

### CHAPITRE PREMIER.
#### Description des Bâtimens du Louvre.

NOUS n'entrerons pas ici dans un grand détail sur l'histoire de ce Monument; le tems déja assez reculé de sa premiere construction, les différens régnes sous lesquels il a été discontinué & repris, enfin la contradiction qui se rencontre dans la plûpart des Écrivains auxquels nous avons été obligés d'avoir recours, seront sans doute autant d'excuses pour nous auprès des personnes plus particulierement instruites sur ce sujet. Mais si d'un côté l'on est peu satisfait de la partie historique, nous osons croire d'une autre part, que les observations que nous faisons sur la distribution & la décoration de ce vaste Palais pourront dédommager de plusieurs anecdotes curieuses qui nous ont manqué touchant son origine, à laquelle nous nous sommes d'autant moins attachés, que notre but dans ce Recueil est principalement d'y développer les préceptes de l'Architecture, nous étant apperçus que les descriptions qu'on nous en a données jusqu'à présent, n'ayant pas été faites par des hommes du métier, manquent, pour la plûpart, d'exactitude, non seulement envers la partie de l'Art, mais encore par l'ordre qu'il convient de donner à ce genre de Littérature. D'ailleurs étant dépourvûes presque toutes des planches nécessaires pour l'intelligence du Lecteur, elles deviennent d'une foible utilité pour les Artistes : ici au contraire les figures sont abondantes, détaillées d'une maniere exacte, & accompagnées de dif-

Tome IV.A

sertations d'une certaine étendue, dans le dessein de multiplier les connoissances du beau, & de faire éviter aux personnes de la profession les licences ou les abus qui peuvent se rencontrer dans le Bâtiment dont nous allons parler.

On doit donc s'attendre dans cette description à nous trouver pénétrés d'admiration pour tout ce qui se rencontrera de louable dans la composition de ce monument, mais en même-tems assez sincères pour y relever sans partialité tous les défauts contraires à la sévérité des régles de l'Art. Sans doute il nous auroit été plus agréable de n'être pas obligés de relever certaines licences, mais nous serions moins utiles. D'ailleurs, quoiqu'il s'agisse ici d'un Palais très-considérable, érigé par les plus habiles Maîtres du dernier siécle, nous croyons devoir suivre le même style que nous avons observé dans les descriptions des monumens qui font l'objet des volumes précédens; cette maniere d'écrire nous ayant paru assez généralement approuvée jusqu'à présent.

Nous demandons donc à nos Lecteurs la même indulgence pour les observations qui seront répandues dans la description de nos Maisons Royales, protestant que l'esprit de critique n'y aura aucune part, & que si nous y relevons quelque erreur, & qu'il paroisse au contraire qu'il nous échappe quelques-unes des beautés qu'elles contiennent, c'est que nous ne pouvons tout épuiser dans un seul édifice, étant obligés de conserver une sorte d'intérêt pour la description de chacun en particulier. Nous sentons bien qu'il sera peut-être difficile de nous justifier d'une conduite qui nous a paru si nécessaire dans un Ouvrage de l'importance de celui-ci, principalement chez la plûpart des personnes peu accoutumées à un travail opiniâtre : ils se détermineront sans doute avec peine à la recherche des préceptes dispersés dans un Recueil aussi considérable. Nous concevons aussi que plusieurs Architectes se révolteront contre la plus grande partie des principes qui font la base de nos dissertations, parce que ne voulant point se soumettre aux régles de l'Art, ils se hérissent à la moindre contrainte, traitant de systême tout ce qui n'a pas, disent-ils, été approuvé ou suivi par leurs compatriotes, sans s'appercevoir cependant que la plus grande partie de ceux de nos prédécesseurs qui ont mérité le plus d'estime dans l'art de bâtir, se la sont ordinairement acquise, parce que dans leurs productions, ils ont suivi les opinions des Anciens, & ne s'en sont écartés que rarement & par la nécessité des circonstances. Aussi n'avons nous ici d'autre objet en vûe que de nous rendre l'interprête de ces grands Architectes, moins à la vérité pour nous donner un air de sçavant, que pour être de quelque secours à ceux qui par amour pour notre profession, ou dans le dessein d'en faire leur capital, ont besoin de principes constans qui leur en indiquent la route, & leur fassent remarquer les défauts qui se rencontrent dans plusieurs de nos Edifices, soit par inadvertance ou autrement.

# ABREGE' HISTORIQUE
## des Bâtimens du Louvre.

L'ORIGINE des Bâtimens du Louvre (*a*) est assez incertaine, cependant la plûpart des Écrivains attribuent la premiere construction de ce monument à *Philippe Auguste* ; ce qui est contredit par *Favin*, qui le fait subsister du tems de *Childebert*, mort en 711, ainsi que *Duchesne*, qui prétend que *Louis le Gros*, mort en 1137, le fit entourer de murailles, &c. Mais sans nous arrêter à cette contrariété, nous dirons avec *Dom Felibien* & *Dom Lobineau*, que du tems de *Philippe Auguste*, mort en 1223, le Louvre étoit un Château (*b*) ; que certainement il y fit bâtir la Tour neuve, qu'on a nommée depuis la grosse Tour du Louvre, à propos de laquelle *Sauval* rapporte que *Philippe Auguste* chargea, en 1204, la Prevôté de Paris de payer aux Religieux de S. Denis de la Chartre une rente de 30 sols parisis, à cause que la Tour qu'il avoit fait élever étoit bâtie sur leurs terres ; de même qu'en 1222, il la chargea encore de payer une rente de 20 liv. parisis tous les ans à l'Evêque & au Chapitre de Paris, à cause de la plus grande partie du Louvre qui étoit bâtie dans leur Seigneurie directe, ce Prince ne voulant plus qu'il relevât d'aucun autre Seigneur ; ce qui effectivement a toujours subsisté jusqu'à présent.

Ce Bâtiment étoit fort simple (*c*), & avoit beaucoup plus l'air d'une forteresse

Château du Louvre.

---

(*a*) *Louvre*, c'est dans Paris, & non ailleurs, le Palais où loge le Roi. Ce mot vient, dit d'Aviler, *de l'Hôtel d'un Seigneur de Louvres en Parisis, qui étoit à l'endroit où est bâti aujourd'hui le vieux Louvre, & dans lequel logerent quelques-uns de nos Rois, après avoir quitté le Palais où se rend à présent la Justice.* Selon quelques autres, son étymologie est fort incertaine ; ils croient que *Louvre* signifie l'*ouvrage* par excellence, ou *le chef-d'œuvre*, & que l'on a dit le *Louvre* pour l'*Ouvre*, ou l'*ouvrage*. D'autres enfin ont recours à la langue Saxonne, parce que chez cette nation *Louvre* signifie *Château*, ou bien ils font venir cette dénomination de ce que cette maison de plaisance étoit située originairement dans un lieu propre à la chasse du loup, & que c'est pour cela que dans les anciens titres de cette Maison royale, ce Château est appellé *Lupara*. Quoiqu'il en soit, ce nom lui est resté ; & malgré que nos Rois ne l'habitent plus, on continue de dire les honneurs du Louvre, les entrées du Louvre, &c.

(*b*) Château, signifie aujourd'hui plus ordinairement une Maison royale bâtie à la campagne, qu'un édifice élevé dans une Capitale. On dit communément le Château de *Versailles*, de *Fontainebleau*, de *Meudon*, &c. Et si l'on a dit le Château du Louvre, c'est que, comme nous l'avons remarqué, ce monument fut érigé primitivement hors de l'enceinte de la ville de Paris, & qu'anciennement sous le nom de Château, on entendoit une Maison seigneuriale bâtie en maniere de forteresse dans une ville de guerre, entourée de fossés & de ponts-levis ; nom qui se donne néanmoins à présent assez indistinctement à toutes les maisons d'une certaine importance, puisque communément on dit le Château de *Maisons*, de *Sceaux*, de *Chantilly*, &c.

(*c*) Nous allons rapporter la description de cet ancien Château, telle à peu près que *Piganiol* nous l'a donnée dans sa description de Paris, *tome 2. p. 131.* ne l'ayant point trouvée ailleurs aussi détaillée. Au reste, nous ne répondons point de ce qu'il avance, reconnoissant qu'il est peu exact, & souvent d'une partialité contraire à la vérité de l'histoire. » La situation du Louvre, dit-il, dans une grande plaine, & détaché entierement de Paris, nous fait connoître que ce Château avoit été bâti à deux fins, c'est-à-dire pour servir de maison de campagne à nos Rois, & de forteresse pour défendre la riviere, & pour tenir les Parisiens en respect : mais Paris s'accrut si fort, qu'en peu de tems le Louvre fut environné de maisons & de rues, « ce qui détermina sans doute Philippe Auguste à faire une nouvelle enceinte à la ville de Paris, ne voulant pas que ce Château fût renfermé dans la capitale.

» Le plan de cet ancien Louvre, continue-t-il, étoit parallelogramme, & s'étendoit en longueur depuis la riviere jusqu'à la rue de Beauvais, & en largeur depuis la rue Fromenteau jusqu'à celle d'Autriche, nommée aujourd'hui la rue du Coq. Le Louvre alors touchoit aux murs de la Ville, & le terrein qu'il occupoit, étoit de 61 toises $\frac{1}{4}$ de longueur, sur 58 t. $\frac{1}{2}$ de largeur. Ce bâtiment consistoit en plusieurs corps de logis, d'une décoration extérieure si simple, que la façade ressembloit à quatre pans de muraille, percés au hazard de petites croisées les unes sur les autres sans symmétrie. Ce Château étoit d'ailleurs fortifié & flanqué d'un grand nombre de Tours, & environné de fossés larges & profonds.

» Au centre de ce grand quarré long, étoit la grande cour, qui avoit 34 t. $\frac{1}{2}$ de longueur sur 32 t. 5 pieds de largeur. Au milieu étoit une grosse Tour, qu'on nommoit par préférence la grosse Tour du Louvre [1]. Les corps de ce logis étoient à deux étages sous Philippe Auguste, qui, selon quelques-uns, l'avoit fait bâtir vers l'an 1214, ou seulement restaurer, selon quelques-autres ; mais Charles V. ( mort en 1380. ) les fit rehausser en quelques endroits, de 5 toises en d'autres de 6, & les couronna de terrasses. Indépendamment de cette cour principale, il y avoit dans ce Palais plusieurs basses-cours qui empruntoient leurs noms des lieux dont elles étoient voisines : ainsi l'une se nommoit la basse-cour du côté de S. Thomas, une autre, la

---

[1] Voyez ce que nous avons dit du Louvre & de cette Tour dans l'histoire abrégée de la ville de Paris, *premier vol. p. 178.*

A ij

Château du Louvre. que d'un Palais; aussi *Charles Perrault* (d) dit-il expressément que son air de pesanteur & sa vetusté déterminerent *François I.* (mort en 1547.) à rebâtir cet édifice à neuf, l'ancien tombant en ruine, & ne se sentant point de la majesté des Rois de France.

" basse-cour vers la riviere, la basse-cour du côté de " l'Hôtel de Bourbon, la basse-cour du côté de la rue " d'Autriche, &c.

" Les Tours étoient ici répandues avec profusion, " mais sans aucune symmétrie entr'elles, à l'exception de " celles des-porteaux & de celles des angles: celles-là ne " montoient que jusqu'au premier étage, & se termi" noient en terrasses ou plate-formes: celles-ci étoient " plus hautes, couvertes d'ardoises, & terminées par des " girouettes peintes, & rehaussées des armes de France. " Ces Tours avoient chacune leur nom & leur Capi" taine, ou Concierge particulier, qui étoit plus ou moins " qualifié, selon que la Tour étoit plus ou moins consi" dérable. Les plus connues de ces Tours sont la grosse " Tour du Louvre, la Tour de la Librairie, la Tour " de l'Horloge, la Tour de l'Artillerie, la Tour de l'Ar" moirie, la Tour de la Fauconnerie, la Tour de la " grande Chapelle, &c.

" La Tour du Louvre, d'où relevoient antrefois, & " du nom de laquelle relevent encore aujourd'hui, les " grands Fiefs & les grandes Seigneuries du Royaume, " étoit au centre de la cour du Louvre.... *Rigord* l'ap" pelle la *Tour neuve.* Nos autres Historiens la nom" ment tantôt la Tour du Louvre, tantôt la forteresse du " Louvre, la Tour de Paris, la Tour Ferrand, la grosse " Tour du Louvre. Elle étoit ronde & semblable à celle " de la Conciergerie du Palais: elle avoit 13 pieds de " diametre au rez-de-chaussée, & 16 toises de hauteur. " Chaque étage étoit éclairé par huit croisées hautes & " larges de quatre pieds chacune. Un fossé d'une largeur " & d'une profondeur considérable régnoit au pourtour " de cette Tour; elle tenoit à la cour du Louvre par un " pont de pierre d'une seule arche, & par un pont-levis, " & au Château par une galerie, qui aboutissoit au grand " escalier. On montoit à cette Tour par une vis [1] fer" mée par bas d'une porte de fer. Sur le pignon du pont" levis étoit la figure de Charles V. tenant un sceptre, " sculptée par *Jean de Saint-Romain.* Sur un des côtés " du fossé on avoit élevé une fontaine, qui fut détruite " avec la Tour sous le régne de François I. en 1528.

" Cette Tour fut funeste à trois Comtes de Flandres, " *Ferrand, Guy & Louis. Ferrand* est le premier de " tous les prisonniers d'Etat qui y ait été enfermé. Il y " fut amené chargé des mêmes chaînes qu'il avoit prépa" rées pour Philippe Auguste son Souverain.

" *Guy* y fut mis avec ses enfans en 1299. pour avoir " pris les armes contre *Philippe le Bel.*

" *Charles le Bel* en 1321. y fit amener *Louis*, Comte " de Flandres & de Nevers, qui, au préjudice du traité " de l'an 1310, avoit obligé ses Sujets à lui faire hom" mage [3].

" Ce Château, dont la principale entrée étoit du côté " de la riviere, contenoit plusieurs grands jardins. Le " plus grand étoit nommé le parc; il étoit situé le long " de la rue Fromenteau, & il a subsisté jusqu'à Louis " XIII. qui le fit détruire pour continuer le principal " corps de logis de ce Palais sous la conduite de *Le Mer-*

" cier. Un autre moins spacieux étoit destiné pour " l'appartement du Roi, & enfin le plus petit pour celui " de la Reine: on le nomme aujourd'hui *Jardin de l'In*" *fante.*

" Charles VII. (mort en 1461.) Louis XI. (mort en " 1483.) & Charles VIII. (mort en 1498.) logerent ra" rement au Louvre. *L'Hôtel Saint-Paul* ou *le Château " des Tournelles* étoit leur demeure ordinaire [4]. On " prétend même que Louis XII. (mort en 1515.) sur " ce que le Châtelet menaçoit ruine, permit aux Offi" ciers de la Prévôté de Paris de transporter au Louvre " leur auditoire & leurs prisons.... Enfin François I. " (mort en 1547.) trouva au commencement de son " régne le Louvre en si mauvais état, que pour y loger " l'Empereur *Charles-Quint* en 1539. il fallut y faire des " réparations considérables, quoiqu'il eut commencé dès " l'an 1528. un nouveau bâtiment. Il laissa à son fils " Henri II. (mort en 1559.) le soin de le continuer. Les " desseins de ce bâtiment sont de Pierre *Lescot*, Abbé " de Clagny (nous les donnerons dans son lieu, avec " leurs descriptions). Ainsi ce que nous appellons aujour" d'hui le vieux Louvre, fut commencé sous François I. " & achevé sous Henri II, comme il paroit par une " description gravée sur un marbre, placé au dessus d'une " des portes de ce monument.

*Henricus II. Christianissimus, vetustate collapsum, refici cœptum à Patre Francisco I. Rege Christianissimo, mortui sanctissimi parentis memor pientissimus filius absolvit, anno à salute Christi M. D X X X X V I I I.*

" Pendant les douze années du régne de Henri II. le " Louvre fut inhabitable, ce tems ayant à peine suffi " pour achever les travaux que François I. avoit com" mencés: mais Charles I X. (mort en 1574.) quitta le " Château des Tournelles, où Henri II. son Pere avoit " été malheureusement tué par *Montgommeri*, & vint " loger au Louvre. Ce Palais à son tour fut ensanglanté " le 24 Août 1572. par le massacre de la S. Barthelemi. " Enfin sous Henri IV. (mort en 1610.) le 4 Décembre " 1591. le Duc de *Mayenne* fit mourir dans la basse salle " du Louvre, *Louchard, Aimons, Ameline, & Anrou,* " quatre des plus séditieux des seize, & l'an 1593; on y " joua aussi la farce *des Etats de la Ligue.*

(d) Nous avons déja dit quelque chose de cet Ecrivain [5] en parlant de *Claude Perrault* son frere T. 2. p. 57. Nous ajouterons ici que ce même Auteur recueillit en 1693, en 1 vol. in-fol. tous les desseins que cet homme célèbre avoit projettés ou fait exécuter pour les bâtimens du Louvre, de Versailles, de l'Arc de Triomphe du Fauxbourg S. Antoine, de l'Observatoire, &c. Le Roi a acheté depuis ces deux volumes, & M. *de Van-dieres*, Directeur général des Bâtimens de S. M. a bien voulu nous les communiquer; faveur qui nous met en état de lever les doutes dans lesquels ont été jusqu'à présent plusieurs personnes sur les nouvelles façades du Louvre, dont ils prétendent que la composition & la conduite ne sont pas dûes à *Claude Perrault;* car non

*Charles*

[1] Nom qu'on donnoit aux escaliers, parce qu'ils étoient toujours circulaires & à noyau, tels que le sont encore aujourd'hui la plûpart de ceux des tours dans nos Eglises. Le nom d'escalier n'étoit pas encore en usage.

[3] Voyez encore ce que *Piganiol* rapporte dans le même volume des autres Tours que nous avons nommées, dont la plûpart furent aussi abattues sous le regne de François premier; à l'exception de six, qui n'ont été démolies que sous le regne de Louis XIII. (mort en 1643.)

[4] Voyez ce que nous avons dit de ce Palais dans le second vol. chap. xi. p. 134. (note a).

[5] Nous avons, entr'autres Ouvrages de cet Auteur, *Les Portraits & les Eloges des Hommes illustres qui ont paru en France pendant le 17e siécle.* Ce Livre fut publié en 1697. *Charles Perrault* y donne à son frere tous les éloges qu'il méritoit.

*Charles Perrault* rapporte auffi dans le premier volume manufcrit dont nous venons de parler note ( *d* ), » que dans ce tems *Sebaftien Serlio*, Architecte Italien, vint en France, & que le Roi lui ordonna de faire un deffein pour le Louvre;



feulement nous pouvons attefter que tout ce que contiennent ces recueils eft deffiné par lui-même, mais que la plus grande partie des explications & des indications néceffaires pour parvenir à la defcription de ces bâtimens y eft écrite de fa main. Ce dernier article nous eft prouvé par une Lettre originale, datée du 18 Septembre 1671, qui eft à la tête du premier des volumes que nous citons, & que *Claude Perrault* avoit écrite à M. *Vigarani*, pour le remercier des complimens qu'il lui faifoit touchant le nouveau chapiteau Compofite François pour le troifiéme Ordre de la cour du Louvre, dont il venoit de faire un modele, & dont M. *Vigarani* devoit rendre compte à M. *de Lionne*, alors Miniftre.

Nous pouvons faire obferver auffi à nos Lecteurs, que ces recueils contiennent des compofitions très-intéreffantes, pleines de feu, de génie & d'invention; que par-tout on y reconnoît les mêmes beautés qu'on admire aujourd'hui dans le périftile du Louvre, & que les obfervations qui les accompagnent font du même ftile que les commentaires que ce fçavant nous a laiffé fur Vitruve. On en peut faire la preuve dans les Livres originaux dont nous parlons, dépofés entre les mains de M. *Portail*, Garde des tableaux du Roi, à la Sur-Intendance à Verfailles.

Ce qui a fans doute fait contefter à Perrault la gloire d'être l'Auteur du périftile du Louvre, vient de ce que prefque perfonne n'ignore que M. *Colbert* chargea, par ordre de Sa Majefté, Meffieurs *le Veau, le Brun* & *Perrault* de travailler de concert à la compofition de ce monument; mais, comme on le verra par *une délibération des Bâtimens du Roi*, que nous rapporterons plus bas, il n'y a point de doute que les deffeins de *Perrault* n'ayent été préférés. Cette délibération, jointe à l'autorité des deffeins originaux dont nous venons de parler, leve le voile, qui jufqu'à préfent avoit jetté de l'obfcurité fur cet événement. Ajoutons à cela, qu'en général les Artiftes qui exercent l'Architecture, endurent difficilement que ceux qui n'en font pas ouvertement leur profeffion, ayent des talens fupérieurs. *Perrault* étoit de l'Académie Royale des Sciences, Docteur en Médecine de la Faculté de Paris : en faut-il davantage pour que la plûpart des gens du métier fe foient foulevés contre lui, & lui ayent refufé la qualité d'Architecte ? Peut-on, difent-ils, être habile dans plus d'un genre ? Sans doute : nous avons eu de grands Peintres, de grands Architectes, de grands Sculpteurs dans la même perfonne. L'*Abbé de Clagny*, bon Théologien, étoit auffi très-bon Architecte. *Le Brun*, célébre Peintre, poffedoit l'Architecture au deffus de bien des hommes qui exercent cette profeffion. *Michel Ange*, le *Cavalier Bernin* dans le fiécle paffé, l'un grand Peintre, l'autre grand Sculpteur, ont laiffé des monumens élevés fur leurs deffeins. De nos jours *Gilles Op-*

*penor*, un de nos plus grands Deffinateurs, a fait élever quelques Édifices. Meffieurs *Meiffonier* & *Germain*, Orfévres du premier ordre, fe font exercés à l'Architecture avec une forte de fuccès. Enfin *Vitruve* recommande à un Architecte les connoiffances effentielles de la Mufique, de la Médecine, du Génie militaire, des Mathématiques, du Deffein, &c. La plûpart même de ceux de fon tems en étoient pourvus ; c'eft ce que perfonne n'ignore. Mais aujourd'hui nos Artiftes plus fuperficiels, plus diftraits & plus diffipés, regardent avec une forte de honte la néceffité de reconnoître des talens fupérieurs en Architecture chez un homme qui paroiffoit deftiné pour toute autre occupation. En conféquence de ce faux raifonnement, *Claude Perrault* a de fon vivant, comme après fa mort, été en butte à la cabale & à la jaloufie de fes compatriotes.De là quelques Écrivains du dernier fiécle,& ceux de nos jours lui ont refufé & lui difputent les connoiffances profondes de l'art de bâtir. On ne peut cependant ignorer qu'il a été bon Méchanicien, par les machines qu'il compofa pour la conftruction du Louvre, & dont il nous a donné les deffeins dans fa traduction de Vitruve ; grand écrivain, par ce même Livre qu'il a compofé avec autant de fçavoir que d'érudition; grand Architecte, par les façades du Louvre, l'Obfervatoire & l'arc de triomphe qu'il fit ériger fous Louis XIV ; fans compter une quantité prodigieufe de projets qu'il avoit faits pour le vieux Louvre, & pour d'autres édifices d'importance, dont les deffeins exiftent dans les deux volumes qui appartiennent au Roi, & que nous venons de citer : enfin profond Théoricien, par fon traité des cinq Ordres, qui n'eft pas fans mérite, malgré la critique qu'en vient de faire un de nos Architectes dans fon *Traité du beau effentiel dans les Arts*, &c. dans le deffein fans doute de préconifer *François Blondel*, célébre Architecte, à la vérité, mais dans le *Cours d'Architecture* duquel il s'eft gliffé plus d'une erreur, que fon Apologifte a copiée indiftinctement. Au refte cet aveuglement eft ordinaire à ceux qui par quelque motif que ce foit prennent un efprit de parti dans leurs écrits, auffi bien que dans les fyftêmes qu'ils ont adoptés.

Dans la crainte que les preuves que nous venons de rapporter ne fuffifent pas pour perfuader ceux qui par une ridicule incrédulité fe font un mérite de douter de tout, nous allons joindre à cette note un extrait des regiftres ou journal des bâtimens du Roi, que Piganiol nous a donné dans fon fecond volume, p. 618.

» Voici, dit-il, un papier qui m'eft tombé par hazard » entre les mains, & qui non-feulement n'eft pas un de » ceux que M. Dorbay [6] offroit à M. *Boileau Def-* » *preaux* de mettre fur table, mais même qui les refute » abfolument. Cette piece [7] eft un acte autentique » ayant été vûe & approuvée, ainfi qu'il paroit par une

---

[6] *François Dorbay*, dont nous avons parlé au fecond volume p. 2 étoit, comme nous l'avons dit, éleve de *Le Veau* : en cette qualité il étoit antagonifte de *Perrault*, & offrit en 1694 à *Boileau*, ennemi déclaré des Perrault, qui donna cette année une nouvelle édition de fes Ouvrages, de prouver que les deffeins qu'on a fuivis pour la façade du Louvre étoient de *Le Veau* ( mort en 1670.) Il le dit effectivement dans la premiere de fes réflexions fur le traité du fublime de *Longin*, & il déclare qu'il n'étoit pas vrai que cette façade du Louvre, ni l'Obfervatoire, ni l'arc de triomphe euffent été élevés fur les deffeins d'un Médecin de la Faculté de Paris. Mais ce qui prouve que ce Poëte célébre avoit été aigri contre les Perrault, c'eft l'aveu public que *Boileau* fit à *Charles Perrault*, en lui écrivant en 1700, que *le dépit de fe voir critiqué lui avoit fait dire des chofes qu'il feroit mieux de n'avoir pas dit* : excufe affez foible à la vérité, après avoir donné lieu jufqu'à préfent à l'incertitude où femblent être la plûpart des Artiftes fur le véritable Auteur de ces merveilles de l'Art, qui peuvent à bon droit être regardées comme le triomphe de l'Architecture Françoife, & qui ne peuvent gueres connoître de rivales que la porte S. Denis par *Blondel*, *le Château de Maifons*, & le *Val-de-Grace* par *François Manfard*, &c.

[7] Nous ignorons où Piganiol a pris cet extrait, il ne cite rien dans fon Livre, & dit feulement que ce papier lui eft tombé entre les mains; néanmoins il y a bien de l'apparence qu'il n'a pas avancé ce fait fans une preuve inconteftable. Nous avons tenté à ce fujet de faire des recherches dans les regiftres de l'Académie Royale d'Architecture; mais l'entrée de fes archives eft fi difficile, que nous n'avons pû y pénétrer. Nous n'avons pas été plus heureux dans les recherches que nous avons faites fur le compte de *Le Veau* dans les porte-feuilles des Contrôleurs des Bâtimens du Roi, auprès de la plûpart defquels nous avons trouvé beaucoup d'affabilité, mais aucune fatisfaction pour les éclairciffemens dont nous avions befoin.

» ce qu'il fit avec une forte de fuccès : mais que néanmoins celui de *Pierre Lefcot*, » Parifien, Abbé de *Clagny*, fut préferé & exécuté tel qu'on le voit aujourd'hui, » avec l'applaudiffement unanime des Citoyens & des Étrangers. On peut remar- » quer, dit-il, que la même chofe eft arrivée fous le régne de *Louis XIV*. Ce

» apoftille en marge, écrite de la main même de M. » *Colbert*, Contrôleur général des Finances, & Sur-Inten- » dant des Bâtimens du Roi.

» *Regiftre ou Journal des délibérations, ou réfolutions* » *touchant les Bâtimens du Roi.*

» Monfeigneur le Sur-Intendant ayant confidéré qu'au- » cun des Architeétes, tant de France que d'Italie [8] » n'avoient entierement réuffi dans les deffeins du Lou- » vre qu'ils ont donné, & ayant eftimé que cet ouvrage » demandoit le génie, la fcience & l'application de plu- » fieurs perfonnes, qui joignant enfemble leurs différens » talens, fe fecoureroient l'un & l'autre, & s'aideroient » mutuellement; pour cet effet ayant jetté les yeux fur » Meffieurs *le Veau*, *le Brun* & *Perrault*, il les manda, » & les fit venir chez lui le ... Avril 1667, & après leur » avoir expliqué fon intention, & fait entendre qu'il dé- » firoit qu'ils travaillaffent unanimement & conjointe- » ment à tous les deffeins qu'il y auroit à faire pour l'a- » chevement du Palais du Louvre, enforte que ces def- » feins feroient regardés comme l'ouvrage d'eux trois » également, & que pour conferver l'union & bonne in- » telligence, aucun ne pourroit s'en dire en particu- » lierement au préjudice des autres ; il leur ordonna » de travailler inceffamment en commun à former un » plan & une élévation de la façade de l'entrée du Lou- » vre, du côté de S. Germain l'Auxerrois.

» Suivant cet ordre, lefdits Sieurs *le Veau*, *le Brun* & » *Perrault* fe font affemblés plufieurs fois pour conférer » enfemble ; & s'étant trouvés de différens avis, au lieu » d'un feul deffein pour la façade, ils en firent deux, » dont l'un étoit orné d'un Ordre de colonnes, formant » un périftile ou galerie au deffus du premier étage, & » l'autre étoit plus fimple & plus uni, fans Ordre de co- » lonnes. Monfeigneur ayant vû ces deffeins, dit d'y » travailler encore tous trois, & de les tenir tous prêts » pour les faire voir au Roi quand il les manderoit.

» Le 13 Mai l'ordre vint de porter ces deffeins à Saint- » Germain-en-Laye, où n'ayant pû être montrés à Sa » Majefté le même jour, ils lui furent préfentés le len- » demain par Monfeigneur le Sur-Intendant : enfuite de » quoi Sa Majefté fe détermina, & choifit celui qui eft » orné d'un Ordre de colonnes [9].

» Le 18 du même mois, Monfeigneur ayant mandé » les Officiers des Bâtimens, il leur dit que fuivant l'in-

» tention de Sa Majefté, le deffein de la façade du Louvre, » où il y a un périftile, feroit exécuté, & que pour cet effet » les plans & les élévations en feroient faits en grand, » pour être préfentés de nouveau au Roi, & enfuite fignés » par mondit Seigneur.

» Qu'il fera fait un modele en bois de cette façade, » pour être monté fur le modele général du Louvre, qui » eft aétuellement chez M. *le Veau*, afin de juger de l'u- » nion de cette façade avec le refte.

» Qu'outre ce modele en bois, il en fera fait un plus » grand de cette façade en plâtre ou en ftuc, réduit de la » toife au pied.

» Qu'il fera fait un deffein au net du dôme vers la » rue S. Honoré, & fera envoyé à Monfeigneur pour être » préfenté au Roi & enfuite arrêté [10].

» Que la fculpture qui refte à faire au Louvre fur ce » qui eft bâti, & à laquelle les Entrepreneurs feront » obligés, fera eftimée, pour le prix en être déduit aufdits » Entrepreneurs fur ce qui peut leur être dû de ces Ou- » vrages.

» Le 24 Mai Meffieurs *le Veau*, *le Brun* & *Perrault* » réfolurent de s'affembler [11] tous les mercredis & » famedis, pour conférer & travailler enfemble à ce qui » regarde les bâtimens.

Voilà une partie de l'extrait de ce qui regarde parti- culierement Perrault, tiré du regiftre dont nous avons parlé. Nous finirons cette note, en affurant de notre im- partialité fur la difcuffion dont il s'agit. Comme citoyen, fans doute, il nous eft égal que ce foit *Perrault*, *le Brun* ou *le Veau* qui ayent érigé ce monument fi digne de la fplendeur du régne de *Louis XIV* ; mais comme Artifte, nous avons cru qu'il n'étoit pas indifférent d'éclaircir, au- tant qu'il feroit en nous, un doute, qu'un peu de recher- ches de notre part peut faire évanouir à l'avenir pour les perfonnes qui prennent une forte d'intérêt à l'hiftoire de nos Architeétes. Au refte, fi l'on a quelque raifon à nous alléguer en faveur de *le Veau*, de *le Brun*, &c. nous recevrons avec plaifir les obfervations qu'on pourra nous faire à ce fujet, n'ayant abfolument d'autre intention que de rendre juftice à qui elle appartient. Nous déclarons donc n'avoir pris aucun parti dans cette difpute ; *Perrault* ne nous intéreffant que comme commentateur de *Vitruve*.

[8] En effet, le Cavalier *Jean-Laurent Bernin* fut appellé d'Italie par Sa Majefté, comme le plus fameux Architeéte qui fût alors dans cette partie de l'Europe ; mais après qu'on eut examiné fes deffeins & fes modéles, on préféra ceux qui ont produit la décoration qui fe voit aujourd'hui. Mais, dit un Auteur moderne, » fi le voyage à Paris du Cavalier Bernin fervit peu à l'embelliffement du Louvre, il » fervit du moins à fignaler la magnificence de Louis XIV. qui donna à cet Architeéte une gratification de cent cinquante mille livres, » une penfion annuelle de fix mille livres, & fon portrait enrichi de diamans. Ce Prince lui fit auffi payer les frais de fon voyage & ceux » de fon féjour dans cette Capitale, à raifon de cent livres par jour. · Obfervation qui prouve que *Louis XIV. étoit le premier Prince du monde pour récompenfer les talens, & exciter l'émulation des Artiftes.* A l'égard des Architeétes François, il eft certain que plufieurs avoient donné des deffeins qui ne plurent que médiocrement : *Le Veau* n'en paroît pas même excepté ; car, comme premier Architeéte du Roi, s'il avoit été en état de rendre les intentions de Sa Majefté, il n'auroit pas fouffert qu'on lui eût affocié *Le Brun & Perrault*, qui n'étoient ni l'un ni l'autre Architeétes de profeffion ; ce que fit néanmoins *Louis XIV.* qui comme le meilleur Prince qui fut au monde, & ne vou- lant point fans doute chagriner *Le Veau*, lui donna pour émules des hommes d'un talent fupérieur, qui ne pouvoient le deshonorer, n'é- tant point Architeétes de profeffion.

[9] Il n'y a point de doute que ce deffein, choifi par Sa Majefté, ne fût celui de *Perrault*, non feulement par la preuve des deffeins originaux, dont nous avons parlé précédemment, qui exiftent dans les deux volumes qui appartiennent au Roi, & qui font fous la garde de M. *Portail*, à la Sur-Intendance à Verfailles ; mais encore parce que l'on ne reconnoît point dans cette produétion le goût de *Le Veau*, ainfi qu'on peut s'en convaincre par les Bâtimens que nous avons donnés de lui dans les volumes précédens ; au lieu qu'il paroît certain que celui qui a imaginé l'arc de-triomphe eft l'auteur du périftile. Voyez ce monument dans le fecond volume de ce recueil, p. 237. Au refte, il fe pourroit bien que *Le Brun*, fur-arbitre dans cette occafion, & reconnu pour un génie grand & élevé, ait fortifié *Perrault* dans fon projet ; mais pour recevoir des avis, on n'en eft pas moins le créateur d'un ouvrage, & cette docilité, en la fuppofant telle que nous la difons, feroit feule capable de faire honneur à *Perrault*, n'y ayant que les demi-fçavans qui ne confultent perfonne, & qui épris de leur ignorance, n'applaudiffent qu'à leurs produétions.

[10] Tout ceci fert encore de preuve pour *Perrault* ; car on voit dans les deux volumes originaux dont nous avons parlé, les projets de ce Dôme, & une infinité d'autres relatifs au Louvre, deffinés de fa main, & dont les explications font écrites par lui-même.

[11] Sans doute M. *Le Veau*, comme premier Architeéte du Roi, *Perrault* comme l'Auteur du projet, & *Le Brun* comme Arbitre.

» Monarque, ayant réfolu de faire continuer le bâtiment du Louvre, & d'y ajouter » une façade digne de ce qui étoit déja fait, & s'il fe pouvoit, proportionnée à la » fplendeur de fon régne, fit venir de Rome le *Cavalier Bernin*, célébre Architecte, » pour y travailler. Cependant le deffein de *Perrault*, auffi Parifien, mérita la préfé-» rence, & a été exécuté avec un fuccès qui égale ce que les Grecs & les Romains » ont fait élever de plus grand & de plus fomptueux en édifices.

Après avoir rapporté dans les notes précédentes les principaux traits hiftoriques que nos Écrivains nous ont laiffé fur le Louvre, nous allons continuer de donner dans cette defcription une partie de ce que *Charles Perrault* en a dit d'après *Claude Perrault* fon frere dans les deux volumes manufcrits déja cités, & nous y ferons quelques remarques, felon que l'occafion paroîtra l'exiger.

La fituation du Louvre, dit cet Ecrivain, » eft très-belle & très-avantageufe ; il » eft bâti fur le bord de la Seine, à l'endroit où toutes fes eaux, après avoir été fé-» parées en plufieurs bras par les ifles qu'elles forment, fe réuniffent en un large » canal, fort droit, & long d'une grande demi-lieue ; du bord de ce canal on dé-» couvre des afpeēts très-agréables, tant du côté de la campagne, d'où l'on apper-» çoit les beaux côteaux de *Chaillot* & de *Meudon*, que du côté de la Ville, d'où » l'on voit les édifices du Pont-Neuf, de la place Dauphine, les Tours de l'ancien » Palais, celles de l'Eglife de Notre-Dame, & tout ce qui borde les Quais des deux » canaux. Au-delà du fleuve eft le magnifique bâtiment du College des Quatre » Nations, qui forme une grande place en tour creufe, dans le fond de laquelle eft » le Portail de l'Eglife de ce College, couronné d'un Dôme très-agréable, & tout le » monument enrichi des plus beaux ornemens de l'architeēture & de la fculpture (e). » A l'endroit de ce large canal, qui fépare le Louvre de cet édifice, eft un port » qu'on peut confidérer comme un objet amufant à certains égards, parce que les » appartemens qui regardent fur la riviere en font affez éloignés pour empêcher » que ni le bruit, ni la vûe trop diftinēte de ce qui fe paffe fur le port, n'ait quel-» que chofe de defagréable, y ayant entre la riviere & ces appartemens un jar-» din d'une largeur affez confidérable (f).

» A l'égard du ciel, le Louvre fe trouve encore fort heureufement placé ; car » les afpeēts du midi & du couchant ( les meilleurs pour l'hyver, qui eft la faifon » où ce Palais eft le plus habité) font les afpeēts des appartemens deftinés pour » le fervice du Roi & de la Reine. ( Voyez les plans du rez-de-chauffée & du pre-» mier étage, Planches 5e & 6e. )

» Le fond fur lequel ce bâtiment eft pofé, a été jugé par tous les Architeētes le » meilleur qu'on puiffe choifir, étant un fable ferme & égal, qui peut foutenir » les maffes des édifices les plus pefans, fans qu'il foit néceffaire de creufer les » fondemens bien avant, ni de les piloter.

» Le rez-de-chauffée eft fuffifamment élevé au deffus de la riviere pour empê-» cher que les bâtimens ne foient incommodés par les plus grandes crues d'eaux, & » pour laiffer cependant la commodité des canaux fouterreins, qui paffent aux en-» droits où le cours d'une grande eau eft néceffaire pour les nettoyer.

» La grandeur & l'étendue de ce Palais n'eft pas moins confidérable que la com-» modité de fa fituation ; fon bâtiment, dont on peut compter qu'il y a plus d'un

---

(e) Il paroît par cette defcription de *Charles Perrault*, que malgré les fujets de mécontentement qu'il dût avoir contre *Dorbay* & *le Veau* qui a bâti le College des quatre Nations, qu'il n'a pas négligé de lui rendre juftice fur la compofition de ce monument : cet Edifice, à la vérité, mérite des éloges, ( voyez les deffeins de cette Eglife, & la defcription que nous en avons donnée dans le premier chap. du fecond volume de ce recueil, p. 1. ); mais cette modération de la part de cet Ecrivain lui fait beaucoup d'honneur, en prouvant fa connoiffance dans les Arts, & fon peu de reffentiment contre fes adverfaires.

(f) Le Jardin du Louvre, connu fous le nom de *Jardin de l'Infante*, fitué au devant de la nouvelle façade fur le bord de la riviere. ( Voyez le plan de ce Jardin, Planche 5. ).

Château du Louvre.

» tiers d'achevé, y comprenant le Palais des Tuileries qui y est joint par la grande
» galerie ( Voyez la planche 4ᵉ ), contient plus de quarante arpens , c'est-à-dire
» cinq fois plus que n'en occupe *l'Escurial* , qui est regardé comme le plus grand
» bâtiment du monde, & soixante fois plus que le Palais *Farnese.* Cette grande
» étendue, qui , avec le jardin dépendant du Palais des Tuileries , est comprise
» dans *la Ville*, ne lui cause aucune incommodité, ni ne lui en devoit causer aucune,
» suivant le projet général qui en a été fait (*g*) , qui laisse un passage dans son mi-
» lieu, pour communiquer du quartier S. Honoré à celui du Faubourg S. Germain.

　　» Monsieur *Colbert*, suivant les intentions de Sa Majesté, s'étant proposé d'a-
» chever ce grand Bâtiment, & de commencer par la face principale de l'entrée ,
» ne voulut rien négliger pour le porter à sa derniere perfection ; & quoiqu'il eut
» une très-bonne opinion de la capacité de *Claude Perrault* en fait d'Architecture, ce-
» pendant comme celui-ci n'étoit pas Architecte de profession, & qu'il avoit beaucoup
» d'ennemis (*h*) , ce Ministre crut que le plus sûr moyen de se disculper de toutes les
» fautes qui pourroient survenir dans la composition d'un Edifice de cette importance,
» étoit de préferer un Architecte dont le nom seul arrêtât la critique des plus hardis , &
» donnât de la réputation à l'ouvrage. Pour cet effet, il fit venir de Rome *le Cava-*
» *lier Bernin* , l'Architecte le plus en vogue de son tems, & sur-tout le plus habile
» à se faire valoir par ses manieres hardies & décisives ; il vint , & fut reçu avec un
» appareil qui peut-être n'a jamais eu d'exemple (*i*). Son dessein pour la face
» principale du Louvre fut agréé, & on y travailla pendant près d'une année : mais
» quand les fondations furent jettées (*k*) , & qu'il fut question d'élever la façade,
» l'examen qu'on en avoit fait à loisir en dégoûta ; & comme son projet général
» alloit à abattre presque tout ce qui étoit déja construit, parce qu'il proposoit
» quatre nouveaux corps de logis dans la grande cour, qui auroient couvert les murs
» de face de ceux qui y sont, & en auroient fait des murs de refend, en refondant
» toute l'architecture & la sculpture, ce qui est sans doute refaire un bâtiment ; il
» fut décidé qu'on abandonneroit son dessein, lequel étoit directement opposé à la
» condition essentielle de ne rien abattre, sur laquelle on avoit fait venir cet Ar-
» chitecte en France, & il fut résolu qu'on suivroit le plan de *Claude Perrault* ; ce
» qui a été exécuté très-heureusement (*l*) , & offre à la postérité un des plus beaux
» édifices qui soit dans le reste du monde.

　　Indépendamment de ce que nous venons de rapporter du manuscrit de *Charles
Perrault*, touchant l'état auquel étoit le bâtiment du Louvre , lorsque le Roi résolut

---

(*g*) Voyez ce projet du dessein de *Claude Perrault*, Planche premiere, que *Charles Perrault* prétend avoir été approuvé par Louis XIV.

( *h* ) C'est toujours *Charles Perrault* qui parle, & qui donne à connoître par ce trait historique, que bien avant que *Claude Perrault* son frere fit des desseins pour le Louvre, il avoit la confiance de M. Colbert, & avoit excité la jalousie des gens du métier. Il s'étoit sans doute attiré l'une & l'autre par la traduction de *Vitruve*, à laquelle il travailloit par ordre de ce Ministre, qu'il ne mit au jour qu'en 1673, mais qui étoit connue en manuscrit long tems auparavant. Dans la suite sa réputation fut encore plus éclatante, lorsqu'il eut donné les desseins du Louvre, bâti en 1665, de l'Observatoire en 1667, & de l'arc de triomphe en 1670. ( Voyez la note (*a*) du 2ᵉ vol. p. 57 ).

( *i* ) Voyez ce que nous avons dit de l'arrivée du Cavalier Bernin en France ( ci-dessus p. 6 à la note 8. ) qui s'accorde avec ce que *Charles Perrault* rapporte ici touchant cet Architecte Italien.

( *k* ) Nous ignorons absolument ce que nous apprend *Charles Perrault* concernant les fondations de la façade du Louvre , commencées sur les desseins du *Cavalier Bernin*. Il n'est point venu à notre connoissance qu'aucun Auteur en ait parlé ; néanmoins nous croyons devoir ajouter foi à ce que cet Ecrivain nous en dit, quoiqu'il paroisse par l'extrait des délibérations que nous avons rapporté en note, page 6, que cet Architecte Italien n'ait fait que des desseins & des modeles pour cette façade.

( *l* ) Cet éloge est du frere de *Claude Perrault*, qui comme Contrôleur général des Bâtimens , & l'un des quarante de l'Académie Françoise, avoit quelque droit de s'y connoître : néanmoins comme nous nous sommes annoncés pour parler avec impartialité des différens Ouvrages qui composent ce recueil, en rendant justice aux beautés dont ce chef-d'œuvre est rempli, nous nous permettrons des observations qui feront connoître que quelque vénération que nous ayons pour cet homme d'un génie si rare & si excellent , il nous est encore plus intéressant d'être conséquent dans nos remarques, & que par cette raison nous releverons les parties qui nous paroîtront contraires aux loix de la convenance, aux principes fondamentaux de l'art, & à l'idée qu'on doit se former de la demeure d'un Souverain, &c.

d'en

d'en faire bâtir la face principale en 1665, nous en rapporterons dans ce chapitre quelques autres extraits qui regarderont la description de ce vaste monument ; principalement ce qui concerne les projets immenses que *Claude Perrault* avoit fait pour son embellissement, ce qui ajoutera quelque intérêt, & répandra de la diversité dans la partie du discours qui contiendra cette description. Et pour donner une idée de la grandeur & de la majesté de cet Edifice, qui devant être réuni avec le Palais des Tuileries, auroit formé le plus bel ensemble qui fut jamais exécuté en Europe, nous offrirons d'abord deux plans généraux *(m)*, projettés par *Claude Perrault*, avec la description qu'il en a faite lui-même, ensuite un projet général du *Cavalier Bernin* : enfin nous donnerons le plan général des bâtimens actuels & des massifs des Maisons, Hôtels, Eglises, &c. qui divisent ces deux grands Edifices, aussi-bien que les rues qui les partagent, & qui rendent presque impossible aujourd'hui la réunion de ces deux Palais *(n)*.

# CHAPITRE II.

*Description des Bâtimens du Louvre & des Tuileries joints ensemble, suivant le premier projet de Claude Perrault.* Planche I.

LE plan gravé sur cette planche présente le premier projet que *Claude Perrault* avoit composé pour réunir ensemble les deux Palais du Louvre & des Tuileries ; nous en allons rapporter ici à peu près la description en forme de Mémoire instructif, que ce célèbre Artiste en avoit fait lui-même pour donner une idée de la grandeur de son projet, & expliquer les avantages qui en résulteroient.

» Tous les Bâtimens qu'exprime ce projet, dit-il, sont séparés en quinze cours *(o)*, » indépendamment de la grande place E & de la rue F qui sépare ce Palais d'avec » celui des Tuileries. De ces cours, il y en a trois grandes, dont la premiere A, qui » a soixante-trois toises en quarré, est environnée des appartemens destinés pour

(*m*) L'un de ces deux plans généraux a déja été gravé & se trouve dans le recueil des estampes du Cabinet du Roi.

(*n*) Jusqu'à présent nous avons nommé le *Louvre*, *Château* ou *Palais*, ce nom s'étant trouvé synonime dans les Auteurs qui ont écrit de l'origine de ce Bâtiment ; cependant, comme nous l'avons remarqué note (*b*), p. 3, le nom de *Château* paroît devoir être consacré aux édifices élevés à la campagne, & celui de *Palais* paroît plus propre à exprimer en général la résidence d'une Tête couronnée, ou d'un grand Seigneur qui fait bâtir dans une grande ville. L'étimologie de ce dernier, vient, selon *Procope*, d'un personnage Grec, nommé *Pallas*, qui donna son nom à une maison magnifique qu'il avoit fait bâtir à *Corinthe*, de maniere qu'*Auguste* nomma depuis *Palais* le bâtiment habité par les Empereurs. Il étoit situé à Rome sur une hauteur, qui pour ce sujet fut appellée *Mont-Palatin*. Communément aujourd'hui on ajoute à ce mot *Palais* différentes épithetes, selon la dignité des personnes qui l'habitent. On dit *Palais Impérial*, *Royal*, *Pontifical*, *Cardinal*, *Episcopal*, *Ducal*, &c. D'*Aviler*, d'après *Nicod*, prétend qu'on doit aussi appeller *Palais*, l'enclos qui renferme les salles & autres piéces d'une Cour Souveraine, telles que celles d'un Parlement : mais cette opinion ne nous paroît fondée sur d'antre autorité que l'usage, quoique le Dictionnaire de l'Académie Françoise soit aussi de ce sentiment. Ce qu'il y a de certain, c'est qu'à Paris le Siege où se tient la Cour

Souveraine du Parlement n'est nommé Palais qu'à cause que depuis *S. Louis*, & même bien avant ce Prince, cet édifice servoit de demeure à nos Rois, après qu'ils eurent cessé d'habiter le Palais des *Thermes*, que les Romains avoient fait bâtir du côté du midi : (*on en voit aujourd'hui les restes rue de la Harpe à la croix de fer*). On a nommé ensuite les bâtimens où se tiennent les autres Cours de Parlement du Royaume, *Palais*, sans doute à l'imitation de celui de cette Capitale ; quoique nos Rois n'ayent pas de demeure dans les Provinces où sont établies ces Cours Souveraines. Ces Edifices devroient s'appeller plus naturellement *Basiliques*, du Grec *Basilikè*, Maison Royale, qui chez les Anciens étoit une grande salle avec portiques, aîles, tribune, & tribunal, où les Rois rendoient eux-mêmes la justice. Après que ces salles eurent été abandonnées aux Juges, les Marchands vinrent aussi s'y établir, (*Voyez* Vitruve, Liv. 5. Chap. 1.) ainsi que cela s'est pratiqué à Paris, ce qui fait donner vulgairement à cet édifice le nom de Palais *Marchand*, quoique la Cour du Parlement y siege, & que depuis un tems immémorial nos Rois n'y fassent plus leur habitation.

(*o*) C'est *Perrault* qui parle, & dont nous conservons le texte original, autant qu'il a été possible : nous ferons seulement quelques remarques pour faciliter l'intelligence du discours, & dans le dessein de nous étendre sur plusieurs parties essentielles du projet que cet habile homme nous a laissé dans le premier volume manuscrit de ses Oeuvres.

» les Personnes Royales. La seconde B, qui est octogone, de quarante-six toises &
» demie de diametre, a dans deux de ses côtés les appartemens de cérémonie, l'un
» pour l'Eté, l'autre pour l'Hyver, & dans lesquels on entre par une grande salle
» des Gardes I, de 24 toises de longueur sur 9 de largeur, qui leur est commune,
» & qui occupe le côté de l'entrée de cette cour; dans celui qui lui est opposé est
» placée une grande chapelle M, composée de deux étages, celui de dessous pour
» servir de Paroisse aux Officiers de l'enclos du Louvre, celui de dessus pour les
» appartemens du premier étage (p). Entre ces deux grandes cours A, B, est un
» corps de bâtiment qui les joint l'une à l'autre, & dans lequel devoit être compris
» un grand & magnifique escalier double, marqué G, enfermé dans un péristile (q)
» de trente-deux colonnes, hautes de trente-six pieds, lesquelles forment une ga-
» lerie tout à l'entour, par laquelle les bâtimens de la cour quarrée & ceux de la
» cour octogone devoient se communiquer.

» La troisiéme des grandes cours, marquée H, qui a 93 toises de long & 82 de
» large, est la cour du Palais des Tuileries; ce Palais est joint à celui du Louvre
» par une galerie, marquée O, bátic le long de la riviere, dont nous parlerons
» dans son lieu.

» Les douze autres cours D, C environnent la cour octogone, dont les six C vers
» la riviere, sont pour éclairer les cuisines & offices, en faveur de la commodité du
» port; celles D sont pour la communication des bâtimens des Officiers logés dans
» le Louvre, pour ceux destinés aux assemblées du Conseil, pour les différentes
» Académies, la Bibliothéque, les cabinets de tableaux, de figures antiques, les

(p) Les desseins de cette Chapelle projettée par *Perrault*, sont, peut-être, ce que cet Artiste célébre nous a laissé de plus parfait en Architecture; il y régne une pureté & une élégance dans les parties, qui est si bien d'accord avec la majesté des masses, que le tout présente l'assemblage le plus accompli qu'il soit possible d'imaginer. La décoration de la cour octogone B s'y trouve aussi dans le même genre de perfection; l'ordonnance principale de cette derniere consiste dans un grand Ordre Corinthien de six pieds de diametre & de 54 pieds de hauteur qui embrasse deux étages. La répartition des ornemens de ces façades, leur proportion en général, le choix des profils & la similitude des parties, sont autant de chef-d'œuvres & d'exemples à imiter. A l'égard de la Chapelle, elle devoit avoir 19 toises de largeur hors-d'œuvre. Son plan extérieur est octogone, & son intérieur est composé d'une coupole, dont les angles, qui sont à pan au rez-de-chaussée, portent les panaches du dôme. Les dehors sont décorés d'un Ordre de pilastres Corinthiens, élevé sur un soubassement formant un double piédestal dans chaque face de l'octogone, & au dessus des pilastres est un fronton triangulaire, derriere lequel régne un Attique orné de bas-reliefs, & couronné d'une balustrade.

Au dessus de cette balustade s'éleve la coupole, d'un plan circulaire, & décorée de colonnes Composites isolées: derriere régne le mur aussi circulaire qui forme la coupole; ce mur sert à soutenir le dôme en pierres qui s'éleve au dessus, & qui est terminé par une lanterne surmontée d'une croix élevée du sol de la cour de 38 toises; élévation plus considérable de cinq toises que les Tours de Notre-Dame à Paris. On voit encore dans ce même Livre un autre projet pour cette Chapelle, d'une ordonnance plus colossale, quoique contenu dans les mêmes dimensions. Ce dernier projet a peut-être quelque chose de plus ferme, de plus imposant, & de plus analogue à la grandeur de tous les bâtimens qui environnent cette Chapelle, que le précédent; mais on peut dire en général que ces deux productions ne peuvent avoir de rivales en France que le *Val-de-Grace* & la Chapelle *du Château de Fresne*, Edifices élevés sur le dessein de *François Mansard*, & qu'il semble que *Perrault* ait pris pour modeles dans ses deux compositions; mais qu'il a perfectionnées avec tant de succès, de goût, & d'intelligence, qu'elles mériteroient les plus grands éloges, si les talens supérieurs de cet homme illustre n'étoient au dessus de toute apologie.

Nous n'avons pû graver ces desseins originaux, parce qu'ils sont partie des Œuvres manuscrites de *Perrault*, qui appartiennent à Sa Majesté; nous dirons seulement qu'ils méritent à tous égards l'attention des amateurs. D'ailleurs, ils sont dessinés avec beaucoup de soin, d'exactitude & de goût. On les trouve dans les pages 63, 65, 67, 69, 73, & 75 du premier volume des Œuvres que nous venons de citer.

(q) Cet escalier, d'une très-belle composition, devoit avoir dans œuvre 19 toises de longueur sur 17 de largeur, avoit deux rampes, être éclairé par en haut & enrichi de 32 colonnes d'Ordre Composite: il devoit aussi être terminé par une calotte, & couvert de dalles de pierre, ainsi qu'on en voit les desseins dans le premier volume original déja cité, pages 13, 59 & 61. Cet escalier a été gravé en plusieurs planches; mais elles sont devenues très-rares. On a vû aussi pendant long-tems le modele de cet escalier au Louvre, taillé en pierres, d'une grandeur très-satisfaisante; mais ces gravures & ces modeles n'existent plus. On voit encore, pag. 101, dans le recueil de *Perrault*, un autre projet d'escalier pour la même place, mais d'une forme circulaire & d'un très-beau dessein. Voyez-en le plan en petit, marqué C, dans la planche II; où nous l'avons inseré à la place de l'escalier quarré dont nous parlons, & qu'il paroît que *Perrault* préféroit, puisqu'il l'avoit répeté dans ses deux projets. Voyez aussi dans ce recueil de desseins de *Perrault*, premier volume, une suite assez considérable de plans & élévations d'escaliers projettés pour le Louvre, tous d'une composition fort ingénieuse, & d'un goût de décoration qui prouve à plus d'un titre la capacité de cet excellent génie.

» falles de bal, de comédie, de feftins ; enfin pour les falles des bains, les jeux de Château du Louvre.
» paume, &c.

» Quoiqu'il n'y ait qu'environ le tiers de ce Palais qui foit bâti, & que le grand
» efcalier G, la cour octogone B, où font les grands appartemens de cérémonie,
» & la grande chapelle M qui doit s'élever au milieu de ce fuperbe Palais, foient
» des pieces qui furpafferoient de beaucoup ce qui eft déja fait ; on peut dire néan-
» moins qu'il ne fe voit rien dans le monde qui égale la grandeur & la majefté des
» bâtimens qui font achevés ( r ).

» Les bâtimens qui environnent la grande cour quarrée du Louvre ont quatre-
» vingt-dix toifes de face hors œuvre, de chaque côté, fur dix, douze, & quatorze
» toifes de profondeur.

» La face principale du côté de Saint Germain l'Auxerrois ( s ) eft compofée d'un
» grand avant-corps au milieu, de deux aîles, & de deux pavillons aux extrémités.......
» Le foubaffement a trente pieds de haut ; au deffus de ces aîles font les deux périfti-
» les, ayant chacun 14 colonnes ; ces colonnes font Corinthiennes & ifolées....... ( t ).

» Les plafonds de ces périftiles font conftruits de pierres toutes plates entre les
» architraves, qui comme des poutres de pierre paffent des colonnes aux pilaftres ;
» ouvrage dont la hardieffe n'a pas d'exemple, ni dans l'Architecture ancienne, ni
» dans la moderne ( u ).

» Le deffus de ces portiques eft couvert de grandes pierres en terraffes. Pour
» aller d'une terraffe à l'autre, on paffe fur le fronton de l'avant-corps du milieu,
» couvert de marches, la cimaife fupérieure de la corniche de ce fronton eft d'une
» feule pierre de chaque côté, dont chacune a cinquante-deux pieds de long, huit
» de large, & 18 pouces d'épaiffeur ( x ) : au haut de l'avant-corps du milieu, il y a
» un grand réfervoir où les eaux du Ciel s'amaffent & fe déchargent quand le ré-
» fervoir eft plein, dans un efpéce de puits pratiqué dans l'épaiffeur du mur, par le
» moyen d'un gros tuyau de plomb affermi par des barres de fer qui forment com-
» me un efcalier ( y ) pour vifiter & réparer le tuyau quand il en eft befoin. Les

( r ) C'eft encore *Charles Perrault* qui parle, & à qui cet entoufiafme eft d'autant plus permis, que non feulement il fe connoiffoit bien en Architecture, mais qu'il fçavoit mieux que tout autre apprécier les talens de *Claude Perrault* fon frere.

( s ) Voyez la planche VII de ce chapitre.

( t ) Nous avons été obligés de laiffer quelques lacunes dans la defcription de *Perrault*, & de faire quelques changemens dans le texte que nous avons trouvé obfcur en certains endroits, ne fe rapportant pas d'ailleurs avec la plûpart des mefures que nous avons prifes exactement fur les lieux avant que d'entreprendre la defcription que nous en donnons.

( u ) Il eft certain que ceux qui n'ont qu'une idée imparfaite de ce monument, ont de la peine à fe perfuader cette magie de l'Art. En Italie même, ceux qui ne connoiffent que les eftampes de ce périftile, regardent cette compofition comme un beau projet, plus propre à faire le fond de la décoration d'un tableau, que le frontifpice d'un Palais propre à l'habitation. C'eft le langage que tinrent auffi les ennemis de *Perrault* en France, lorfqu'il préfenta fes deffeins à M. *Colbert* & à *Louis XIV*. Ils ont pourtant été exécutés avec un très-grand fuccès, & ce monument, malgré la négligence avec laquelle il eft entretenu, s'eft foutenu fans aucune rupture depuis qu'il a été élevé jufqu'à préfent.

( x ) Voyez dans *Vitruve* ( édition de 1684, p. 340. ) la defcription & les machines qui furent faites pour monter ces pierres qui pefoient chacune environ quatre-vingt milliers, & qui avoient été tirées d'une carriere fituée fur la montagne de Meudon, à deux lieues de Paris. Il

paroît par la note 4 de *Perrault* dans Vitruve, p. 339, que ce ne font pas celles de fon invention qui ont fervi, quoique dans la même planche de ces machines il y ait inferé la fienne. ( Voyez la defcription qu'il en donne p. 342 ).

( y ) Effectivement on a fait dans les vuides, que *Perrault* nomme *puits*, des efcaliers à noyau, dans lefquels fe dégagent les eaux du réfervoir, ainfi qu'on l'a pratiqué depuis aux efcaliers de la nouvelle Eglife des Invalides. ( Voyez la planche VI du chap. 1er du premier vol. ) Les eaux qui paffent par ces efcaliers fe déchargent dans un aqueduc qui les porte dans la riviere.

*Charles Perrault* appuie beaucoup fur la néceffité de faire ufage de ces fortes de defcentes, & nous avertit que c'eft à propos du bâtiment dont nous parlons qu'elles ont été mifes en œuvre pour la premiere fois, & qu'elles font abfolument de l'invention de *Claude Perrault* fon frere, qui depuis s'eft fervi de ce moyen pour écouler les eaux de la terraffe de l'Obfervatoire, qu'il fit bâtir en 1667. Il eft certain qu'elles font d'un bien meilleur ufage que les goutieres ; l'eau de ces dernieres étant repouffée par les vents fur les façades, & incommodant confidérablement fur la voie publique. A l'égard des defcentes de plomb ou de cuivre, dont on fait ufage à la place des goutieres, elles font fujettes à s'engorger, & déparent d'ailleurs la décoration extérieure des bâtimens, en coupant les principaux membres faillans de fon architecture, ainfi qu'on le remarque aux Tuileries, au *Château de Maifons*, &c. Il eft vrai que cette defcente ne peut fe mettre en pratique que dans de grands bâtimens, où les épaiffeurs des murs font confidérables,

» eaux amassées dans ce réservoir sont pour servir en cas d'incendie. Par le
» moyen de ce puits on n'a plus besoin de goutieres ni de descentes qui ruinent &
» qui défigurent les bâtimens.

 » Les trois autres faces extérieures de ce bâtiment qui environnent la grande cour,
» ont aussi chacune deux pavillons aux encoignures, & un avant-corps au milieu.
» Celle qui regarde la riviere est de même ordonnance que la précédente, à la ré-
» serve qu'il n'y a que des pilastres, & que ces pilastres ne sont pas accouplés,
» afin que les trumeaux ne soient pas trop grands. Les deux autres sont simples,
» & ont seulement la même corniche de l'entablement, & les mêmes ornemens aux
» chambranles des croisées.

 » Le dedans de la cour est plus enrichi d'ornemens ; car chaque étage a son
» Ordre, celui d'en bas est Corinthien, le second Composite Italien, & le troisiéme
» doit être Composite François (z).

 » Comme il y aura lieu de faire un grand nombre de beaux appartemens
» dans toute l'étendue du grand dessein du Louvre, je proposai (&) à M. *Colbert*
» d'en faire à la maniere de toutes les Nations célébres qui sont au monde, à l'Ita-
» lienne, à l'Allemande, à la Turque, à la Persanne, à la maniere du Mogol, du
» Roi de Siam, de la Chine, &c.; non seulement à cause de la beauté que cause-
» roit cette diversité si curieuse & si étrange, mais afin que quand il viendroit des
» Ambassadeurs de tous ces pays là, ils pussent dire que la France est comme l'abrégé
» du monde, & qu'ils se retrouvassent en quelque façon chez eux, après s'en être éloi-
» gné de tant de lieues. Il trouva cette pensée digne d'être exécutée ; comme aussi
» une autre idée à peu près semblable, que le Roi eût dans ses divertissemens
» des danses & de la musique telles qu'on en donne au Grand Seigneur, au Sophi, au
» Mogol, au Roi de la Chine, &c. Dans cette vûe M. *de la Croix*, que M. *Colbert* avoit
» envoyé dans tous ces pays-là, pour y apprendre les Langues, en avoit apporté quan-
» tité d'instructions & d'Auteurs, avec les instrumens particuliers à ces Peuples ; ce qui
» auroit sans doute eu lieu, si ce Palais immense avoit reçu son entiere perfection.

Après avoir rapporté en substance les principaux articles de *Perrault*, pour rendre
la description de cette planche plus intéressante, nous allons donner une explication alphabétique des différentes pieces qui la composent, telle à peu près que
cet Auteur l'avoit écrite de sa main sur le plan original, d'après lequel nous avons
copié celui que nous offrons ici.

Explication des lettres de renvoi marquées sur la Planche premiere.

A, Grande cour appellée la cour du vieux Louvre, & qui existe aujourd'hui.
B, Cour octogone projettée par Claude Perrault. C, Cour des cuisines & offices.
D, Cour projettée pour éclairer les appartemens des Officiers & autres départemens de cette Maison Royale. E, Place publique projettée pour séparer le Palais
des Tuileries d'avec celui du Louvre. F, Rue projettée qui traverse la place, &
qui communique par le troisiéme guichet qui existe aujourd'hui, du quartier
S. Honoré à celui du Faubourg S. Germain. G, Grand escalier projetté pour communiquer du vieux Louvre au nouveau bâtiment de la cour octogone. H, Grande

---

parce qu'il faut les enfermer dans des ouvertures en forme de puits d'environ trois pieds & demi de diametre,
pour parvenir à dégorger ces descentes, lorsqu'on ne
peut leur donner un assez grand diametre pour des-
cendre dedans, ainsi qu'on peut le remarquer dans l'intérieur du portail des Minimes, dont nous avons parlé
dans le second vol. p. 147, & qu'on l'a pratiqué les années dernieres dans les nouveaux bâtimens de Choisi.

 (z) Nous parlerons ailleurs des différens projets, qui
ont été faits pour les façades de la cour du Louvre, y
ayant actuellement dans la plus grande partie de ce bâtiment un Attique à la place de l'Ordre Composite François, dont le dessein avoit été donné par *Claude Perrault*,
ainsi que nous l'avons déjà remarqué, note (d), page 5,
& dont on voit encore dans la cour du Louvre des modeles en plâtre sur pied.

 (&) C'est *Claude Perrault* qui parle.

cour

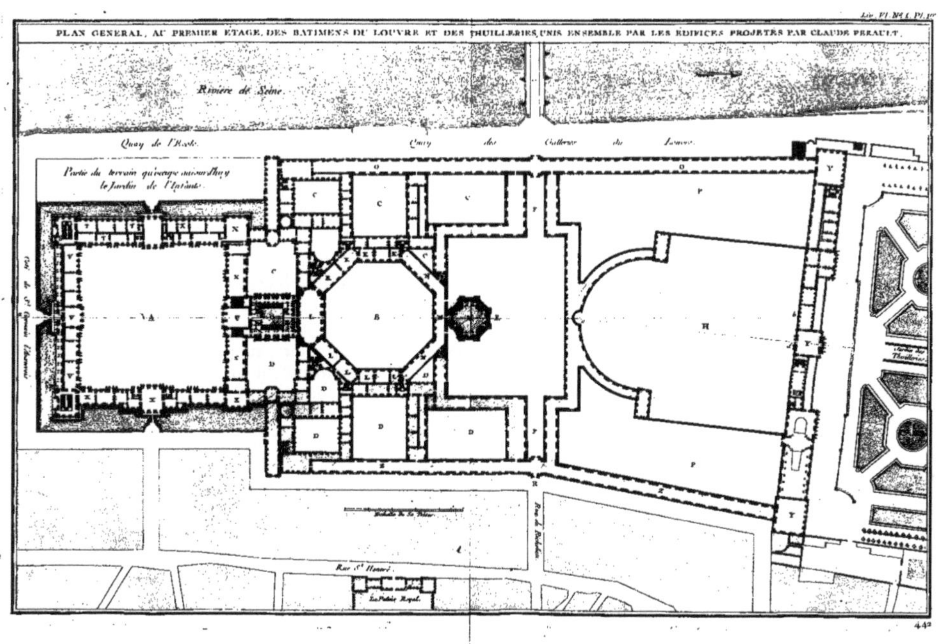

PLAN GENERAL, AU PREMIER ETAGE, DES BATIMENS DU LOUVRE ET DES THUILLERIES, UNIS ENSEMBLE PAR LES EDIFICES PROJETÉS PAR CLAUDE PERRAULT.
Rivière de Seine.
Quay de l'Ecole.
Quay des Galleries du Louvre.
Partie du terrain qu'occupe aujourd'huy le Jardin de l'Infante.
Rue St. Honoré.
Le Palais Royal.
Echelle de la Toise.

Château du Louvre.

cour projettée en face du Palais des Tuileries du côté de l'entrée, & dont le défaut de la direction de l'axe *a b* du bâtiment de ce Palais avec celui du Louvre, est
corrigé par la tour creuse de cette cour, & par l'axe oblique *c d*. I, Grande salle
des Gardes, commune aux deux grands appartemens du Roi, l'un d'été, marqué
K, l'autre d'hyver, marqué L. M, Chapelle dont nous avons parlé, note (*p*), p. 10, &
qui communique aux appartemens du Roi par la galerie N. O, Grande galerie qui
communique du premier étage du Palais du Louvre à celui des Tuileries. P,
Cours collatérales du Palais des Tuileries, dont les irrégularités auroient été cor-
rigées par des murs de refend, auxquels auroient été adossés des bâtimens pour
les cuisines, offices, remises, & autres dépendances de ce Palais. Q, Pont de
pierre projetté par *Perrault* avant le Pont-Royal, qui n'a été bâti qu'en 1685, &
qui auroit été situé en face du troisiéme guichet, en alignant la rue marquée F en
direction par le passage R, avec la rue de Richelieu, qui traverse Paris du côté
de la rue S. Honoré; de sorte que de l'autre côté de la riviere, en face du pont Q,
par la rue des Saints-Peres, cette enfilade auroit conduit jusques vers la Croix
rouge, le centre du Faubourg S. Germain. S, Grand escalier de l'appartement de
la Reine. T, Appartemens pour la maison de la Reine. V, Grand appartement
de la Reine. U, Grand sallon de l'appartement du Roi. X, Appartement de parade. Y, Distribution du plan du premier étage du Palais des Tuileries, dont les
détails seront donnés dans les planches suivantes de ce volume. Z, Galerie projettée pour symmétriser avec la galerie O qui lui est opposée (*).

Après avoir donné une idée de l'usage des principales parties qui composent
le projet du plan dont nous parlons, nous allons faire quelques observations sur
sa disposition en général. Le défaut d'alignement de l'axe du Louvre avec celui
des Tuileries paroît ingénieusement racheté par la division des principales cours
qui se voyent ici; l'obliquité *a c d*, dans un espace aussi considérable, ne pouvant
s'appercevoir: mais la grande cour H, n'est pas d'une belle forme; il lui auroit
fallu moins de largeur pour acquérir une proportion plus heureuse; ce qui en
même-tems auroit donné plus de grandeur aux cours collatérales P, qui devant
contenir des dépendances considérables, ont besoin d'une plus grande étendue. La
place publique E, est d'une forme assez convenable; mais la rue F, qui ne la traverse pas dans son milieu, est un défaut de symmétrie, condamnable dans la
disposition d'une telle place; d'ailleurs sa forme générale perd beaucoup par la
saillie de la chapelle M, qui auroit pû, avec plus de vraisemblance, être engagée
dans la galerie N, & qui extérieurement auroit fait avant-corps, d'une part dans
l'un des côtés de la place publique, & de l'autre dans la cour octogone B: la
forme de cette derniere réussit assez bien, & est peut-être la seule partie de ce plan
avec l'escalier, dont la distribution, la forme & l'ordonnance soient véritablement
à imiter. A l'égard des autres cours marquées D, C, leur forme est plus indifférente, & sans doute elles ont été assujéties à la nécessité des bâtimens dépendans
de ce Palais, lesquels paroissent assez considérables dans ce plan, & relatifs à la
grandeur d'un édifice aussi vaste & aussi immense; mais dont néanmoins la
disposition des bâtimens paroissoit exiger une distribution plus convenable; ce qui
prouve en quelque sorte que *Claude Perrault* entendoit moins cette partie de l'Architecture, que celle de la décoration des façades. Il est vrai, comme nous l'a-
vons remarqué ailleurs, que la distribution n'a guéres pris faveur en France que
depuis cet excellent Architecte, & qu'à l'exception des licences que nous venons
de remarquer, l'on reconnoît par-tout la grandeur & l'étendue de son génie.

(*) L'on a marqué d'une teinte générale tous les bâtimens projettés par *Perrault*, & tout ce qui n'est pas teinté
indique les bâtimens qui existent aujourd'hui.

*Tome IV.*                                                                    D

# CHAPITRE III.

*Description des Bâtimens du Louvre & des Tuileries joints ensemble,
suivant le second projet de Claude Perrault.* Planche II.

Château du Louvre.

CE projet, que *Claude Perrault* dit lui-même dans ses manuscrits avoir été composé avant le précédent, & qu'il estime le moins, nous a paru cependant
mériter d'être donné ici pour exemple ; & si la forme générale des cours n'y est
pas plus heureuse, du moins l'obliquité de l'axe des deux Palais du Louvre & des
Tuileries y est masquée très-ingénieusement. D'ailleurs la disposition générale des
bâtimens y est très-bien entendue ; il est vrai qu'il ne faut pas s'arrêter aux parties
de détail. *Perrault* n'a sans doute eu ici en vûe que les masses, comme la premiere attention à laquelle tout doit céder ; cependant nous allons rapporter les
explications qu'il a données en marge de ses desseins, qui aideront à faire connoître le local de tous ces bâtimens, & nous y joindrons, comme dans le précédent, quelques observations.

A, Grande cour du Louvre, telle qu'elle se remarque aujourd'hui, avec cette
difference seulement que *Perrault* avoit proposé de mettre près des murs de face
un perron B, de 18 pieds de large, élevé de trois marches, non seulement pour
empêcher les voitures d'approcher trop près des bâtimens, mais pour procurer
un trotoir aux gens de pied. Il rapporte encore dans ses manuscrits, p. 79, que ce
perron diminueroit la hauteur du bâtiment, & rendroit plus petite la surface de
la cour, que plusieurs personnes, dit-il, trouvent trop grande, eû égard à l'élévation des façades.

Nous observerons que la hauteur de ce perron auroit relevé le sol de tous les
appartemens du rez-de-chauffée du Louvre, ce qui auroit produit un bon effet
pour la salubrité de ces différentes piéces ; mais il auroit alors fallu réduire les
piédestaux de l'Ordre en socle ; ils en auroient d'autant plus besoin aujourd'hui,
que la nécessité d'assujettir le sol de la cour du Louvre aux différens niveaux des
rues des Poulies & Fromenteau, en ont déja enterré la plus grande partie, ainsi
que nous le remarquerons dans son lieu. C, Grand escalier de forme circulaire
que nous avons cité dans la note (*q*), page 10, & auquel il semble que
*Perrault* avoit préferé l'escalier quarré marqué G dans la planche précédente. D,
Grand appartement de parade, ceux de service étant destinés à occuper les bâtimens qui environnent la cour A, comme dans le plan précédent. E, Grandes Galeries en communication avec les appartemens de parade. F, Chapelle projettée
pour aligner l'axe de la grande cour G, & celui du Palais Royal de l'autre côté
de la rue S. Honoré ; cette chapelle devoit avoir un rez-de-chauffée & un premier étage ; l'un pour les Officiers, l'autre pour la Maison Royale. G, Grande
cour de 51 toises de large sur 64 de longueur. H, Palais Royal, bâti en 1629, auquel l'enfilade de la chapelle F, a été assujettie, ayant pour communication la nouvelle rue I.

K, Amphithéâtre où l'on auroit pû, dit *Perrault*, donner les spectacles qu'on
auroit voulu, tels que des Comédies, Opéra, combats de bêtes féroces, & même
une Naumachie ou combat naval, par le moyen de la pompe de la Samaritaine.
( Voyez ce que nous avons dit des Naumachies des Anciens dans l'origine de l'Architecture, premier volume de ce recueil, page 9, note (†) ). Cette idée de *Perrault* est grande & élevée, & certainement n'auroit pû que faire un bon effet, &
procurer une grande salle de spectacle à divers usages, qui nous manque dans

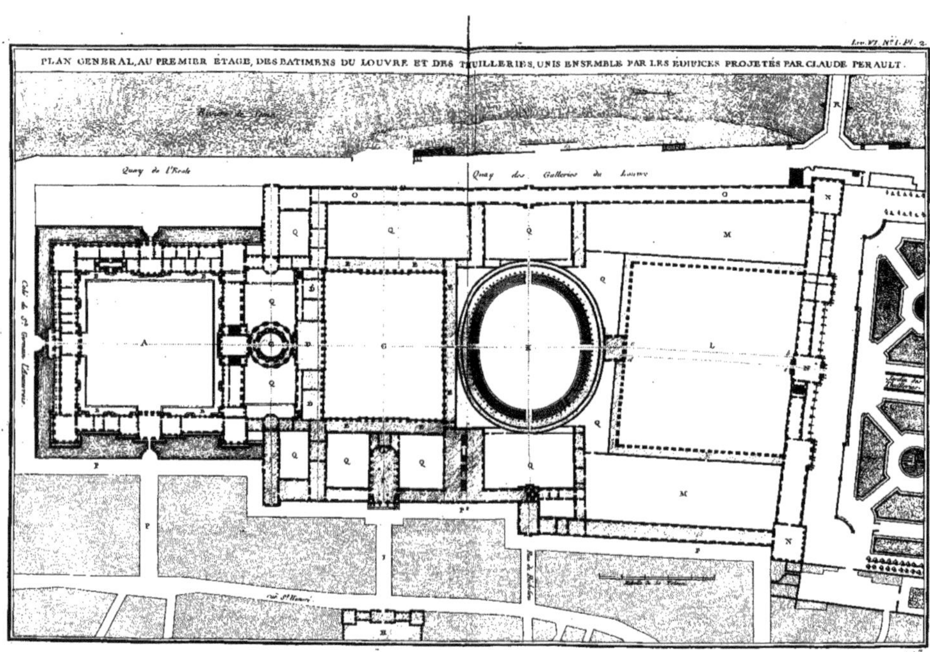

PLAN GENERAL, AU PREMIER ETAGE, DES BATIMENS DU LOUVRE ET DES THUILLERIES, UNIS ENSEMBLE PAR LES EDIFICES PROJETÉS PAR CLAUDE PERAULT.
Rivière de Seine
Quay de l'Ecole
Quay des Galleries du Louvre

cette Capitale: mais l'on peut obferver que cet amphithéâtre, placé dans l'enfilade Château du Louvre. des deux Palais dont nous parlons, auroit interrompu leur communication, & que le premier mérite d'un projet d'une très-grande importance confifte dans des dehors, des iffues, & des avenues qui annoncent la majefté du Prince qui doit y faire fa réfidence.

L, Grande cour des Tuileries, d'une forme affez réguliere, mais d'une proportion qui n'eft guére plus agréable que celle du plan précédent. M, Cours collatérales, dans lefquelles devoient être diftribuées des baffes-cours, des manéges couverts & découverts, des bâtimens pour les cuifines, offices, &c. N, Palais des Tuileries, dont les dirftibutions feront données plus en grand dans les planches fuivantes. O, Grande Galerie qui communique aujourd'hui du premier étage du Palais du Louvre à celui des Tuileries. P, Rue projettée & affujettie à la nouvelle forme des bâtimens du Louvre. *Perrault* prétend que par ce projet, on n'abattoit pas beaucoup de maifons particulieres; cependant en le comparant avec la planche 4.$^{me}$, & fans compter les bâtimens à abattre compris dans la nouvelle enceinte de *Perrault*, il y avoit encore beaucoup de terrein & de maifons à acquerir vers la rue Saint Honoré, ainfi qu'on le peut remarquer dans cette planche, par la ligne ponctuée, marquée *h*. Q, Cour deftinée aux différens départemens des bâtimens du Louvre. R, Pont-Royal.

Il nous refte à obferver que dans ce plan le défaut d'alignement de la ligne *a b* eft imperceptible, étant direct depuis *a* jufqu'en *c*, & que le milieu de la grande cour I, feroit fymmétrique dans fes façades oppofées, par la double enfilade *d e*. Qu'enfin l'on a auffi exprimé par une taille générale & legere les bâtimens projettés par *Perrault*, & que tous les autres qui ne font point marqués d'une taille font actuellement exécutés.

## CHAPITRE IV.

*Defcription des Bâtimens du Louvre réuni avec le Palais des Tuileries, fuivant le projet du Cavalier Bernin.* Planche III.

LA difpofition de l'édifice marqué A, differe de beaucoup du précédent: le *Cavalier Bernin* avoit projetté de jetter bas tous les bâtimens du Louvre érigés avant fon arrivée en France, quoiqu'il n'eut été appellé d'Italie, comme nous l'avons déja remarqué, que pour le perfectionner & le reftaurer. C'eft ce qui détermina fans doute la Cour à abandonner les projets de ce célébre Architecte, qui commença feulement les fondations de la façade B, du côté de S. Germain l'Auxerrois, tout le refte de fon projet n'ayant pas eu lieu, cette façade même fut difcontinuée pour être reconftruite fur les deffeins de *Perrault*.

Quoique le projet général du *Cavalier Bernin* ait été fans exécution, à caufe de la dépenfe immenfe qu'il auroit fallu faire pour le fuivre, néanmoins nous avons cru le devoir inférer dans cet Ouvrage, parce qu'il contient des beautés effentielles, qui donnent une idée de la grandeur & de l'élévation du génie de cet homme illuftre; d'ailleurs ce plan fait connoître fon rapport avec les façades que nous donnerons dans la fuite. Les beautés de ce plan confiftent dans la régularité de la forme de la cour A, dans la majefté des périftiles C, dans la communication des galeries D, dans la fituation des efcaliers E, & enfin dans la difpofition des avantcorps & des pavillons des façades extérieures, dont la diftribution très - heureufe

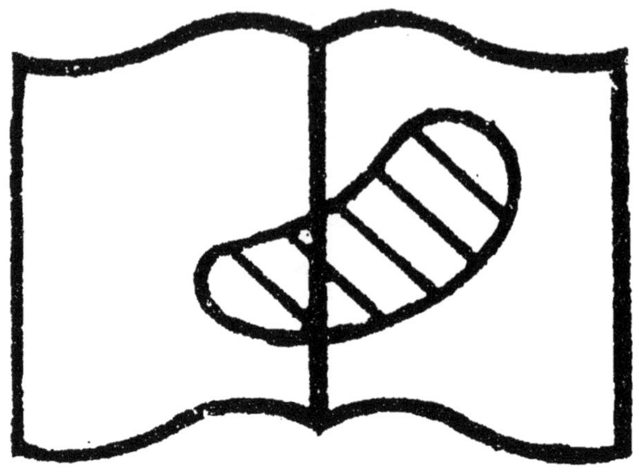

Illisibilité partielle

semble annoncer des élévations & une composition plus conforme que toute autre à la magnificence d'une Maison Royale.

Après avoir remarqué ce qui constitue les beautés de ce plan, nous observerons que les cours F, sont trop petites & trop irrégulieres, étant principalement destinées à donner du jour aux appartemens du principal corps de logis; il semble même que la grande cour A, auroit dû flanquer les bâtimens du mur de face B, moyen qui auroit aggrandi l'intérieur cours de ces cours, & donné plus d'air aux appartemens; il auroit même été possible d'avancer le mur de face G, dans la grande place H, qui par son immensité seroit à rendre la disposition des bâtimens du Louvre resserrés & privés d'air sans aucune necessité; puisqu'il y auroit eu lieu de craindre que cette place, qui a 206 toises de longueur sur 135 de largeur, n'eût rendu trop petits les bâtimens qui l'environnent. Il faut pourtant convenir que cette idée de conserver cette place H, sans aucune division, est aussi majestueuse que difficile à exécuter. Nous entendons, par la majesté de cette place, ce que nous avons remarqué plus d'une fois, c'est-à-dire que rien n'annonce si parfaitement la magnificence d'une Maison Royale comme des avenues spacieuses & des issues libres & aërées, pourvû néanmoins qu'elles soient proportionnées à l'élévation de l'édifice. Ici en ne considérant que l'étendue de la façade des Tuileries, cette place ne pouvoit être trop grande, à en juger par le jardin de ce Palais, qui malgré son esplanade découverte de 120 toises de longueur, laisse jouir à peine de l'étendue de ce bâtiment qui a 168 toises de longueur, hors œuvre. Autre chose est de considérer ici le rapport des bâtimens du Louvre avec la longueur immense de cette place.

A l'égard de la difficulté de l'exécution, nous voulons donner à entendre que la surface que cette place occupe, priveroit ce Palais de toute commodité, à moins que d'avoir compris dans ce projet l'acquisition de tous les massifs des bâtimens particuliers jusqu'à la rue S. Honoré, pour pratiquer les dépendances nécessaires à un pareil édifice, & qui manquent absolument ici. Nous remarquerons en mêmetems que ce projet eût été absolument plus impraticable, qu'il auroit fallu abattre plusieurs bâtimens de quelque importance qui se trouvent enclavés dans les massifs marqués I, dont nous venons de parler.

Quant à l'irrégularité de ce même place, causée par les angles dissemblables K, L, il est à croire qu'elle n'auroit pas été perceptible, à cause de sa grandeur immense; ensorte que l'on peut dire que ce projet montre par son aspect la grandeur des idées du *Cavalier Bernin*, qui précisément on l'appelloit en France pour ériger la demeure du plus grand Prince de l'Europe, en avoit proportionné l'étendue à ce qu'il avoit conçu de ce Monarque, & qui pour cette raison avoit cru ne devoir rien épargner pour donner à la postérité des marques de la splendeur d'un si beau régne.

Nous avons marqué ici d'une teinte légere, comme dans les planches précédentes, tout ce qui a été projetté par le *Cavalier Bernin*, de maniere qu'il n'y a que ce qui n'est point teinté qui soit aujourd'hui exécuté. Telle est, par exemple, la galerie M qui communique du Palais des Tuileries à celui du Louvre; le sallon N, & la galerie d'Apollon O; enfin le Palais des Tuileries marqué P: tout le reste de ce plan est un projet, même les dehors, où, à l'exception de la rue S. Honoré, toutes les masses des maisons & leurs rues qui aboutissent du Louvre à cette rue ont été projettées à neuf, d'où il est aisé de concevoir la dépense prodigieuse dans laquelle son exécution auroit engagé.

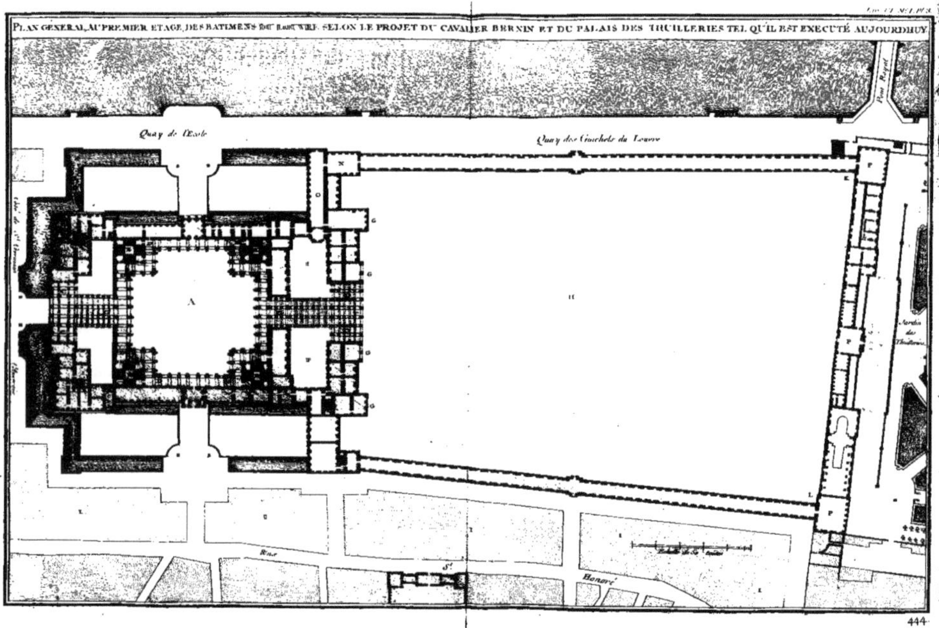

PLAN GENERAL AU PREMIER ETAGE DES BATIMENS DU LOUVRE SELON LE PROJET DU CAVALIER BERNIN ET DU PALAIS DES THUILLERIES TEL QU'IL EST EXECUTÉ AUJOURDHUY
Quay de l'Ecole
Quay des Guichets du Louvre
Pont Royal
Jardin des Thuilleries
Rue St Honoré
A

# CHAPITRE V.

*Plan général de la disposition actuelle des Bâtimens du Louvre & du Palais des Tuileries, avec la distribution des rues & les masses des Maisons particulieres qui séparent ces deux grands édifices.* Planche IV.

LES distributions détaillées qu'on voit sur cette planche indiquent prin- *Château du Louvre.* cipalement la disposition actuelle des bâtimens du Louvre & du Palais des Tuileries séparés, comme on le remarque aujourd'hui, par des rues, des massifs de maisons, & quelques édifices d'importance qui rendent presque impratiquables les projets dont nous avons parlé précédemment. Cette considération auroit peut-être dû empêcher qu'on n'eut bâti à neuf plusieurs de ces édifices compris dans cet espace ; tels 'que *l'Hôpital des Quinze-Vingt*, marqué *b*, que l'on réédifie aujourd'hui, le *Grand Bureau du Tabac*, marqué T, *l'Hôtel d'Elbeuf*, marqué V, & plusieurs autres bâtimens considérables ; dans la crainte qu'à l'avenir ce qu'il en couteroit, pour acquérir ces nouveaux édifices, ne détournât pour toujours de l'intention dans laquelle on a été de réunir un jour ces deux Maisons Royales, les deux plus somptueux Monumens que nous ayons dans cette Capitale.

Nous n'entreprendrons pas de rappeller dans ce chapitre ce que nous avons dit ailleurs sur la nécessité presque indispensable dans une grande ville, de veiller à ce qui peut contribuer à son embellissement : nous rappellerons seulement que bien loin d'étouffer, pour ainsi dire, par des édifices subalternes les environs de la demeure du Prince, on devroit y observer au contraire des issues libres, aërées, & de grandes places publiques, qui annoncent d'une maniere véritablement royale la résidence d'une Tête couronnée. Nous observerons aussi en passant, que les personnes chargées par état de tout ce qui regarde le bien public en général, & les intérêts du Prince en particulier, semblent ne pas veiller d'assez près à la police des bâtimens qui s'élévent près de nos Maisons Royales. Ce seroit cependant à ces hommes éclairés à prévenir les abus dont nous voulons parler ici ; car enfin l'on ne peut disconvenir aujourd'hui qu'il ne faille chercher le Louvre dans le Louvre même, par l'amas confus de la plûpart des bâtimens trivials qui l'environnent ; mais comme les remarques que nous pourrions faire à ce sujet seroient peut-être mal-interpretées, sans produire aucun bien réel ; nous allons donner quelques détails des bâtimens du Louvre & des Tuileries, & passer à quelques extraits historiques, concernant ceux qui font partie de leur dépendance.

*Explication des lettres de renvoi de la Planche quatriéme.*

A, Distribution au rez-de-chaussée du bâtiment du Louvre, dont les détails seront dévelopés plus en grand dans la planche cinquiéme.

B, Jardin *de la Reine*, appellé communément le Jardin *de l'Infante*.

C, Jardin de M. le Duc de Nevers.

D, Plusieurs petits jardins accordés à divers particuliers qui ont leurs logemens au Louvre.

E, Jardin & massif des bâtimens *du Garde-Meuble* ( *a* ).

(*a*) On appelle *Garde-Meuble*, le lieu où sont en dépôt les meubles de la couronne ; ce bâtiment étoit autrefois *le petit Hôtel de Bourbon*, qui a donné le nom au commencement de la rue des Poulies.

C'est dans ce lieu où est conservée la plus grande partie des meubles servant à l'ameublement des Maisons royales, lorsque la Cour y fait quelque voyage, & où l'on tient en dépôt les meubles d'été & d'hyver pour le Louvre, Versailles, Choisy, & autres lieux destinés au séjour ordinaire de Sa Majesté. On y voit aussi les tapisseries du Roi, quelques excellens tableaux, l'argenterie, & autres curiosités, dont le nombre & la magnificence méritent une description particuliere qui ne peut entrer dans ces notes.

F, Plan de la cour & d'une partie des bâtimens des *Ecuries de la Reine*, dont le premier Écuyer, M. *de Teſſé*, a ſon logement au rez-de-chauſſée dans l'intérieur du Louvre.

G, Partie de la cour & des bâtimens de l'*Hôtel des Poſtes* (*b*).

H, Partie de la cour & des bâtimens de la maiſon de M. *Roullié*, précédemment Miniſtre de la Marine, aujourd'hui Miniſtre des Affaires Étrangeres, ( Voyez le plan & la deſcription de cette maiſon, chap. XI du troiſiéme volume ).

I, Cour & maſſes des bâtimens de l'Hôtel de *Créqui* (*c*).

K, Bâtiment anciennement appellé *la Capitainerie du Louvre* (*d*).

L, Egliſe & bâtimens *des Peres de l'Oratoire*, dont les plans & la deſcription ſe trouvent dans le chap. X. du troiſiéme volume.

M, Cloître & Egliſe de *S. Honoré*.

N, Bâtimens qui originairement furent élevés pour ſervir de magazins pendant la conſtruction du Louvre, qui ont toujours reſté ſur pied depuis & ſervi d'attelier à différens Artiſtes : ces bâtimens ſont encore tolerés aujourd'hui, juſqu'à ce que Sa Majeſté ſe ſoit décidée ſur l'entiere perfection de ce monument, & ne doivent être conſiderés ( ainſi que ceux marqués O ) que comme des parties acceſſoires, qui ne manqueront pas dans la ſuite d'être démolies.

P, Cloître & bâtimens de l'ancienne Egliſe de *S. Nicolas du Louvre* (*e*).

Q, Maiſons appartenant à différens particuliers, dans le nombre deſquelles il s'en trouve de quelque importance qui ne contribueroient pas peu à rendre difficile la réunion du Louvre avec les Tuileries.

R, Egliſe de *Saint Louis du Louvre*, dont les plans & la deſcription ſe trouvent dans le chapitre XII. du troiſiéme volume.

S, Hôtel de *Longueville* bâti ſur les deſſeins *de Metezeau* (*f*).

T, *Grand Bureau du Tabac* bâti en 1750, ſur les deſſeins de M. *Contant*, Architecte du Roi (*g*).

V, Hôtel d'*Elbeuf*, ci-devant l'Hôtel de *Coëtanfao*, rebâti à neuf l'année derniere, pour Madame la Ducheſſe d'Elbeuf.

U, Hôtel de *Cruſſol*, aujourd'hui les *Petites Ecuries du Roi*.

X, Jardin & Hôtel de M. de *Beringhen*, premier Écuyer des petites Ecuries du Roi.

Y, Maſſes de bâtimens contenant les dépendances du Palais des Tuileries.

Z, Grande aîle de bâtimens, de deux cens vingt-deux toiſes de longueur, connue ſous le nom de *Galerie du Louvre*. Voyez ſa décoration extérieure, planche onziéme de ce volume. Cette Galerie, bâtie originairement pour communiquer du premier étage du Louvre au Palais des Tuileries, a été élevée ſous les régnes de Henri IV

( *b* ) Ce bâtiment étoit appellé anciennement *Hôtel de Longueville*, enſuite *Hôtel d'Alençon*. En 1665, Louis XIV. acheta cet Hôtel pour être démoli, à deſſein de faire une place au devant du Louvre; mais ce projet fut abandonné; de ſorte qu'en 1709, on y logea le Marquis *d'Antin*, Directeur général, enſuite Sur-Intendant des Bâtimens de Sa Majeſté, ce qui avoit fait depuis nommer cet Hôtel *la Sur-Intendance des Bâtimens du Roi*, juſqu'en 1738, qu'on y plaça l'Hôtel Royal des Poſtes, après l'avoir reſtauré à cet effet, & à côté duquel on a placé la Poſte aux chevaux & relais du Royaume.

( *c* ) Cet Hôtel fut anciennement celui de *Mariamne de Bourbon*, légitimée de France. Il a été vendu au commencement de ce ſiécle; on a bâti ſur ſon terrein pluſieurs maiſons particulieres : mais on a conſervé un paſſage public qui traverſe cet Hôtel de la rue des Poulies au cul-de-ſac de l'Oratoire.

( *d* ) Ce bâtiment a été appellé depuis, *le Gouvernement*. Aujourd'hui, depuis la mort de M. *Bachelier*, Gouverneur du Louvre, on vient de reſtaurer cet édifice, & on y a fait des augmentations aſſez conſidérables pour y placer, dit-on, les Bureaux de la Guerre pour le département de Paris.

( *e* ) Voyez dans le troiſiéme volume, p. 63, note (*a*), ce que nous avons dit de cette Egliſe.

( *f* ) Ce bâtiment étoit autrefois l'Hôtel de la *Vieuxville* juſqu'en 1620, enſuite l'Hôtel de *Luynes*, puis l'Hôtel de *Chevreuſe*, enfin l'Hôtel *d'Epernon*. Dans quelques pieces des appartemens de cet Hôtel, on voit encore des peintures de *Mignard* qui méritent l'attention des connoiſſeurs.

( *g* ) Ce lieu, avant ce tems, étoit occupé par les Fermiers des voitures de la Cour, connues ſous le nom de *Coches de Verſailles*; on les a placés depuis près du Pont-Royal, à côté de l'Hôtel de *Belle-Iſle*.

( *h* ) On appelle *Guichets du Louvre* les paſſages qui

& de Louis XIII, par deux différens Architectes ; la partie qui commence au gros pavillon des Tuileries jufqu'au guichet (*h*), qui divife fa longueur en deux parties prefque égales , a été conftruite fous Henri I V, par Etienne *Duperac*, Peintre & Architecte de ce Prince : l'autre, depuis ce guichet jufqu'au Louvre, a été érigée fous Louis XIII, par *Clément Metezeau* (*i*).



fervent de communication du Quay du Louvre au quartier du Palais Royal ; il y en a trois de cette efpece dans la longueur de la galerie dont nous parlons ; auffi dit-on communément premier, fecond, troifiéme guichet du Louvre. On a pris foin de les marquer dans la planche dont nous donnons la defcription.

Voyez auffi ces ouvertures dans la planche onziéme où elles font exprimées ; ces paffages font de beaucoup trop étroits pour la communication continuelle de ce quattier avec le Faubourg S. Germain. C'eft fans doute ce peu d'ouverture qui les a fait nommer ainfi, du vieux mot *huichet*, ou petit *huis*, du Latin *oftiolum*.

(*i*) La décoration intérieure de cette galerie avoit été projettée avec la plus grande magnificence. *François Sublet*, Sieur *Des Noyers*, Sur-Intendant des Bâtimens fous Louis XIII. avoit , par ordre de ce Prince, fait venir exprès de Rome le plus grand Peintre de fon fiécle ( *le Pouffin*) pour en donner les deffeins. Afin de feconder cet habile homme , on choifit les Artiftes d'Italie les plus habiles , tels que *Arudini* & *Branchi* pour les ftucs , *Ponti* & *Triteni* pour les rehauffés d'or , & *le Pouffin* fe chargea lui même des camayeux & des grifailles diftribués dans les compartimens de la voute de cette galerie , dont les tableaux devoient repréfenter la naiffance & les travaux d'Hercule ; mais cet ouvrage immenfe, dans le goût de la *Galerie Mazarine* , qu'on voit à la *Bibliotheque du Roi* [1], n'a été continué que dans la longueur d'environ 50 toifes. On prétend que ce Peintre , dégoûté de la jaloufie de l'école de *Vouet*, prit la réfolution d'abandonner cè grand ouvrage & de retourner à Rome ; de forte qu'il eft refté dans l'état où l'avoit laiffé le *Pouffin* [2], néanmoins ce que nous en poffedons , fuffit pour immortalifer cet Artifte. En effet la compofition de cette voute, fes compartimens, & le goût admirable de fes ornemens font autant de chef-d'œuvres. Cette voute , dont la plus grande partie de la fculpture eft de ftuc , prend naiffance fur une corniche de même matiere, laquelle couronne un lambris de menuiferie décoré d'un Ordre Corinthien, diftribué fous les arc-doubleaux qui femblent foutenir la voute. On affure que M. *le Brun* avoit entrepris de continuer de peindre cette galerie, qu'il en avoit même commencé la voute , mais que ce dernier ouvrage a été détruit depuis, par la néceffité de pratiquer des logemens dans la partie de cette grande piece du côté du Louvre, lorfque l'*Infante d'Efpagne* vint demeurer à Paris, en 1722. On attribue auffi la ruine de ces nouveaux ouvrages, au défaut d'entretien des couvertures ; ce qui eft affez vraifemblable, à en juger par le dépériffement de ceux du *Pouffin*, dont la plûpart ont beaucoup fouffert par cette négligence , qui eft la caufe trop ordinaire de la deftruction de la plus grande partie de nos Maifons royales. Ajoutons à cela qu'on regarde avec trop d'indifférence tout ce qui n'eft pas de notre tems ; le préfent feul femble intéreffer : pour une commodité journaliere, on facrifie ce que des fiécles entiers ont eu de la peine à produire , & l'on n'apperçoit que ce qui nous environne. Les Chefs font furchargés, dit-on ; cela peut être, mais cette confidération devroit faire choifir des perfonnes en fecond , qui ayent beaucoup de connoiffance & de goût ; autrement les plus beaux ouvrages fe trouvent abandonnés à des hommes fubalternes , ou bien , ce qui eft également préjudiciable , on n'ordonne effentiellement les réparations , que de ce qui paroît évidemment fous les yeux, fans prévoir que les pieces les plus ignorées dans un Palais , font fouvent autant de dépôts qui contiennent des tréfors dignes de l'attention la plus fcrupuleufe. Par exemple , on voit encore dans la galerie dont nous parlons , des tableaux d'un très-grand prix , prefque périr par le défaut d'entretien des combles. Les batailles d'Alexandre qui y ont été long-tems, ont auffi couru grand rifque d'être détruites par cette même caufe , & ce n'eft que par la repréfentation réitérée d'un amateur zelé, qu'on a pris le parti de les placer depuis quelques années dans la galerie d'Apollon [3] où elles font , à la vérité , à l'abri de la rigueur des faifons, mais peut-être trop abandonnées à la difcrétion des jeunes Artiftes qui travaillent dans cette piece à mériter les faveurs du Prince, pour fe mettre en état d'aller un jour en Italie perfectionner leur étude.

La galerie que nous décrivons eft éclairée de 47 croifées, ayant vûe fur la riviere ; ces croifées , quoique féparées par des trumeaux d'une largeur confidérable , ne laiffent pas que de répandre une lumiere fuffifante dans cette grande piece , fa hauteur d'ailleurs n'étant que de 36 pieds fur 33 de largeur. Cette largeur & cette hauteur paroiffent fans doute peu confidérables , eu égard à fa grande longueur ; cependant la proportion en général paroît fupportable fur le lieu ; ce qui prouve en quelque forte que l'expérience doit toujours accompagner la théorie. En effet , à en juger par la dimenfion des galeries que nous avons en France, il feroit affez difficile de déterminer quelque chofe de pofitif à cet égard, puifque la plus longue que nous connoiffions après celle dont nous parlons, eft celle de *Clagny*, qui n'a que huit fois & demie fa largeur ; celle de *Verfailles*, fept fois ; celle de *Saint-Cloud*, fix fois & demie ; celle du *Palais Royal*, fix fois : enfin celles de *Meudon*, de *Chantilly*, & de l'Hôtel de *Touloufe* à Paris, cinq fois & demie. Nous ne parlons point ici des galeries des Hôtels de *Lambert*, de *Villars*, de la maifon de M. *Duchâtel*, &c. dont les proportions font arbitraires , & où il paroît qu'on n'en a fuivi d'autres que celles où l'on a été affujetti par la diftribution générale du terrein. ( Voyez ce que nous avons dit ailleurs au fujet des galeries dans notre Introduction, premier volume, page 36 ).

Dans quelques-uns des trumeaux de cette galerie, l'on voit, ainfi que nous venons de le remarquer plus haut, plufieurs grands tableaux de l'école de *Raphaël*, & de quelques autres Maîtres d'Italie [4], auffi bien que les portraits en pied des Rois & Reines de France de la

[1] Voyez ce que nous avons dit de cette Galerie dans le troifiéme volume, page 75.

[2] On voit dans le fecond volume des Œuvres du *Pouffin*, gravés par *Pefne*, Peintre & Graveur, la plus grande partie des fujets que *Le Pouffin* avoit compofés pour orner la voûte de cette fuperbe Galerie , & dont quelques morceaux font exécutés , tels que la Déeffe *Hebé*, fille de *Junon*, femme d'*Hercule* ; *Alcmene* accouchant d'*Hercule* ; *Hercule* qui affomme *Diomede* ; *Chiron* enfeignant *Hercule* ; *Hercule* qui étrangle le lion de la forêt de *Nemée* ; *Hercule* qui prend confeil de l'Oracle, &c. Sans compter plufieurs Génies qui portent les armes de ce demi-Dieu, des termes , & autres ornemens feints de ftuc, d'une beauté & d'une compofition qui méritent les plus grands éloges.

[3] Voyez le plan de cette Galerie dans la planche fixiéme, & ce que nous en dirons en faifant fa defcription.

[4] Le Roi vient d'accorder la plus grande partie de ces tableaux à M. l'Evêque de *Meaux*, pour les placer dans la Cathédrale de cette Ville.

Dans la longueur d'environ 100 toises, & au dessous de cette galerie, sont destinés des logemens pour la demeure des Artistes les plus célébres; ce fut Henri IV qui, voulant avoir sous ses yeux les hommes les plus habiles de son tems dans chaque profession, tant pour son service que pour celui du public, leur accorda par les Lettres patentes du 22 Décembre 1608 un logement dans l'enceinte de son Palais. Ces Lettres patentes ont été approuvées & autorisées jusqu'à présent par les successeurs de ce Prince; de sorte que l'on voit chez ces Artistes (la plûpart hommes du premier mérite) les ouvrages les plus accomplis en sculpture, peinture,

seconde & troisiéme Race, & dont la diversité des habillemens fait connoître d'une maniere intéressante les vêtemens des Princes & Princesses de ces siécles déja assez reculés.

Vers le milieu de cette galerie, au dessus du guichet dont nous avons déja fait mention, est un salon d'un diametre beaucoup trop petit, eu égard à la longueur immense de cette piece; ce qui auroit dû engager à faire un avant-corps extérieur plus considérable pour donner plus d'espace à ce salon. Cet avant-corps étoit d'autant plus aisé à pratiquer, que cette galerie est comprise entre deux murs de face, & que son étendue, tant intérieure qu'extérieure, auroit par là été plus subdivisée, ce qui auroit produit un bon effet. Cette idée devoit venir naturellement aux Architectes qui ont bâti cette galerie, d'une part par la petitesse de ce sallon, de l'autre par le peu de saillie de l'avant-corps du dehors, ce qui se pouvoit d'autant mieux que cet avant-corps se seroit trouvé placé à la rencontre des deux différentes ordonnances d'Architecture, l'une bâtie sur les desseins d'Etienne Duperac, l'autre sur ceux de Clément Metezeau. (Voyez la planche onziéme).

Nous avons remarqué dans le troisiéme volume (page 68, note (a), ) que lorsque la Bibliotheque du Roi se trouva placée dans la rue Vivienne, on avoit projetté de la transporter dans cette galerie; mais l'Infante d'Espagne qu'on attendoit en France, & à qui l'on destinoit une partie de cette galerie, pour y distribuer des logemens à ses Officiers (ce qui arriva effectivement) détourna de cette idée. D'ailleurs la nécessité de prendre sur son peu de largeur des corps d'armoires pour placer les Livres, sans compter la saillie des balcons nécessaires pour atteindre à ceux d'en haut, sans doute en dégoûta, parce que cette piece auroit encore perdu par là une largeur assez considérable: de sorte que dans la suite elle servit seulement de communication à l'Infante lorsqu'elle fut arrivée, & qu'elle vouloit aller du Louvre, où elle demeuroit, au Palais des Tuileries. Nous rapporterons, à propos de ce passage de l'Infante, qu'à cet effet l'on étendoit dans toute la longueur de cette galerie un tapis de la Manufacture de la *Savonnerie*, d'un dessein assez beau, & qui n'étoit divisé qu'en sept parties; ouvrage peut-être un des plus grands qu'il soit possible d'exécuter dans ce genre.

Avant l'arrivée de cette Princesse en France, l'on avoit placé dans cette galerie, vers 1697, plusieurs modeles des villes fortifiées du Royaume, & cet ouvrage fut déja poussé dans ce tems là à un assez haut point de perfection; mais on l'a augmenté depuis considérablement, de maniere qu'aujourd'hui cette galerie est remplie dans toute sa longueur, & dans presque toute sa largeur, d'environ 110 modeles d'une exécution & d'une beauté au-dessus de tout éloge, & qui présentent la collection la plus exacte qu'il soit possible d'imaginer, tant par l'imitation des villes & des ouvrages de fortification, & les détails des environs, que par le goût avec lequel ils ont été mis en relief. Effectivement les paysages, les montagnes, les collines, les desseins, les rivieres, les bâtimens civils & militaires, tout y est intéressant, d'une grandeur satisfaisante, & exécuté avec un soin & une dépense véritablement royale; de sorte que cet assemblage immense mérite l'attention des amateurs & des personnes de l'Art. Quel plaisir en effet pour un connoisseur, de pouvoir dans un même lieu prendre un local de toutes les principales Villes du Royaume, & de parcourir, sans sortir de la Capitale, les différentes situations exprimées dans ces modeles, avec une intelligence digne à bien des égards, du pinceau du plus grand Paysagiste & de l'ébauchoir du Sculpteur le plus consommé dans son Art!

L'origine de cette collection est dûe au ministere de M. de *Louvois*. Pendant la régence, M. d'*Asfeld*, comme Directeur général des Fortifications, continua d'en ordonner le progrès. Enfin nous devons son accroissement & sa perfection à M. le *Comte d'Argenson*, Ministre de la Guerre: la direction en a été confiée depuis 1740 à M. *Mazin de Luzard*, fils de M. Mazin [5], qui en avoit la direction dès 1707. Depuis quarante-sept ans l'on doit à ces deux Directeurs un succès si peu attendu dans ce genre d'ouvrage, qui certainement a droit de satisfaire, non seulement les curieux, mais aussi les gens du métier. Tous les différens travaux qui ont été ordonnés dans les villes de *Strasbourg*, *Lille*, *Briançon*, *Mastricht*, *Berg-op-Zoom*, *Suze*, *Casal*, *Pignerol*, *Montmelian*, &c. pendant les guerres que la France a eu à soutenir contre ses ennemis, y sont exprimés avec le détail le plus scrupuleux, & développés d'une maniere qui montre évidemment la sagacité, le génie & l'expérience des Lieutenans Généraux & des Ingénieurs qui ont servi si glorieusement la nation Françoise. Mais comme cette partie de détail appartient à une plume plus versée dans l'Art militaire, nous n'en dirons pas davantage; d'ailleurs notre objet dans ce recueil est de traiter seulement de l'Architecture civile & des Ouvrages de goût.

Nous remarquerons à cette occasion que pour pouvoir examiner ces modeles avec une sorte de facilité, il seroit convenable de pratiquer le long de cette galerie, environ à neuf pieds de hauteur, un balcon en saillie pour les appercevoir *à vûe d'oiseau*; autrement la grandeur de leur surface empêche, en quelque sorte, de parcourir

[5] M. *Mazin*, descendant d'une famille noble, originaire de Piémont, étoit né à Marseille en 1686, & est mort en 1739 Mestre-de-Camp d'Infanterie, Chevalier de l'Ordre Militaire de S. Louis, Ingénieur & Directeur des Plans du Roi; il a aussi exercé l'Architecture civile. L'Hôtel de *Charost*, Faubourg S. Honoré, a été bâti sur ses desseins, ainsi que le Château d'*Asfeld* en Champagne; ce dernier, dit-on, est très-considérable, & fut bâti pour M. le Marquis d'*Asfeld*, mort Maréchal de France: il est construit en craie, & on y a employé beaucoup de marbres de *Rance*, tirés à grands frais de *Charlemont*.

M. *Mazin de Luzard*, son fils, né à Toulon, est Ingénieur en chef, Capitaine au Régiment de Mailli, & Directeur des Plans du Roi; c'est lui qui est chargé, comme nous venons de le remarquer, du soin des modeles, de leur entretien & augmentation, aussi bien que de procurer l'entrée de la galerie qui les contient, aux Princes Etrangers, lorsque la Cour ou le Ministre en donne la permission, cette collection célébre n'étant pas publique.

gravure

gravure en taille douce, en creux, en pierres fines, orfevrerie, &c. ; & lorſque ces habiles Artiſtes ne ſe trouvent pas aſſez de logement pour leur attelier, on leur en accorde dans les dépendances du Louvre ; de ſorte que les Etrangers qui veulent prendre
connoiſſance de la perfection où l'on a conduit de nos jours les Arts en France,
trouvent près du même lieu ce que l'induſtrie Françoiſe, dans un ſiécle auſſi
éclairé, & ce que des talens ſupérieurs peuvent préſenter de plus accompli. Nous
allons donner dans une note particuliere le nom des principaux hommes de mérite
qui occupent actuellement ces logemens, & dont nous n'avons pû parler que d'une
maniere fort abrégée ; ces additions, quelqu'intéreſſantes qu'elles ſoient, étant en
quelque ſorte étrangeres à notre ſujet ( k ).

leur enſemble, d'une maniere inſtructive. Il eſt vrai que
ce balcon nuiroit peut-être à la proportion de cette galerie ; mais en faveur du bien qui réſulteroit pour la
vûe de ces merveilles de l'Art, il ſeroit ſans doute utile
de ſacrifier la dimenſion de cette grande piéce, qui paroît
deſtinée aujourd'hui à être la demeure conſtante de cette
immenſe collection.

Nous obſerverons encore qu'il ſeroit à deſirer pour
la conſervation de ces modeles, qu'on pratiquât des doubles chaſſis aux croiſées, pour empêcher la pouſſiere de
pénétrer dans cette galerie, qui étant expoſée au grand
air & élevée ſur un quai ſujet à la multitude, ſemble
exiger cette dépenſe ; autrement ces chef-d'œuvres ſe
dégradent inſenſiblement, les couvertures volantes qu'on
poſe deſſus, étant abſolument trop fragiles pour empêcher leur dégradation.

Les entretiens, les additions, & les nouveaux modeles auxquels on travaille continuellement pour l'entiere perfection de cette collection, ſe payent annuelle-
ment ſur l'extraordinaire des Guerres, & l'on a ſoin de
n'employer pour ces reliefs que des hommes du premier mérite dans ce genre de travail.

( k ) Nous ne pouvons faire ici l'énumération de tous
les habiles Artiſtes qui ont leur logement ſous cette
grande galerie ; nous citerons ſeulement en paſſant M.
*Drevet*, un des premiers Graveurs en taille douce pour
le portrait. M. *Pigalle*, célébre Sculpteur, qui indépendamment de ce logement, a ſon attelier dans l'intérieur
du Louvre. M. *Sylveſtre*, Graveur & Deſſinateur habile
pour les Vûes. M. *Rouquet*, Peintre de portrait en émail,
très-célébre, & qui a fait de grandes découvertes ſur le
méchaniſme de ſon Art, & ſur la compoſition des émaux.
M. *Danville*, Géographe ordinaire du Roi. M. *l'Abbé
Nolet*, Profeſſeur pour la Phyſique expérimentale. M. *De
la Tour*, un de nos plus habiles Peintres de portrait pour
le paſtel. M. *Oudry*, Peintre de l'Académie Royale, le plus
renommé pour les animaux, ayant ſon attelier au Château
des Tuileries. M. *Germain*, Orfévre, digne hétitier des talens de feu Thomas Germain ſon pere, un des plus habiles
Orfévres que la France ait poſſedé. Meſſieurs *Marteau
& Duvivier*, Graveurs du premier ordre pour les médailles. M. *Gay* d'un talent ſupérieur pour la Gravure
en pierres fines. M. *Bailly*, Garde des Tableaux du Roi,
&c. Mais ce qui mérite ſinguliement notre attention
& celle des amateurs, ce ſont, 1°. la Collection des deſſeins du cabinet du Roi. 2°. L'Imprimerie Royale.
3°. La Monnoie des Médailles, dont nous allons donner en particulier une deſcription ſuccinte.

Le Cabinet des Deſſeins, ci-devant ſous la garde de
feu M. *Coypel*, premier Peintre du Roi, a été confié
l'année derniere à *Charles-Nicolas Cochin*, Deſſinateur
& Graveur du premier mérite. ( Voyez ce que nous
avons dit de cet illuſtre Artiſte dans le tome 2, page
138, note ( e ).

Voici à peu près le dénombrement des différens Auteurs qui compoſent cette collection, montant environ
à dix mille deſſeins originaux de différentes Ecoles.

Pluſieurs deſſeins de Raphael.
Quelques-uns de Jules Romain.
Et un grand nombre de différens Maîtres *de l'Ecole
de Rome*.
Pluſieurs d'André *del Sarte*, de Michel-Ange *Buona-
rotti*, de Mecarino, de *Baccio Bandinelli*, & de diffé-
rens Maîtres de *l'Ecole Florentine*.
Quelques deſſeins du Correge.
Quantité de deſſeins du Parmeſan.
Pluſieurs études & eſquiſſes d'Annibal Carache.
Les cris de Rome du même, & pluſieurs payſages.
Diverſes Études du Dominicain.
Un très-grand carton original de ce Maître pour ſon
tableau du martyre de Sainte Cecile.
Quelques deſſeins & études du Guide, du Guetchin,
& quantité d'autres de pluſieurs Maîtres de *l'Ecole de
Lombardie*.
Pluſieurs deſſeins du Titien, de Paul Veroneſe, du
Tintoret, des Baſſans, & de différens Maîtres de *l'E-
cole Venitienne*.
Différens deſſeins de *Pietre de Cortone*.
Pluſieurs colorés de *Benedetto di Caſtiglione*.
Un nombre conſidérable de payſages de Paul Brill.
Quelques deſſeins du Baroche.
Pluſieurs deſſeins & petites eſquiſſes, peintes par Ru-
bens.
Pluſieurs autres, retouchés par ce Peintre célébre, ſans
compter un aſſez grand nombre de deſſeins de différens
Maîtres de *l'Ecole Flamande*.
La plus nombreuſe collection de ce cabinet, conſiſte
dans les deſſeins de Le Brun. On y voit de ce Maître
quantité d'études de figures nües & drapées, d'autres
d'animaux, diverſes compoſitions & eſquiſſes de ſujets
d'hiſtoire, & des conquêtes de Louis XIV, des deſſeins
d'architecture, pluſieurs études de la phiſionomie humaine, & du rapport qu'elle a avec les têtes de différens
animaux.
Quelques études relatives aux paſſions des hommes.
Quelques deſſeins des batailles d'Alexandre.
Un nombre conſidérable de cartons, ou deſſeins de
figures plus grandes que le naturel, de la galerie & du
grand eſcalier de Verſailles ; du pavillon de l'Aurore,
de la chapelle de Sceaux, &c.
Pluſieurs deſſeins de compoſitions & d'études de Noel
& Antoine Coypel.
Un porte-feuille d'études d'animaux, par Boils.
Un porte-feuille de deſſeins de Sylveſtre, contenant
pluſieurs Vûes de Paris & des Maiſons Royales, quel-
ques vûes de différentes Villes fortifiées, &c.
Enfin un porte-feuille d'études de Mignard.
On voit encore dans ce cabinet quelques ouvrages
de ſculpture, de marbre, de bronze, & de terre cuite ;
entr'autres un S. Pierre pleurant ſon péché, & une
Magdeleine pénitente, tous deux de marbre en ronde-
boſſe, d'environ deux pieds de proportion, par Sarraſin.
17 autres petits bas-reliefs de marbre du même, & de
*Van Olſtal*.

*Tome IV.*        F

&, L'Académie royale de Musique, ou Magasin de l'Opéra.

a, Marché des Quinze-Vingt.

b, Eglise & Hôpital des Quinze-Vingt que l'on réédifie à neuf, sur les desseins de feu M. *Labbé*, Inspecteur des Bâtimens du Roi, & qui se continue sous la con-

Un crucifix de bronze de 18 pouces de proportion de *Van Obstal.* Cinq autres petits bas-reliefs aussi de bronze.

16 morceaux de bas-relief & de ronde-bosse en yvoire.

13 bustes en terre cuite, d'environ un pied de haut, par Sarrasin, représentant Jesus-Christ & les 12 Apôtres.

M. Cochin, Garde de ce précieux dépôt, se propose dans la suite, pour l'avantage des Arts & le bien du public, de faire voir cette célèbre collection aux amateurs un jour de chaque semaine, quoique jusqu'à présent elle n'ait point encore été publique.

L'Imprimerie Royale a pris naissance sous le ministere de M. Colbert, qui en donna la direction au Sieur *Cramoisy*, Imprimeur. Celui-ci se servit pendant long-tems des caracteres de l'Université; mais M. Colbert toujours attentif à veiller aux progrès des Arts, se proposa de porter à un plus haut point de perfection cette Imprimerie. Pour cela, il chargea les plus habiles Artistes de son tems de composer de nouveaux caracteres Romains & Italiques, beaucoup plus réguliers, de maniere qu'ils sont devenus dans la suite un sujet d'imitation pour toutes les Imprimeries du Royaume. Après cette découverte, il fut décidé que l'on graveroit aussi des lettres capitales & des vignettes, frappées & justifiées avec les moules d'acier, à dessein d'établir une Fonderie qui ne serviroit absolument que pour l'Imprimerie Royale; ce qui fut effectivement exécuté, sous la direction de M. *Anisson*, de Lyon, associé avec M. *Rigaud*, Libraire & Imprimeur.

M. *l'Abbé Bignon*, qui succéda à M. *Colbert* pour la direction de l'Imprimerie Royale, fit choix de M. *Grand-Jean* pour en graver les caracteres. Cet homme de mérite fut breveté, on lui accorda une pension, & on convint de lui payer à part ses ouvrages; alors il s'associa le Sieur *Alexandre* son éleve; & ils travaillerent conjointement à perfectionner la plus grande partie des caracteres qui avoient été résolus du tems de M. *Colbert.* Cet ouvrage important devoit consister en vingt caracteres Romains, avec chacun leur Italique, dont la plus grande partie fut finie sous M. *l'Abbé Bignon.* A ce dernier succéda M. *Rigaud*, qui vit mettre fin à cette entreprise; après sa mort M. *Anisson* fut nommé à cette direction, & l'exerce encore aujourd'hui avec beaucoup de distinction.

Les bâtimens qui contenoient cette Imprimerie Royale s'étant trouvés trop resserrés; d'ailleurs le dessein dans lequel on étoit de mettre sous les yeux des Directeurs les différentes parties de détail de leurs départemens, fit que vers 1710 M. le Duc *d'Antin*, alors Sur-Intendant des Bâtimens du Roi, reçut des ordres de la Cour pour faire faire des agrandissemens, & procurer les commodités convenables à cette Imprimerie; alors on ne conserva que la cage du bâtiment, & on pratiqua une grande galerie au premier étage, placée au dessus du troisiéme guichet, capable de contenir 16 ou 17 Presses; un grand magasin pour le papier, des atteliers, & enfin un assez beau logement pour le Directeur.

Lorsque ce nouvel arrangement, fut fini, on y fit transporter tous les ouvrages qui concernoient les caracteres, & la Fonderie, qui étoient restés chez la Veuve *Grand-Jean*, qui avoit obtenu la survivance de son mari; ensorte que tous ces différens ouvrages furent arrangés avec ordre dans plusieurs pieces, & sont exposés aujourd'hui aux yeux des connoisseurs. Le sieur *Alexandre* fut breveté à son tour, & travailla au second caractere, nommé la *Sedanoise*, avec laquelle on a imprimé le

Phedre & l'Horace; mais il ne voulut pas entreprendre le premier caractère proposé même du tems de M. *Colbert*; il s'associa pour cela, & par Brevet, le sieur *Luce* son gendre, actuellement Graveur de l'Imprimerie Royale: c'est à ce dernier, qui joint à la célébrité de son Art, les talens de la sculpture & du dessein, que nous sommes donc redevables de ce caractere, ouvrage du plus grand mérite, & d'une extrême difficulté. (Voyez les épreuves de ce premier caractere dans le premier volume de l'Enciclopedie). C'est aussi à ce génie rare & excellent qu'on est redevable des bordures, cadres, vignettes, culs-de-lampe, lettres-grises, &c. dont on enrichit le plus souvent les Livres de réparation qui sont exécutés dans l'Imprimerie Royale. Tous ces ornemens, la plûpart d'un goût excellent, sont gravés en acier, & imitent parfaitement la taille douce; ils ont aussi l'avantage de se décomposer de toutes grandeurs, de se transposer à discrétion, & enfin de se tirer ensemble avec les caracteres, ce qui est bien moins sujet que les passe-par-tout en taille douce, dont on a fait usage jusqu'à présent.

Ce que nous venons de rapporter au sujet de l'établissement de l'Imprimerie Royale, se contredir en quelqu'endroit avec ce que *Sauval* nous en a dit, car il fait remonter son origine dès l'an 1640, sous le ministere du Cardinal de *Richelieu.* Mais, nous en avons déja averti, on doit nous passer la diversité de sentimens qu'on peut trouver dans l'historique de cet Ouvrage, comparée avec ce que nos Ecrivains nous en ont donné, ayant crû devoir préférer aux sentimens des anciens Auteurs ceux des personnes qui exercent journellement leur profession dans les différens départemens que nous nous trouvons obligés de décrire; leur témoignage ne peut nous devenir suspect, connoissant leurs lumieres & leur affabilité, qualités éminentes qui leur ont attirés dans plus d'une occasion toute notre confiance.

La Monnoie des Médailles fut placée aux galeries du Louvre en 1629 : l'on mit alors sur la porte d'entrée une inscription, qui s'étant trouvée mutilée dans la suite, lui a fait substituer celle qu'on y voit aujourd'hui, conçue ainsi, Monnoye des Médailles. Louis le Grand donna la conduite de cette Monnoie au Sieur *Warin*, Directeur général des Monnoies de France, & le plus habile Graveur de son tems: ce fut le célèbre *Balin* qui lui succéda; après celui-ci, *l'Abbé Bizot* en eut la direction, ensuite M. *Petit* qui l'exerça jusqu'en 1696. Ce fut dans cette année que le Roi donna un Edit par lequel Sa Majesté voulut qu'il n'y eût qu'une seule Monnoie des Médailles en France; il créa à cet effet en titre d'Office la Charge de Conseiller du Roi, Directeur de la Monnoie des Médailles, & Garde des Poinçons & quarrés de Sa Majesté, de laquelle Charge M. *Nicolas de Launay* fut pourvû la même année, & il l'a exercée jusqu'à sa mort, arrivée le 17 Août 1727.

Sous ce nouveau Directeur, la Monnoie des Médailles prit toute une autre face; elle fut mise dans un ordre admirable, & parvint à la plus grande perfection; ce qui a toujours subsisté jusqu'à présent sous la direction actuelle de M. *Jules-Robert de Côte*, Intendant & Contrôleur des Bâtimens du Roi, & gendre de feu M. *de Launay.*

C'est dans ce lieu que toutes les Médailles qui se distribuent dans le Royaume, sont fabriquées, par le moyen de différens balanciers de bronze, dont un pese jusqu'à 16 milliers, & que dans une galerie, décorée de fort bon

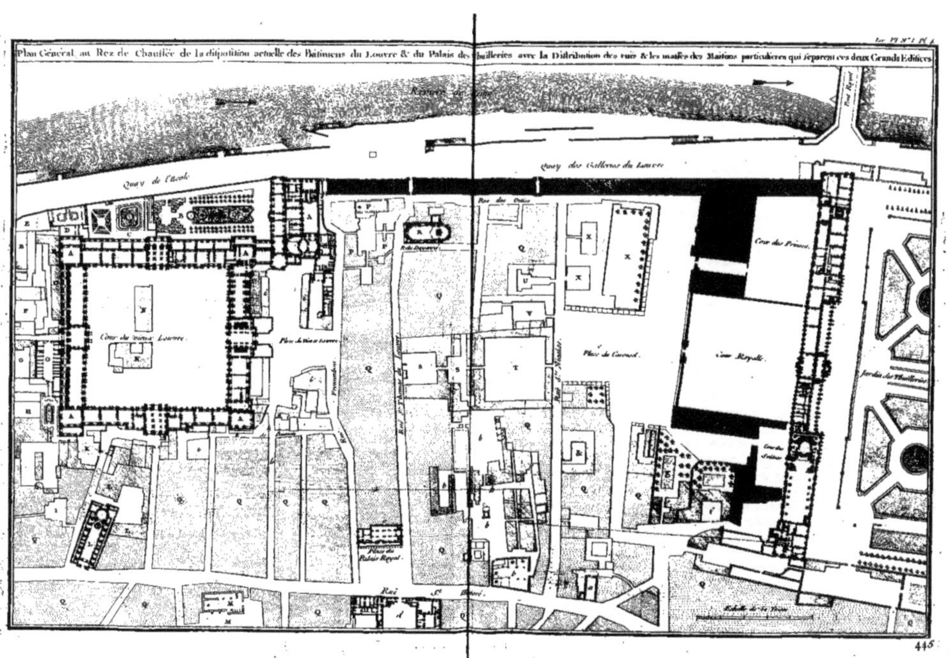

Liv. VI N.º I Pl. I.
Plan Général, au Rez de Chaussée de la disposition actuelle des Bâtimens du Louvre & du Palais des Thuilleries avec la Distribution des ruës & les masses des Maisons particulieres qui séparent ces deux Grands Edifices.
Riviere de Seine
Pont Royal
Quay de l'Ecole
Quay des Galleries du Louvre
Cour du vieux Louvre
Place du vieux Louvre
Rue des Orties
Place du Carousel
Cour des Princes
Cour Royalle
Jardin des Thuilleries
Place du Palais Royal
Rue St. Honoré
Echelle de six Toises

duite de M. *de Saint-Martin*, Architecte ; ce monument sera très-considérable. Le  frontispice de l'Eglise se trouvera placé rue S. Honoré, en face de celle de Richelieu, l'une des plus droites de Paris & de la longueur d'environ 590 toises.

*c*, Le Château-d'eau du Palais Royal.

*d*, Le Palais Royal, dont les plans & la description se trouvent dans le neuviéme chapitre du troisiéme volume, aussi bien que celle du Château d'eau.

*e*, Place du Carousel, nommée ainsi à cause de celui que Louis XIV donna en 1662 à la Reine Mere, & dont le Comte *de Saulx* remporta le prix.

*f*, Hôtel de M. le Comte *de Brionne*, grand Ecuyer de France.

*g*, Hôtel de M. le Duc de la Valliere.

*h*, Ligne ponctuée qui indique l'enceinte des projets de *Perrault*, donnés dans les planches premiere & seconde de ce volume.

*i*, Masse de maisons contenant divers logemens, occupés par les Artistes & Entrepreneurs des Bâtimens de Sa Majesté.

goût, on voit dans six huit cabinets de menuiserie à panneaux de glaces, tous les poinçons & quarrés qui servent à frapper, tant les Médailles d'or ou d'argent pour le service de Sa Majesté & du Public, que les Jetons que l'on présente tous les ans au Roi, aussi bien que ceux aux armes des premieres Maisons, & des plus illustres familles de la France, ceux des Académies, &c. Le choix des meilleurs Artistes, le soin & la propreté que l'on apporte à la fabrication des Médailles & des Jetons, rendent cette Monnoie supérieure à tout ce que l'on voit dans ce genre en Europe.

On voit encore dans cette galerie une suite complette de quarrés qui servent à frapper l'histoire métallique de *Louis XIV*, au nombre de 318 médailles, dont les 32 dernieres ont été gravées par l'ordre de Louis XV depuis son avénement à la Couronne. On n'avoit dans la Monnoie que des quarrés de différentes grandeurs, dont la plûpart étoient d'un grand volume. M. *de Launay*, premier Timbalier de la Charge de Directeur, faisant attention que l'acquisition de ces médailles devenoit trop dispendieuse pour les amateurs ; que d'ailleurs elles s'arrangeoient mal dans un médaillier, proposa à Louis XIV de les réduire toutes sous un même diametre de 18 lignes ; Sa Majesté y consentit, & on en forma une suite égale, telle qu'on la voit à présent dans cette galerie.

Les quarrés des médailles qui composent l'histoire du régne de Louis XV, sont actuellement au nombre de 80, & vont être augmentés par les soins de M. le Comte *d'Argenson*, Ministre & Secrétaire d'Etat, de trente médailles, qui auront pour objet des faits intéressans, qui avoient été omis dans cette histoire.

On va mettre au jour, par ordre du Roi, à l'Imprimerie Royale, un volume *in-folio*, contenant un abrégé de tous les événemens qui ont donné lieu à ces Médailles ; vis-à-vis chaque description on trouvera la médaille représentée des deux côtés, & entourée d'ornemens & d'attributs allégoriques, relatifs à chaque événement, dessinés & gravés par M. *Cochin*. Cette suite d'estampes est une de celles où cet illustre Artiste aura le plus d'occasion d'exercer la richesse & l'étendue de son génie, par la variété des sujets qu'elle renferme. M. *Bonpaisseville*, Secrétaire perpétuel de l'Académie des Belles Lettres & Inscriptions, & l'un des quarante de l'Académie Françoise, a été choisi pour faire l'abrégé de l'histoire du Roi, relativement à chaque médaille ; ce que cet Académicien se propose d'exécuter d'une maniere plus étendue que ce qui a été fait jusqu'à présent en ce genre.

On voit aussi dans cette galerie les quarrés de la suite des Rois de France depuis *Pharamond*, renouvellés avec soin sur les plus anciens & les plus précieux monumens que nous ayons de ces Rois.

Enfin on y remarque plusieurs Ouvrages du célébre *Boule*, Ebéniste du Roi, quelques beaux bronzes & d'excellens tableaux, qui annoncent aux Etrangers qui viennent visiter ces différens chefs-d'œuvres, le goût & les connoissances de M. *de Cotte*, dont l'affabilité procure un libre accès aux Artistes curieux de fertiliser leur génie par l'examen d'une collection si précieuse & si considérable.

## CHAPITRE VI.

*Plan au rez-de-chauſſée du Louvre.* Planche V.



Nous donnons dans cette planche la diſtribution détaillée du plan du rez-de-chauſſée du Louvre, non ſeulement telle qu'elle avoit été conçue dans ſon origine, & qu'elle a été augmentée depuis, pour répondre à la magnificence du Prince qui y devoit faire ſa réſidence ; mais auſſi telle qu'elle eſt diviſée aujourd'hui pour la demeure des perſonnes du premier ordre & des Artiſtes, à qui Sa Majeſté a accordé des logemens ; on y a auſſi marqué la diſtribution des Académies qui y tiennent leurs ſéances, & y font leurs aſſemblées : enfin on a ajouté quelques notes à cette deſcription , qui contiendront un abrégé des parties les plus remarquables dans ce vaſte Edifice, auſſi bien que pluſieurs obſervations intéreſſantes, concernant les Artiſtes les plus célébres qui y réſident actuellement.

*Claude Perrault*, dont nous avons déja parlé, & qui a bâti le périſtile, marqué O dans la planche ſixiéme, auſſi bien que la face du côté de la riviere, avoit auſſi donné divers projets pour augmenter la diſtribution des bâtimens qu'on voit ici : nous allons rapporter quelques-unes de ſes obſervations , tirées du Livre manuſcrit dont nous avons déja parlé.

Cet Auteur rapporte dans ce manuſcrit, » que pluſieurs perſonnes ayant pré-
» tendu que le diametre de cette grande cour étoit trop conſidérable , eu égard
» aux modules des Ordres & à l'ordonnance de l'architecture de ſes façades, cela
» l'avoit engagé à la diviſer en cinq cours, chacune de 26 toiſes de diametre, dont
» celle du milieu étoit circulaire, & les quatre autres de formes irrégulieres, ainſi que
» l'expriment les lignes ponctuées , marquées légerement ſur cette planche ; il con-
» vient néanmoins que cette conſidération lui avoit paru peu importante, mais que
» cependant, comme cette opinion avoit fait beaucoup d'impreſſion ſur les eſprits ,
» il avoit uſé de ce moyen, autoriſé, dit-il, par l'exemple du Palais de l'Eſcurial ,
» dont la principale cour n'eſt que de 26 toiſes ſur 14 ou 15 de large, & dont la plûpart
» des autres n'en ont que huit en quarré ; que par ce projet d'ailleurs on ne touchoit
» pas aux pavillons des angles extérieurs de la cour du Louvre, qui ſe conſervoient
» entiérement, ce qui étoit eſſentiel alors, le projet du *Cavalier Bernin* ayant déplû
» pour la plus grande partie , parce qu'il falloit démolir preſque toutes les façades
» de ce Palais.

C'eſt un bien ſans doute, que ce dernier projet de *Perrault* n'ait pas eu lieu ; car il eſt certain, comme il le remarque lui-même, que cette diviſion auroit détruit la plus grande beauté de ce monument, dont le diametre de la cour eſt de 64 toiſes & de forme quarrée (*a*), ce qui annonce convenablement une Maiſon Royale ; diametre auquel , à la vérité, la grandeur de l'architecture ne répond pas, ainſi que nous l'obſerverons dans ſon lieu, mais qui auroit été tout-à-fait manqué ſi l'on avoit élevé ces bâtimens propoſés.

On voit dans la planche dont nous parlons, le plan du ſoubaſſement du périſtile de *Perrault* , dans lequel ſont exprimés les petits eſcaliers à noyau, ſervant de deſcente pour l'écoulement des eaux, dont nous avons déja fait mention ; l'on y remarque auſſi le nouveau mur de face U, que l'on a élevé du côté de la riviere ; enſorte que l'ancien, marqué X, doit ſervir de mur de refend, lorſque cette aîle de bâtiment ſera entierement finie. Nous obſerverons que pour couvrir ces nou-

----

(*a*) On n'a point exprimé dans ce plan du rez-de-chauſſée, les bâtimens qui ſont élevés au milieu de cette grande cour , pour la raiſon que nous en avons déja rapportée en parlant de la planche IV , page 18.

veaux

veaux bâtimens & les anciens, on proposa, dit *Perrault*, des couvertures de cuivre, au lieu d'ardoise & de plomb, & il rapporte à ce sujet, que par le calcul qui en avoit été fait, la toise n'auroit couté que 64 livres ; dépense qui n'auroit guere excedé le prix des couvertures ordinaires, y compris la charpenterie, qui dans ce cas consommeroit un tiers moins de bois : il dit enfin avoir supputé à quoi auroit pû revenir toute la couverture des bâtimens du Louvre (*b*), & que cette dépense n'auroit pas monté à 250000 livres ; il donne même à ce sujet le dessein de la charpente propre à ce genre de couverture, dans le goût de celle du Château d'*Anet*, qu'il avoue être beaucoup plus legere que celle dont on fait usage ordinairement, où il entre beaucoup plus de matiere.

Nous dirons, d'après l'opinion de notre Auteur, qu'il est étonnant que l'on ait négligé jusqu'à présent de mettre plus communément en pratique ce genre de charpenterie, qui nous a été donné par Philibert Delorme *dans sa maniere de bâtir à petits frais*, & dont il démontre évidemment la possibilité. Combien ne seroit-il pas avantageux d'user de ce genre de couverture, qui donne la facilité d'employer de petits bois, qui procure une œconomie considérable dans l'épaisseur des murs de face, & qui donne enfin le moyen d'éviter l'apparence des combles ! *Perrault* connoissoit tout le mérite de cette invention, & comme il étoit moins jaloux & plus connoisseur que la plûpart des Architectes de son tems, il se faisoit un plaisir raisonnable d'applaudir à tout ce qui avoit été fait de bien avant lui.

˄Voici encore quelques changemens proposés par *Perrault*. Ils consistoient, 1°. à observer du côté de la cour, dans l'intérieur du bâtiment, des galeries ou grandes pieces libres pour pouvoir aller à couvert tout autour du Louvre. 2°. Pour diminuer le diametre de la cour, qui paroissoit, dit-il, trop grand à quelques-uns, pour la hauteur des bâtimens, il avoit proposé, comme nous l'avons dit ailleurs, une terrasse de 18 pieds de large, élevée de trois marches, telle qu'il s'en voit une dans la cour du Château de S. Cloud. Cette terrasse, selon *Perrault*, auroit eu encore deux avantages ; le premier, qu'elle auroit empêché les équipages d'approcher du pied du bâtiment ; le second, qu'elle auroit servi d'empattement à tout l'Edifice, & préservé la base des piédestaux de l'humidité de la terre & de l'écoulement des eaux. 3°. A pratiquer au rez-de-chaussée, dans l'épaisseur des murs qui séparent le péristile d'avec les bâtimens de l'intérieur de la cour, des aisances qui se seroient déchargées dans un aqueduc, par lequel les matieres auroient été emportées dans la riviere ; ces aisances auroient été entretenues propres, & lavées par une eau abondante, provenant des combles, & de la pompe de la Samaritaine.

Nous remarquerons premierement, que ces galeries, ou grandes piéces, dont parle *Perrault*, & dont on voit les desseins dans son manuscrit, page 79, auroient sans doute été nécessaires ; mais que leurs différens diametres & leurs interruptions dans un bâtiment d'une distribution simple, présentent des communications trop imparfaites pour les issues principales d'une Maison Royale ; en second lieu, que ces terrasses font bien, à la vérité, au pied d'un bâtiment, parce qu'elles procurent un sol de niveau qui corrige les inégalités indispensables du pavé des cours, & contribuent

---

(*b*) Une portion du Château de Versailles, du côté du Jardin, est couverte de cuivre, & réussit fort bien, malgré le sentiment de quelques-uns, qui prétendent que le verd-de-gris est un obstacle qui devroit lui faire préférer le plomb ; non seulement ce dernier est plus pesant, par rapport à son épaisseur, mais il coute beaucoup de soudure, & est sujet à se gercer à la gelée ; le cuivre rouge, au contraire, n'a aucun de ces inconvéniens, & loin de se détruire par le verd-de-gris, il se graisse à l'air, de maniere que l'eau du ciel coule sur sa surface, sans qu'il soit besoin de passer plusieurs couches à l'huile ; comme quelques-uns le prétendent ; l'expérience prouvant ce que nous avançons ici. Ce genre de couverture a donc l'avantage de pouvoir être plus leger, d'exiger des murs de maçonnerie d'une moindre épaisseur, & enfin de n'être pas plus dispendieux que les autres, en tirant directement ces tables de cuivre, de Suede, où l'on n'employe pas d'autre matiere pour la couverture des bâtimens.

 souvent à rendre la forme de ces dernieres plus agréables; mais il faut convenir qu'elles empêchent d'arriver à couvert dans l'intérieur de l'édifice, ainsi qu'on le peut voir au Palais du Luxembourg. Enfin nous remarquerons que la maniere dont *Perrault* avoit conçu les aisances dont nous venons de parler, est contraire à la santé des Citoyens, & que quoique cette pratique ne soit pas sans exemple, bien loin d'être une autorité, le premier abus auquel on devroit remédier à Paris, seroit d'éviter la décharge de tous les cloaques qui se répandent dans la riviere qui traverse cette Capitale, & de suivre au contraire l'idée du nouvel égoût qu'on a construit hors de Paris, & qui est peut-être une des dépenses la plus véritablement louable qui ait été ordonnée de nos jours.

*Perrault* avoit encore proposé, pour perfectionner les distributions de l'intérieur du Louvre, deux grands escaliers de desseins différens, projettés pour être substitués à la place des anciens, marqués L. L'un de ces escaliers, d'une belle disposition & d'une forme quarrée, avoit neuf toises dans œuvre, non compris une galerie de 18 pieds de largeur qui régnoit au pourtour; il étoit décoré de colonnes Corinthiennes accouplées : l'autre, plus vaste encore & décoré aussi d'Ordre Corinthien, avoit de largeur sept toises un pied, sur 18 toises 4 pieds de longueur, non compris un péristile de 14 pieds à chaque extrémité. ( Voyez ces diverses compositions très-bien détaillées & dessinées avec beaucoup de goût dans le premier volume manuscrit de *Claude Perrault.*

Passons présentement à une description plus détaillée du Louvre, dans laquelle nous ferons mention de la plus grande partie des chef-d'œuvres qui y ont été conservés jusqu'à présent; ce qui nous donnera occasion de parler des Académies célébres qui y tiennent leurs assemblées, & des plus habiles Artistes qui y sont logés actuellement.

*Explication des lettres de renvoi marquées sur la* Planche V.

A, Magasin ( *c* ) extraordinaire des ustensiles de la Maison du Roi.

B, Académie d'Architecture ( *d* ) établie en 1671 par les soins de M. Colbert,

---

( *c* ) Messieurs *Menard* & *Felix* ont le Contrôle de ce Magasin, & Monseigneur le Prince de Condé, comme Grand-Maître de la Maison du Roi, en a le gouvernement. Ces ustenciles consistent en équipages de guerre, de chasse, de table, &c. ; le tout sous la garde d'un Concierge qui demeure dans ce magasin.

( *d* ) Cette Académie se tient tous les Lundis, & est composée de deux classes ; la premiere à présent, de 12 Académiciens ; la seconde de 14, dans lesquelles sont compris les Contrôleurs des bâtimens du Roi, & deux Professeurs, l'un de Mathématiques, l'autre pour l'Architecture. Ces deux Professeurs donnent, l'un le Lundi, & l'autre le Mercredi, des leçons publiques. C'est dans ce lieu que s'assemblent les Académiciens pour y conferer ensemble. C'est aussi dans cette Académie que tous les ans, vers la S. Louis, le Directeur général des Bâtimens du Roi distribue, de la part de Sa Majesté, trois prix. Le premier est une médaille d'or ; le second & le troisiéme, des médailles d'argent, données aux Eleves qui ont mérité le prix proposé par les Académiciens. Celui qui a remporté le premier prix est envoyé à Rome l'année suivante, pour y perfectionner ses talens, à la solde de Sa Majesté.

Les desseins auxquels sont adjugés les prix, sont ordinairement d'un certain mérite. Ce seroit sans doute un avantage essentiel pour ceux qui se vouent à l'étude de l'Architecture, qu'on exposât les plus généralement approuvés de ces desseins dans une grande salle, où on pourroit les voir en tout tems ; rien ne contribueroit davantage à exciter l'émulation de nos Eleves, & à fertiliser leur imagination, que l'exposition de ces projets, qui ont généralement pour objet toutes les especes de Bâtimens relatives à l'Architecture civile. Autrement c'est un travail en pure perte pour les Eléves à venir, & une satisfaction de moins pour ceux qui ont concouru.

Un de nos amateurs hazarda l'année derniere, dans une petite brochure, de représenter que les Architectes de l'Académie devroient exposer leurs productions toutes les années, comme font les Peintres & les Sculpteurs au sallon de l'Académie. On ne sçauroit trop applaudir à cette idée, elle tend au progrès des Arts, & à la gloire de cette célébre Compagnie. Certainement il seroit bien que dans la salle où se tient leur assemblée, l'on y vît leurs morceaux de réception : par là on connoîtroit évidemment le mérite des hommes du premier ordre qui la composent ; on feroit voir aux Etrangers ce que peut cet Art lorsqu'il est cultivé par des personnes qui, rassemblées en corps depuis plus de 80 ans, doivent avoir produit des dissertations, résolu des doutes, & enfin applani les contradictions qui jusqu'à présent se sont rencontrées dans les différens Auteurs qui ont écrit sur l'Architecture.

On voit à la vérité quelques modeles en plâtre près de la salle où l'on donne les leçons publiques d'Architecture ; mais ils sont placés d'une maniere si desavantageuse, qu'on n'en peut tirer aucun fruit. Sans doute cela provient du terrein trop borné où est située cette Académie, dont l'aspect en général donne une idée toute opposée à celle qu'on doit se former d'une Compagnie si célébre dans ses commencemens, & dont cette Capitale, le séjour des Arts & du goût, doit attendre les plus heureux succès.

& autorisée par Lettres patentes de Louis XV, l'an 1717. C'est aujourd'hui M. de Marigny, Directeur général des bâtimens du Roi, qui communique à cette Compagnie les ordres du Prince; M. Gabriel, premier Architecte de Sa Majesté, en est le Directeur. La piéce B est une antichambre; celle B 2 une seconde antichambre; celle B 3 la salle des Académiciens, qui s'y assemblent tous les Lundis, & où se donnent tous les Mercredis les leçons publiques de Mathématique; B 4, Salle où se donnent tous les Lundis les leçons publiques d'Architecture; B 5, Dépôt pour les modeles; B 6, Passage pour arriver à l'escalier qui monte aux entresols; dans lesquels est distribué le logement du Secrétaire perpétuel de cette Académie.

C, Logement de M. Felix, Contrôleur de la Maison du Roi, & Secrétaire de M. le Prince de Condé. Cet appartement est composé de plusieurs piéces, tant au rez-de-chaussée, que dans les entresols, dont celles de Maître sont ornées avec assez de goût & de propreté.

D, Logement de Messieurs de Chancenet, pere & fils, premiers Valets-de-Chambre du Roi; le pere Gouverneur de Meudon, & le fils Gouverneur de Choisy. Cet appartement, comme le précédent, est situé au rez-de-chaussée & aux entresols, mais est beaucoup plus vaste, ayant un petit jardin, & un dégagement par la rue de Beauvais.

E, Escalier qui monte dans les nouveaux logemens pratiqués au premier étage.

F, Académie Françoise (e), instituée en 1635 par le Cardinal de Richelieu, pour perfectionner la Langue Françoise; elle est précédée d'une antichambre G commune à l'Académie des Inscriptions & Belles Lettres. La salle d'assemblée de cette Académie, marquée F, est ornée du portrait de Louis XIV, revêtu des habits de son sacre, peint par *Saint-André*; de celui de la Reine de Suede, & de ceux des anciens Académiciens, peints par différens Maîtres. Au dessus de cette salle, on a pratiqué un logement pour le Secrétaire perpétuel de cette Académie. La piéce F 2 est un cabinet servant de Bibliothéque.

G, Antichambre commune aux Académies des Belles Lettres & Françoise, & où se tiennent les séances publiques de l'Académie Françoise. A cet effet, on y a placé des tribunes pour les spectateurs. Cette piéce est revêtue de menuiserie, ornée d'un Ordre Corinthien, & enrichie de sculpture & de bas-reliefs assez estimés.

H, Académie des Inscriptions & Belles Lettres (f). Cette Académie doit son établissement à Louis XIV, qui l'érigea en 1663. La salle, marquée H, est celle où s'assemblent les Académiciens, la plus ornée de celles qui se voyent au Louvre.

(e) Cette Académie en général a pour objet toutes les matieres de Grammaire, de Poësie, & d'Eloquence. Ses membres sont au nombre de 40, tous égaux. Les Grands Seigneurs n'y sont admis qu'*à titre d'hommes de Lettres*. Elle s'assemble particulierement trois fois la semaine, le Lundi, le Jeudi, & le Samedi, & n'a d'assemblée publique que lorsqu'on y reçoit quelque nouvel Académicien, & celle qui se tient tous les ans le jour de la S. Louis; jour auquel cette Académie distribue les prix d'Eloquence & de Poësie, qui consistent en une médaille d'or : Sa Majesté est le Protecteur de cette Académie, depuis la mort du Chancelier Seguier, qui succéda au Cardinal de Richelieu qui l'avoit instituée; la devise de cette Académie est, *à l'immortalité*.

(f) L'établissement de cette Académie a pour objet de cultiver les belles Lettres, expliquer les anciens Monumens, & consacrer les événemens de la Monarchie, par des inscriptions, des médailles, des jettons, &c. Cette Académie reçoit les ordres du Roi par un des Secrétaires d'Etat, & est composée aujourd'hui de dix Honoraires, douze Pensionnaires, & dix-neuf Associés, ayant tous voix délibérative. Elle s'assemble pareillement le Mardi, & le Vendredi de chaque semaine, & tient par an deux assemblées publiques, l'une après la Saint Martin, l'autre après la quinzaine de Pâques : elle a aussi quelques Associés correspondans, soit regnicoles, soit étrangers, un Président, un Vice-Président, pris dans le nombre des Honoraires, un Directeur & un Sous-Directeur, pris dans celui des Pensionnaires.

Cette Académie distribue tous les ans un prix, fondé depuis 1733, par M. le *Président Durey de Noinville*, pour la littérature : c'est une médaille d'or de la valeur de 400 liv. Depuis environ 1701, cette Académie a donné au Public plusieurs Ouvrages imprimés, contenant les Mémoires en entier de cette Académie, & plusieurs autres seulement par extraits, donnés par le Secrétaire, aussi bien que les éloges des Académiciens morts, &c. La devise de cette Académie, est *Vetat mori*.

M. le Comte de *Caylus*, Honoraire de cette Académie, vient de fonder un nouveau prix destiné pour la recherche des antiquités, qui sera d'une médaille d'or de 500 livres, sur l'exergue de laquelle on gravera toutes les années le nom du sçavant qui aura remporté ce prix.

De grands tableaux d'*Antoine Coypel* décorent cette piéce : entre ces tableaux font placés des buftes de marbre blanc, portés fur des confoles de même matiere, du bas defquels pendent des trophées de bronze doré. On voit auffi dans le trumeau, entre les deux croifées, un beau Chrift de marbre. Dans la partie fupérieure de cette falle, dont la voûte eft enrichie d'arcs doubleaux, de caffettes & de rofes, font placées des tribunes pour les fpectateurs : cette falle a fon entrée principale par la piéce G, dont nous venons de parler, & une autre par le deffous d'un des grands efcaliers. La piéce H3 fert d'archives à cette Académie ; celle H2 eft un paffage ; & enfin celle marquée H4 eft un dépôt pour les antiques appartenant à cette Académie.

I, Grands efcaliers qui montent au premier étage de ce Palais, & particulierement à la chapelle, placée au deffus du veftibule.

K, Logemens des Suiffes pour la garde intérieure du Louvre.

L, Veftibule ou porche, fermé de grilles du côté de la cour, & d'une porte du côté de la place du Louvre. Les voitures paffent fous ce veftibule, dont la largeur eft divifée par deux files de colonnes d'Ordre Ionique. Les bafes de ces colonnes pofent immédiatement fur le pavé, ce qu'il faut toujours éviter en pareille occafion, à caufe du dommage que les équipages occafionnent aux fufts & aux bafes des colonnes, lorfqu'elles ne font pas élevées fur un focle ; les chapiteaux de cet Ordre font felon *Michel Ange*, ( voyez ce chapiteau gravé en grand dans *d'Aviler*, pag. 329). Cette piéce eft voûtée en plein ceintre fur chaque rang de colonnes ; la partie de cette voûte qui porte fur les murs de cage, eft déchargée par des lunettes qui diminuent la pouffée de ces murs. La décoration de ce porche, du deffein de *Le Mercier*, a quelque chofe de ferme dans fon ordonnance, qui fait un très-bon effet. ( Voyez en petit la décoration de ce veftibule, Planche XVII ).

M, Salle des Antiques, dont la décoration intérieure, du deffein de *l'Abbé de Clagny*, eft d'Ordre Dorique, d'une ordonnance & d'un goût exquis : cette falle eft voûtée en ceintre furbaiffé, orné d'arcs doubleaux foutenus par un entablement denticulaire, enrichi d'ornemens du plus beau choix. Les chapiteaux ont un gorgerin fort élevé, orné de feuilles, d'après lefquels ont été imités ceux de la cour du Val-de-Grace. Les tiges des colonnes font agréablement fufelées & cannelées. Les bafes, felon *Vignole*, font auffi taillées d'ornemens ; enfin toute cette belle architecture eft élevée fur un focle, & difpofée par accouplement. Dans les entre-colonnemens, font de grandes arcades, formant autant de lunettes dans la voûte ; ce qui donne à cette derniere un air d'élégance & de légereté, qui répond admirablement bien à toute l'ordonnance de cette piéce. Sa décoration feule donne à connoître avec quelle richeffe tout l'intérieur de ce Palais devoit être traité, puifque tant de magnificence, de proportion & de goût, fe remarquent dans celle-ci, uniquement deftinée pour les Cent-Suiffes de la garde du Roi.

Nous ne fçaurions faire trop d'éloges de la décoration de cette fuperbe falle, qui eft peut-être un des plus beaux ouvrages en ce genre que nous ayons en France. Cette beauté néanmoins ne fe remarque gueres, parce que la curiofité, qui attire nos amateurs dans ce lieu, fe tournant toute entiere du côté des Antiques que cette piéce contient, ils négligent abfolument d'en examiner l'architecture, quoique beaucoup fupérieure à la plus grande partie des ouvrages de fculpture qui y font dépofés. Ces derniers font pour la plûpart, ou mal entretenus, ou mutilés, ou mal diftribués, tantôt fur des gradins, tantôt pofés fur le fol, le tout fans choix & fans difcernement ; d'ailleurs on y trouve les ouvrages modernes confondus avec les antiques, le médiocre avec l'excellent, de maniere que l'Etranger n'emporte qu'une idée très-imparfaite de l'architecture de cette falle, & des

ouvrages

ouvrages des grands Maîtres qui compofent cette collection, dont la plûpart mé- Château du Louvre.
ritent la plus grande attention. On voit auffi dans cette falle une tribune, foutenue
par quatre Caryatides de pierre, d'une beauté inimitable (*g*), & de douze pieds de
proportion : elles portent un entablement, dont les moulures taillées d'ornemens,
font auffi d'un détail & d'une beauté au deffus de tout éloge. Ces Caryatides repréfentent des figures de femmes fans bras ; au deffus de leur tête eft un chapiteau
Dorique, & fous leurs pieds, un piédouche de forme circulaire pofé fur une marche continue. ( Voyez le deffein de ces Caryatides, gravé par *Le Clerc*, rapporté par
*Perrault* dans le Livre de *Vitruve*, chap. premier, planche premiere.

A l'égard des ftatues qui font dépofées dans cette falle, elles confiftent en plufieurs modeles originaux des plus belles ftatues de l'antiquité, tels que le *Gladia-
teur*, *l'Hercule Farnefe*, *le Laocoon*, *la Venus*, *le Bacchus*, *la Flore*, &c. auffi bien
qu'une infinité d'autres copies faites à Rome par les Penfionnaires de Sa Majefté :
on y voit auffi les creux des bas-reliefs (*h*) de la colonne Trajane que Louis XIV
fit mouler à grands frais en Italie ; enfin plufieurs ouvrages modernes, dont la plûpart ne font pas fans mérite.

Toute cette collection eft aujourd'hui fous la garde de M. *de Bougainville*, de

(*g*) Il eft certain que ces Caryatides fculptées par *Jean Goujon*, font autant de chef-d'œuvres, & que, par cette raifon, on leur doit la plus grande eftime ; néanmoins malgré cette confidération, réfléchiffons un moment fur l'application qu'on doit faire des ornemens dans l'architecture, & difons que quelque cas que nous puiffions faire du fentiment de *Vitruve*, & du trait hiftorique qu'il nous rapporte dans fon premier Liv. p. 5, au fujet des Caryatides ; il eft aifé de remarquer que ces anciens attributs n'ont rien de commun aujourd'hui avec nos mœurs, ni avec la retenue que nous devons obferver dans la décoration de nos édifices, puifque cette fervile imitation de la part de nos Architectes, par rapport aux Caryatides, n'eft gueres plus tolérable que ceux qui dans les métopes des entablemens Doriques de nos Eglifes, placent des bas-reliefs analogues aux Divinités du Paganifme. Sans doute on eft quelquefois forcé de rendre juftice au fçavoir de l'Artifte ; mais il n'en eft pas moins vrai que l'efprit du fpectateur fe trouve bleffé d'être obligé d'un côté d'applaudir à la main-d'œuvre, quand de l'autre il eft révolté du défaut de vraifemblance. D'ailleurs, que veut dire l'affemblage de tant de parties eftimables féparément, qui produit un tout fi mal concerté ? Faudra-t-il toujours que la féduction de l'art anéantiffe la vraifemblance, fi néceffaire dans les productions du beau ? Notre ame peut-elle être fatisfaite quand, dans fon admiration, elle s'apperçoit vifiblement du déréglement de l'imagination de l'Artifte ? En effet, que veulent dire des figures de femme qui non feulement portent un chapiteau Dorique fur leur tête, qui n'a aucune analogie avec le caractere feminin, mais qui indique deux parties fupérieures, ridiculement portées l'une fur l'autre ? Pourquoi fur ce chapiteau un entablement d'une proportion Ionique, & pour bafe à ces Caryatides un fuft inférieur Dorique tronqué, fervant de piédouche ou piédeftal ? Dira-t-on que c'eft l'effet d'un génie & d'une invention féconde ? Non certainement, c'eft une affectation vicieufe dans les parties, qui produit un tout défectueux qu'aucune autorité ne peut juftifier ; & l'on peut avancer qu'imitation pour imitation, des colonnes euffent été préférables. D'ailleurs, que fignifie cette tribune qui n'eft point couronnée d'une baluftrade, & au deffus de laquelle on ne voit point de porte dont la grandeur réponde à l'appareil de deffous ? Eft-il vraifemblable que la hauteur de la frife & de la corniche ferve en dedans d'appui, enforte que les fpectateurs

paroiffent pénétrer dans ces deux parties, fenfées devoir être folides, & dont la faillie de l'une d'elles empêche de voir ce qui fe paffe aux pieds de cette tribune ?

Je le répéte, cette réflexion ne détruit rien de la beauté de l'exécution du chef-d'œuvre dont nous parlons ; on ne fçauroit même trop en recommander l'examen ; mais il feroit à fouhaiter qu'au moins ceux qui font leur profeffion des Arts, fe rendiffent compte, en l'examinant, de ce qu'ils y doivent admirer ; d'un côté pour atteindre à cette perfection, & de l'autre pour y apprendre à s'éloigner du défaut de vraifemblance qu'on y remarque, & fans laquelle un ouvrage, tel qu'il foit, ne fçauroit s'attirer le fuffrage des connoiffeurs éclairés & non prévenus.

(*h*) Ces bas-reliefs, dont on poffedoit deux fuites bien complettes, font prefque tous dépareillés. Pour prévenir cette ruine, l'on avoit propofé anciennement de monter ces modeles dans la cour du Louvre, fur des tambours de maçonnerie qui auroient donné la facilité d'appercevoir, à une hauteur raifonnable, leurs différentes parties. Les creux de ces bas-reliefs ont eu le même fort, & font prefque tous dégradés & entaffés les uns fur les autres, de maniere à ne plus efpérer de pouvoir jamais être montés. Il en eft de même d'une infinité d'autres d'un prix ineftimable, & dont la perte eft irréparable, à caufe des frais immenfes qu'il faudroit faire pour remettre ces creux & ces modeles dans leur premier état. Ce defordre provient fans doute du peu de terrein accordé à ces différens chef-d'œuvres, diftribués en général avec trop de confufion, & placés, ainfi que les ftatues, dans un lieu trop peu falubre. Nous remarquerons encore que le plus grand nombre des Artiftes & des connoiffeurs ignorent à Paris cette collection, qui dans fon origine néanmoins avoit été formée pour l'étude des Peintres & des Sculpteurs, & pour donner à connoître aux Etrangers ce que pouvoit l'opulence d'une Nation fçavante, & d'un Miniftre éclairé, qui portoit tous fes foins pour la plus grande perfection & le progrès des beaux Arts. Au contraire aujourd'hui l'entrée de cette falle eft d'un affez difficile accès, & l'entretien eft abandonné à des Artifans mercenaires, qui bien loin de fentir l'importance du dépôt qui leur eft confié, fe refufent à l'empreffement des curieux qui fe préfentent pour examiner ces reftes mutilés de l'antiquité Grecque & Romaine.

*Tome IV.*		H

 l'Académie Françoise, & Secrétaire perpétuel de l'Académie des Inscriptions & Belles
Lettres.

N, Partie de l'ancien appartement de la Reine, occupé ci-devant par feu M. *le
Cardinal de Rohan :* à présent il sert pour les audiences de M. *le Comte d'Argenson* , Ministre de la Guerre ( *i* ).

O, Autre partie de l'appartement de la Reine, les seules piéces du Louvre qui
se voient aujourd'hui publiquement ( *k* ).

P, Logement de M. *l'Abbé Lambert* , Aumônier du Roi ; au dessus duquel, à
l'entresol, sont distribués plusieurs logemens pour les personnes attachées au service
des bâtimens du Louvre.

Q, Ancienne salle des Antiques, où étoient placées celles qu'on voit à Versailles
& à Marly. La décoration de cette piéce dans son état actuel, mérite encore quelqu'attention, quoiqu'on en ait supprimé la voûte pour y pratiquer des entresols.
Dans cette salle, est une chapelle particuliere, enfermée dans une des arcades qui
composent la décoration.

R, Vestibule & escalier qui monte au sallon où l'on expose les tableaux du
Louvre, marqué T, dans la planche suivante.

S, Dépôt pour le papier de l'Imprimerie Royale, située aux galeries du Louvre,
& dont nous avons parlé, page 22.

T, Logement d'un des Suisses de l'intérieur du Louvre.

V, Partie découverte entre le nouveau mur de face & l'ancien.

U, Nouveau mur de face du côté de la riviere, élevé par *Perrault* , à dessein
de rendre cette aîle de bâtiment double.

X, Ancien mur de face du vieux Louvre, servant aujourd'hui de mur de
refend.

Y, Appartement de M. *le Comte de Tessé* , premier Écuyer de la Reine, & au dessus
duquel est distribué en entresol celui de M. *de Champlot* , premier Valet de Garde-
robe du Roi.

Z, Ancien péristile qui servoit de communication pour arriver au jardin de la
Reine.

&, Appartement & ses dépendances, occupé aujourd'hui par M. *le Duc de
Nevers* , tant au rez-de-chaussée, qu'aux doubles entresols ; & anciennement le logement & l'attelier de *Martin Desjardins* , Sculpteur célébre, dont nous avons parlé,
tome 2 , page 152 , note ( *a* ).

*a* , Attelier de M. *Françin* , Sculpteur du Roi, & de l'Académie Royale de Peinture.

*b* , Attelier, jardin, & logement de M. *Vassé* , Sculpteur du Roi, & de l'Académie
Royale de Peinture ( *l* ).

*c* , Logement & attelier du Sieur *Flamand* , Sculpteur.

*d* , Petit escalier qui monte au magasin des menus plaisirs du Roi.

*e* , Jardin, cour, & Bâtiment du Garde-Meuble.

---

( *i* ) Les plafonds de cet appartement sont d'une très-
grande beauté, par les compartimens, les figures, & les
ornemens qui les enrichissent. Dans une de ces piéces,
l'on a marié la peinture avec la sculpture. Celle-ci est
des plus habiles Artistes du dernier siécle : les peintures
sont du célébre *Romanelli* , dont nous avons parlé, tome
3 , page 75.

( *k* ) Ces piéces, pour la plus grande partie, sont enrichies comme les précédentes de très-beaux plafonds de
peinture & de sculpture. On y remarque aussi quantité de morceaux de *Romanelli* , de *Don Diego* , de *Bor-
zoni* & de *Patel* , ouvrages assez estimés, & disposés d'une
maniere fort agréable : enfin on peut dire que quelques-

unes de ces piéces sont décorées avec la plus grande magnificence, & même peut-être avec trop de profusion.

( *l* ) *Louis-Claude Vassé* , né à Paris, reçu Académicien en 1751, Sculpteur de réputation, occupé pour les
ouvrages du Roi, a exercé ses talens dans plus d'un édifice public à Paris. Il est fils d'*Antoine Vassé* , Sculpteur
du Roi, né à Toulon, & mort vers 1735, à qui nous
sommes redevables des desseins & de l'exécution de la
galerie de l'Hôtel de Toulouse, du Maître-Autel de
Notre-Dame, &c. Il étoit aussi bon Dessinateur dans
plus d'un gente, mais particulierement pour la marine,
les fêtes, les réjouissances publiques, &c.

*f*, Grand eſcalier qui monte au magaſin des menus plaiſirs, & aux apparte-mens qui en dépendent.

*g*, Attelier de M. *Pigalle*, Sculpteur du Roi, & de l'Académie Royale de Peinture (*m*).

*h*, Attelier de M. *Lemoine*, Sculpteur du Roi, & de l'Académie Royale de Peinture (*n*).

*i*, Attelier de M. *Vinache*, Sculpteur du Roi, & de l'Académie Royale de Peinture (*o*).

*k*, Attelier de M. *Falconet*, Sculpteur du Roi, & de l'Académie Royale de Peinture (*p*).

*l*, Corps-de-garde de la Garde des Invalides pour la police intérieure & extérieure du Louvre.

*m*, Petit attelier de M. *Oré*, Entrepreneur des Bâtimens du Roi.

*n*, Magaſin de M. *de Beaufort*, Inſpecteur général des Marbres du Roi.

*o*, Logement d'un des Suiſſes de l'intérieur du Louvre.

*p*, Porche, actuellement découvert, donnant entrée au Louvre du côté de S. Germain l'Auxerrois, & au deſſus duquel, ainſi que dans les parties collatérales, on ſe propoſe de bâtir un logement conſidérable pour y placer le Grand Conſeil.

*q*, Cour & bâtiment des écuries de la Reine.

*r*, Logement d'un des Suiſſes pour l'extérieur du Louvre.

*s*, Cour du bâtiment de l'Hôtel Royal des Poſtes.

*t*, Ancien jardin & bâtimens du Gouvernement du Louvre, dans leſquels, dit-on, on diſtribue aujourd'hui des Bureaux de la Guerre pour le département de Paris.

*u*, Attelier du Sieur *Le Vaſſeur*, un des Mouleurs des Antiques du Roi.

*x*, Logement & attelier de M. *Adam* l'aîné, Sculpteur du Roi, & de l'Académie Royale de Peinture (*q*).

*y*, Logement de M. *Le Dran*, premier Commis du Bureau des affaires étrangeres.

*z*, Anciennes écuries de Madame *la Ducheſſe d'Eſtrées*.

*aa*, Écurie de M. *de Champlot*, dont l'appartement eſt au deſſus de celui de M. le *Comte de Teſſé*, dont nous avons parlé à la lettre Y.

*bb*, Logement de M. *Le Bel*, premier Valet-de-Chambre du Roi, & Gouverneur du Louvre, compris, tant au rez-de-chauſſée, que dans de doubles entreſols.

*cc*, Logemens & atteliers de Meſſieurs *Slodtz*, Sculpteurs du Roi (*r*).

---

(*m*) *Jean-Baptiſte Pigalle*, né à Paris, reçu Académicien en 1744, & Profeſſeur en 1752, un de nos plus célébres Sculpteurs, occupé pour les ouvrages du Roi, eſt généralement eſtimé de ſes contemporains & des hommes du premier ordre.

(*n*) *Jean-Baptiſte Lemoine*, fils de *Jean-Louis Lemoine*, auſſi Sculpteur célébre, eſt né à Paris; il fut reçu Académicien en 1738, & fait Profeſſeur en 1744. Cet Artiſte du premier ordre eſt Auteur de la ſtatue équeſtre de Louis XV, placée à Bordeaux, & du monument en bronze que la Province deBretagne fait actuellement ériger àRennes,&c.

(*o*) *Jean-Joſeph Vinache*, né à Paris, Académicien en 1741.

(*p*) *Etienne Falconet*, né à Paris, agréé à l'Académie en 1744, Sculpteur du premier mérite, & duquel on doit attendre les plus grands ſuccès. Il exécute actuellement ſur ſes deſſeins l'Autel de la Chapelle de la Vierge de l'Egliſe de S. Roch, dont M. *Pierre* peint la voûte.

(*q*) *Lambert-Sigisbert Adam* l'aîné, né à Nanci, Académicien en 1737, Adjoint à Profeſſeur en 1744, Sculpteur d'une grande réputation, employé pour les ouvrages du Roi.

(*r*) *Paul-Ambroiſe Slodtz*, de Paris, Académicien en 1743, adjoint à Profeſſeur en 1746, & fils de *Sebaſtien Slodtz*, Sculpteur de réputation, né à Anvers, mort à Paris vers 1720, lequel fut chargé des pompes funébres & fêtes publiques qui ſe ſont faites de ſon tems à la Cour. On voit dans les Jardins de Verſailles, de Marly, & des Tuileries pluſieurs figures de marbre de ce Sculpteur. *Paul Slodtz*, dont nous parlons, eſt aſſocié avec *Antoine Slodtz*, ſon frere aîné, Deſſinateur des menus plaiſirs du Roi, qui a donné dans plus d'une occaſion des preuves de ſa capacité pour les décorations théâtrales, & pour les fêtes publiques, &c. & avec *Dominique Slodtz* ſon cadet, Peintre des menus plaiſirs du Roi, de maniere que ces trois Artiſtes ſont chargés aujourd'hui de la décoration des pompes funébres, des ſalles de ſpectacles, & des fêtes ordonnées par les quatre premiers Gentilhommes de la Chambre du Roi. MM. *Slodtz* exercent auſſi leurs talens avec ſupériorité dans les différens genres de ſculpture, à l'uſage de la décoration des Egliſes, des Bâtimens publics & particuliers, ſoit en bronze, marbre, pierre, plâtre, bois, &c. Nous poſſedons encore à Paris un Artiſte très-célébre, frere des hommes à talens dont nous venons de parler, connu ſous le nom de *Michel-*

Château du
Louvre.

*dd*, Logement & attelier de M. *Bouchardon*, Sculpteur du Roi, & de l'Académie Royale de Peinture (*s*).

*ee*, Porche découvert, donnant entrée au Louvre par la rue du Coq.

*ff*, Bâtiment dans lequel est compris le logement de M. *Vanloo*, Peintre du Roi, & de l'Académie Royale de Peinture (*t*), & ceux de Messieurs *de la Motte*, Contrôleur du grand Parc de Versailles, & *Dorsonville*, premier Commis des Bâtimens.

*gg*, Masse de bâtimens particuliers, dans lesquels sont distribués divers logemens pour les Artistes & Entrepreneurs attachés au service de Sa Majesté.

*hh*, Partie de la distribution des bâtimens appellés les Galeries du Louvre, & dans lesquels sont logés les différens Artistes, dont on a parlé en décrivant la planche quatriéme.

*Ange Slodtz*. Ce Sculpteur de la premiere classe a passé 18 ans en Italie, où il a fait, entre plusieurs ouvrages de réputation, un S. Bruno en marbre, de 14 pieds de proportion, pour l'Eglise de S. Pierre de Rome, un tombeau pour le Marquis *Caponi* à S. Jean du Florentin, celui du Cardinal d'Auvergne à Vienne en Dauphiné, &c. Ce célébre Artiste de retour à Paris, a été chargé du mausolée de M. Languet de Gergy, ancien Curé de S. Sulpice, qu'il exécute actuellement, & il fait pour le Roi un grouppe de marbre, représentant la Victoire qui ramene la paix, pour un des bosquets des jardins de Choisy, & dans lequel sera aussi placé Apollon, par M. *Lemoine*; Mercure, par M. *Couflou*; Minerve, par M. *Paul Slodtz*, & l'Abondance, par M. *Adam* l'aîné.

(*s*) *Edme Bouchardon*, né à Chaumont en Bassigny, Académicien en 1745, Adjoint à Professeur la même année, Professeur en 1746. ( Voyez ce que nous avons dit de ce célébre Artiste, tome premier, page 226, note (*a*) ).

(*t*) *André-Charles Vanloo*, mieux connu sous le nom de *Carlo Vanloo*, né à Nice, Académicien en 1735, Professeur en 1737, & Gouverneur de l'Ecole des éléves protégés par le Roi en 1748, Chevalier de l'Ordre de S. Michel en 1751. Ce célébre Artiste est regardé comme un des plus grands Peintres de notre Ecole Françoise. Ce qu'il y a de certain, c'est qu'il a sçu mériter par ses talens & son aménité les suffrages des Grands, & l'estime générale de tous ses contemporains.

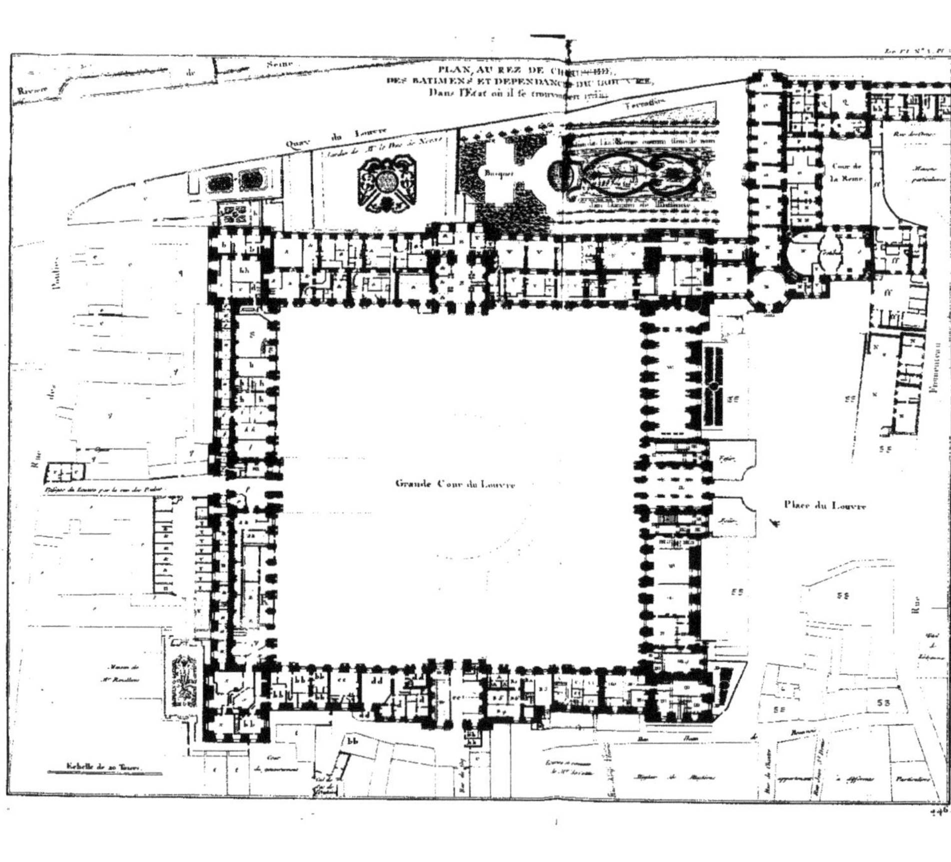

PLAN, AU REZ DE CHAUSSÉE,
DES BATIMENS ET DEPENDANCES DU LOUVRE,
Dans l'État où il se trouvoit en 1754
Rivere
de la Seine
Quay du Louvre
Jardin de Mr. le Duc de Nevers
Bosquet
Terrasse
Cour de la Reine
Maison particuliere
Grande Cour du Louvre
Place du Louvre
Maison de Mr. Renaudau
Police du Louvre par la rue des Poulies
Echelle de 20 Toises
Cour du couronnement

# CHAPITRE VII.

### *Plan du premier Etage du Louvre.*   Planche VI.

ON a marqué fur cette planche toutes les diftributions au premier étage du Louvre dans fon état actuel. Nous prendrons foin, ainfi que nous avons fait dans la planche précédente, de citer la plus grande partie des perfonnes qui en occupent les logemens ; mais avant que de paffer à ce détail, nous allons faire quelques obfervations fur les augmentations que *Claude Perrault* y a fait exécuter, & nous rappellerons plufieurs projets qu'il avoit propofé, dont les uns n'ont pas eu lieu, Louis XIV ayant préferé ce qui a été édifié fur les deffeins de cet Artifte, & les autres, parce que les travaux de ce vafte Palais ont été fufpendus.

L'objet le plus important qui fe remarque dans cette planche, & qui foit élevé fur les deffeins de *Claude Perrault*, eft le périftile dont on voit le plan marqué O ; nous remarquerons néanmoins que cet Architecte n'ayant donné que 12 pieds d'entre-colonnement dans la façade, & ayant voulu faire les plafonds réguliers, ce périftile devient étroit pour fa longueur. Cette circonftance a fans doute déterminé *Perrault* à l'interrompre dans le milieu de l'avant-corps ; mais nous conviendrons qu'on ne fçauroit applaudir à cette difcontinuité : le paffage *b*, non feulement ayant à peine quatre pieds, mais le coude qu'il fait étant défagréable & peu commode, ainfi que nous le remarquerons plus particulierement dans la planche huitiéme, en prenant occafion de faire obferver d'une part les beautés de l'ordonnance de la façade, & de l'autre les défauts de fa diftribution.

Nous remarquerons encore fur cette planche le mur de face, marqué X, que *Perrault* a fait élever du côté de la riviere, & bâti de la même ordonnance que le périftile, à l'exception qu'il n'a fait ufage, dans ce nouveau mur de face, que de pilaftres au lieu de colonnes. ( Voyez ci-après la décoration de cette nouvelle façade, planche treizieme ).

Dans le nombre des projets que *Perrault* avoit propofés, on voit, page 37 de fon premier volume manufcrit, le deffein d'un très-grand veftibule qu'il avoit compofé pour être placé derriere & attenant la partie du milieu de fon périftile. Ce veftibule montoit de fond ; au rez-de-chauffée régnoit le même Ordre Corinthien de l'intérieur de la cour du Louvre ; mais ce qui paroît fingulier, c'eft qu'au deffus de l'entablement de cet Ordre, & dans les quatre angles de cette piéce, il avoit placé autant de coloffes de bronze pour foutenir la voûte de ce veftibule, & qui avoient de hauteur près du double des colonnes. Cette invention eft fort applaudie par *Charles Perrault* fon frere, qui nous l'a donnée comme nouvelle & fort ingénieufe. Cependant bien loin d'être de ce fentiment, on pourroit regarder cette décoration comme extravagante, non feulement parce que la proportion de ces Géans n'a aucun rapport avec l'Ordre de deffous, qu'ils femblent accabler, mais auffi parce que tous les membres d'architecture qui décorent cette piéce, l'ouverture des portes & des croifées, enfin le diametre de ce veftibule & fa hauteur, quoique vafte, ne peuvent raifonnablement contenir des figures d'une proportion fi outrée. *Claude Perrault* avoit, fans contredit, le génie fertile & abondant ; mais, nous l'avons remarqué plus d'une fois, trop de feu entraîne fouvent un Architecte à des compofitions plus extraordinaires que réfléchies ; le grand, le fublime demandent de la retenue & de la vraifemblance. Un très-habile Artifte fait des fautes heureufes, fans doute, mais ce font toujours des fautes, & elles ne doivent jamais fervir d'autorités, ni être

Château du<br>Louvre.

 employées dans des Édifices d'importance, où une ordonnance grave & réguliere doit avoir la préférence.

Au deſſous de ces Coloſſes devoient être placées des inſcriptions, qu'il rapporte auſſi dans ſon Livre, leſquelles devoient faire connoître l'alluſion de ces Géans avec la grandeur des entrepriſes de Louis XIV. Ces inſcriptions, ſemblables au ſtyle outré de celles qui ſe liſent aux Places des Victoires & Royale, & dont nous avons déja blâmé l'exagération, ont peut-être été la ſource de l'imagination déreglée que l'on remarque dans la compoſition de ce deſſein; exemples funeſtes, qui ont dans plus d'une occaſion, porté quelques-uns de nos Artiſtes, par un motif d'adulation, à produire en France des monumens qui annoncent plûtôt l'oſtentation, que la modeſtie, l'urbanité, & la retenue, qui à plus d'un égard, devroient caracteriſer notre Nation.

Nous prions les perſonnes intelligentes de nous paſſer les digreſſions que nous nous trouvons obligés de faire dans la deſcription de ce Palais immenſe; nous en avons déja averti, nous rendrons juſtice aux productions de *Claude Perrault*; nous ne manquerons certainement pas d'en avouer les beautés; mais nous ne croyons pas devoir nous refuſer quelques obſervations ſur les inadvertances que nous remarquons dans ſes Ouvrages, parce qu'elles pourroient ſervir à l'avenir d'autorités, quoique *Perrault* les ait ſouvent deſaprouvées lui-même, & qu'elles ne ſe trouvent dans ſon recueil, que parce que *Charles Perrault* ſon frere s'eſt fait un plaiſir de raſſembler les Œuvres entieres de cet Homme illuſtre.

On voit auſſi dans ce même recueil la diſtribution qu'il avoit projettée pour l'aîle du côté de la riviere, devenue double au moyen du nouveau mur de face, élevé ſur ſes deſſeins, & dont nous avons déja parlé. Ces diſtributions étoient deſtinées pour les appartemens de Leurs Majeſtés, de préférence à toutes autres, à cauſe de leur expoſition au midi; expoſition convenable, dit *Perrault*, pour un bâtiment élevé dans une Capitale. Cette obſervation eſt judicieuſe, ſans doute, mais nous remarquerons qu'il eſt néceſſaire que dans un Palais de l'importance de celui dont nous parlons, il y ait un appartement qui ſoit au levant; autrement ils ne pourroient être habités que l'hyver. D'ailleurs cet appartement, applaudi par *Perrault*, ſeroit trop expoſé à la pouſſiere des Quais, & au bruit continuel des voitures qui y paſſent; défaut qui ne ſçauroit gueres être compenſé, que par la ſuperbe vûe & la variété des aſpects dont jouiſſent de ce côté ces appartemens. Nous remarquerons encore que ces derniers manquoient abſolument de commodité; que la forme des piéces, leur grandeur, & leur proportion étoient trop uniformes, la plûpart ſans ſymmétrie, & aſſez mal éclairés; enſorte que la dépenſe immenſe que l'on a faite pour doubler ce corps de logis, bien loin de produire des dedans commodes, n'a contribué qu'à procurer des façades extérieures d'une architecture plus réguliere; encore faut-il convenir que l'ancienne façade du Louvre, du côté de la riviere, élevée ſur les deſſeins de *Le Veau*, étoit d'une ordonnance très-eſtimable. ( Voyez cette ancienne décoration, planche quatorze. ) Ces appartemens du midi dont nous parlons, étoient projettés où ſont exprimés dans cette planche les piéces marquées A, ſituées du côté de la riviere, & qui aujourd'hui, ainſi que toutes celles indiquées de même, ſont encore à découvert; conſidération pour laquelle on a paſſé une teinte legere, pour exprimer dans ce premier étage ce qui reſte à ériger.

Paſſons préſentement à la deſcription des différentes piéces qui ſont actuellement occupées dans cet étage ſupérieur.

*Explication des lettres de renvoi de la Planche sixiéme.*

A, Piéces à découvert, & au deſſous deſquelles ſont diſtribués les différens appartemens dont nous avons parlé dans la planche précédente.

B, Chapelle du Louvre, précédée d'un veſtibule qui communique aux deux grands eſcaliers.

C, Corridor qui conduit à l'Académie des Sciences, à la ſalle de la Marine, & à la Juriſdiction de la Varenne du Louvre.

D, Académie des Sciences, établie en 1666 par les ordres du Roi (a). Cette Académie contient dans ce plan quatre piéces ; celle D 1, eſt la ſalle où s'aſſemblent les Académiciens ; elle eſt terminée par un plafond de menuiſerie à compartimens, chargé de ſculpture d'un goût ancien : un lambris d'appui régne dans ſon pourtour, & dans ſa partie ſupérieure ſont pratiquées des tribunes pour les ſpectateurs. Dans cette ſalle ſe voit un grand tableau d'*Antoine Coypel*, qui y a repréſenté une Minerve, tenant le portrait de Louis XIV. La piéce D 2, eſt celle qui contient les ſquelettes des gros quadrupedes, tels que l'Eléphant, le Chameau, & autres. On y trouve auſſi les Globes céleſte & terreſtre, une partie de la Bibliotheque, &c. Le plafond de cette piéce eſt fort orné de ſculpture & dorure d'un deſſein aſſez généralement eſtimé. La piéce D 3, eſt un cabinet particulier, ſervant de ſupplément à la Bibliotheque. Cette piéce ſervoit de chambre à coucher à Henri IV. C'eſt dans cette chambre que ce Prince eſt mort. La piéce D 4, eſt un autre cabinet où ſont rangés pluſieurs corps d'armoires, contenant des parties d'anatomie, & quelques ouvrages de méchanique. Le plafond de cette piéce & les lambris ſont décorés de ſculpture, de peinture, & de dorure, ainſi que la précédente.

E, Piéce deſtinée à la Juriſdiction de la Varenne du Louvre. (b)

F, Salle où ſont dépoſés les modeles de la Marine, qui étoient ci-devant placés à la Bibliotheque du Roi (c).

G, Ancien appartement de Madame *la Ducheſſe d'Eſtrées*, pratiqué, tant au pre-

---

(a) Louis XIV, après la paix des Pyrennées, deſirant faire fleurir les Sciences, les Lettres, & les Arts dans ſon Royaume, chargea M. Colbert de former une ſociété d'hommes choiſis & ſçavans en différens genres de littérature ; pour cela il fut décidé que cette ſociété ſe formeroit ſous la protection du Roi, à laquelle Sa Majeſté donneroit ſes ordres par l'un de ſes Secrétaires d'État. Cette Académie a ſouffert quelques changemens depuis ſon inſtitution ; mais nous ne pouvons entrer ici dans ce détail ; nous dirons ſeulement que dans le nouveau Réglement de 1699 [1], elle fut compoſée de dix Honoraires, dont l'un eſt Préſident ; de vingt Penſionnaires, trois Géométres, trois Aſtronomes, trois Méchaniciens, trois Anatomiſtes, trois Botaniſtes, trois Chymiſtes, un Tréſorier, & un Secrétaire, l'un & l'autre perpétuel ; qu'on y joindroit vingt aſſociés, ſçavoir, douze Regnicoles, dont deux Géométres, deux Aſtronomes, &c. & huit Etrangers ; enfin de vingt Eleves, dont chacun ſeroit attaché à un des Académiciens penſionnaires. Les ſeuls Académiciens honoraires & penſionnaires ont voix délibérative, lorſqu'il s'agit d'élection, ou d'affaires concernant l'Académie : quand il eſt queſtion de ſciences, les Aſſociés ont la leur ; mais les Eleves ne parlent que lorſque le Préſident les y invite.

Les aſſemblées particulieres ſe tiennent le Mercredi & le Samedi de chaque ſemaine ; il y en a deux publiques, la premiere après la S. Martin, l'autre après Pâques. Depuis 1699, cette Académie a publié chaque année un volume contenant les obſervations, les rapports, & les Mémoires qui ont été compoſés ou lûs par les Membres de cette illuſtre Société.

Cette Académie a pour deviſe, *Invenit & perficit.*

(b) La Varenne du Louvre eſt une Juriſdiction Royale pour le fait des Chaſſes, laquelle tient ſon ſiége dans cette ſalle, ainſi que la Varenne des Tuileries tient le ſien dans une des ſalles du Château des Tuileries. Chacune de ces deux Juriſdictions, créées à l'inſtar l'une de l'autre, porte le titre de Bailliage & Capitainerie Royale des Chaſſes de la Varenne, ſoit du Louvre, ſoit des Tuileries : elles ont chacune leur Capitaine, & un grand nombre d'Officiers, auſſi bien qu'une certaine quantité de Gardes. C'eſt M. le Duc de la Valliere qui eſt Bailli & Capitaine de la Varenne du Louvre ; & M. le Prince de Soubiſe, qui eſt Bailli & Capitaine de la Varenne des Tuileries, &c.

(c) Nous avons promis dans le volume précédent,

---

[1] Avant ce tems cette Académie ſe tenoit à la Bibliotheque du Roi, ainſi que nous l'avons remarqué dans le troiſiéme volume, page 63, note (a).

 mier étage que dans les entrefols, occupé aujourd'hui par M. *le Vicomte de Polignac*
& M. *de Soufi.*

H, Appartement de Madame *de Niert*, veuve d'un ancien Gouverneur du Louvre, au deffus duquel font auffi pratiqués des entrefols.

I, Attelier de feu M. *Coypel*, premier Peintre du Roi, occupé aujourd'hui par
M. *Boucher* (*d*), & dans lequel ce célébre Artifte s'eft pratiqué un fort beau logement, contenant une infinité de curiofités qui méritent l'attention des connoiffeurs.

page 73, de parler de ces modeles : pour fatisfaire à nos
engagemens, nous allons donner une defcription fuc-
cinte de ces chef-d'œuvres ; mais avant que d'y paffer,
nous remarquerons que l'afpect, la perfection, & la
beauté de leur exécution mérite l'attention la plus exacte
de la part des amateurs dans ce genre de curiofités.

M. *Duhamel Dumonceau*, de l'Académie Royale des
Sciences, de la Société Royale de Londres, Honoraire
l'Académie de Marine, & Infpecteur général de la
Marine, ayant raffemblé chez lui, depuis près de vingt
ans, grand nombre de modeles qui ont rapport à l'architecture navale, conçut le deffein de former une collection de ces modeles dans le goût de la galerie des
plans ; à cet effet il repréfenta à M. de Maurepas, pour
lors Miniftre de la Marine, de quelle utilité feroit cette
collection pour l'Académie des Sciences, & pour la
Marine, & il demanda à ce Miniftre de lui accorder
une falle dans laquelle il la dépoferoit, & où il effaye-
roit de la rendre dans la fuite beaucoup plus complette.

M. de Maurepas ayant goûté ce projet, lui accorda,
de l'agrément de Sa Majefté, une des falles beffes de la
Bibliothéque du Roi ; alors ces modeles y furent dépofés : mais cette falle s'étant trouvée trop humide, & les
modeles y depériffant, M. Duhamel fit de nouvelles re-
préfentations à M. Rouillé, alors Miniftre de la Marine, qui accorda en 1752 à ce fçavant une falle au vieux
Louvre, beaucoup plus falubre, & plus avantageufement placée, à caufe de fa proximité avec l'Académie
des Sciences ; c'eft dans cette piéce que fe voyent aujour-
d'hui tous les modeles dont nous parlons.

Cette falle, qui a près de 80 pieds de longueur fur 36
de largeur, contient deux grandes tables colorées pour
repréfenter l'eau de la mer. Ces tables font bordées de
quais, enforte que chacune d'elles donne l'idée d'un port
de mer.

A l'extrémité de ces tables, le relief s'éleve à la hauteur des quais pour former des chantiers de conftruction.

Une de ces tables eft deftinée pour les bâtimens à
rames, l'autre pour les bâtimens à voiles.

Au bout de la premiere, eft un baffin fermé par un
bâtardeau, garni de fes pompes, avec une galere en conftruction, dont la couverte fe leve pour faire voir les
emménagemens de la calle ; près de ce baffin, on voit
des Felouques & des Saïques en conftruction, avec les
mâts, les antennes, & la palmante, ou rames de la galere qui eft en conftruction.

Sur la longueur de cette même table, font diftribués
comme à flot, une Galeaffe, une Galere réale à la voile,
une demi-Galere à l'ancre ou à la fonde, deux chabecs,
un Efpronard, avec les Saïques & les Felouques qui appartiennent à chacun de ces bâtimens.

Sur la feconde Table, deftinée pour les Bâtimens à
voile, on voit, 1°. un Vaiffeau fur fes tins & acores,
environné de tous les échafauds qui font néceffaires pour
la conftruction. 2°. Un Vaiffeau tranfporté fur fon berceau pour être lancé à l'eau ; de forte qu'il coule fur fa
calle quand on le juge à propos. 3°. Plufieurs baffins de
conftruction, dans lefquels font différens vaiffeaux, des

portes d'éclufe, des pompes, différentes efpeces de ponts,
enfin tout ce qui appartient à leur conftruction. 4°. Plufieurs carcaffes d'autres vaiffeaux & chaloupes encore
imparfaites.

On a placé fur ces Tables, & à portée des chantiers
de conftruction, les machines à *mâter* de *Toulon*, de
*Breft*, & de *Coppenhague*, avec les mâts élevés, & les
vaiffeaux rangés à quai pour être mâtés.

On y voit auffi à flot les grandes & petites machines
à mâter, flottantes, telles qu'elles font en ufage à *Ro-
chefort*. On y remarque des pontons, des raz, & d'autres Bâtimens qui font deftinés pour le fervice des Ports ;
enfin on y peut voir un vaiffeau en carene, abattu fur
des pontons, & environné de raz, de chalans, de la pi-
gouliere, & de la pompe qui fuit toujours les carenes.

Sur le refte de ces Tables, font des vaiffeaux de tous
les rangs, armés en guerre, & dont les voiles font différemment orientées. On y apperçoit des Galiotes à bom-
bes, des Fregates, des Tartanes, & d'autres Bâtimens
pour le commerce & le capotage ; des Canots d'écorce
de Canada, des Pirogues, un Pros, &c. ; & on a diftribué fur les quais des cabeftans, des cordages, des
grues de différentes façons pour l'embarquement & le
débarquement des marchandifes ; enfin on a placé çà &
là les différentes machines à carer, qui font en ufage
dans les Ports, avec les chaloupes à clapet pour le tranfport de la vafe.

Indépendamment de ce qui eft placé fur les deux Tables dont nous venons de parler, on remarque fur plufieurs autres tables de différentes grandeurs de grands
modeles, dont toutes les parties fe démontent, à deffein
de procurer aux curieux la connoiffance de la conftruction des Navires. On y voit auffi différentes étuves pour
ployer les cordages ; le grand modele d'un vaiffeau de 110
canons ; celui du yacht du Roi d'Angleterre ; une Som-
me Chinoife, un Parc d'artillerie, des mâts & des ver-
gues d'affemblage, des modeles de Corderie, des Mou-
lins pour fcier les planches, des Forges pour les ancres,
des pompes, des bouffoles, des quartiers Anglois ; enfin
des échantillons de différentes toiles dont on fait les
voiles.

Tous ces modeles font exécutés de maniere qu'il n'y
a rien dans le grand qui ne fe trouve précifément ici ;
enforte que la proportion, la jufteffe, & l'élégance concourent également à rendre cette collection une curiofité des plus intéreffantes qui fe voyent à Paris.

Au deffus de cette galerie, en entrefol, eft dépofée
une grande quantité d'autres modeles, moins confidérables, à la vérité, mais qu'il eft bon de vifiter, & qui
méritent bien d'être confervés, pour y avoir recours
dans l'occafion.

(*d*) *François Boucher*, né à *Paris*, Académicien en
1734, Adjoint à Recteur en 1752. Ses talens fupérieurs le font regarder comme un de nos meilleurs Peintres d'hiftoire pour le genre gracieux. Il eft d'ailleurs excellent Deffinateur, bon Décorateur pour les Théâtres,
Payfagifte du premier ordre ; enfin on reconnoît dans
toutes fes productions, ce goût, ce feu, & ce génie qui
caractérifent le veritable Artifte.

K, Lo-

K, Logement de Madame *de Villefort*, Gouvernante des Enfans de France, qui est distribué, tant au premier étage, qu'aux entresols.

L, Logement de M. le Marquis de *Gony*, Brigadier des Armées du Roi, qui est aussi distribué, tant au premier étage, qu'aux entresols.

M, Magasin des menus plaisirs du Roi (*e*).

N, Logement de M. *de Bonneval*, ancien Intendant des menus plaisirs du Roi, aujourd'hui Trésorier de la Reine.

O, Grande galerie du côté de S. Germain l'Auxerrois, appellée communément le Péristile du Louvre, dont on trouvera le plan plus en grand au bas de son élévation, planche VII.

P, Académie Royale de Peinture & de Sculpture (*f*), composée de plusieurs grandes piéces : celle P 1, est une antichambre où sont déposés une partie des mo-

(*e*) Ce sont des lieux très-vastes servant d'attelier pour l'exécution des fêtes publiques & particulieres que donne la Cour, ainsi que pour les pompes funebres, &c. On a pratiqué dans ces atteliers de doubles entresols, où sont distribués des laboratoires pour des Ouvriers de différens genres ; & dans l'Attique au dessus, sont plusieurs piéces, servant de magasins pour les habits, & de dépôt pour les planches gravées, les presses, le papier, & les éditions de la représentation de ces mêmes fêtes, qui depuis environ vingt ans, ont été dessinées & gravées par M. *Cochin* fils, Dessinateur célébre, & Graveur du Roi.

Messieurs *Slodtz*, dont nous avons déja parlé, sont ordinairement chargés de la composition & de l'exécution de ces fêtes, sous les ordres de Messieurs les quatre premiers Gentilhommes de la Chambre du Roi, qui sont actuellement M. *le Duc d'Aumont*, M. *le Duc de Gevres*, M. *le Duc de Fleury*, M. *le Maréchal Duc de Richelieu*, & de Messieurs les trois Intendans des menus plaisirs du Roi, M. *de Curis*, M. *Blondel de Gagny*, & M. *de Fonpertuis*. Ce Magasin est sous la garde de M. *Levêque*, qui y a un assez beau logement, compris dans les piéces marquées M 2.

(*f*) L'Académie Royale de Peinture a pour objet de former des Peintres, des Sculpteurs, & des Graveurs d'un mérite éminent. Depuis 106 ans qu'elle subsiste, on en compte 415 qu'elle a jugé tels, & qu'elle a en conséquence reçus Académiciens, dont 286 Peintres ; 76 Sculpteurs, tous Statuaires, car elle n'en admet point d'autres ; 41 Graveurs en taille douce ; dix Graveurs de médailles, & un en pierres fines.

Elle a pour base l'école du modele, qui se tient tous les jours de l'année, à l'exception des Dimanches & des Fêtes, pendant deux heures. Cette école est conduite par un Professeur, qui change chaque mois, & par l'un des Recteurs, qui sert par quartier.

Le premier moyen d'émulation dont on use dans cette école, est de faire travailler pour les places. Le second, de couronner tous les trois mois, trois des meilleurs desseins ou bas-reliefs faits d'après le modele. C'est ce qu'on appelle *les petits prix*. Ils consistent en trois médailles d'argent de différente valeur. Ceux qui les obtiennent, sont appellés *Médaillistes* ; ils entrent dans l'Ecole immédiatement après les Académiciens & les Eleves protégés par le Roi, les premiers Médaillistes avant les seconds, & ceux-ci avant les troisiémes. En général on n'admet à ce concours que ceux qui justifient de leur assiduité aux leçons de Géométrie, de perspective & d'anatomie, que l'Académie fait donner dans son Ecole par deux Professeurs particuliers.

*Les petits prix* ont été institués sous le protectorat de M. de *Louvois*, en 1684. Ils sont jugés à l'expiration de chaque quartier, par le Directeur, le Chancelier, les Recteurs, les Adjoints à Recteur de l'Académie, &c.

*Tome IV.*

& sont distribués dans une assemblée publique par M. le Directeur général, aujourd'hui M. le Marquis de *Marigny*.

Au reste, ce sont *les grands prix*, qui excitent aux plus grands efforts. Ils sont composés de quatre médailles d'or, deux pour la Peinture, & deux pour la Sculpture ; les deux premieres sont chacune de la valeur de dix louis, les deux secondes de la valeur de huit louis.

Le concours des grands prix s'ouvre quelques jours avant le premier Samedi du mois d'Avril. Ceux des Etudians en l'école, qui se croient assez forts pour pouvoir en être, se présentent au jour marqué en l'une des salles de l'Académie. Le Professeur en mois s'y enferme avec eux. Il leur propose un sujet, qui est ordinairement tiré de la Bible. Ils composent sur ce sujet donné, sans se déplacer. Leurs esquisses sont présentées dans l'assemblée la plus prochaine. L'Académie retient alors les meilleurs, au nombre de huit au plus. Ensuite ces esquisses sont exécutées en grand dans des loges pratiquées dans l'intérieur de l'Académie, afin d'éviter toute aide étrangere ; car si quelque secours étoit reconnu, on seroit exclu du concours. Quelques jours avant la fête du Roi, l'Académie assemblée, examine ces prix ; ceux qu'elle juge trop foibles pour être exposés au Public, sont *retournés*, & ne sont pas admis au jugement. Ce jugement se fait le dernier Samedi du mois d'Août, & est formé par le suffrage de tous les Académiciens assemblés. Dans toutes les autres affaires, les Officiers de l'Académie & les Honoraires amateurs ont seuls voix délibérative.

*Les grands prix* ont été institués en 1663, sous le ministere de M. *Colbert*. On peut regarder ceux-ci comme un objet de huit à dix mille liv. car ils procurent à ceux qui les ont gagnés au moins six ans d'instruction & d'entretien gratuit aux dépens de Sa Majesté ; sçavoir, trois ans dans l'Ecole protégée de Paris, & trois ans dans l'Académie de Rome. En 1747, M. *Coypel*, premier Peintre du Roi, crut qu'il falloit un travail intermédiaire, pour rendre les sujets qui avoient été couronnés en l'Ecole de Paris plus capables de profiter des études supérieures de Rome. A cet effet il proposa au Directeur général, alors M. de *Tournehem*, d'établir une nouvelle Ecole où seroient reçus six Eléves, protegés par le Roi, ce qui fut accepté ; ensorte que six sujets d'élite, dont quatre ordinairement Peintres & deux Sculpteurs, sont reçus dans cette Ecole, sous une éducation commune, & sont conduits dans l'étude de leur Art, par un Gouverneur qui est toujours un des Professeurs de l'Académie : ils sont nourris à sa table, & logés aux dépens de Sa Majesté.

Cette place de confiance fut d'abord donnée à M. *Dumont le Romain* : sur sa démission, arrivée en 1748, M. *Carle Vanloo* y fut nommé, & l'exerce encore aujourd'hui avec beaucoup de distinction.

M. *Lepicié*, Secrétaire perpétuel, & Historiographe

K

Château du Louvre.

deles en plâtre, moulés d'après l'antique, deftinés à l'étude des Éleves reçus à l'École de cette Académie : celle P 2, eft la falle où l'on pofe le modele pendant l'efpace de deux heures tous les jours de l'année, à l'exception des Dimanches & Fêtes. Cette falle eft garnie de gradins pour les Étudians ; & fur la furface des murs,

de l'Académie, eft chargé, avec qualité & rang de Profeffeur, de former les Eleves protégés, dans l'étude de l'hiftoire, de la Mythologie, de la Géographie, & des autres fciences qui ont rapport aux Arts de Peinture & de Sculpture.

Lorfqu'il vaque une des places de Penfionnaire de Peinture ou de Sculpture dans l'Académie de France, qui fubfifte à Rome depuis 1666, elle eft remplie par l'Eleve protégé, jugé le plus capable, mis en concurrence avec les fils des Académiciens, qui, comme eux, ont gagné un des premiers grands prix.

Ce fut M. *Errard* qui fit l'établiffement de l'Académie de Rome au nom du Roi, & qui en eut la conduite jufqu'en 1673. M. *Noel Coypel* l'eut après lui jufqu'en 1675, que M. *Errard* le fut relever en qualité de Directeur. Ses fucceffeurs ont eu la même qualité ; on en compte jufqu'à ce jour, fix. M. *de la Tuilliere* en 1689, M. *Houaffe* en 1699, M. *Poerfon* en 1704, M. *Vleughels* en 1724, M. *de Troyes* en 1738, M. *Natoire* en 1750.

Ceux des Penfionnaires de Rome qui ont fait des progrès, & qui de retour à Paris, follicitent la qualité d'Académicien, font ce qu'on appelle *leur préfentation* : cette voie eft ouverte auffi à tous Artiftes, qui, fans avoir été à Rome, montrent des talens fupérieurs.

L'Afpirant qui veut *fe préfenter* à l'Académie, doit choifir un des Officiers du même talent que celui qu'il exerce, pour lui tenir lieu d'introducteur. Après que l'Afpirant lui a été préfenté, l'Académie nomme quatre Commiffaires pour aller voir fes ouvrages, en former un examen provifoire, & en faire leur rapport à l'Académie, afin qu'elle puiffe fe déterminer à admettre l'Afpirant dans fa *préfentation*, ou à la différer, fans le compromettre, & l'expofer à un refus public.

Par le mot de *préfentation*, on entend ici celle des ouvrages de l'Afpirant. Il en doit faire porter quelques-uns devant l'Académie affemblée. Elle les juge par le fcrutin. S'ils n'ont pas les deux tiers des fuffrages en leur faveur, l'Afpirant eft remis à un autre tems; s'il eft agréé, il participe provifoirement aux privileges de l'Académie, fans néanmoins en être cenfé Membre effectif. Il ne le devient que fur un morceau de réception, qu'il doit faire entierement dans l'Académie, s'il eft Peintre, & jufqu'au modele en grand, s'il eft Sculpteur.

Ce morceau eft jugé, comme les ouvrages de préfentation, par le fcrutin, l'Académie affemblée, & fur la même pluralité des deux tiers des fuffrages. Alors l'Agréé qui les a en fa faveur, eft reçu Académicien, prête ferment, & fon Ouvrage, devenu morceau de réception, appartient à l'Académie ; au contraire, s'il a pour lui un moindre nombre de fuffrages que les deux tiers, il perd les droits de fon aggrégation, & l'efpérance d'être jamais de l'Académie.

En 1747, le Roi ayant pris fous fa protection immédiate l'Académie dont nous parlons, il fut fait un nouveau Réglement le 11 Janvier 1751, compofé de 11 articles, qui approuve la plus grande partie de fon ancienne inftitution, & qui autorife la nouvelle Ecole dont nous avons fait mention. En conféquence l'Académie eft actuellement compofée d'un Directeur, qu'elle eft en droit de changer ou de continuer tous les ans : ce Directeur eft pris parmi fes principaux Officiers, faifant profeffion des Arts de Peinture & de Sculpture.

D'un Chancelier, qui l'eft fa vie durant, & qui doit être choifi parmi les Recteurs.

De trois autres Recteurs ; ces Officiers fervent par quartier. Le Recteur en quartier a la jurifdiction provifoire de l'Ecole, & préfide à l'Académie en l'abfence du Directeur, privativement au Chancelier.

De deux Adjoints à Recteur, pour fuppléer le fervice du Recteur en quartier, en cas d'abfence.

De huit Honoraires amateurs.

De huit Honoraires affociés libres.

De douze Profeffeurs de Peinture & de Sculpture. Ces Officiers fervent par mois. Le Profeffeur partage avec le Recteur en quartier la police provifoire, & eft cenfé le troifiéme Officier de l'Académie, le Directeur étant toujours le premier.

De fix Adjoints à Profeffeur fervant au lieu & place de ces Officiers, lorfqu'ils font abfens, ou quand il eft ainfi ordonné par l'Académie.

D'un Profeffeur de Géométrie & de Perfpective.

D'un Profeffeur d'Anatomie. Ces Officiers donnent leçon deux fois la femaine dans une falle particuliere : ils ont aujourd'hui chacun un Adjoint.

D'un Profeffeur d'Hiftoire, Fable, Géographie, &c.

De huit Confeillers. Les places de Confeillers font affectées aux Artiftes diftingués dans les talens particuliers : Peintres de portrait, de payfage, d'animaux, de fleurs ; Graveurs de médailles, ou en taille douce, &c. On appelle dans l'Académie, Artiftes à talens particuliers, tous ceux qui ne font pas Peintres d'hiftoire ou ftatuaires.

D'un Tréforier. Cette place eft en commiffion.

D'un Secrétaire perpétuel & Hiftoriographe.

Et d'un nombre illimité d'Académiciens, qui eft plus ou moins confidérable fuivant les circonftances & les fujets capables qui s'y préfentent.

L'Académie ne s'affemble que deux fois par mois, le premier & le dernier Samedi, excepté dans les cas extraordinaires. L'affemblée du premier Samedi eft affectée aux conférences qui ont pour objet les diverfes parties de l'Art & les fciences qui y ont rapport. L'affemblée du dernier Samedi eft réfervée pour toutes les affaires qui regardent la difcipline de la Compagnie ou de l'Ecole, & pour procéder aux aggrégations & réceptions, aux élections des Officiers, &c.

Avant que le Roi prit fous fa protection immédiate cette Académie, ce qui arriva en 1747, elle n'a eu que des Protecteurs particuliers, qu'elle avoit droit de nommer, fuivant les Lettres patentes du mois de Janvier 1655 ; voici ceux qu'elle a choifis fucceffivement.

M. le Chancelier *Seguier* fut le premier Protecteur de cette Académie en 1648.

Les Protecteurs qu'elle eut enfuite en titre formel, font

M. le Cardinal *Mazarin* en 1655.

M. le Chancelier *Seguier* en 1661.

M. *Colbert* en 1672 ; il étoit Vice-Protecteur de l'Académie dès 1661.

M. de *Louvois* en 1683, en fuccédant à M. Colbert dans la Surintendance des Bâtimens.

M. de *Villacerf* en 1691, Surintendant des Bâtimens, après M. de Louvois.

M. *Manfard* en 1699, par la deftitution de M. de Villacerf.

M. le Duc *d'Antin*, en 1708, Surintendant & Directeur général des Bâtimens.

M. le Cardinal *Fleury* en 1737.

M. *Orry*, Miniftre d'Etat & des Finances, Directeur

on voit plusieurs desseins & bas-reliefs qui méritent quelque attention : celle Château du<br>Louvre. P 3, est la salle où se tiennent les assemblées publiques des Académiciens, & où se voit la plus grande partie des ouvrages de réception des Membres de cette illustre Compagnie, depuis son établissement jusqu'à présent : celle P 4, est une piéce qui, comme la précédente, contient les ouvrages de réception, & où s'exposent les grands prix des Eleves le jour de Saint Louis. Celle P 5, est une piéce où se tiennent les assemblées particulieres des Académiciens, & où sont aussi exposés les ouvrages de réception, qui tous en général annoncent les succès de notre École Françoise, & présentent aux yeux des amateurs les différens ouvrages faits depuis plus d'un siécle par les 415 Académiciens qui l'ont composée jusqu'à présent, tant Peintres & Sculpteurs, que Graveurs en taille douce, en médailles, en creux, &c. Les plafonds de deux de ces piéces sont décorés avec beaucoup de magnificence, & elles répondent à celles que nous avons déja indiquées, en décrivant l'Académie des Sciences. Ces deux Académies, jointes à la galerie d'Apollon, dont nous allons parler, composent l'ancien appartement du Roi. Enfin les piéces marquées P 6, sont destinées au logement du Concierge, chargé de l'entretien de ce précieux dépôt, & à qui l'on doit s'adresser pour voir ces merveilleuses productions de l'Art, & de l'émulation de nos célébres Artistes.

Q, Logement, occupé aujourd'hui par M. *Lepicié*, Secrétaire perpétuel, & Historiographe de l'Académie de Peinture.

R, Divers logemens accordés à différentes personnes attachées au service du Château du Louvre, & qui sont distribués, tant au premier étage, que dans de doubles entresols élevés les uns sur les autres.

S, Galerie d'Apollon (*g*), dont l'ordonnance du plafond est très-bien entendue, les ornemens d'un beau choix, & la sculpture d'une très-grande beauté.

T, Sallon, où tous les deux ans, à la S. Louis, & pendant un mois, se fait l'exposition publique des ouvrages de peinture, sculpture, gravure, &c. exécutés par les Membres de l'Académie Royale. Ce sallon, tout le reste de l'année, sert d'antichambre de communication à la galerie d'Apollon, marquée S, & à celle des plans, marquée T.

V, Partie de la grande Galerie des plans dont nous avons parlé dans le chapitre cinquiéme, pages 18, 19 & 20.

Tous les principaux logemens exprimés dans ce plan, ont été distribués comme on le voit ici, vers 1747, & ont souffert peu de changemens depuis. Nous n'avons pas crû devoir entrer à ce sujet dans un détail plus circonstancié, ce que nous en avons dit suffit pour contenter les amateurs, & pour remplir la principale intention que nous avons eue, qui étoit de faire connoître les parties du Louvre les plus essentielles à visiter, & sur-tout de rappeller au Public & aux Étrangers que si ce Palais, destiné anciennement pour la demeure des plus grands Rois du monde, avoit paru long-tems un Edifice abandonné, il étoit devenu de nos jours le sanctuaire des sciences, des Arts, & du goût.

---

général des Bâtimens en 1737, & Vice-Protecteur de l'Académie, Protecteur en 1742. Le Roi, en 1747.

(*g*) En 1661 le feu consuma presque toute la couverture & la décoration intérieure de cette galerie. Elle fut rétablie dans l'état où on la voit à présent, par *Charles Le Brun*, qui a donné le dessein du plafond, & qui y a peint trois des compartimens qui sont distribués dans sa longueur, les autres étant encore imparfaits. L'on voit dans la voûte d'une de ses extrémités, le triomphe de Neptune & de Thetis ; ce dernier morceau, dit un de nos Auteurs modernes, est regardé *comme le chef-d'œuvre d'un Peintre qui ne faisoit que des chef-d'œuvres.*

On a placé dans cette Galerie les batailles d'Alexandre, ouvrage admirable de ce Peintre célébre, & qui, comme nous l'avons déja remarqué, ont été long-tems déposées dans la galerie des plans dont nous avons parlé, pag. 19, note marquée (*i*). Cette belle piéce sert aujourd'hui d'attelier à M. *Vanloo* ; l'on y a aussi distribué des loges pour les Eléves protégés par Sa Majesté. Enfin on y remarque quelques beaux modeles, moulés d'après l'antique, & quelques tableaux de grands Maîtres, distribués dans les trumeaux des croisées de cette superbe Galerie.

## CHAPITRE VIII.

*Elévation de la principale façade du Louvre du côté de Saint Germain l'Auxerrois, bâtie sur les desseins & sous la conduite de Claude Perrault.* Planche VII.

Château du Louvre.

NOus voici arrivés à la partie la plus intéressante de ce vaste Palais, & nous touchons au moment où notre sentiment sera sans doute combattu par ceux qui, pleins d'estime & de vénération pour la beauté & l'élégance de l'Architecture qui règne dans cette façade, ont trop négligé peut-être d'examiner cet Edifice relativement à la convenance. Quoiqu'il en soit, nous croyons devoir suivre l'ordre avec lequel nous avons consideré les bâtimens décrits dans les volumes précédens de cet Ouvrage. Comme ce n'est point un esprit de critique qui nous anime, & que nous n'avons d'autre objet que d'examiner nos Edifices avec une attention égale à notre impartialité, nous devons considerer du même œil les chef-d'œuvres de nos grands Maîtres, d'autant plus qu'on imite plus ordinairement leurs défauts que l'on n'en saisit les beautés & que sous prétexte qu'ils se sont quelquefois affranchis de la gêne des régles, on se permet les licences les plus déreglées. En effet, plus ces hommes célèbres ont eu de talens supérieurs, & plus les libertés qu'ils ont prises sont d'un exemple dangereux. Mais si d'un côté ils ont pû se tromper dans quelques parties de leurs compositions, de l'autre nous pouvons nous abuser dans nos observations. Dans cette crainte, nous ne prétendons pas ʾ ʾ ʾ ayent force de loi ; nous les proposons plutôt comme des doutes que comme des décisions, & nous ne hazardons même plusieurs de ces remarques que parce qu'il nous a paru qu'on en avoit déja approuvé quelques-unes.

Nous avons eu tant d'occasions d'ailleurs de faire l'éloge de *Claude Perrault*, que si nous paroissons quelquefois contraires à son sentiment, on ne pourra du moins nous accuser d'esprit de parti : toujours attentifs, autant qu'il nous est possible, à louer le beau par-tout où il se rencontre, nous relevons les inadvertances, moins pour censurer l'ouvrage, que pour faire sentir la difficulté qu'il y a d'éviter les licences dans la décoration d'un édifice d'une grande importance, & nous concevons même qu'il nous sera aussi difficile d'aprécier l'excellence des beautés réelles de cette belle façade, que de constater les défauts de convenance dont elle n'est pas entierement exempte. Ces derniers, à la vérité, sont peu de chose, si on les compare à la sublimité de l'ordonnance ; aussi les expressions nous manqueront-elles plus d'une fois, lorsqu'il s'agira d'applaudir à ce chef-d'œuvre, qui a si justement mérité les éloges & réuni les suffrages des connoisseurs les plus éclairés (*a*) ; au

(*a*) Tous les Voyageurs instruits & non prévenus, conviennent qu'il ne se rencontre chez aucune Nation un Edifice aussi véritablement régulier, & d'une aussi belle ordonnance que la façade dont nous faisons la description. Nous rapporterons néanmoins à ce sujet une particularité, qui prouve ce que peut l'esprit de parti chez la plûpart des hommes du métier. L'année derniere le Recueil des *ruines de Palmyre* fut mis au jour par M. *Robert Wood*, célèbre Anglois, qui s'étant transporté sur les lieux en 1751 avec MM. *Bouverie & Dawkins*, parcourut ces antiquités ; cet Amateur n'ayant épargné ni peines ni soins, ni les moyens nécessaires à une si grande entreprise, nous a donné dans ce recueil les desseins & la description de divers monumens, dont quelques fragmens assez considérables sont encore sur pied. A peine ce Recueil parut-il à Paris, que quelques Architectes, toujours jaloux de la gloire que *Claude Perrault* s'est si justement acquise, ont prétendu que la façade du péristile dont nous parlons, avoir été faite sur le modele des ruines de Palmyre ; la plûpart de ces monumens, disent-ils, & principalement le Temple du Soleil, étant d'Ordre Corinthien, élevé à quelques endroits sur un soubassement, & dont les entre-colonnemens sont ornés de niches couronnées de frontons. A cela, nous répondrons que les estampes qu'on nous a données de ces ruines, ont été achevées, pour la plûpart, par conjectures, à dessein de donner, dit l'*Editeur*, une idée plus complette des divers monumens répandus dans cette collection ; d'où l'on pourroit conclure qu'au contraire ce seroit l'exemple du Louvre, dans son état actuel, qui auroit donné l'idée de ces supplémens. Quoiqu'il en soit, ce trait de critique de la part des Ad-

lieu

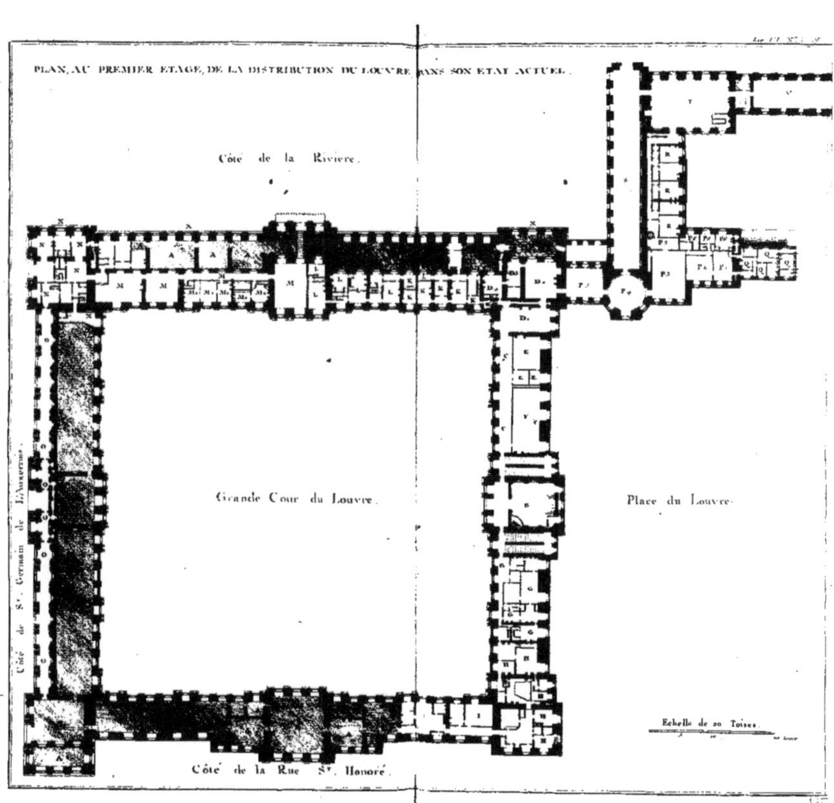

PLAN, AU PREMIER ETAGE, DE LA DISTRIBUTION DU LOUVRE DANS SON ETAT ACTUEL.
Côté de la Riviere.
Côté de St. Germain de l'Auxerrois.
Grande Cour du Louvre.
Place du Louvre.
Côté de la Rue St. Honoré.
Echelle de 20 Toises.

lieu que les remarques qu'on feroit obligé de faire fur les parties négligées d'un édifice quelconque, partent affez ordinairement de fource. Néanmoins nous remarquerons que comme la convenance doit préfider à toutes les productions d'un Architecte, & que c'eft de ces principes que doit réfulter le fuccès de l'ouvrage entier, nous commencerons nos obfervations par les défauts de convenance, de bienféance, & de vraifemblance, que nous ferons forcés de condamner dans ce frontifpice, & nous finirons cette defcription, en infpirant une admiration qu'on ne peut porter trop loin à l'égard de l'élégance de fon architecture, du choix de fes ornemens, & du rapport heureux qui fe rencontre entre certaines parties, & l'enfemble de ce vafte Edifice.

Par le défaut de convenance, nous entendons que l'ordonnance de l'architecture de cette façade annonce plûtôt celle d'un monument élevé feulement pour la magnificence, que la décoration d'un bâtiment deftiné à l'habitation. Or comme le genre de cet édifice doit annoncer ces deux objets, ne convenoit-il pas qu'on remarquât des ouvertures dans les dehors, qui euffent indiqué la deftination des dedans? Mais, dira-t-on, l'aile de ce bâtiment qui eft adoffée à ce périftile étant fimple, les piéces intérieures tirent leur jour du côté de la cour. A la bonne heure; mais il falloit au moins feindre des croifées à la place des niches, telles qu'on les a percées réellement du côté de la riviere (voyez la planche 13), & que l'on en a pratiquées dans les petits entre-colonnemens des trois avant-corps de cette façade; autrement cette fuperbe décoration femble revêtir le mur de face d'un édifice public, tel que pourroit être, par exemple, une Bibliotheque que l'on voudroit éclairer à l'Italienne (b), ou bien le mur d'un aqueduc, dont encore la plus grande partie fe perce à jour, autant pour œconomifer la matiere, que pour ne pas mafquer entierement le coup d'œil des environs.

A l'égard du défaut de bienféance, nous obferverons que l'appareil de ce fuperbe périftile fuppofant ici une communication extérieure d'une extrémité du bâtiment à l'autre, pour le paffage du Prince, lorfqu'il auroit voulu fe faire voir au peuple, il devoit être fans interruption; ce qui ne fe peut dans la diftribution de ce périftile, par l'étranglement du paffage marqué A, dont nous avons déja parlé dans la defcription de la planche précédente, & dont on fent vifiblement la difcontinuation, par l'archivolte en plein ceintre, qui fe remarque au deffus de la porte comprife dans le foubaffement. Nous relevons ce défaut de bienféance, qui eft d'autant plus condamnable qu'il eût été effentiel que, par la communication libre que nous exigeons, on eût évité le folide qui fe trouve placé dans le grand entre-colonnement du milieu, dût-on y avoir affecté une porte croifée feinte, qui auroit paru donner entrée à un grand fallon ou veftibule fupérieur que ce grand avant-corps femble annoncer, & qui auroit beaucoup mieux réuffi que tout l'appareil de la fculpture qu'on s'étoit propofé d'y mettre. On a cependant exprimé ici cette fculpture, pour donner une idée générale de ce que ces parties devoient produire relativement au tout.

Enfin le défaut de vraifemblance confifte en ce qu'il n'eft pas naturel qu'une auffi petite ouverture que la porte marquée B, donne entrée à un édifice d'une ordonnance auffi coloffale & auffi impofante; enforte qu'il femble que cette décoration ait été faite, moins pour indiquer l'entrée du Palais du Louvre, que

---

verfaires de *Perrault*, bien loin d'affoiblir le merite de cet habile homme, lui feroit beaucoup d'honneur; il feroit à defirer même que la plûpart de nos Architectes s'efforçaffent d'en ufer de même. puifque par une pareille imitation, nous parviendrions à poffeder dans la fuite beaucoup plus d'édifices d'une ordonnance d'au-

tant plus réguliere, qu'elle feroit plus conforme aux principes des anciens.

(b) Voyez ce que nous avons dit à ce fujet dans le troifiéme volume, p. 77, & dans l'Introduction, pages 35, 37, &c.

dans le deffein d'ériger un ouvrage d'Architecture qui, par fon appareil, fa régularité & fa richeffe, annonçât la capacité & l'étendue du génie de l'Architecte. Il eft vrai que *Claude Perrault*, pour fauver la réalité de cette petite porte, a cherché à pallier ce défaut; mais il eft tombé dans un autre excès, en nichant celle-ci dans une grande arcade; car cette derniere, comme nous venons de le remarquer, non feulement femble interrompre le niveau des galeries, mais nuit abfolument à l'ordonnance du grand entre-colonnement.

Pour éviter la plus grande partie de ces inconvéniens, n'auroit-on pas pû placer un grand efcalier découvert & à deux rampes, dans le goût de celui de la cour du Cheval blanc à Fontainebleau, de celui de l'Orangerie de Meudon, du Château neuf de S. Germain en-Laye, &c. de maniere que cet efcalier, ayant occupé toute la hauteur du foubaffement, & fait un avant-corps détaché, auroit autorifé le peu d'ouverture de la porte principale de ce Palais, & femblé annoncer d'une maniere convenable l'arcade feinte ou réelle que nous avons paru defirer dans le grand entre-colonnement du milieu au deffous du fronton. Par ce moyen, on ne feroit pas moins arrivé à couvert dans l'intérieur des bâtimens du Louvre, & à découvert dans le périftile, par le grand efcalier propofé. On auroit même pû pratiquer cet efcalier en rampe douce (c), enforte que les équipages y euffent pû monter; il eft vrai que ce dernier auroit occupé beaucoup plus d'efpace : mais comme dans tous les tems on s'eft propofé de faire une grande place publique au devant de ce Palais, ce dernier genre d'efcalier auroit, peut-être, contribué à l'embelliffement & du Monument & de la Place; bien entendu qu'on auroit alors fupprimé les foffés qui fe voient ici, & qu'on auroit même eu de la peine à pratiquer, à caufe du terrein trop confidérable qu'ils euffent employé autour de ce Palais. D'ailleurs, ces foffés ne font plus d'ufage en France dans les édifices élevés dans les grandes villes, & paroiffent refervés pour les Châteaux, les Maifons de plaifance, &c., où le terrein, toujours fpacieux, autorife ce genre de magnificence, ordinairement plus relatif à l'agrément, dans l'architecture civile, qu'à la fureté.

Revenons préfentement aux richeffes répandues dans la décoration de ce frontifpice, paffons en revûe les beautés générales & particulieres de fon ordonnance, & examinons avec foin la répartition de fes ornemens; enfin arrêtons-nous à confidérer l'affemblage de tant de perfections, qui offre avec un fi grand éclat ce beau tout qui illuftre également & le fiecle de Louis XIV, & les talens de *Claude Perrault*.

Le rapport de la hauteur de cette façade à fa largeur, eft comme 4 eft à 25, non compris l'élévation du foffé, qui, comme nous venons de le remarquer, n'a point été exécuté. La largeur de l'avant-corps du milieu eft à la longueur totale, comme 3 eft à 19. La largeur des pavillons des extrémités eft à la longueur totale, comme 1 eft à 7. Enfin le foubaffement a de hauteur les neuf 17ᵐᵉˢ de tout l'Ordre fupérieur, y compris le focle qui foutient les colonnes, l'entablement qui les couronne, & la baluftrade qui eft au deffus. Nous remarquerons que la hauteur de ce foubaffement eft un peu moins confidérable que celle qu'on lui donne ordinai-

(c) Avant que de propofer ces deux différens genres d'efcaliers, nous avons fait des deffeins que nous avons fournis à la cenfure de plufieurs Architectes éclairés, qui ont applaudi à cette correction; enforte que ce n'eft plus, pour ainfi dire, notre opinion particuliere que nous donnons ici, mais plutôt le fentiment de divers Architectes, que leur modeftie nous empêche de nommer. Nous avons déja avancé que nous communiquerions aux curieux les différens projets, augmentations, ou améliorations que nous avons propofés dans le cours de cet Ouvrage; nous réitererons notre promeffe : mais nous avertiffons que c'eft bien moins dans l'efpoir de fatisfaire les amateurs, qu'à deffein de recueillir leurs lumieres, afin de pouvoir un jour parvenir à tourner à l'avantage des Arts les découvertes qu'une longue fuite d'années & de conférences publiques nous auront donné occafion de faire fur notre profeffion.

rement; fçavoir, les deux tiers de la hauteur de l'Ordre fupérieur. ( Voyez ce que nous avons dit à ce fujet dans notre *Introduction*, p. 82 ), ainfi qu'on l'a obfervé aux Places de Vendôme & des Victoires, malgré l'exemple du Château de Verfailles, où le foubaffement, pris dans l'avant-corps du milieu, eft égal à toute la hauteur des colonnes Ioniques; hauteur exceffive, qui ne contribue pas peu à rendre mefquin l'Ordre de deffus, ainfi que nous l'obferverons ailleurs.

La hauteur de l'Ordre Corinthien eft de vingt-un modules, au lieu de vingt qu'on lui donne ordinairement; la raifon de ce module de plus, donné par *Perrault*, vient, fans doute, de ce qu'ayant accouplé cet Ordre, il a préfumé que les colonnes, diftribuées ainfi, paroiffent plus fortes de diametre que celles qui font totalement ifolées, & qu'ayant pour fond le mur du périftile, il étoit néceffaire, à l'imitation des Anciens, & relativement à ce que *Vitruve* nous enfeigne, de rendre le fuft de ces colonnes plus fvelte. Cette élégance produit ici un d'autant meilleur effet, que fon ordonnance eft fort riche, toutes les moulures de fon entablement étant taillées d'ornemens, &c. Ces colonnes ont de diametre, au deffus des bafes, trois pieds 7 pouces un tiers. Je dis au deffus des bafes; car nous obferverons que vers le tiers inférieur, le fuft eft renflé de deux parties de module : *flexion* peu fenfible, à la vérité, mais très-agréable, qui contribue à rendre ces colonnes bien fufelées, & d'une courbe tout-à-fait élégante & gracieufe. Ces colonnes, y compris les bafes & les chapiteaux, ont 37 pieds 11 pouces. Entre deux colonnes accouplées, on a obfervé un demi-diametre; les plus petits entre-colonnemens des arrieres-corps, ont 12 pieds 11 pouces; les moyens entre-colonnemens des pavillons, 17 pieds un quart; & enfin le grand entre-colonnement de l'avant-corps du milieu, 24 pieds 3 quarts. Ordonnance, difpofition, & conftruction inconnues avant *Perrault*; ce qui fit douter à plufieurs de l'exécution de fon projet; mais cet habile Maître, auffi fçavant Mathématicien qu'Architecte expérimenté, & auffi célèbre Théoricien que confommé dans l'expérience, ne fe rebuta pas des contradictions qu'il effuya, non feulement de la part des Artiftes de fon tems, mais encore des ennemis que fon mérite fupérieur dans plus d'un genre lui avoit attiré. Enfin il fçut en homme éclairé, bien moins qu'en Courtifan, perfuader M. *Colbert*, par des démonftrations évidentes, & des modeles convaincans, & n'oppofa à fes ennemis qu'une prompte exécution, qui dans la fuite fit taire fes Adverfaires, fans néanmoins en diminuer le nombre; c'eft ainfi qu'il juftifia les lumieres & l'équité du Miniftre qui s'étoit rendu à des talens fi fupérieurs.

L'entablement a de hauteur 5 mod. 5 parties 7 minutes (d), qui égalent le quart de la colonne, plus deux parties & 10 minutes de parties (e). Il paroît que c'eft *Vignole* que notre Auteur a le plus fuivi dans fes proportions, & s'il a donné à fon entablement quelque partie de plus que le quart, il faut confidérer que cette augmentation étoit néceffaire, à caufe de la grande longueur de cette façade, & du peu de reffaut de fon entablement; que pour cette raifon il s'eft cru autorifé à s'écarter des régles les plus univerfellement approuvées en France, quoique fufceptibles, pour la plûpart, de variations, felon les différens fyftêmes des Auteurs. En effet *Vignole*, comme nous venons de le remarquer, ne lui donne que le quart, *Palladio* le cinquiéme, *Scamozzi*, entre le quart & le cinquiéme, &c. proportions diverfes dont l'ap-

---

(d) Le module eft divifé en 18 parties, & la partie en 18 minutes.

(e) Les mefures que nous donnons dans cette defcription, font prifes fur l'édifice avec la précifion la plus exacte : nous n'avons point eu d'égard aux planches gravées; d'ailleurs la petiteffe de l'échelle, & l'inégalité du papier, produifent toujours des erreurs affez confidérables dans les épreuves. Certainement cet édifice méritoit ce travail important; nous efpérons même qu'on nous fçaura gré de la peine que nous avons prife d'enlever féparément les parties les plus effentielles, que nous aurons foin d'inférer dans le huitiéme volume de ce Recueil.

plication dépend de l'étendue du Bâtiment, de son importance, de son ordonnance
solide ou legere, ou enfin du mouvement affecté dans ses plans & dans ses élévations, ainsi que nous l'expliquerons plus particulierement dans les differtations sur
les Ordres d'Architecture que contiendra le huitiéme volume de ce Recueil.

La hauteur de l'architrave est égale à celle de la frise, & elles ont chacune un
mod. 10 parties 3 minutes. La corniche a de hauteur 2 mod. 3 parties une minute ;
cette derniere est ornée de modillons, dont les intervalles sont enrichis de caffettes
& de rofaces. Toutes les moulures sont aussi taillées d'ornemens, à l'exception du
larmier denticulaire que *Perrault* a laissé lisse, afin de donner du repos entre les
principales moulures : on ne sçauroit trop applaudir cette prudence, & elle
doit être imitée dans toutes les occasions où l'on fera parade de la plus grande richesse. Les plate-bandes ou soffites des architraves, sont aussi ornées d'entrelas
d'un très-bon goût, aussi bien que les plafonds quarrés de chaque entre-colonnement, dans lesquels sont placées des têtes de soleils, enfermées dans des cadres circulaires, & entourées de bordures ornées de moulures taillées d'ornemens. Tout
ce plafond, exécuté actuellement, est d'une beauté au dessus de toute expression.
( Voyez ces ornemens dessinés en petit avec assez de précision, dans le plan qui est
au dessous de cette élévation ).

Le chapiteau de cet Ordre a deux mod. 11 part. 8 min. de hauteur, sur un mod.
13 part. de largeur, la même que celle du fust supérieur de la colonne, & est
composé de feuilles d'olivier d'une assez belle exécution, & dont les tigettes &
les caulicoles sont d'un galbe très-agréable. Ce chapiteau paroît un peu svelte
dans son élévation ; mais ceux des pilastres étant de 2 mod. de largeur, il étoit
nécessaire, pour éviter trop de disparité entre l'un & l'autre, d'augmenter ceux
des colonnes, pour donner une sorte d'élégance aux chapiteaux des pilastres.

Le fust des colonnes est entouré de 24 canelures, séparées par des listeaux seulement. Peut-être la richesse répandue dans toute l'ordonnance de cette façade,
auroit elle exigé que le fust de ces colonnes fût plus orné ; néanmoins malgré le célébre exemple des colonnes Ioniques des Tuileries, dont nous parlerons ci-après, il
est assez raisonnable de ne pas trop affamer en apparence le tronc des colonnes, ni
de les trop surcharger d'ornemens, tels que des joncs, des canaux, des ruden-
tures, &c. Quoiqu'il paroisse essentiel de conserver une analogie intime dans
toutes les parties qui constituent un Ordre d'Architecture, il est certain qu'il faut
dans tous les cas, éviter la prodigalité des ornemens, principalement dans la décoration extérieure, où la retenue fait toujours bien, & où la fermeté, la grandeur de l'édifice, & la qualité de la matiere, doivent servir de régles fondamentales.

Les bases sont profilées selon *Vignole*, & auroient pû sans doute être moins sub-
divisées, les cannelures du fust de la colonne l'étant fort peu ; nous discuterons ailleurs le choix qu'on doit faire des bases, relativement aux opinions des anciens
& au systême des modernes ; cette comparaison exigeant des figures qu'on trouvera abondamment dans le huitiéme volume.

La baluftrade qui couronne cet édifice a environ les deux tiers de la hauteur de
l'entablement, étant de 6 pieds 9 pouces 5 lig., & l'entablement, de 9 pieds & demi.
Le focle de cette baluftrade qui soutient les baluftres, a la moitié de toute la hauteur de la baluftrade, & la tablette, environ le tiers de la hauteur du baluftre ;
ce dernier ayant 2 pieds 6 pouces 8 lig. & la tablette 9 pouces 6 lig. Nous observerons que la hauteur du baluftre paroît petite, comparée avec le diametre de
l'Ordre, & la tablette un peu forte, suivant les exemples modernes les plus célébres

lébres que nous avons rapportés dans notre *Introduction*. Ce changement de proportion provient sans doute, ainsi qu'il a déja été remarqué plus haut à propos de l'entablement, de ce que la longueur de cette façade, sa grande hauteur & son ordonnance colossale, ont obligé *Perrault* de chercher de nouvelles divisions pour les parties, qui répondissent aux dimensions générales de tout l'Edifice ; considération pour laquelle nous avons crû qu'il étoit préférable de donner les mesures exactes de cet ouvrage, telles que nous les avons trouvées sur les lieux, plutôt que d'affecter un air de sçavant, en voulant réduire par des procédés mathématiques, qui n'auroient rien eu que d'idéal, toutes les dimensions de ce bâtiment. Plusieurs Auteurs modernes sont tombés dans cet enthousiasme, sans en excepter même *François Blondel*, puisqu'on remarque dans son *Cours d'Architecture*, p. 623, que les mesures qu'il nous donne de la porte S. Denis, suivant les principes de sa théorie, n'ont aucune relation avec ce Monument, dont il avoit cependant donné les desseins ( voyez ce que nous avons dit de cette porte dans le vol. précédent, p. 10 ). Ce même enthousiasme a été suivi depuis par feu M. *Briseux*, dans son *Traité du beau essentiel dans les Arts*, où l'on trouve la même porte S. Denis décrite, non d'après son exécution, mais telle que *Blondel* la rapporte. M. *Briseux* s'est laissé sans doute prévenir par la haute idée qu'il avoit conçue de cet Architecte, & par les propriétés qu'il attribue aux nombres & aux rapports géométriques & harmoniques, ensorte qu'il a voulu, à quelque prix que ce fût, faire parade de théorie, & préferer la spéculation à la pratique, quoiqu'il ait reconnu lui-même dans plus d'une occasion l'insuffisance de ces combinaisons. Cet Architecte, qui d'ailleurs n'étoit pas sans mérite, & dans l'ouvrage duquel il y a plusieurs choses intéressantes, a puisé son opinion d'après celle de *François Blondel*, dont il a fait un éloge outré, en se déclarant contre *Perrault*, sans prendre garde néanmoins que *Blondel*, non seulement s'étoit démenti lui-même dans son *Cours d'Architecture*, comme il est prouvé par l'exemple de la porte S. Denis, mais qu'il étoit tombé dans le même cas à propos de *la Rotonde* qu'il nous donne dans le même Livre, & dont le systême qu'il a établi n'a absolument aucun rapport avec les mesures très-exactes que *Desgodets* nous en a donné dans ses *Edifices Antiques de Rome*. Tout ceci prouve évidemment un esprit de parti de la part de notre Aristarque moderne, dont la négligence d'ailleurs n'est gueres pardonnable, ne suffisant pas de préconiser un Auteur sans le comparer auparavant avec ceux qui ont écrit sur la même matiere, mais encore étant nécessaire de vérifier les mesures des monumens qu'il est question de discuter, & d'après lesquels on veut établir des principes que l'on ose citer comme autant d'autorités.

Le grand avant - corps du milieu de cette façade est couronné d'un fronton qui en occupe toute la largeur. Ce fronton a de base 92 pieds sur 19 de hauteur : proportion d'environ le cinquiéme de sa largeur. Les cymaises supérieures de ce fronton sont chacune d'une seule pierre, de la longueur de 51 pieds sur 6 de largeur, & 18 pou. d'épaisseur, pesant environ 80 milliers, ainsi que nous l'avons déja observé ailleurs (*f*). Il est inconcevable comment un poids aussi considérable, non compris celui de l'entablement, peut être soutenu en l'air par le seul architrave, que nous avons dit avoir 24 pieds trois quarts d'une colonne à l'autre, ces dernieres surtout étant isolées du mur d'un demi-diametre. La maniere ingénieuse avec laquelle

(*f*) Voyez ce que nous avons dit ci-devant à ce sujet, page 11, note (*x*). Nous ajouterons ici que *Sebastien Le Clerc* grava en 1677 cette façade, où il exprima les machines inventées par *Ponce Cliquin*, Charpentier de profession, & qui ont servi à élever les pierres de ce fronton. Cette estampe avoit été faite pour l'édicion de *Vitruve* commentée par *Perrault* ; mais les œuvres de ce célébre Graveur étant fort recherchés, elle ne se trouve plus gueres que dans les cabinets des curieux.

 *Perrault* a concilié la partie de la conftruction avec l'ordonnance, eft feule capable d'immortalifer la mémoire de ce célébre Artifte, principalement lorfque l'on
confidere par quelle reffource il a fçu retenir la pouffée de ce fronton fur la colonne angulaire B de cet avant-corps. Cette charge immenfe, & cette pouffée, eft
entretenue, à la vérité, d'un côté par la proximité du mur C, & de l'autre par le mur
E, qui eft lié par une voûte avec le précédent ; mais il étoit queftion d'imaginer ces
différens moyens, ce qui annonce certainement une grande fupériorité. Nous ne pouvons diffimuler cependant que la raifon de cette folidité a produit le retréciffement F,
que nous avons déja remarqué nuire à la communication intérieure des deux périftiles
fitués aux deux côtés de cet avant-corps ; mais *Perrault*, en grand Maître, a crû devoir
facrifier la commodité à la beauté de l'ordonnance, & à cette folidité immuable qui
rend cet édifice digne de la fplendeur d'un fi beau fiecle, & capable d'entrer en comparaifon avec ce que la Grece & l'Italie nous ont offert de plus fomptueux & de
plus régulier. Nous remarquerons auffi que cette platebande de 24 pieds trois quarts
eft retenue par des barres de fer horizontales de 4 pouces de gros, portées &
clavetées avec les aiffieux perpendiculaires placés à chaque axe des colonnes. Ces
barres de fer font enveloppées de plomb de deux lignes d'épaiffeur, & liernées par
des entretoifes de fer plat, qui entretiennent intérieurement cet architrave, dont
la coupe & l'appareil eft conftruit avec un art admirable, & dont les vouffoirs
forment autant de lancis dans le maffif du mur C, retenus chacun avec des ancres
& des tirans de fer ; enforte que depuis l'édification de ce monument, il a réfifté
à la rigueur des faifons, aux injures de l'air, & aux dégradations inévitables à tout
bâtiment dont l'entretien eft négligé.

. Dans les petits entre-colonnemens de cet avant-corps, font des croifées couronnées d'un fronton triangulaire. Ces ouvertures, quoique de fix pieds de largeur,
paroiffent petites, eu égard aux autres percés de ce frontifpice, & à fon ordonnance coloffale. Au deffus de ces croifées, font placés des médaillons de forme
elliptique de fix pieds de diametre fur fept pieds 10 pouces, renfermant des bas-reliefs, & couronnés de mufles de lion, & de guirlandes ou bouquets de laurier & de
chêne. Ces médaillons ont fi bien réuffi à *Perrault*, qu'il n'héfita pas de les employer dans la décoration de fon arc de triomphe, qu'il fit élever en 1670, cinq
années après qu'il eut fait ériger la façade dont nous parlons. Ils font féparés de la
croifée de deffous par un plinthe horizontal, qui régne dans toute la longueur de
la façade. Ce plinthe a 2 pi. 8 pou. & demi de hauteur, & eft compofé d'un gorgerin,
orné de canaux ; dans la platebande fupérieure de ce plinthe, eft une table ravalée
qui lui donne un air d'élégance relatif à la richeffe de l'Ordre. Ce membre d'Architecture eft élevé environ au tiers fupérieur de la hauteur de la colonne, & fert
d'impofte aux grandes arcades placées dans les pavillons. Il en auroit dû fervir
auffi à celle que nous avons parû defirer dans le grand entre-colonnement de l'a-
vant-corps que nous décrivons, où cette arcade auroit fait un meilleur effet que
tous les ornemens qui fe voyent ici deffinés d'après l'eftampe gravée par *Le Clerc*
fur les deffeins de *Perrault*. On voit dans la même eftampe de *Le Clerc*, au-deffus
du fommet du fronton, une figure équeftre terraffant les ennemis de la France,
ainfi que des Renommées affifes fur les acroteres. On n'a point exprimé ici ces ouvrages de fculpture, non feulement parce que les Renommées dont nous parlons
y paroiffent chetives, mais auffi parce qu'il n'eft pas vraifemblable de placer une
figure équeftre fur le fommet d'un édifice, & principalement fur l'extrémité fupérieure d'un fronton triangulaire.

Les Armes de S. M. mifes au deffus de l'archivolte de l'arcade du foubaffement, la
légende, les Renommées, & tous les ornemens de cet entre-colonnement ne font gue-

res placés avec plus de fuccès. En général ils ont trop peu de relief, & s'accorderoient mal avec la fermeté qu'on remarque dans l'architecture de ce Monument, quoique d'une ordonnance Corinthienne. Nous l'avons déja dit plus d'une fois, les parties doivent paroître engendrées par les maſſes : or certainement ce principe inconteſtable ne ſe rencontre point ici, & l'on ne peut remédier à ce défaut que par la ſubſtitution de la porte feinte propoſée, en ſupprimant l'archivolte de l'arcade du ſoubaſſement, & en ne conſervant que la forme quarrée de l'ouverture du rez-de-chauſſée qui, comme nous l'avons déja avancé, feroit beaucoup mieux néanmoins ſi elle étoit pratiquée dans le maſſif d'un grand eſcalier, lequel ne pourroit avoir lieu, à la vérité, qu'en ſuppoſant une grande place publique au devant de ce frontiſpice, ainſi que ce ſupplément ſembleroit l'exiger.

A chaque côté de cet avant-corps, ſe voient les deux colonnades formant le périſtile : elles ſont compoſées chacune de ſept entre-colonnemens de 12 pi. 11 pou. d'intervalle, & les colonnes en ſont accouplées. Nous avons déja parlé de la beauté des ornemens de ſon plafond (voyez-en les compartimens au bas de la planche que nous décrivons). Nous rapporterons ici qu'au deſſus de ce périſtile on a pratiqué une voûte en plein ceintre, continue, pour décharger les colonnes du poids des plafonds, auſſi bien que pour remédier à ce dernier, en cas que quelques-unes de ſes parties vinſſent à ſe dégrader. Ces plafonds, portés ſur des architraves en plate-bandes, ſont conſtruits de maniere que la clef circulaire placée dans chaque entre-colonnement, & où l'on a ſculpté une tête de Soleil, marquée G, eſt d'une ſeule pierre de 5 pieds 9 pouces de diametre, qui tient en équilibre toutes les parties de ce plafond, retenu d'ailleurs par des barres de fer de trois pouces de gros, corroyées & couvertes de pluſieurs couches de peinture à huile, pour éviter la rouille. Ces barres de fer horizontales ſont retenues ſur le devant dans chaque extrémité par d'autres verticales qui enfilent la colonne juſqu'à la baſe : les premieres, qui traverſent le périſtile & le mur qui lui ſert de fond, ſont liées chacune par une ancre ; ces barres de fer traverſantes ne touchent à aucune pierre, ne portent rien, & ne font que tirer contre la pouſſée du plafond. Indépendamment de ces ancres & tirans, toujours à couvert dans la hauteur de la voûte dont nous venons de parler, il en eſt d'autres poſées diagonalement des colonnes aux pilaſtres, & de ceux-ci aux colonnes, ces dernieres ſont clavetées dans les précédentes ; enſorte que par cet artifice ingénieux, la conſtruction de ce plafond a acquis une ſolidité immuable confirmée par une aſſez longue expérience. On peut voir avec facilité ce genre de conſtruction ſur les lieux : ce détail, pour un homme du métier, eſt peut-être auſſi intéreſſant que l'ordonnance de ce ſuperbe Edifice eſt ſatisfaiſante pour les connoiſſeurs en Architecture.

Dans chaque entre-colonnement de ce périſtile, on a pratiqué des niches, accompagnées de chambranles, & couronnées de frontons, ſemblables aux croiſées des petits entre-colonnemens de l'avant-corps du milieu. Ne pourroit-on pas deſirer ici, à la place de ces niches, des portes qui paruſſent donner entrée dans les appartemens placés derriere ce périſtile ? Ces portes n'auroient-elles pas donné un air d'habitation à cet édifice, qui ne s'annonce pas aſſez dans cette façade, deſtinée à préſenter au ſpectateur le frontiſpice d'un Palais conſacré à la demeure ordinaire d'une Tête couronnée ? D'ailleurs ces portes auroient pû éclairer des ſemi-doubles qu'on auroit pratiqué près des grandes piéces, donnant ſur la cour, leſquelles ayant 34 pieds dans œuvre, pouvoient être ſubdiviſées en certains endroits, pour procurer des garde-robes en plus grand nombre & des dégagemens, ainſi qu'on l'a pratiqué avec beaucoup de ſuccès du côté de l'entrée, dans les aîles du Nord & du Midi du Château de Verſailles.

Au deſſus de ces niches, ſe voyent des médaillons de même forme & grandeur
que ceux dont nous avons parlé plus haut. Ne ſeroit-il pas auſſi à craindre que les
bas-reliefs que doivent contenir ces médaillons, ne ſoient d'un trop petit volume
pour être apperçus d'en bas ? Ne pourroit-on pas demander encore ſi ces ſortes
de bas-reliefs, deſtinés à déſigner des actions d'éclat, ſont bien du reſſort de la
décoration d'un bâtiment de l'eſpece de celui dont nous parlons ? Ne ſemble-t-il
pas au contraire qu'il ſeroit plus convenable de les reſerver pour celle d'un Edifice conſacré à la gloire du Prince, tel qu'un Arc de triomphe, ou tout autre ouvrage de ce genre, parce qu'alors un tel monument, érigé par l'amour du Peuple,
ſemble exiger que l'on déſigne d'une maniere ſymbolique, les principales actions
qui ont donné occaſion aux Citoyens de le faire élever.

Le ſoubaſſement au deſſous de ce périſtile eſt percé de croiſées bombées. Ces
ouvertures ont été faites contre le ſentiment de notre Architecte, qui auroit préferé, dit-il, des trophées d'armes, dans les caſques deſquels on auroit percé de
petites ouvertures pour éclairer l'intérieur de ce ſoubaſſement. Quoiqu'en diſe *Perrault*, cette ſuppreſſion auroit encore donné un air moins habitable à ce Palais, &
il auroit été à craindre que ces trophées, de la maniere dont il les avoit conçus,
n'euſſent été poſtiches, n'étant amenés par aucune table, ni corps ſaillant ou ren-
trant. D'un autre côté la grandeur des croiſées de ce ſoubaſſement contribue à rendre les autres ouvertures de cette façade trop peu conſidérables ; c'eſt pourquoi
on auroit peut-être dû préferer de laiſſer ce ſoubaſſement liſſe & uni, ſur-tout ayant
affecté ſi peu de percés dans toute l'étendue de ce bâtiment.

Les pavillons des extrémités de cette façade, dont la largeur eſt un peu conſidérable pour la hauteur, ſont de la même décoration que ce que nous venons de
remarquer précédemment, à l'exception néanmoins que les parties angulaires de
ces pavillons ſont revêtues de pilaſtres au lieu de colonnes. Pluſieurs condamnent
ces pilaſtres, parce qu'ils prétendent que cette architecture n'a pas aſſez d'analogie avec les colonnades, ni avec l'avant-corps du milieu. Cependant il faut conſi-
derer, non ſeulement que cette ordonnance préſente quelque choſe de plus ferme,
& donne une apparence de ſolidité aux extrémités de cette façade, mais auſſi que
ces pilaſtres étoient eſſentiels en faveur de l'élévation du côté de la riviere, dont
toute la décoration eſt en pilaſtres. *Perrault* néanmoins, à deſſein de rappeller dans
ces pavillons les Ordres de colonnes diſtribuées dans les périſtiles & dans l'avant-
corps, a pris ſoin de pratiquer dans leur milieu d'autres colonnes qui portent une plate-
bande continue, & qui, en donnant du mouvement au plan de cette ordonnance,
compoſent une architecture qui répond à la ſolidité que produit l'uſage des pilaſtres dans la décoration. Entre ces colonnes, ſont pratiquées de grandes arcades
qui répondent aſſez bien à la grandeur de l'Ordre, & qui nous rappellent l'idée
de celle que nous avons deſirée dans le grand entre-colonnement de l'avant-corps
du milieu. Les croiſées placées à côté de ces arcades ſont dans le même cas que
celles que nous avons ci-devant trouvé trop petites, & forment ici une diſparité d'ouverture qui nuit abſolument à l'ordonnance coloſſale de ce frontiſpice.

On voit dans les planches du Louvre gravées anciennement par *Le Clerc*, des
amortiſſemens qui devoient couronner les pavillons des extrémités de cette façade.
Ces amortiſſemens ſont compoſés d'Attiques, ornés de tables contenant des
bas-reliefs ſéparés par des trophées, & terminés par un fronton circulaire, dans
le tympan duquel ſont des bas-reliefs, & un œil de bœuf pour éclairer l'intérieur
de cet Attique. On remarque dans le Recueil manuſcrit de *Perrault*, page 19, un
ſupplément qu'il avoit propoſé pour exhauſſer cet amortiſſement ; il conſiſte en une

calotte

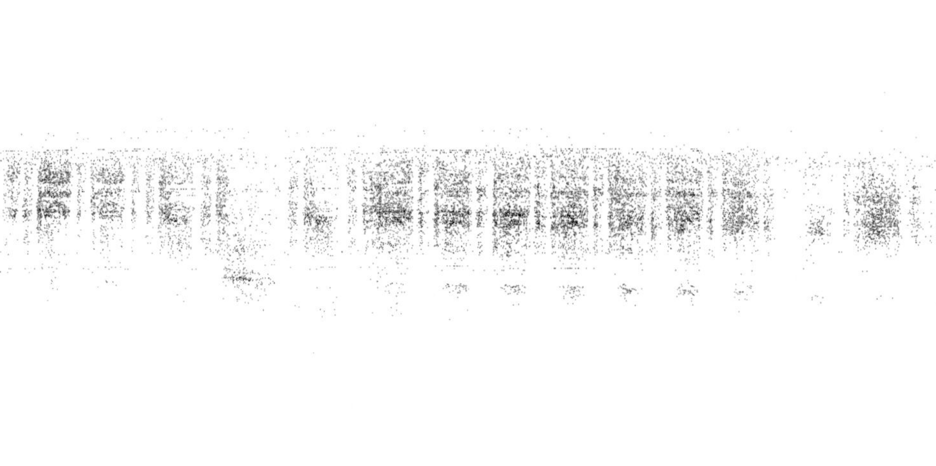

calotte furbaiffée fur un plan circulaire , & furmontée d'une baluftrade & d'un lan-
ternon.

Nous remarquerons que ce fronton, qui a une grande bafe & qui eft pofé fur
un Attique, compofoit une architecture lourde & pefante , qui ne répondoit pas à
l'ordonnance générale de ce bâtiment. D'ailleurs, cet amortiffement dominoit en
hauteur fur l'avant-corps du milieu, ce qui ôtoit à cette façade la forme pyramidale
que l'on remarque ici. On voit encore dans le Recueil manufcrit de *Perrault*, pag.
17 & 31, deux autres amortiffemens projettés pour terminer ces pavillons. Dans
l'un, au deffus des frontons circulaires, & à la place des calottes furbaiffées, on
avoit élevé une colonnade percée à jour, en forme de petit Temple terminé par
un fronton qui lui fervoit de toît ; dans l'autre, on avoit feulement placé une baluftrade à la place de la colonnade.

Toutes les différentes compofitions dont nous venons de parler étoient affez in-
génieufes, néanmoins aucune n'a eu lieu : nous ne les rapportons même ici que
pour prouver combien notre Auteur avoit cherché par différens moyens à concilier les anciens bâtimens du Louvre avec fes nouveaux deffeins, & que ce ne fut
enfin que par des méditations profondes & des démonftrations convaincantes ,
qu'il parvint à prouver qu'il falloit néceffairement démolir dans l'intérieur de ce
Palais tout ce qui pouvoit contribuer à rendre les dehors defagréables & peu conformes aux principes de la bonne architecture. Quelque raifon même qu'on pût
lui oppofer, il perfifta à prouver que ces amortiffemens, qui pourroient bien faire
féparément, ne s'accorderoient jamais avec les maffes totales, toujours préférables
aux beautés de détail.

On trouve dans la page 91 de ce même manufcrit, un projet qui prouve la fu-
jétion dans laquelle *Perrault* s'étoit trouvé pendant long-tems de conferver les anciens pavillons du Louvre tels qu'ils étoient : cette confidération, dit-il, l'avoit même
déterminé à les enrichir ; mais on remarque dans fon deffein, que pour que ces pavillons ne l'emportaffent pas en prééminence fur le refte du bâtiment, il avoit élevé au
deffus & derriere l'avant-corps du milieu, une efpece de dôme, qui devoit fervir de
couronnement à une nouvelle chapelle qu'il avoit propofée, & dont on voit le plan
& la fituation marquée M dans la planche premiere, chap. IL A cette même page
91 du manufcrit de *Perrault*, on voit auffi qu'il avoit orné de figures les piédeftaux
de la baluftrade qui couronne tout cet édifice ; on y trouve encore des projets de
niches pour les entre-colonnemens des colonnades , & un deffein de foubaffement
beaucoup plus riche que celui qui fe voit exécuté ; il étoit compofé de grandes tables,
de cadres , d'avant-corps, & de chaînes de refend d'affez bon goût , à propos defquels il rapporte expreffément qu'il avoit préféré ce genre de deffein aux croifées
qui fe remarquent dans la planche dont nous parlons , afin de conferver à cet Edifice l'afpect d'un Château, nom que le Louvre portoit encore de fon tems.

On trouve, page 87, un autre projet de *Perrault* pour la principale façade du
Louvre, & toujours à deffein de conferver les anciens pavillons. La décoration
de cette façade eft auffi Corinthienne, mais les colonnes n'en font pas accouplées ; le milieu eft terminé par un dôme d'une forme & d'une élégance dignes du
bâtiment & de fon Auteur. Enfin aux pag. 97 & 99 du même manufcrit, fe voyent
encore deux autres projets pour la même façade, qui méritent également l'attention des connoiffeurs ; ce qui doit les exciter à en demander la communication ,
ne doutant point que fous la direction d'un Chef auffi éclairé que M. de *Marigny*,
on n'en permette l'examen aux Amateurs, après nous avoir fait prêter ce précieux
dépôt avec tant de complaifance, & nous avoir même encouragé à en citer quelques paffages intéreffans.

*Tome IV.*                          N

Nous finirons la description de cette superbe façade, en disant que sa premiere pierre fut posée en 1665, & qu'en 1670 cet Edifice fut conduit en l'état où il se voit aujourd'hui ; de maniere qu'on n'a été que cinq années à élever ce superbe Monument. Entre les premieres assises des fondations de ce frontispice, on encastra une boîte de bronze, dans laquelle étoient renfermées plusieurs médailles d'or & d'argent, avec l'inscription suivante.

*Louis XIV, Roi de France et de Navarre, après avoir dompté ses ennemis, donné la paix à l'Europe, & soulagé ses Peuples, résolut de faire achever le royal bâtiment du Louvre, commencé par François I, & continué par les Rois suivans. Il fit travailler sur le même plan ; mais depuis ayant conçu un dessein & plus grand & plus magnifique, & dans lequel ce qui avoit été bâti ne put entrer que pour une petite partie, il fit poser ici ce superbe Edifice, l'an de grace 1665, le 17 du mois d'Octobre.*

*M. Jean-Baptiste Colbert, Ministre d'Etat, & Trésorier des Ordres de Sa Majesté, étant alors Sur-Intendant de ses Bâtimens.*

# CHAPITRE IX.

### *Divers projets pour la principale entrée du Louvre, proposés par différens Architectes.*

Nous avons rapporté précédemment que les fondations de la façade du Louvre, du côté de Saint Germain l'Auxerrois, avoient été commencés sur les desseins du *Cavalier Bernin* ; mais que pendant l'année que l'on y travailla, on renonça à cette entreprise, pour les raisons que nous en avons déduites ailleurs, ensorte que le projet qui est exécuté aujourd'hui ayant été agréé, on les recommença ; celles qui étoient déja élevées n'ayant pû servir pour le dessein de *Perrault*.

On trouve dans la planche troisiéme de ce volume, le plan général des bâtimens du Louvre projettés par le *Cavalier Bernin* ; nous allons donner les élévations qu'il en avoit faites, mais nous ne pourrions les rapporter de suite dans cet Ouvrage, sans déranger l'ordre de notre description, étant obligé de parler sans interruption de chaque façade de ce Palais. Ainsi après avoir rapporté chacune de celles qui sont élevées actuellement par *Perrault*, nous donnerons les projets des Architectes qui en avoient faits aussi pour cet Edifice, tels que le *Cavalier Bernin*, *Le Mercier*, *Le Veau*, *Marot*, &c.

**Projet** *du Cavalier Bernin pour la principale façade du Louvre, du côté de S. Germain l'Auxerrois.* Planche VIII.

La réputation accordée au *Cavalier Bernin* dans toutes les Cours de l'Europe, les ouvrages que ce célébre Artiste a fait en Italie, ses talens supérieurs dans l'architecture & la sculpture, enfin la distribution du Louvre que nous avons donnée de lui, planche troisiéme, sont autant de considérations qui nous portent à concevoir une grande idée des productions de cet habile Artiste ; cependant nous ne pouvons dissimuler que la décoration de la façade que nous allons décrire, paroît fort inférieure à celle de *Claude Perrault*. Examinons sans partialité le motif qui nous porte à penser ainsi, sans prétendre que notre opinion à cet égard soit regardée comme une autorité, mais seulement comme une suite des réflexions relatives aux préceptes répandus dans l'*Introduction à l'Architecture* placée à la tête du

premier volume de ce Recueil, & aux fentimens des plus grands Architectes Fran- Château du<br>Louvre.
çois qui ont le plus généralement puifé les principes de leur Art dans les ouvrages des Anciens, mais qui ont fçu fe garantir néanmoins de la difparité qu'on remarque fouvent entre le tout & les parties de la plûpart de leurs productions.

Par exemple, dans cette façade nous remarquons, contre les principes les plus
univerfellement approuvés, un Ordre Corinthien couronné d'un entablement compofé; une baluftrade qui n'a que les deux cinquiémes de la hauteur de l'entablement, & dont la faillie de ce dernier mafqueroit la plus grande partie; de petites
croifées qui n'ont à peine que la largeur d'un diametre; des trumeaux d'une largeur confidérable, comparés avec d'autres beaucoup plus étroits; des efpacemens
inégaux, déterminés par un Ordre, tantôt de pilaftres, & tantôt de colonnes engagées; des croifées en nombre pair; un plinthe qui divife la hauteur de l'ordonnance
en deux parties égales; des murs liffes qui fe contredifent avec l'expreffion Corinthienne; un avant-corps qui occupe la moitié de la longueur du bâtiment; des arrieres-corps qui n'ont de rapport ni avec l'avant-corps, ni avec les pavillons; un foubaffement trop peu élevé, & dont la fubdivifion des refends nuit à la fimplicité
affectée dans l'étage fupérieur; trois ouvertures ou arcades en plein ceintre, qui
n'étant préparées par aucun corps faillant, donnent une idée imparfaite de la principale entrée de cet Edifice; enfin des figures gigantefques d'une compofition tri-
viale, placées ridiculement à côté de la porte du milieu, auffi bien que les armes
du Roi, qui n'étant amenées ni foutenues par aucun membre d'architecture faillant,
paroiffent poftiches & hors d'œuvre. Toutes ces inadvertances font condamnables,
& ne peuvent être admifes dans la décoration d'un Palais de l'importance de celui
dont nous parlons.

Après avoir relevé les licences qui fe rencontrent dans cette façade, examinons
quelles font les beautés de détail dont elle peut être fufceptible, & difons que l'entablement eft profilé d'une affez grande maniere, & compofé régulierement, quoiqu'un peu chargé d'ornemens; que chaque croifée eft autant de chef-d'œuvres en
particulier; mais que leur élégance ne femble peut-être pas faite pour aller avec la
grandeur coloffale de l'Ordre, malgré l'opinion de ceux qui prétendent que ces
petites parties fervent à faire valoir la grandeur de l'Ordre, & que c'eft à la faveur
de celles-là que celui-ci acquiert la majefté que doit exprimer la décoration extérieure des Palais des Rois. Si ce fentiment pouvoit prévaloir, il réfulteroit que
pour faire dominer la hauteur d'un Ordre, il feroit néceffaire que les parties
qui le couronnent ou qui l'accompagnent fuffent toujours petites; enforte que ces
dernieres n'ayant plus aucune analogie avec les maffes générales, il s'enfuivroit l'effet
que nous blâmons ici. Cette ordonnance, à la vérité, eft affez femblable au goût
dominant des Anciens; mais leurs Architectes fembloient y être autorifés par l'occafion qu'ils avoient d'une part d'ériger de vaftes monumens, relativement à l'opulence de leurs Citoyens, & de l'autre, par le befoin qu'ils avoient de percer leurs édifices de petites ouvertures, à caufe de la température de l'air des lieux qu'ils habitoient:
mais ces confidérations ne font d'aucune autorité pour nous qui n'avons ni les mêmes motifs, ni les mêmes fujétions; d'où il faut conclure, qu'il eft effentiel d'af-
fervir fes productions au goût dominant d'une Nation où l'on eft appellé pour
exercer fes talens: la convenance exigeant que dans les Pays Septentrionaux, dans
ceux expofés au Midi; &c, l'architecture s'annonce relativement au befoin des différens Peuples qui ont accepté les préceptes des Grecs & des Romains.

Me paffera-t-on d'avoir hazardé mon fentiment fur les productions de ce célébre Artifte? Je l'ignore. Mais je demande au moins que les Sectateurs du *Cavalier*
*Bernin* veuillent fe reffouvenir que nous avons annoncé ces obfervations, fans préten-

dre que notre sentiment prévalût sur l'opinion commune , principalement pour ce qu
regarde les choses de goût. Il n'en est pas de même de la partie des préceptes ; comme
ils sont communs à tous les genres de bâtimens, nous espérons trouver peu de contradicteurs, ayant pris soin de citer dans le cours de cet Ouvrage immense , les autorités
des plus grands Maîtres , en affectant de rendre compte du mérite de chaque genre
de beautés. Nous avons même prouvé dans plus d'un endroit combien il étoit
essentiel d'éviter l'union des contraires dans une même ordonnance ; procédé
qui nous a conduit naturellement à discuter tout ce qui ne nous paroissoit pas
conséquent aux principes fondamentaux de la belle architecture , sans lesquels néanmoins il n'est gueres possible de parvenir à concilier les loix de la convenance, de
la bienséance , & de la vraisemblance.

*P R O J E T de Jacques Le Mercier pour la principale façade du Louvre , du côté de*
*S. Germain l'Auxerrois.* Planche IX.

Cette élévation est d'une architecture moins colossale que la précédente , on y a
affecté plus de mouvement dans sa distribution , & l'on y apperçoit une forme
pyramidale qui annonce quelque succès dans sa composition : d'un autre côté, les
détails en sont peut-être moins heureux ; nous allons les examiner plus particulierement, en remarquant ce qui merite quelque estime, & en faisant connoître ce
qu'il auroit été bon d'éviter dans cette ordonnance pour la rendre plus conforme
aux loix du bon goût, & aux principes de la bonne architecture.

Nous observerons d'abord que le soubassement , dont la hauteur égale celle des
colonnes du premier étage , paroît trop élevé, ce qui rend l'Ordre chetif ; que l'a-
vant-corps du milieu est mal terminé par un Attique trop bas, & couronné d'un
fronton qui sert encore à le rendre plus écrasé ; que les mezzanines placées dans
la hauteur de l'Ordre Ionique y font une répétition d'ouvertures desagréables avec
celles de l'Attique ; que les especes de pavillons placés au côté de l'avant-corps,
flanquent imparfaitement la partie essentielle de cette façade, & que, quoiqu'ils
symmétrisent avec leurs opposés vers les pavillons des extrémités , ils décom-
posent l'unité de l'ordonnance générale , si nécessaire dans un bâtiment d'une
grande étendue. D'ailleurs , ces especes de pavillons nuisent à ceux des extrémités de cette élévation , qui auroient exigé d'être accompagnés à droite & à
gauche de la même décoration. Nous remarquerons encore , que le trumeau
du milieu de ces derniers pavillons est contre les régles de l'Art ; & qu'enfin un
défaut de convenance assez condamnable , est d'avoir supprimé les Ordres dans les
arrieres-corps de ce bâtiment, qui par cette disparité semblent faire autant de
corps de logis particuliers qu'il y a de ressauts dans cette façade.

Les beautés qu'on peut avouer dans cette composition consistent , ainsi que
nous l'avons déja dit , dans les formes pyramidales , & dans la proportion de
quelques - unes de ses ouvertures , telle , par exemple, que la porte principale
au rez-de-chaussée, qui est d'une architecture assez noble : enfin dans la forme &
la dimension de la plus grande partie des croisées du premier étage. Mais nous remarquerons que les arcades feintes des arrieres-corps, qui ne sont autorisées par
aucune porte réelle, forment de trop grandes ouvertures en apparence, comparées
avec les croisées de dessus & avec les trumeaux des étages supérieur & inférieur,
ce qui nuit absolument à l'ordonnance du tout ensemble.

Nous passerons sous silence une infinité de parties de détail, qui nous force-
roient d'insister sur les vices répandus dans ce projet. Nous écrivons ici pour des
hommes déja versés dans les connoissances de l'architecture , & nous leur aban-
donnons

Principale Entrée du Chasteau du Lou ... costé de S.t Germain, du desseing du Caualier Bernin .
Liv. II. N.o I. Pl. 5.
449

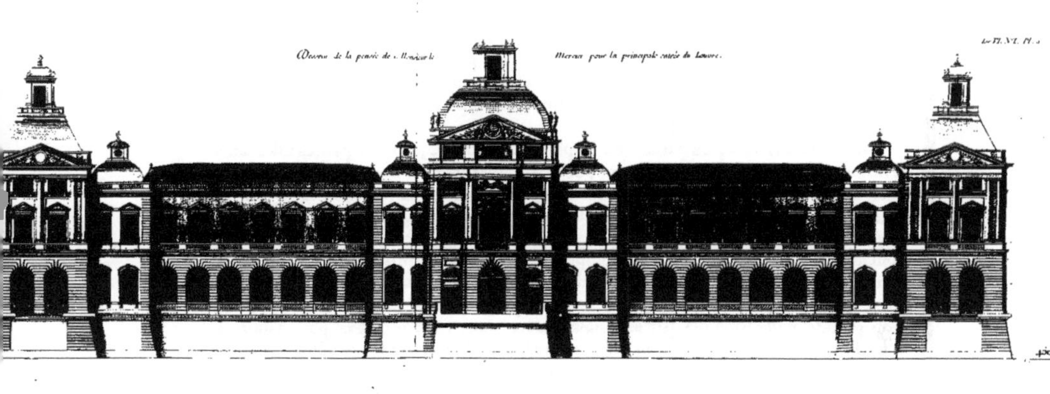

Dessein de la pensée de . Monsieur le    Mercier pour la principale entrée du Louvre.
Liv. VI. N.° I. Pl. 1

donnons un examen plus fevere. D'ailleurs, cette façade n'ayant pas été exécutée, Château du Louvre. nous refervons la plus grande partie de nos obfervations pour les édifices actuellement élevés; l'afpect de ces derniers & les differtations, la plûpart intéreffantes, que nous y joignons, font en effet plus propres à inftruire les perfonnes moins verfées dans les Arts, qui veulent néanmoins fuivre une route fure & plus capable de donner l'effor à leur imagination.

PROJET *de Jean* MAROT *pour la principale façade du Louvre , du côté de S. Germain l'Auxerrois.* **Planche X.**

Ce projet, plus analogue au genre d'architecture de l'intérieur du Louvre, préfente une ordonnance affez réguliere; mais la trop grande multiplicité de fes parties eft fans doute un obftacle à l'effet général qu'on doit attendre d'un grand bâtiment, qui fuppofe toujours un air environnant confidérable que lui auroit réellement procuré une place publique qu'on s'étoit propofé d'ériger au devant de ce Palais. C'eft vraifemblablement cette confidération qui a fait préférer à *Perrault* un Ordre coloffal (g) dans l'ordonnance de la décoration de fon périftile, parce qu'il comporte certainement de plus grandes parties que plufieurs Ordres élevés les uns au deffus des autres dans la hauteur d'un bâtiment; malgré les célébres exemples des façades de la cour de ce Palais, dont nous parlerons en fon lieu, *du Château de Maifons, du Luxembourg*, &c.

Nous avons trouvé, en parlant de la planche huitiéme, trop de parties liffes dans certains endroits de fa décoration; on pourroit remarquer au contraire qu'il n'y a pas affez de repos dans l'ordonnance de cette façade. En effet, la multiplicité des membres qui la compofent, détruit néceffairement l'idée qu'on a dû fe former au premier afpect de l'étendue de ce bâtiment comparé avec fa hauteur; d'où il faut conclure que, bien loin que cet exemple puiffe fervir d'autorité, il doit prouver au contraire combien il eft indifpenfable d'obferver une heureufe correfpondance entre les parties & le tout, qui ne fe remarque pas ici. Mais fans nous arrêter à la trop grande réitération des parties, nous dirons que, pour procurer plus d'unité à cette façade en général, il auroit été convenable de fupprimer les pavillons A & B: par là les aîles auroient été continuées dans toute leur longueur, ce qui auroit produit moins de divifion dans la longueur de cet Edifice. D'ailleurs, par la fuppreffion de ces pavillons, les ouvertures auroient été uniformes, & les trumeaux moins diffemblables; on auroit auffi évité les petites niches, qui par leur cavité nuifent à l'accord indifpenfable que nous défirons toujours dans la décoration extérieure, en forte que faute d'avoir obfervé cet accord dans la façade dont il s'agit, elle eft bien moins fufceptible d'imitation qu'aucune de celles dont nous ayons encore parlé.

L'avant-corps du milieu eft affez heureufement terminé par l'Attique, le dôme, & la lanterne qui le couronnent; mais il femble que pour le faire pyramider plus avantageufement, il auroit été mieux de retrancher tous les autres combles, principalement ceux des pavillons des extrémités de cette façade; les toits apparens dans un édifice de l'efpece de celui que nous décrivons, font plus contraires à la bienféance, ainfi que nous l'avons déja remarqué plus d'une fois, en décrivant les bâtimens d'une certaine importance, mentionnés dans ce Recueil.

(g) Le *Cavalier Bernin* avoit auffi préféré un Ordre coloffal dans le projet qu'il avoit fait pour les bâtimens du Louvre. ( Voyez la planche huitiéme de ce chapitre, &c. ).

## CHAPITRE X.

*Elévation de la façade du Louvre, bâtie sur les desseins de CLAUDE PERRAULT, du côté de la Riviere.* Planche XI.

Château du Louvre.

CETTE façade a été aussi élevée sur les desseins de *Claude Perrault*; elle est toute décorée de pilaftres de même hauteur & de même diametre que les colonnes du périftile, dont nous avons parlé dans le Chapitre VIII : au lieu de médaillons, on a placé, dans les arriere-corps, des croifées de proportion Attique; & au-deffous, dans toute l'étendue du Bâtiment, on a ménagé des ouvertures de même forme & grandeur que celles qui font pratiquées dans l'avant-corps & dans les pavillons de la façade du côté de S. Germain l'Auxerrois. Cet Ordre Coloffal eft auffi élevé fur un foubaffement percé de croifées bombées. Ce dernier eft foutenu fur un mur de revêtiffement qui devoit former l'un des paremens du foffé dont on avoit projetté d'entourer cet Edifice, mais qui n'a pas eu lieu pour les raifons que nous en avons rapportées précédemment.

Les croifées Attiques paroiffent un peu larges pour leur hauteur. On peut remarquer encore que leur forme trop bombée ne préfente pas une Architecture affez grave; d'ailleurs la difparité de leur ouverture avec les médaillons des avant-corps, nuit à l'enfemble général, & paroît annoncer par les dehors, des pieces intérieures inégalement propres à l'habitation; car, felon l'efprit de la convenance de cet Edifice, ces croifées Attiques ne doivent préfenter que des ouvertures deftinées à éclairer la partie fupérieure des grandes pieces du dedans de ce Palais, lefquelles, par leur grand diametre, ont befoin d'une certaine élévation fufceptible d'une lumiere proportionnée à leur hauteur. Or, cette idée, qui doit fe préfenter à tout fpectateur intelligent, fe trouve ici détruite; la plus grande partie de ces ouvertures ne fe remarquant que dans les arriere-corps, tandis qu'au contraire les plus belles pieces doivent être placées de préférence dans le milieu du Bâtiment. C'eft par cette confidération qu'il falloit affecter ces mêmes ouvertures au moins dans l'avant-corps du milieu, dont les entre-pilaftres, d'ailleurs inégaux, ainfi que les percés, qui s'y trouvent diffemblables de hauteur & de largeur, annoncent une décoration peu conforme aux regles de l'Art, lefquelles exigent que toutes les ouvertures d'un même corps foient d'une égale dimenfion.

Nous remarquerons auffi que dans l'extérieur d'un Bâtiment, les plinthes horizontaux & continus doivent annoncer les différens planchers qui divifent intérieurement la hauteur de l'Edifice; que pour cela il eft néceffaire de les fupprimer abfolument dans la décoration d'une façade où l'on fait préfider un Ordre Coloffal, qui donne toujours à connoître par les dehors, l'immenfité des dedans. Au refte cette divifion nuit en général à l'ordonnance de l'Ordre; c'eft ce qu'on a pris foin d'éviter dans les façades des places de *Vendôme* & des *Victoires*, quoique l'on foit prévenu, par leur afpect, que les dedans font divifés dans leur hauteur par des planchers d'une élévation proportionnée à des appartemens particuliers; idée toute naturelle, qu'on ne peut certainement prendre d'un Edifice du genre de celui du Louvre.

Toute cette façade eft exécutée telle qu'elle fe voit ici, à l'exception de la baluftrade fupérieure, du fronton de l'avant-corps du milieu, & de tous les ornemens qui, au lieu d'être fculptés, font reftés en pierre d'attente, exceptés les deux chapiteaux Corinthiens qui forment la partie anguleufe de cette façade du côté de S.

*Germain l'Auxerrois.* Les confoles des croifées du premier étage, & les modillons Château du Louvre.
de la corniche de l'entablement ne font même que galbés ; les pilaftres font auffi
fans canelures ; enfin nous obferverons que la plus grande partie de cette façade
eft mafquée par les arbres à haute tige du jardin qui eft au pied de cet édifice,
& par le Garde-meuble, qui feront fans doute détruits l'un & l'autre, fi l'on par-
vient, comme il y a tout lieu de l'efpérer, à finir ce monument fi digne du fiécle
qui l'a vu naître. A l'égard des proportions générales de cette façade, nous remarquerons que les pavillons de fes extrêmités, quoique beaucoup plus étroits
que ceux du périftile, ont trop d'égalité avec l'avant-corps du milieu, celui-ci
n'ayant qu'un diametre de plus de largeur ; en forte que ces trois parties principales qui n'ont guere que les deux cinquiemes des arrieres-corps, paroiffent t rop
petites, eu egard à l'étendue du Bâtiment. Cette réfléxion fans doute avoit engagé
*Perrault* à propofer de faire ufage des colonnes feulement dans l'avant-corps,
pour lui donner plus de relief, en empêchant cette monotonie qui fe remarque
ici, & pour que cette faillie eût pu lui procurer par l'optique une forme pyramidale ; étant tout décoré de pilaftres, il manque de mouvement ; objet très-in-
téreffant dans une élévation d'une fi grande longueur, & où l'on a fait préfider l'élégance Corinthienne ; d'ailleurs cet Edifice étant apperçu de fort loin, exigeoit néceffairement des corps qui marquaffent fenfiblement, & qui fuffent capables de fe manifefter du point de diftance confidérable d'où l'on peut l'appercevoir ; étant décoré d'un Ordre Coloffal, il feroit un très-bon effet, fi les par
ties qui le divifent euffent eu quelque relief de plus dans les reffauts qui le compofent.

On voit le deffein à colonne propofé par *Perrault* pour l'avant-corps du milieu, page 55 de fon manufcrit ; il paroît auffi qu'il avoit projetté d'élever au-
deffus de cet avant-corps, un Attique couronné d'un dôme dans le genre de
celui qu'on y remarque aujourd'hui, refte du vieux Louvre, & dont le mur de
face qui le foutient, doit fervir de mur de réfend : il paroît encore qu'il avoit eu
envie de rendre les combles apparens, & de pratiquer un Attique fur les pavillons
des extrêmités de cette façade. Sans doute avoit-il conçu ce dernier projet dans l'intention de conferver les anciens pavillons ; mais dans les deux deffeins qu'il a donnés
pour leur reftauration, on remarque dans l'Attique de l'un des croifées à plein ceintre
au nombre de cinq, dont on ne peut que blâmer la forme & la multiplicité ; dans l'autre il avoit propofé des *yeux de bœuf* de forme circulaire au nombre de trois. Ces trois
percés répondoient à plomb des trois arcades qu'il avoit placées au-deffous dans les
entre-pilaftres, à deffein de procurer plus de jour dans l'intérieur de cette partie
anguleufe du Bâtiment, où il vouloit, dit-il, pratiquer de grands fallons. Ces arcades fymétrifoient avec celles de l'avant-corps ; mais leurs grandes ouvertures, la
petiteffe de leurs piédroits, la péfanteur de leurs claveaux, tous membres qui n'a-
voient aucune proportion avec le diametre de l'Ordre Coloffal, ont fans doute été
caufe qu'il n'a pas fuivi ce projet. Nous n'en parlons même ici que pour faire
fentir qu'on n'arrive à la perfection que par dégrés, & que le plus grand des abus,
quelqu'expérience qu'on ait d'ailleurs, eft de s'en rapporter à fes premieres productions. Combien de bâtimens en France font reftés dans un état de médiocrité,
parce que leurs Architectes, féduits par la beauté des détails, ont négligé celle des
maffes, & ont attendu à réfoudre certains dimenfions lors de l'exécution, fans
prévoir que la diftribution intérieure ne leur laifferoit peut-être pas dans la fuite
la liberté de concilier les parties avec le tout, & le tout avec les parties ! fource
trop féconde des inadvertances qu'on remarque dans la plûpart de nos Edifices
élevés à la hâte, & qui bien loin d'illuftrer notre fiecle, & de fervir d'exemples à la

poſtérité, ſont autant de monumens dont les beautés ne peuvent être eſtimées que ſéparément, & n'offrent en général qu'un amas confus de membres d'Architecture & d'ornemens ſans choix, ſans convenance, & ſouvent ſans bienſéance.

Ce qui nous prouveroit que cet avant‑corps avoit été projetté pour recevoir des colonnes, ainſi que le dit *Charles Perrault*, c'eſt la ſaillie de l'avant‑corps du ſoubaſſement marqué A. Sans doute ces colonnes n'ont été refuſées à *Perrault*, que lorſque ce ſoubaſſement a été élevé; en ſorte qu'il s'eſt déterminé à placer après‑coup ſur cette ſaillie une baluſtrade, pour procurer au premier étage une terraſſe à découvert, beaucoup mieux ſoutenue par ce mur de ſoubaſſement qui monte de fond, que par des conſoles ou des encorbellemens, leſquels, comme nous l'avons obſervé plus d'une fois, ont toujours quelque choſe de poſtiche, & préſentent une décoration peu réguliere, malgré les exemples fréquens que nous en ont laiſſé dans tous les tems nos Architectes, dans pluſieurs Edifices même d'une aſſez grande importance.

Au‑deſſus de la façade dont nous parlons, on voit encore, ainſi que nous venons de le remarquer, l'extrêmité ſupérieure des pavillons & du dôme du milieu de l'avant‑corps de l'ancienne façade du Louvre bâtie par *Le Veau*, & dont nous donnerons la décoration dans la planche XIV. Cette ancienne façade ſert aujourd'hui de mur de réfend marqué X dans la planche V; ſes extrêmités ſupérieures ou amortiſſemens, doivent ſans doute être démolis, & détermineront à ſupprimer particulierement ce dôme, qui dans la cour du Louvre, préſente une maſſe beaucoup trop péſante, & qui d'ailleurs ne ſymétriſe à aucun des côtés oppoſés, comme nous le dirons en ſon lieu. On voit auſſi un de ſes étages ſupérieurs qui menace ruine, & qui étayé depuis long‑tems, donne un air de vétuſté à ce Palais, auquel il ſeroit bon de rémédier, par la ſeule idée de bienſéance, ſoit en rétabliſſant à neuf cet étage, ſoit en le détruiſant tout‑à‑fait; puiſque, ſuivant le projet de *Perrault*, il ne doit entrer pour rien dans la diſpoſition générale de tout cet Edifice.

# CHAPITRE XI.

*Divers projets pour la façade du Louvre du côté de la Riviere.*

**Projet du Cavaliér Bernin**, pour cette façade. Planche XII.

EN parlant de la planche VIII, nous avons remarqué, page 51, pluſieurs diſparités entre les maſſes & les parties de la façade du côté de S. Germain l'Auxerrois, projettée par le même Architecte dans celle que nous décrivons ici, le rapport des pleins & des vuides eſt mieux obſervé, mais il n'eſt guere poſſible de regarder de meilleur œil l'ordonnance de ſon Architecture. Que ſignifient ſept pilaſtres Corinthiens & deux demi pilaſtres d'une proportion coloſſale outrée, dans l'étendue d'une façade de cent toiſes de long, ſans parler du défaut de ſymétrie qui ſe remarque entre la largeur des pavillons des extrêmités, & du peu de rapport que l'avant‑corps du milieu (h) ſemble avoir avec ces mêmes pavillons & avec les arriere‑corps? De plus, paroî‑il convenable que l'on admette tant de

---

(h) Cet avant‑corps devoit avoir des colonnes, ſuivant le même projet du *Bernin*. Voyez le plan de ce Palais planche III; l'avant‑corps de la façade de *Perrault*, comme nous venons de le remarquer, auroit dû en avoir auſſi; il eſt inconcevable que le ſentiment ni de l'un ni de l'autre de ces deux célebres Artiſtes n'ait été ſuivi; les colonnes dans l'Architecture étant la ſeule véritable marque de grandeur, de majeſté, & de magnificence, qui puiſſe annoncer dignement la décoration extérieure d'un Édifice de l'importance de celui dont nous parlons.

petites

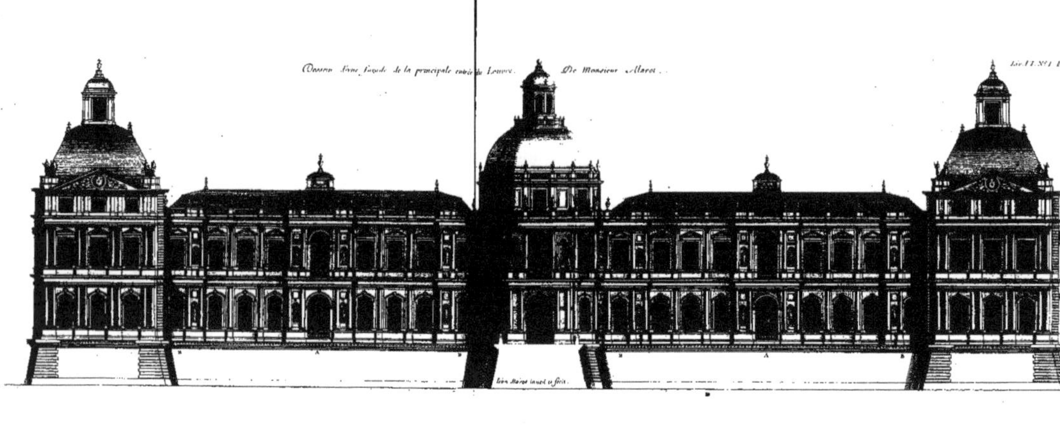

Dessein d'une façade de la principale entrée du Louvre.    De Monsieur Marot.
Liv. II. N.º 1. Pl.
Iean Marot inuet et fecit.

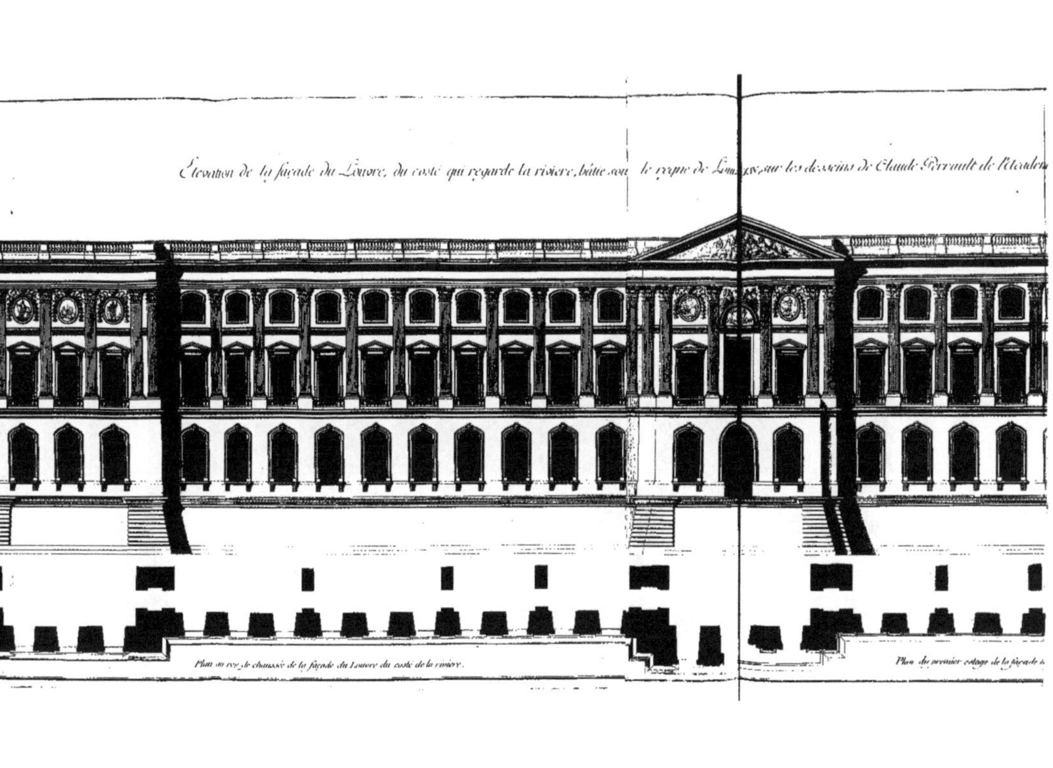

Elevation de la façade du Louvre, du costé qui regarde la rivière, bâtie sous le regne de Louis XIV. sur les desseins de Claude Perrault de l'Academie
Plan au rez de chaussé de la façade du Louvre du costé de la rivière.
Plan du premier estage de la façade d.

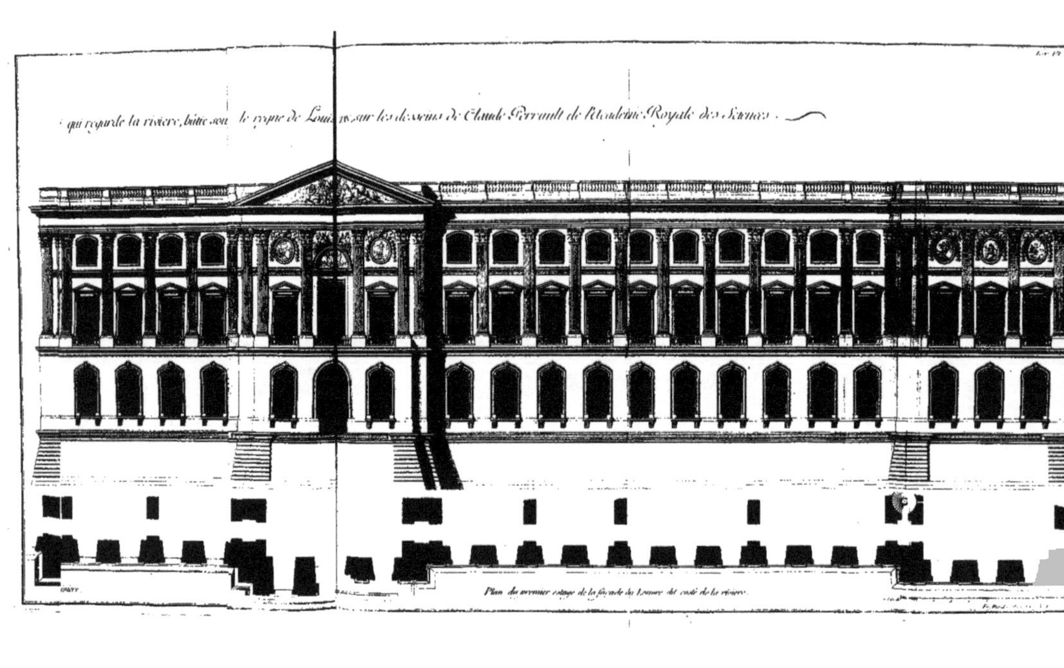


qui regarde la riviere, batie sous le regne de Louis 14, sur les desseins de Claude Perrault de l'Academie Royale des Sciences.
Plan du premier estage de la façade du Louvre du costé de la riviere.

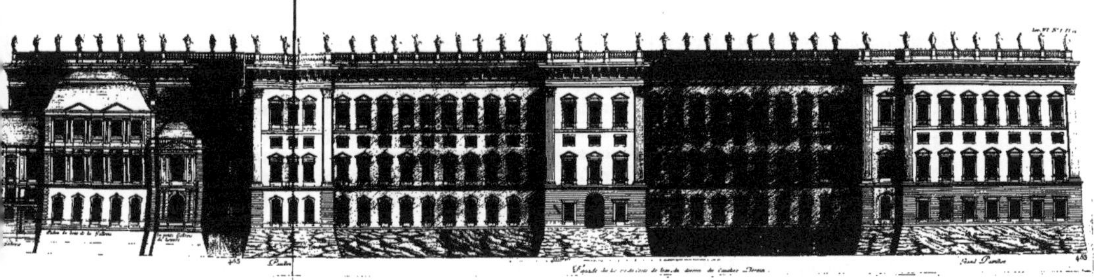

Façade du côté de la rue du Luxembourg

Château du Louvre.

petites ouvertures les unes au-deſſus des autres dans la hauteur d'un ſeul Ordre ? Ne doit-on pas convenir que cette multiplicité de croiſées n'eſt guere tolérable que dans un Hôpital, dans des Caſernes, ou dans tout autre Bâtiment public dont l'extérieur annonce que, par la néceſſité de l'uſage intérieur, on a été obligé de réitérer les étages les uns au-deſſus des autres, afin d'économiſer ſur la dépenſe, & de raſſembler dans une moins grande étendue tout ce qui doit regarder le ſervice de ces ſortes de Bâtimens ; mais ce motif n'étant pas le même dans l'édification d'un Palais, il faut avoir ſoin d'en manifeſter le caractere par ſon aſpect d'une maniere toute différente, ce que l'eſprit de convenance doit indiquer à l'Architecte comme un des premiers principes de ſon Art.

Dépouillés de toute prévention, nous croyons avec tout homme impartial que les refus que l'on fit d'exécuter les deſſeins du *Bernin* font honneur au miniſtere du dernier ſiecle ; ce célebre Artiſte étoit ſans doute le premier de Rome ; mais, comme il en eſt convenu lui-même, il trouva ſes Maîtres à Paris. En effet, de tous les projets qui ont été faits pour ce Palais par nos Architectes, il n'y en a point qui ne ſoit ſupérieur à celui du *Bernin*. Il oublia d'un côté qu'il devoit bâtir en France, climat plus tempéré que l'Italie ; que par cette raiſon il pouvoit faire uſage de plus grandes ouvertures de portes & de fenêtres ; de l'autre, qu'il eſt contre la bienſéance d'élever quatre rangs d'étages dans un même Palais ; ou que ſi la néceſſité ſemble en exiger deux ou trois, il eſt eſſentiel de déſigner d'une maniere frappante celui qui eſt deſtiné à la réſidence du Prince, en ſorte que l'étage inférieur & le ſupérieur, ne paroiſſent faits que pour lui ſervir de ſoutien & de couronnement, comme on l'a obſervé dans la façade de Verſailles du côté des jardins.

Dans la crainte néanmoins que ma ſincérité ne paroiſſe un outrage à la mémoire de cet Architecte, qui d'ailleurs avoit beaucoup de mérite, je ne m'arrêterai point à particulariſer les défauts qu'on peut remarquer dans cette ordonnance, dont ſeront frappés les vrais connoiſſeurs ; ils ſentiront ſur - tout le ridicule des mézzanines placées entre deux rangs de croiſées de même forme & grandeur ; cependant il faut convenir que les proportions des unes & des autres, ainſi que les divers membres d'Architecture de cette façade, pris ſéparément, ne ſont pas ſans beauté.

Je ne crois pas non plus qu'on puiſſe applaudir à la diſparité qui ſe remarque entre la décoration de la façade dont nous parlons & ce qu'on a voulu conſerver du vieux Louvre ; & quoique les ouvrages de *Perrault* ne ſoient guere plus analogues à l'ordonnance des Bâtimens qui les avoient précédés, du moins la beauté de l'Architecture qui y préſide, dédommage en quelque ſorte du défaut d'unité qu'on y remarque. Ce défaut, que nous reprochons particulierement au *Bernin*, annonce certainement un grand Palais élevé à diverſes repriſes, bâti ſous différens regnes & ordonné par pluſieurs Architectes, qui bien loin d'avoir cherché à faire un beau tout de ces additions réitérées, offrent un aſſemblage de parties peu faites pour aller enſemble, & ne préſentent en effet aux yeux du ſpectateur qu'une idée de la décoration des façades de la plûpart des rues de cette Capitale : mais celles-ci, appartenant à différens particuliers, rendent cette diviſion indiſpenſable, & ne ſçauroient jamais ſervir d'aucune autorité, lorſqu'il s'agit de la décoration extérieure & de l'enſemble d'une Maiſon Royale.

*Ancienne façade du Louvre du côté de la Riviere, exécutée ſur le deſſein de* LE VEAU.
Planche XIII.

Cette façade eſt maſquée aujourd'hui par celle de *Perrault* dont on a parlé,

*Tome IV.*                                                                              P

Chapitre X. & eſt convertie en mur de réfend , ainſi qu'on l'a obſervé dans le
plan du rez-de-chauſſée, planche V. On apperçoit même encore ſur le lieu, au-deſſus de ces nouveaux Bâtimens, l'extrêmité du dôme qui ſe voit ici , auſſi-bien
que la partie ſupérieure de l'un des pavillons de cette façade, que l'on n'a point
exprimée dans la planche XI, ces anciennes parties devant être démolies dans la
ſuite.

Le *Veau* avoit à peu près ſuivi, dans l'ordonnance ſupérieure de l'avant-corps du
milieu , la même dimenſion que *le Mercier* avoit donnée à celui de l'intérieur du
Louvre du côté des Thuileries ( Voyez la planche XVIII ); mais il en a rendu les parties plus analogues entr'elles & plus conformes à l'immenſe diſtance d'où devoit
être apperçu cet Edifice. Nous allons en parler plus particulierement , en expliquant la planche XIV , qui donne en grand les développemens de cet avant-corps.
Nous remarquerons ſeulement ici qu'en faveur de la grandeur Coloſſale de ſon
Architecture, on auroit dû diviſer les arriere-corps & les pavillons par de moins
petites parties ; c'eſt-à-dire que les ouvertures des croiſées auroient dû être plus
grandes , & les membres d'Architecture qui les accompagnent moins multipliés &
moins tourmentés ; en général ils ſont compoſés de trop de reſſauts, eu égard à
la ſimplicité du nud des murs. Cette ſimplicité, diſent quelques-uns , ſert de repos
à l'ordonnance ; cela eſt vrai à quelques égards, mais dans tous les cas on doit
conſerver une ſorte d'analogie entre les parties & les maſſes , pour éviter la diſparité que l'on remarque ici ; car en comparant la grandeur & la ſimplicité des trumeaux avec la richeſſe & le mouvement des chambranles des croiſées , & en conſidérant la ruſticité des boſſages placés dans les extrêmités des pavillons & les différentes parties de cette décoration, l'œil n'eſt point ſatisfait, il n'y trouve pas aſſez
de rapport entre le tout & les parties , & entre celles-ci & les beautés de détail.
Nous remarquerons encore que la hauteur de la baluſtrade eſt trop conſidérable,
relativement à celle de l'Attique de deſſous, que la trop grande élévation des combles en général paroît accabler ces Attiques , que leur diverſité & leur interruption
fait toujours un effet déſagréable pour la décoration, qu'elle apporte une ſujétion
gênante pour la conſtruction & même pour l'entretien ; enfin que l'interruption de
ces combles ſemble diviſer en apparence chaque avant-corps en autant de corps
de logis particuliers ; défaut trop fréquent dans nos Edifices François élevés dans
le dernier ſiecle.

Nous remarquerons encore que l'extrêmité ſupérieure des pavillons percés d'arcades en plein ceintre , ſeroit plus convenable à plate-bandes ; que par-là on auroit
évité les impoſtes continues & la forme vicieuſe des tables qui décorent leurs
trumeaux ; que les frontons qui couronnent ces pavillons portent ſur des avant-
corps qui ont trop peu de ſaillie ; que ce peu de relief rend en général cette Architecture meſquine & peu propre à être apperçue d'un point de diſtance convenable. Que ces avant-corps, qui ne montent pas de fond , paroiſſent poſtiches
& faits après coup ; inadvertence condamnable qui devroit faire éviter l'application des frontons dans un Edifice, toutes les fois qu'ils n'y paroîtroient pas amenés par la néceſſité & la vraiſemblance.

L'arriere-corps A annonce une partie de la façade du vieux Louvre ; mais comme elle tient avec celle de la grande galerie qui communique au pavillon des
Thuileries , nous n'en parlerons que lorſque nous ferons la deſcription de cet
autre Palais.

## CHAPITRE XII.

*Projet du Cavalier* BERNIN, *pour la façade du Louvre du côté du Palais des Thuileries.* Planche XV.

Château du Louvre.

CETTE façade, aſſujettie à la même hauteur & à la même ordonnance que celle du côté de S. Germain, projettée par le Cavalier *Bernin*, & dont nous avons parlé, Chapitre IX, differe cependant en ce que l'on a obſervé de l'égalité dans les eſpacemens des colonnes, que l'on a réitéré ces dernieres, & que cette ordonnance, en général, compoſe une décoration plus réguliere. Cependant on ne peut applaudir à la largeur trop conſidérable de l'avant-corps de cette façade, qui occupe lui ſeul la moitié de ſon étendue, ſans autre néceſſité apparente que la diſtribution intérieure du plan, lequel pouvoit être diſpoſé tout auſſi heureuſement qu'on le remarque, planche III, ſans nuire eſſentiellement à la proportion & au rapport qui doit être obſervé dans les différentes parties de la décoration extérieure des façades, leſquelles dans toutes les occaſions doivent être aſſujetties aux regles de l'Art & aux principes du goût.

Tout cet avant-corps eſt percé d'arcades en plein ceintre, dont la grandeur des ouvertures fait un contraſte outré avec la petiteſſe des croiſées des arriere-corps & des pavillons des extrêmités, auſſi-bien qu'avec celles du ſoubaſſement. Les anciens Architectes ont aſſez négligé cette partie du Bâtiment. Nos Modernes ont plus généralement évité cette diſparité, & nous ne ſçaurions trop recommander à ceux de nos jours la même attention & la néceſſité de conſerver une proportion commune dans les différens percés d'un Bâtiment : les formes, les grandeurs peuvent varier ſans doute, mais les portes & les croiſées doivent s'annoncer différemment; trop de contraſte bleſſe l'œil, & nuit à l'accord général. Nous ne pouvons applaudir non plus aux deux rangs d'arcades placées les unes ſur les autres dans le grand avant-corps; la corniche qui ſépare ces deux rangs d'arcades, diviſe la hauteur du fût des colonnes en deux également, les impoſtes des arcades ſupérieures approchent trop de l'aſtragale du chapiteau, & la baluſtrade qui ſert d'appui aux arcades d'en-bas enterre les baſes de l'Ordre : ce ſont-là autant de licences inexcuſables; d'ailleurs ces baſes poſées immédiatement ſur la corniche du ſoubaſſement, font un mauvais effet, & la ſaillie de cette derniere en maſque la plus grande partie, comme on s'en apperçoit aux façades du Palais des Thuileries, où l'on n'a pas été plus ſcrupuleux à cet égard.

Pour ce qui eſt des beautés de détail qui ſe rencontrent dans cette façade, elles ſont les mêmes que celles que nous avons remarquées à l'occaſion de la planche VIII, dont nous avons donné la deſcription, page 51 de ce Volume.

# CHAPITRE XIII.

*Elévation de la façade du Louvre du côté de la rue S. Honoré, reſtaurée & augmentée ſur les deſſeins de CLAUDE PERRAULT.* Planche XVI.

LA nouvelle façade du périſtile du Louvre, a donné occaſion à la reſtauration & augmentation de celle dont nous allons parler, en ſorte qu'il n'y a que le pavillon A & l'arriere-corps B qui ſoient reſtés de l'ancien Bâtiment.

La diverſité & l'irrégularité des rues qui communiquent de ce Palais à la rue S. Honoré, maſquent la diſparité qu'on apperçoit dans les pavillons de cette façade; celui C ayant dû être néceſſairement de la même ordonnance que le périſtile, & celui A conforme à l'ancienne décoration du côté des Thuileries.

Ayant donné la proportion de l'Ordre Corinthien du pavillon C en décrivant la planche VII, nous ne parlerons point de celui-ci. A l'égard du pavillon A, l'on s'eſt contenté de ſuivre les mêmes dimenſions, formes & grandeurs des croiſées du pavillon C, ſans y employer d'Ordre d'Architecture, dans le deſſein que ce Bâtiment vu ſur l'angle par la place du Louvre, parût plus uniforme & plus régulier.

Une baluſtrade qui couronne ce Bâtiment, annonce qu'il devoit être couvert en plate-forme, ou du moins que les combles n'en devoient pas être apparens, (*i*) ſeul moyen, ce me ſemble, de diſtinguer d'une maniere convenable la différence des Palais des Rois, d'avec les Bâtimens deſtinés à la demeure des particuliers.

L'avant-corps du milieu de cette façade préſente une aſſez belle ordonnance. On y a ſupprimé néanmoins les Ordres d'Architecture, avec d'autant plus de raiſon que cette richeſſe auroit été trop conſidérable par rapport à la ſimplicité des arriere-corps. Cette conſidération auroit dû porter à ſupprimer auſſi la plus grande partie des ornemens (*k*) qui ſe remarquent dans cette planche, leur élégance s'accordant mal avec la grandeur coloſſale de l'Architecture, avec la fermeté des corps quarrés qui la compoſent, avec les boſſages qu'on a affectés dans les extrêmités de cet avant-corps, & avec le pourtour de la porte de cet Edifice. Nous répéterons auſſi que la diverſité des formes & la différente proportion des ouvertures des croiſées nuiſent à l'effet & à l'enſemble général: cette diſparité eſt abſolument condamnable, & ne préſente jamais une décoration réguliere.

Les croiſées des arriere-corps qui accompagnent ce frontiſpice ſont trop ſveltes au rez-de-chauſſée, & leur ſommet eſt formé d'une portion de cercle trop reſſentie; celles du premier étage ſont au contraire d'une proportion un peu courte, & les frontons qui les couronnent ne laiſſent pas aſſez d'intervalle entre chacun de leur retour; d'ailleurs ces corniches obliques font rarement un bon effet; car, ſans parler ici de l'origine des frontons qui ſemble exiger qu'on n'en place jamais ailleurs que ſur les extrêmités ſupérieures des Edifices, il faut convenir que les angles obtus & les angles aigus ne s'allient jamais bien avec une Architecture rectiligne, dont la beauté principale conſiſte dans le paralleliſme des

Château du Louvre.

(*i*) Voyez ce que nous avons dit, page 25 de ce Volume, au ſujet des couvertures que *Perrault* avoit propoſées pour tous les Bâtimens du Louvre. ſans doute *Perrault* les auroit traités autrement: au reſte nous n'en avons trouvé aucun veſtige dans le Recueil de cet Auteur que nous avons déja cité tant de fois.

(*k*) Ces ornemens ne ſont point ſculptés ſur le lieu;

 lignes qui la compofent, & dans les angles droits qui déterminent fes retours, principalement lorfqu'on a voulu donner à fon ordonnance générale une expreſſion ferme & folide.

Les croifées des arriere-corps B font les mêmes que celles dont nous venons de parler, & different feulement par les trumeaux immenfes qui les féparent. Certainement dans toute autre circonftance, nous condamnerions la trop grande largeur de ces trumeaux, mais nous avons déja dit que cette façade dans ſa plus grande partie n'avoit été que reftaurée, & que les rues & la multiplicité des Bâtimens particuliers qui font élevés de ce côté du Louvre, rendoient cette décoration affez indifférente. Nous ajouterons cependant qu'on auroit dû fupprimer l'efpece de corniche horizontale, qui femble lier fans néceffité les frontons qui couronnent ces mêmes croifées. Nous venons, il eft vrai, de recommander le parallélifme dans l'Architecture ; mais on n'en eft pas moins obligé d'éviter tout ce qui y porte de la confufion & qui la divife fans vraifemblance ; rien n'eft arbitraire dans l'ordonnance d'un bâtiment ; les plus petits membres doivent y paroître néceffaires & amenés par quelque caufe apparente qui ne laiffe aucune équivoque ; fans quoi tout devient licence dans la décoration ; d'où naît le défordre qu'on ne remarque que trop fouvent dans nos Bâtimens, fans en excepter ceux de la première importance.

Au refte tous les profils de cette façade font d'une grande beauté & d'une exécution admirable, auffi-bien que la plus grande partie des croifées confidérées féparément ; fans contredit ce font autant de chef-d'œuvre dont nous donnerons plufieurs développemens dans le huitieme volume de ce Récueil. La plûpart de celles du premier étage different néanmoins en quelque chofe de celles du périftile ; mais celles du rez-de-chauffée font abfolument les mêmes. Enfin nous remarquerons, quoiqu'il paroiffe dans cette planche que l'entablement Corinthien foit continué horizontalement, qu'il eft dans l'exécution d'environ quatre pieds plus bas dans toute la longueur de l'arriere-corps B & du pavillon A, pour s'accorder avec celui de la façade du côté de la place du Louvre, inégalité à laquelle on auroit rémédié fans doute en ragréant cette derniere façade, dont nous ne donnons point la décoration dans ce Recueil, parce qu'elle a trop de difparité avec les précédentes.

## CHAPITRE XIV.

*Elévation de l'une des façades de la cour du Louvre, adoffée à celle du périftile, projettée par CLAUDE PERRAULT, pour être finie dans l'état où elle fe voit ici. Planche XVII.*

CETTE planche nous offre une façade de l'intérieur de la cour du Louvre, avec trois Ordres d'Architecture élevés les uns au-deffus des autres. La fuivante nous donnera une autre face où l'on a préféré un Attique au troifieme Ordre ; de maniere qu'il eft aifé de concevoir que la décoration des quatre façades de ce Palais eft diffemblable dans leurs dimenfions & dans la maniere dont elles font terminées. Cette difparité n'a pas peu contribué peut-être à l'irréfolution où l'on a été jufqu'à préfent de prendre un parti pour l'entiere perfection de cet Edifice. D'un côté le troifieme Ordre rencontre des difficultés pour le concilier avec

Elevation de la façade du Louvre du côté qui regarde la rue Saint Honoré
Pavillon du côté de S.t Germain l'Auxerrois
Plan de la façade du Louvre du côté de la rue S.t Honoré

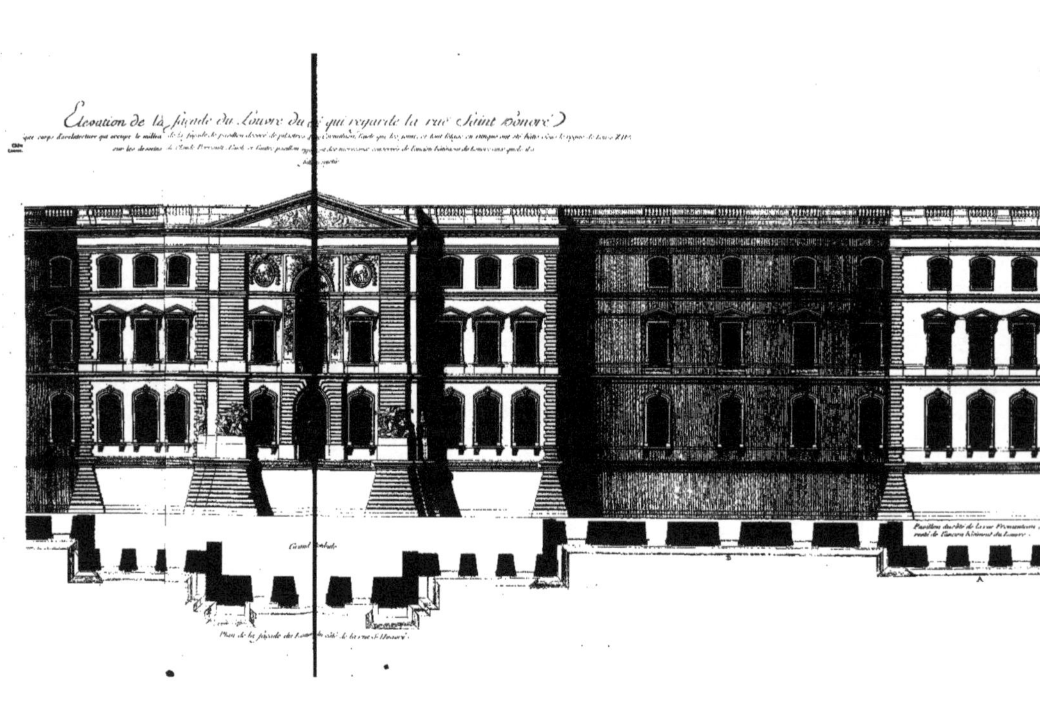

Élévation de la façade du Louvre du côté qui regarde la rue Saint Honoré
Grand Vestibule
Plan de la façade du Louvre du côté de la rue St Honoré
Pavillon du côté de la rue Fromenteau resté de l'ancien bâtiment du Louvre

la hauteur des avant-corps déja exécutés ; de l'autre, la continuité de l'Attique semble exiger des combles tels qu'on les voit dans la planche XVIII, & dont la hauteur trop confidérable, femble affaiffer ce petit étage fupérieur. Nous dirons notre fentiment fur cet Attique dans la defcription de la planche fuivante. Examinons à préfent les motifs qui engagerent *Perrault* à préférer le troifieme Ordre qu'on a exécuté dans cette façade.

*Charles Perrault*, dans le manufcrit des œuvres que nous avons cités précédemment, s'epxlique ainfi : « La penfée de faire un troifieme Ordre au Louvre, avoit pour fondement une raifon que M. *Perrault* ( *l* ) n'a jamais bien goûtée. On préten-
» doit que les façades du dedans du Louvre étoient affez élevées avec l'Atti-
» que, lorfque la cour du Louvre ne devoit avoir que le quart de fa fuperficie
» actuelle ; au lieu que cette cour ayant été agrandie, il falloit donner plus
» de hauteur aux corps de logis qui l'environnent ; mais, continue notre écri-
» vain, il n'eft point vrai que la hauteur d'un Bâtiment doive être proportionnée
» avec fon étendue ; car il faudroit par cette raifon que la galerie du Louvre fur la
» riviere, fût deux ou trois fois plus élevée que les tours Nôtre-Dame ( *m* ). D'ail-
» leurs il n'eft point convenable qu'au-deffus du logement du Prince qui doit être
» tout de plain-pied, & dans un même étage, il y en ait un autre auffi beau, auffi
» grand, & d'un plancher auffi élevé que celui qu'il occupe, & où il faille mon-
» ter près de cent vingt-fix dégrés. Il eft certain qu'un Attique, tel que celui qu'on
» voit exécuté, eft plus convenable pour y loger les Officiers qui doivent être pro-
» che la perfonne du Prince, que ce grand étage formé par le troifieme Ordre qui
» paroît trop beau pour ces efpeces de logemens ( *n* ). Cependant, malgré cette
» confidération qui n'eft point du tout indifférente, le *Cavalier Bernin* ayant été
» aüffi d'avis qu'il falloit donner au Bâtiment de la cour du Louvre plus d'exhauf-
» fement qu'il n'en a, non-feulement parce qu'il étoit bien-aife de trouver à redire
» à tout ce qu'il voyoit à Paris ( *o* ), mais encore parce qu'en Italie, où l'on aime
» l'ombre, on aime auffi les Bâtimens fort élevés, la chofe fut réfolue ainfi.

» Néanmoins comme plufieurs perfonnes n'approuvoient pas qu'on fît
» un nouvel Ordre François ( *p* ), *Claude Perrault* propofa des cariatydes

---

(*l*) C'eft de *Claude Perrault* fon frere qu'il parle, qui a donné le deffein du périftile & de la façade dont nous parlons ici.

(*m*) Il eft vrai qu'il n'eft pas aifé de régler la hauteur des façades d'un Bâtiment à raifon de fon étendue ; mais on ne doit pas être difpenfé pour cela d'obferver un rapport entre la hauteur d'un Edifice & le diametre d'une cour, hauteur qui ne doit jamais excéder le quart, ainfi que les murs de face qui déterminent le périmetre d'une place publique. Combien la plus grande partie des cours de nos Hôtels à Paris font-elles obfcures & difformes, parce qu'on a négligé la proportion qu'on devoit donner aux hauteurs des façades, comparées avec la furface horizontale de ces mêmes cours. ( Voyez les places de Vendôme & des Victoires ; voyez auffi l'Hôtel de Noailles, & ce que nous avons dit des cours & de la hauteur des Bâtimens qui les environnent, en décrivant la plus grande partie des Hôtels répandus dans les vol. précédens. )

(*n*) Nous avons démontré dans plus d'une de nos defcriptions, combien il étoit abufif de faire ufage de plufieurs étages d'une proportion uniforme dans une maifon royale : nous avons cité plus d'une fois la décoration de la façade de Verfailles du côté des jardins pour être imitée en pareille occafion, rien n'étant fi contraire à la bienféance que de remarquer un étage propre à l'habitation au-deffus de celui deftiné pour la réfidence du Prince. Nous n'avons même accepté

l'application de l'Attique dans l'Architecture, que pour fervir de couronnement à l'Edifice, & pour procurer plus de hauteur à certaines pieces du dedans du Bâtiment, en forte qu'il ne faut pratiquer des jours dans ce petit étage fupérieur, qu'avec beaucoup de modération, n'y jamais placer de frontons, & y éviter la profufion des ornemens qu'on remarque dans celui de la planche fuivante.

( *o* ) Il paroît que *Charles Perrault* avoit confervé de la jaloufie contre le *Cavalier Bernin*, occafionnée fans doute par la rivalité des talens de celui-ci avec ceux de *Claude Perrault* fon frere, tous deux d'un génie fupérieur, quoique dans des genres différens.

( *p* ) Sans doute parce que la beauté de l'Ordre ne confifte pas dans celle de fon chapiteau, mais dans la proportion de fa colonne, & dans le rapport des parties principales qui la foutiennent & qui la couronnent. Car il femble en effet que par un nouvel Ordre on devroit entendre des dimenfions différentes de celles qui nous font connues ; cependant la plûpart des Ordres François qu'on a tenté de mettre en œuvre, fans excepter celui de *Perrault*, ne différent des Ordres Grecs & Romains que par la forme & les ornemens du chapiteau & de l'entablement ( ouvrages du Sculpteur plutôt que de l'Architecte & du Mathématicien ) : reffource frivole pour la plûpart, richeffe indifcrette, enfin compofition qu'on doit regarder comme l'origine du défordre de la plus grande partie des productions de

Château du<br>Louvre.

» (*q*) dans tout ce troisieme étage. Ce genre de décoration fut fort applaudi ; mais ayant considéré néanmoins que cent quarante figures de femmes rangées sur la » même ligne, & dont il seroit impossible de varier les attitudes, feroient une » décoration monotone, on décida l'Ordre composé François, qui se trouve élevé » aujourd'hui sur l'Ordre composé Italique, » & qu'on remarque sur la planche que nous décrivons.

» On prévit néanmoins tant de difficultés pour l'invention de ce nouvel Ordre, » qu'on proposa un prix de 3000 liv. à celui des Architectes qui le composeroit plus » heureusement. Il en fut fait un grand nombre de desseins & de modeles, tant en » France qu'en Italie; la plus grande partie fut trouvée extravagante (*r*), & quelques- » uns reçurent assez d'approbation (*∫*); mais celui de *Claude Perrault* fut préféré. »

( Voyez le dessein du chapiteau de cet Ordre François dans le huitieme volume, le même que l'on remarque dans le frontispice de la traduction de Vitruve ) On trouve aussi dans la derniere édition de *d'Aviler*, page 335, un chapiteau à peu près dans ce dernier genre, qui ne differe du chapiteau Corinthien, qu'en ce qu'à la place des feuilles d'acanthe ou d'olive, on a mis des panaches de plumes d'Autruche, une tête de soleil au lieu de la rose du tailloir, & qu'enfin on y a introduit les cordons des Ordres de S. Michel & du S. Esprit, indépendamment de la couronne que *Perrault* avoit placée sur l'astragale de son nouveau chapiteau. De tous ces ornemens il est aisé de conclure, que non-seulement ces prétendus Ordres François ne différoient point de l'Ordre Corinthien ou Composite, quant aux proportions, mais encore que la forme du chapiteau s'est conservée, & que même ceux qui ont été le plus généralement approuvés, sont ceux qui ont le plus approché de celui de la composition ingénieuse du Corinthien de *Callimachus*; que ce ne sont ni les coqs, ni les fleurs-de-lys, ni les feuilles de palmier, ou autres attributs semblables dont nos Modernes ont enrichi leurs chapiteaux, qui peuvent constater & caractériser un nouvel Ordre : que ces accessoires d'ailleurs échappent aux yeux du plus grand nombre des spectateurs ; qu'en un mot les Architectes & les Sculpteurs du premier Ordre ont moins cherché de nos jours à introduire des nouveautés dans leurs productions, qu'à imiter les ouvrages des Anciens, prévenus que les Romains qui avoient tenté de surpasser les Grecs, n'avoient au contraire été que leurs foibles imitateurs, dans la découverte qu'ils firent de l'Ordre Toscan & de l'Ordre Composite ; qu'enfin l'Architecture, ainsi que les autres sciences, a ses limites, & que le mérite d'un Architecte ne consiste pas à trouver de nouveaux genres d'ornemens, mais dans l'application de ces mêmes orne-

---

nos jours, qu'on ne craint cependant pas d'annoncer comme autant de chef-d'œuvres de l'esprit humain ; & qui néanmoins ne different des autres chapiteaux que par quelques allégories froides & mal imaginées.

(*q*) On voit dans le premier volume manuscrit de *Perrault*, page 51, une élévation où il avoit substitué aux colonnes des figures de femmes ; mais bien loin d'applaudir à cette décoration, nous ne pouvons qu'en blâmer l'usage ; ces ouvrages, quelqu'estimables qu'ils puissent être, relativement à l'habileté des Sculpteurs, sont toujours contraires à nos mœurs, qui ne nous permettent pas d'asservir nos pareils à des emplois si pénibles. Certainement on ne doit regarder cet ornement, dans l'Architecture, que comme un accessoire qui demande à être placé avec beaucoup de discernement : autrement de tels objets, qui supposent à toutes figures du mouvement & de l'action, s'accordent mal avec la solidité qu'on doit observer dans les Bâtimens. ( Voyez ce que nous avons dit des cariatydes en parlant de la salle des Antiques du Louvre, page 29 de ce vol. ( note *g* ). Voyez aussi ce que nous en dirons en parlant de l'origine des colonnes, Ch. 1. du huitieme vol. de ce Récueil.

(*r*) J'ai eu occasion de voir un de ces Ordres dessiné avec assez de soin, dans un Livre manuscrit qui traite des cinq Ordres d'Architecture ; cet Ordre François, quoique composé dans un genre gothique, & revêtu d'ornemens dans le goût de *Berin*, procura, à ce qu'on m'a assuré, à son Auteur le sieur *Dolivet*, Peintre du dernier siecle, une gratification de 4000 liv. & 400 L. de pension viagere, ce qui se contredit avec ce que rapporte *Charles Perrault*, qui prétend que le prix de 3000 liv. proposé n'avoit été accordé à aucun des concurrens, ni même à son frere, qui le méritoit à si juste titre, faute apparemment, dit-il, d'avoir sollicité M. Colbert à cet effet.

(*∫*) Il en est venu très peu de ce genre à notre connoissance, & à l'exception de celui qui se trouve dans le Traité d'Architecture de *le Clerc*, de celui de la composition de M. *Le Brun*, que l'on trouvera dans le huitieme volume de ce Récueil, & de plusieurs qu'on voit dans *d'Aviler*, il ne paroît pas qu'aucun autre ait été publié ni approuvé, du moins jusqu'à un certain point.

mens

mens & dans l'art de concilier enſemble la décoration extérieure avec la diſtribu- Château du Louvre.
tion des dedans du Bâtiment, & ces deux parties avec la conſtruction.

Il eſt certain néanmoins qu'on a dû ſe trouver embarraſſé pour élever un troiſieme Ordre ſur cette façade, en ſuppoſant qu'il eût paru indiſpenſable ; car celui du rez-de-chauſſée étant Corinthien, & celui du premier étage Compoſite, il falloit néceſſairement, ou répéter le Compoſite dans l'étage ſupérieur, ou imaginer un nouvel Ordre, toujours préférable à des Cariatydes ; mais, comme nous venons de le remarquer, un chapiteau ſymbolique ne caractériſe point l'Ordre. Il auroit fallu une ordonnance dont les rapports de hauteur fuſſent à celle de deſſous, comme 9 eſt à 10 ; ce qui ne ſe pouvoit qu'en ſurmontant l'un ſur l'autre les trois Ordres Grecs, comme on le remarque au Château de Maiſons ; mais cela ne pouvoit ſe pratiquer au Louvre, cet Edifice ayant originairement commencé par l'Ordre délicat, & ne devant avoir qu'un ſecond étage couronné d'un Attique, ainſi qu'il a été exécuté dans la plus grande partie de cette cour, ſur les deſſeins de *Pierre Leſcot*, qui néanmoins auroit dû placer l'Ordre Compoſite au rez-de-chauſſée & le Corinthien au-deſſus, comme l'expreſſion la plus délicate & l'Ordre le plus parfait qu'il ſoit poſſible de mettre en œuvre dans la partie ſupérieure d'un Edifice.

Tant d'obſtacles, & la néceſſité d'éviter les combles & de maſquer la hauteur extérieure du périſtile & de la façade du côté de la riviere, ſont ſans doute la ſource de l'irréſolution où l'on ſe trouve aujourd'hui ſur les moyens d'achever cet Edifice. Nous n'avons pas deſſein de prononcer à cet égard ; l'Académie d'Architecture conſultée tant de fois, & dont les lumieres en général peuvent faire loi, doit nous retenir ici ſur notre maniere de penſer. Nous hazarderons ſeulement de remarquer que tant d'incertitude nous prive de l'entiere perfection d'un monument qui peut ſeul honorer la Nation Françoiſe, & que, dût-on répéter un ſecond Ordre Compoſite ou François, il n'importe, s'agiſſant de l'effet général, & non des parties, le troiſieme Ordre continu pourroit être préféré, & que l'on feroit peut-être bien de détruire les cariatydes & le dôme d'une péſanteur extravagante qui ſe remarque dans le milieu de la façade oppoſée à celle dont nous parlons. Tant d'inégalités dans les hauteurs de ces façades préſentent en effet une décoration dont les parties ne paroiſſent pas faites pour le tout, & où l'on remarque viſiblement que, malgré les beautés de détail qui donnent de la célébrité à ce monument, tout cet Edifice a été fait à pluſieurs repriſes, & conduit par divers Architectes qui différant de doctrine, ont moins cherché à faire un beau tout d'après ce qui étoit commencé, qu'à laiſſer des traces de leur opinion particuliere, aux dépens de l'accord général ; accord qu'on doit cependant regarder comme la premiere de toutes les conſidérations, & qui doit néceſſairement conduire à ſa fin toutes les entrepriſes importantes, ſoit que l'Edifice ſe conſtruiſe à neuf, ſoit même qu'il ne s'agiſſe que de la reſtauration d'un Bâtiment un peu conſidérable.

Nous avons déja obſervé que l'Ordre du rez-de-chauſſée auroit dû être plus viril, comme la baſe & le ſoutien de toute la façade. Certainement l'Ordre Corinthien qu'on y remarque ſemble déplacé, produiſant une ordonnance incapable de porter tout Ordre plus ſolide en apparence, & particulierement deux étages réguliers ; ce défaut néanmoins eſt racheté par la beauté de l'exécution, par la perfection des membres d'Architecture & par le choix des ornemens. Cependant nous remarquerons que les colonnes jumelles pratiquées dans les angles A A, ſont autant de défauts condamnables, quoiqu'elles aient été imitées à la Place de Vendôme avec auſſi peu de ſuccès : ces colonnes ne ſont pas plus tolérables que les ovales, & que la plus grande partie des autres licences dont nous avons parlé dans notre *Introduction*, premier Volume ; mais comme nous ne nous propoſons pas de faire ici la cri-

*Tome IV.*                                                                    R

*Château du Louvre.* tique de la décoration de cette façade, que d'ailleurs nous ferions obligés de nous répéter involontairement, en citant le défaut de proportion des arcades du rez-de-chauffée, comparées avec le diametre des colonnes, & avec l'ouverture des croifées du premier étage; que nous ferions obligés de remarquer comme autant d'inadvertances, la petiteffe des niches, la multiplicité des membres d'Architecture, les retours trop répétés des entablemens, la réitération des avant-corps, l'interruption des frifes & des architraves pour y placer des infcriptions qui ne s'y peuvent pas lire, la divifion inutile des boffages horizontaux placés fur le nud des murs, les yeux de bœuf qui annoncent dans les dehors l'irrégularité de la diftribution des dedans, la difparité des claveaux des portes & des croifées qui nuifent au repos de la décoration, la répétition affez mal entendue des tables & des médaillons qui préfentent trop de petites parties; ce qui empêche de faire dominer les Ordres, qui doivent toujours avoir la préférence & paroître l'emporter fur tout le refte de l'ordonnance. Enfin nous ferions obligés de rappeller la difproportion que l'on remarque entre la plus grande partie de la Sculpture & de l'Architecture; autant de diffonances condamnables, & autant d'abus qui montrent que le Sculpteur n'a pas été conduit par l'Architecte, & que celui-ci a négligé l'efprit de convenance fans lequel on ne peut parvenir au plus grand fuccès

Nous pafferons donc par-deffus ces inadvertances, & nous infifterons fur l'admiration qu'on doit porter à chacune de ces parties, qui font autant de chef-d'œuvres confidérés féparément, foit par la beauté des détails du plus grand nombre, foit par l'élégance & la légéreté du cifeau qui a exécuté les ornemens qui enrichiffent chaque membre d'Architecture, & qui méritent les plus grands éloges. Nous convenons même que c'eft la beauté réelle de ces différentes parties de détail qui nous auroit fait fouhaiter une œconomie plus univerfelle dans les ornemens, & un accord plus général entre le tout & les parties. Que cependant, malgré les irrégularités dont nous venons de parler, il n'eft guere d'Edifice en France plus capable d'infpirer le bon goût de l'Architecture que l'examen de ce monument, fur-tout lorfque prévenu des regles de l'Art, on fçaura eftimer chaque beauté pour ce qu'elle vaut, & en faire une application judicieufe dans fes productions; feul moyen d'acquérir la connoiffance du véritablement beau, de châtier fes compofitions, & d'éviter l'imitation indiftincte des ouvrages qui nous ont précédés.

Pour donner une jufte idée de ces différens genres de beautés, nous donnerons dans le huitieme Volume les principaux détails de ces façades, principalement les mefures des Ordres furmontés les uns au-deffus des autres, les profils des entablemens de chacun d'eux, & les deffeins des croifées du premier étage, (1) comme autant de parties intéreffantes & de la plus grande beauté : nous donnerons auffi les deffeins du chapiteau du troifieme Ordre propofé par *Perrault*.

---

(1) Depuis cette defcription, M. Blondel Architecte du Roi, vient de publier un cahier de douze planches, qui offrent la plus grande partie des développemens de ces croifées; ce cahier eft précédé d'une Épire Dédicatoire, préfentée à M. le Marquis de Marigny. Ces développemens affez intéreffans fe trouvent chez l'Auteur, rue du Croiffant.

## CHAPITRE XV.

*Elévation de la façade du Louvre, opposée à celle dont nous venons
de parler.* Planche XVIII.

CETTE façade eſt couronnée par un Attique qui, ſelon toute apparence, ſera ‹Château du Louvre.› conſervé & préféré au troiſieme Ordre dont nous venons de parler, non-ſeule-ment parce que cet Attique eſt déja exécuté dans les ſept douziemes du pourtour de la cour, & qu'il n'y a qu'environ les quatre douziemes du troiſieme Ordre d'é-levés ; mais parce que ce dernier n'ayant jamais été couvert, il faudroit détrui-re près des deux tiers de ſa hauteur actuelle pour le rétablir à neuf ; dépenſe conſidérable, mais qui cependant n'égaleroit peut-être pas celle qu'exigera la continuité de cet Attique, ſi l'on ſe détermine à lui conſerver la richeſſe qui ſe voit marquée ici ; richeſſe d'ailleurs outrée, & dont la profuſion des ornemens & leur proportion giganteſque ſembleroit exiger qu'en perfectionnant ce Bâtiment, on en ſupprimât la plus grande partie, auſſi-bien que les frontons circulaires, (non-ſeulement de hauteur & de largeur diſſemblables) mais encore dont la forme en général eſt vicieuſe & ſemble affaiſſer les avant-corps de ce petit étage, dont la totalité eſt déja aſſez écraſée par la hauteur des combles ; autant de défec-tuoſités que le troiſieme Ordre détruiroit ; & dont l'ordonnance d'ailleurs ſeroit plus conforme à la bonne Architecture : les combles apparens, dans la décora-tion d'un Palais, ſont contraires à la bienſéance, comme nous l'avons déja dit ailleurs.

Cet Attique, ainſi que toute la décoration des avant-corps de cette façade, a été commencé en 1528, ſous le regne de *Henry II*, & ſur les deſſeins de *Pier-re Leſcot* ( *u* ). Il y a cependant toute apparence que la Sculpture de l'Attique a été faite dans un tems différent que celle des Ordres de deſſous ; celle-ci eſt d'une beauté d'exécution qui n'a pas peu contribué à la réputation que s'eſt ac-quis cet Edifice ; celle de l'Attique au contraire eſt beaucoup moins belle, & d'ailleurs d'une proportion ſi coloſſale, comparée avec la légereté de l'Architectu-re, que cet exemple ne doit être cité que pour être évité à l'avenir ; parce qu'il eſt eſſentiel de conſerver non-ſeulement un rapport exact entre la Sculpture & l'Archi-tecture, mais encore d'éviter dans toutes les occaſions l'abus de placer trop d'or-nemens dans la décoration des façades, leſquels bien loin d'embellir l'Architecture, l'accablent & l'empêchent de faire ſon effet, celle-ci devant avoir le pas & comman-der à toutes les autres parties du Bâtiment.

Nous ne parlerons point ici des deux étages inférieurs, ils différent trop peu des deux Ordres de la façade précédente. Nous remarquerons ſeulement que le grand avant-corps du milieu, qui a été achevé ſur les deſſeins de *Le Mercier*, ayant

---

( *u* ) Nous avons promis dans le volume précédent, page 7. note ( *a* ), de parler de cet Architecte ; nous eſ-périons alors apprendre quelque choſe d'intéreſſant tou-chant ce célebre Artiſte, mais quelque recherche que nous ayons pu faire à cet égard, nous nous tronvons réduit à ſçavoir ſeulement qu'il fut ſurnommé l'Abbé *de Clagny*, ſelon *Brice*, *Pigagniol*, &c. & Abbé *de La-gny*, ſelon *Moreri*, édition de 1732, qui le qualifie auſſi de ſur-Intendant des Bâtimens du Roy *François I*, ( titre qu'on donnoit alors aux Gouverneurs des Châteaux ou Maiſons Royales) ; cependant il n'eſt pas queſtion de cet Abbé à l'Abbaye de S. Germain des Prés ; ce qui con-tredit *Moreri*. Nous apprenons encore dans *Florent Le Comte*, qui appelle auſſi cet Architecte *Pierre Leſcot*, Abbé *de Clagny*, qu'il étoit né à Paris en 1518, originaire d'une famille qui s'étoit diſtinguée dans la Robbe ; qu'il a donné les deſſeins de la ſalle des Antiques du Louvre, & d'une partie de la grande galerie de ce Palais ; qu'il a auſſi donné ceux de la fontaine des SS. Innocents, & qu'enfin cet homme habile mourut en 1578, âgé de 60 ans.

 été aſſujetti pour les deux Ordres d'en-bas à l'ordonnance élevée par *Pierre Leſcot*, & que *Le Mercier* ayant voulu faire prééminer cet avant-corps, il a non-ſeulement élevé au-deſſus de l'Attique une baluſtrade d'une hauteur fort conſidérable, mais encore il a placé au-deſſus un Ordre Cariatyde d'une proportion giganteſque, égalant à peu de choſes près les colonnes du premier étage de cette façade, ce qui rend cette partie ſupérieure d'une péſanteur énorme, & toute la décoration de cet avant-corps compoſée de parties qui ne ſont point du tout faites pour aller enſemble. D'ailleurs ces figures, ayant une ſi grande élévation, portent abſolument à faux ſur toutes les parties qui leur ſervent de ſoutien. Nous remarquerons encore que, contre toute idée de vraiſemblance, les quatre Cariatydes du milieu étant élevées à plomb des colonnes jumelles, ces figures ſont de même aſſujetties à une pénétration vicieuſe, ce qui ne doit jamais être imité dans une ordonnance refléchie. Nous obſerverons enfin que ces Cariatydes grouppées portent autant d'avant-corps couronnés d'une corniche qui ſoutient auſſi autant de frontons; en ſorte que, par une bizarrerie qui n'a point d'exemple, on remarque trois frontons l'un dans l'autre, un circulaire, deux autres triangulaires, le tout terminé par un dôme quadrangulaire, d'une forme & d'une proportion ſi péſante, qu'il diſpute d'une maniere frappante & avec la dimenſion ſvelte de cet avant-corps, & avec les parties de détail qui le diviſent. Au reſte les ornemens qui s'y remarquent ſont, comme dans la façade précédente, de la plus grande beauté, quoiqu'employés avec beaucoup de prodigalité; les Cariatides dont nous venons de blâmer la proportion giganteſque, ſont auſſi d'une aſſez belle compoſition; elles ſont de l'exécution de *Sarrazin* (*u*), d'après celles de la ſalle des Cent Suiſſes faites par le célebre *Jean Coujon* (*x*), qui pourroit bien avoir donné le deſſein de toute cette partie ſupérieure, parce que l'élégance ordinaire de ſon Architecture eſt aſſez ſemblable à la décoration de la Fontaine des Innocens, que l'on prétend être de cet homme illuſtre, l'un des plus ſçavans Artiſtes de ſon tems, & ſous le ciſeau duquel ſe ſont formés les plus habiles Sculpteurs du dernier ſiecle.

Quelque beauté néanmoins que nous reconnoiſſions dans les parties de détail de cette façade, encore une fois, nous ne pouvons conſeiller que l'examen de tous ces chef-d'œuvres pris ſéparément: leur aſſemblage en général nous préſente, pour ainſi dire, autant de fragmens, provenant des débris de pluſieurs Edifices antiques dont on auroit voulu dans la ſuite compoſer un tout qui offrît les reſtes précieux d'un monument échappé aux outrages des barbares, ou à la durée des tems. Encore ne rendons-nous juſtice ici qu'à la ſéduction de l'Art, ne paroiſſant pas que les attributs de tous les ouvrages de Sculpture dont nous parlons ſoient mieux amenés dans cette décoration, ni plus analogues à l'objet du Bâtiment, que la réitération des étages placés les uns au-deſſus des autres, que nous avons remarqués plus haut. En effet que ſignifient les *Levrettes* placées ſur pluſieurs des croiſées du premier étage, & qui ſont ſéparées par un buſte de femme vu de face? Pourquoi la réitération outrée des Renommées qu'on remarque ici, les Croiſſants, les H couronnées, les Coquilles, &c. qui ſont à la vérité autant d'alluſions, aux armes & aux ſupports de *Henry II.* & de *Louis XIII.* mais qui ne préſentent que la ridicule adulation des Artiſtes de cet Edifice, qui plus jaloux de faire leur cour que de produire du

---

(*u*) Voyez ce que nous avons dit de ce Sculpteur, tom. 2. pag. 117. note (*c*).

(*x*) Nous avons déja cité cet Artiſte, en parlant de la porte S. Antoine, au ſecond vol. de ce Récueil, page 150. note (*a*) & en décrivant la Fontaine des SS. Innocents, troiſieme vol. pag. 7. note (*b*). Nous n'avons rien appris depuis de poſitif ſur la vie de cet homme du premier ordre, auſſi excellent Architecte que Sculpteur célebre, ſinon qu'il mourut en 1572, dans le déſordre de la S. Barthelemi. Nous le diſons ici excellent Architecte, l'opinion commune lui donnant la compoſition entiere de la Fontaine des SS. Innocents, & non à *Pierre Leſcot.*

beau

beau, ont ufé de ces efpeces d'ornemens avec une prodigalité blâmable ? Qu'on y **Château du** refléchiffe, on doit travailler pour la poftérité : celle-ci n'a point d'égard à toutes ces **Louvre.** puérilités, qui d'ailleurs permettent rarement qu'on leur conferve une forte de proportion avec celle de l'ordonnance de l'Edifice ; feule confidération que devroient avoir en vue les ordonnateurs en général & les Architectes en particulier. Au refte nous ne prétendons pas qu'il ne faille jamais faire ufage du Blafon dans la décoration des Bâtimens ; perfonne n'ignore que c'eft par ce moyen que la Sculpture eft devenue l'Hiftoriographe des tems ; nous ne blâmons ici que l'abus qu'en font nos Architectes, qui fans aucune réferve, emploient fans choix & fans convenance, ces marques de la vanité humaine jufques dans nos Temples, ainfi que nous l'avons déja remarqué, & qui non contens de les prodiguer dans l'intérieur de nos appartemens, les placent jufques fur les meubles, &c.

Nous allons terminer la defcription de ce vafte Edifice par la coupe des Bâtimens intérieurs du Louvre, qu'avoit projettés le *Cavalier Bernin*. Cette coupe eft relative aux élévations que nous avons données de lui dans les planches VIII & XII de ce Volume. Nous remarquerons feulement qu'il paroît étonnant qu'avec des principes communs à l'Architecture en général, nos Architectes s'accordent fi peu dans leurs compofitions, principalement lorfqu'il s'agit de l'ordonnance d'un même Palais. D'où peut naître cette diverfité d'opinions ? Pourquoi tant de variété dans la maniere de procéder ? L'Architecture n'a-t-elle pas fes préceptes inviolables ? Les loix du bon goût ne doivent-elles pas être les mêmes pour chaque genre de Bâtiment ? Quand les Maîtres de l'Art prononceront-ils donc définitivement à cet égard ? Ne fommes-nous pas plus en état que jamais de décider quelque chofe de pofitif pour fixer la proportion, la difpofition & la convenance qu'on doit obferver pour tel ou tel Edifice ? Doit-il paroître indifférent ou arbitraire de faire ufage des Ordres coloffaux qui comprennent plufieurs étages dans leur hauteur, ou d'en élever plufieurs les uns au-deffus des autres, de les employer indiftinctement d'une expreffion folide ou légere, de fubftituer les colonnes aux pilaftres, ou les pilaftres aux colonnes ? Doit-il être libre enfin de méfufer de leur multiplicité, ou de les fupprimer tout-à-fait dans nos décorations ? Cette indétermination n'annonce-t-elle pas le déréglement de notre imagination ou notre incertitude ? Devons-nous enfin confidérer avec le même œil le périftile du Louvre & les façades de la cour du même Palais ; le Château de Maifons & celui de Clagny ? Pourquoi Verfailles, Marly, Meudon, & tant d'autres Edifices élevés pour la même fin, font-ils fi diffemblables entr'eux, tandis qu'au contraire nos Temples, nos Hôtels, nos Maifons bourgeoifes paroiffent fi fouvent uniformes & jettés dans le même moule ? Qu'on ne s'y trompe pas, cette monotonie dans ces dernieres, vient moins d'une répétition blâmable dans leur ordonnance & dans leur décoration, que de la négligence de leur Architecte. Certainement chaque Edifice doit s'annoncer pour ce qu'il eft : il doit indiquer la dignité du propriétaire ; l'étendue du Bâtiment, fon expofition, fa fituation. L'œconomie ou la magnificence fourniffent d'ailleurs affez de moyens à un Architecte expérimenté pour varier fon ordonnance dans les détails, fans vouloir affecter une diffemblance déraifonnable dans les dimenfions générales & dans la compofition des Edifices qui ayant du rapport entr'eux, doivent par leur efpece s'annoncer fous le même point de vue.

## CHAPITRE XVI.

### *Projet du Cavalier Bernin pour la coupe intérieure du Louvre.*
### Planche XIX.

Château du<br>Louvre. CETTE coupe, une des meilleures compofitions que le *Cavalier Bernin* ait propoſées pour le Louvre, eſt feule capable de prouver la capacité de cet Architecte.
En effet, l'Art avec lequel il a ſçu vaincre la difficulté de concilier enſemble la hauteur de ce Bâtiment intérieur avec le diametre de la cour, nous fait regarder comme un coup de génie les moyens dont il s'eſt ſervi pour y parvenir. On doit
auſſi remarquer avec quelle intelligence il a ſçu conſerver dans les dedans & dans
les dehors de ſon Edifice, une proportion qui donne à chaque partie de ce Bâtiment cet effet pyramidal qui ne peut être imaginé que par un homme du premier
mérite.

De ce ſuccès général que nous applaudiſſons, il en eſt réſulté auſſi un avantage
particulier pour les façades dont nous parlons ; car le *Bernin* ayant prévu que la
cour, ſuivant ſon projet, n'ayant que cinquante-trois toiſes de diametre, il falloit proportionner la hauteur des Bâtimens à cette largeur, pour cela il ne leur a
donné qu'environ quinze toiſes; autrement s'il eût laiſſé ſubſiſter la même hauteur dans la cour que dans les dehors, il auroit rendu celle-ci plus petite en apparence & les appartemens plus ſombres. D'ailleurs cette inégalité de hauteur
des murs de face intérieurs & extérieurs, eſt maſquée ingénieuſement par la profondeur des Bâtimens, quoique l'on apperçoive ici géométralement les combles
& la baluſtrade ſupérieure des dehors qui ne peuvent être vus ſuivant les regles de
l'optique. Certainement cette idée ne pouvoit faire qu'un très-bon effet : l'on peut
dire qu'en général cette décoration fait honneur au *Bernin*, & qu'à l'exception des
arcades, qui ſont d'une proportion trop baſſe pour faire partie d'un tout Corinthien,
cette ordonnance eſt bonne à imiter dans plus d'une occaſion.

L'inégalité de hauteur des croiſées pratiquées dans ces arcades, ne réuſſit pas
mieux que ces dernieres ; elle apporte une diſſonance dans cette façade,
qui nous fait croire que cet Architecte ſacrifioit volontiers les parties au tout;
licence qu'on doit regarder comme dangereuſe, & qu'il faut bien ſe garder d'imiter : il ne ſuffit pas de faire de belles parties ſéparément, il faut que dans tous
les cas elles puiſſent être avouées telles, en conſervant une analogie intime & une
correſpondance uniforme avec les maſſes.

Nous remarquerons encore que les planchers exprimés dans les deux coupes intérieures, l'une donnant ſur la riviere, l'autre du côté de la rue Saint-Ho-
noré, ſont trop multipliés les uns au-deſſus des autres ; que cette réitération
laiſſe trop peu d'élévation aux étages; ce qui bien loin de donner de la majeſté
aux pieces, compoſe autant d'appartemens particuliers, contraires à l'idée qu'on
doit ſe former de l'intérieur d'un Palais, lequel cependant, ſelon les projets de
notre Artiſte, devoit être reconſtruit à neuf; ce qui fut une des principales conſidérations qui firent, comme nous l'avons remarqué ailleurs, rejetter les deſſeins de
cet Architecte.

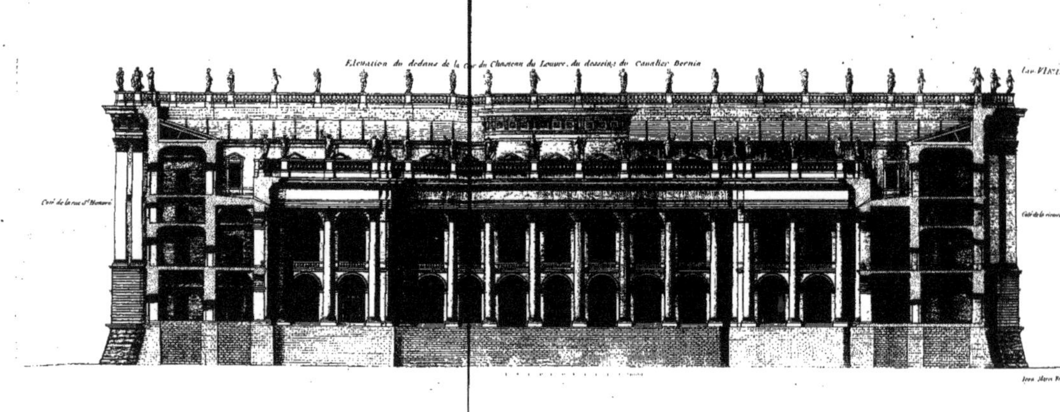

Elevation du dedans de la Cour du Chasteau du Louure, du desseins du Caualier Bernin
Tav. VIXLI
Coté de la rue St Honoré
Coté de la riviere
Jean Marot Fec.

# DU PALAIS DES TUILERIES ET DE LA GRANDE FAÇADE DU LOUVRE DU COTÉ DE LA RIVIERE.

## CHAPITRE XVII.

### Description du Palais des Tuileries.

NOus obferverons, dans la defcription de ce Palais, le même ordre que celui *Palais des Tuileries.* que nous avons fuivi dans le précédent ; c'eft-à-dire qu'après avoir rendu compte des beautés que cet Edifice renferme, tant dans les dehors que dans les dedans, nous ferons obligés de relever toutes les parties qui nous ont paru contraires aux préceptes de l'Art. Cette néceffité d'avouer les écarts des Architectes du fiecle paffé n'a rien de fatisfaifant pour nous ; mais, dans l'efpérance que notre fincérité pourra devenir utile aux Artiftes à venir, nous ofons rompre le filence qu'ont affecté d'une part les Auteurs des Bâtimens que nous décrivons, & de l'autre les Architectes de nos jours, qui par indifférence, ou par une difcrétion contraire au progrès des Arts, ont tû leurs opinions & caché leur maniere de penfer fur les productions de ceux qui les ont précédés. Nous fouhaitons que l'utilité publique, qui feule nous fait agir, nous mérite quelque attention de la part des perfonnes qui s'intéreffent à cette defcription, que nous ferons précéder d'un abrégé fuccint fur l'origine de ce Palais.

Il porte le nom d'une *Tuilerie* qui a fourni pendant près de quatre fiecles toute la tuile qu'on employoit à Paris. Vers l'an 1342, *Pierre Defeffarts* & *Nicolas de Neuville de Villeroi*, acheterent une partie de ce terrein, & y firent conftruire deux maifons affez confidérables, compofées de Bâtimens, cours & jardins que *François I* acquit dans la fuite par échange. C'eft fur les ruines de ces deux Maifons que *Catherine de Medicis* fit pofer en 1564, les fondations d'une partie de ce Palais fur les deffeins & fous la conduite de *Philibert de Lorme* & de *Jean Bullant*, Architectes François, les plus célebres qu'il y eut alors. La Reine, qui changea de deffein, fit difcontinuer cet Edifice pour en faire ériger un autre à l'Hôtel de la Reine, connu depuis fous le nom d'*Hôtel de Soiffons*; de maniere qu'il n'y eut que l'avant-corps du milieu, les deux aîles en terraffe qui font aux deux côtés, & les deux pavillons qui font à leurs extrêmités d'élevés fur les deffeins de ces deux Architectes. ( Voyez ces trois parties primitives marquées A, B, C, fur la planche XXIV. ) encore les a-t'on furmontés depuis de l'Ordre Compofite & de l'étage Attique qu'on y remarque aujourd'hui.

*Henry IV* fit continuer & agrandir ce Palais, & commencer la grande galerie qui le joint au Louvre du côté de la riviere, ( Voyez la planche XXVI. ) fur les deffeins d'*Etienne Duperac*, Peintre & Architecte de ce Prince. Alors la façade du côté du jardin devint compofée de cinq pavillons ou avant-corps, & de quatre arriere-corps ou aîles, qui joints enfemble compofent une longueur de cent foixante-huit toifes & demie. Enfin *Louis XIV*, en 1664, ordonna qu'on reftaurât ce Palais, & y fit faire des augmentations confidérables. Ce fut M. *Colbert*, Surintendant des Bâtimens de Sa Majefté, qui chargea *Louis Le Veau* (z) & *François*

---

(z) *Le Veau* ne continua pas long-tems cet ouvrage, étant mort en 1670; mais *François Dorbay*, qui étoit fon éleve, le continua fur fon deffein jufqu'en 1698 qu'il eft mort. Voyez ce que nous avons dit de ces deux Architectes, tom. 2. page 1. ( notes *b* & *c* ) où nous avons oublié de dire qu'ils ont été enterrés à S. Germain l'Auxerrois, où l'on voit leur fépulture.

 *Dorbay*, de la conduite de cette entreprise ; ce sont ces deux Architectes qui ont ajouté à l'avant-corps du milieu l'Ordre Composite, l'Attique, le Fronton, & le Dôme quarré qui s'y voit à présent. Ce fut aussi par leur conseil qu'on démolit un grand escalier qui étoit placé dans l'intérieur & au milieu de ce Palais, que *Philibert de Lorme* y avoit fait construire ; & l'on exécuta sur leur dessein l'escalier qui est à la droite du vestibule, & qui par ce moyen dégage l'entrée, & annonce dès la cour l'enfilade & la profondeur des jardins.

Ce jardin fut commencé par *Henry IV* ; il ne fut pas d'abord à beaucoup près aussi spacieux qu'on le voit aujourd'hui qu'il contient soixante - sept arpens. Dans son origine il étoit séparé du Château (*a*) par une rue, & composé d'allées & de plusieurs pieces de verdure ; il contenoit aussi un bois, une voliere, un chenil, une ménagerie, une orangerie, & un labyrinthe (*b*), qui ont subsisté jusqu'à ce que *Louis XIV* fit planter le Jardin à neuf, sous le ministere de M. *Colbert*, & sur les desseins d'*André Le Nautre*, le plus célebre Artiste que la France ait possédé en ce genre (*c*).

# CHAPITRE XVIII.

## *Description du Plan des Jardins des Tuileries.* Planche XX.

LEs Jardins dont nous entreprenons la description sont du nombre de ces choses dont il est toujours difficile de rendre compte. Certainement il est plus aisé de parler des productions de l'Art que de celles de la nature. Dans celles-là, les réflexions partent de source ; dans celles-ci on est réduit à une sorte de contemplation qu'il est plus facile de sentir que d'exprimer. Contentons-nous donc de faire remarquer la beauté des formes, la grandeur & la symétrie que *Le Nautre* a sçu si bien réunir dans la composition de ce magnifique Jardin. En effet, on conçoit sans peine combien il a fallu d'art pour concilier avec tant de succès l'inégalité originaire du terrein avec sa disposition actuelle ; combien il a fallu d'intelligence pour lui avoir procuré tant d'espace en apparence, & cependant un couvert aussi considérable ; combien enfin il a fallu de génie pour lui donner cet air de dignité qu'on y admire, sans lui ôter néanmoins cette simplicité louable, qui s'accorde si bien avec la nature, & qui semble au premier aspect régner seule dans cette belle promenade.

Ce Jardin, planté régulierement, est entouré de terrasses qui en marquent les limites dans trois de ses côtés, mais qu'on a sçu interrompre à propos par un Pont-tournant aussi ingénieux qu'utile (*d*), & qui laisse à découvert la grande allée des champs élisées qui lui servent de parc. Le terrein du Jardin, considéré sur sa largeur de cent quarante-sept toises, a une pente de cinq pieds quatre pouces qui se trouve rachetée insensiblement par un talut imperceptible ; autrement si l'on eût voulu le mettre de niveau, il auroit fallu rapporter environ trois milles toises cubes de terre, qui auroient coûté un argent immense, sans pour cela apporter plus d'agrément à cette promenade ; œconomie qui ne pouvoit se concevoir qu'avec l'expérience de *Le Nautre*, & qu'il est cependant essentiel de prévoir avant que de mettre la main à l'œuvre, dans toutes les occasions d'une pareille importance.

(*a*) On dit anjourd'hui le Palais des Tuileries. Voyez ce que nous avons dit sur le mot Château, en parlant du Louvre, dans ce Vol. pag. 3. note *b*.

(*b*) On voit encore ces différentes distributions dans un plan de Paris qui fut gravé en 1651.

(*c*) Voyez ce que nous avons dit de *Le Nautre*, tom. 1. pag. 45. note *g*.

(*d*) Voyez le dessein de ce pont dans la planche XXII.

Le Bâtiment du Palais des Tuileries ayant de longueur cent soixante-huit toises Palais des Tuileries. & demie, une étendue si immense exigeoit une esplanade au-devant qui laissât jouir cet Edifice d'un air salubre ; aussi *Le Nautre* a-t-il eu l'attention de ne commencer le couvert de ce Jardin qu'à quatre-vingt-deux toises de la façade, & il a enrichi le sol de cette partie découverte, par des parterres de broderie à compartimens, entremêlés de massifs de gazon, qui peuvent être regardés comme autant de chef-d'œuvres.

Ces parterres sont distribués de maniere qu'on a pu y placer trois bassins de forme circulaire, qui procurent un coup d'œil agréable à l'intérieur des appartemens de ce Palais, au pied duquel est aussi pratiquée une quatrieme terrasse qui sert d'empattement à l'Edifice, & qui avec les trois autres paroît contenir tout ce jardin dans une espece de boulingrin. Chacune de ces terrasses est annoncée par différens escaliers construits en pierres (e) d'un dessein admirable, quoique simple. On y arrive aussi par des rampes douces dont les murs de revêtissement méritent le même éloge, principalement ceux qui sont placés vers le Pont-tournant.

En face des parterres & dans l'alignement du milieu du grand avant-corps, est plantée une grande allée de marronniers de cent quarante toises de longueur, sur quarante-huit pieds de largeur, non compris les contr'allées qui en ont chacune trente-trois ; aux deux côtés de ces dernieres sont distribuées différentes pieces de verdure, telles que des boulingrins entourés d'arbres de haute tige, des bois plantés & disposés régulierement, &c. Ces différentes pieces de verdure marquées A, B, C, sont d'un dessein & d'une forme variée pour la plûpart ; mais elles sont aujourd'hui si fort négligées sur le lieu, & gravées d'un dessein si petit dans ce plan, que nous avons cru devoir en donner dans la planche suivante plusieurs exemples tels que *Le Nautre* les avoit fait exécuter de son tems. De ce nombre sont le bosquet B 2, celui B 3, le parterre marqué E, & enfin la salle de la Comédie, qui lors de la minorité de *Louis XV*, a été située où se voit aujourd'hui la salle de verdure marquée F.

Au bout de la grande allée, dans une très-grande partie découverte, est placé un bassin de trente toises de diametre de forme octogone, & qui détermine le contour des charmilles & des parteres au milieu desquels il est placé. Toute cette partie du Jardin des Tuileries l'emporte encore sur les beautés dont nous venons de parler. En effet, la disposition, la forme, la variété des plans & des niveaux, l'Architecture des terrasses, les palissades, les figures de marbre ; enfin, d'un côté le point de vue du Palais par la grande allée, & de l'autre l'aspect des Champs Elisées, sont autant d'objets également satifaisans, & qui montrent évidemment ce que peut le génie d'un Artiste, lorsque prémuni des préceptes de son Art & des principes du goût, il sçait concilier d'une maniere si intéressante les beautés de l'Art avec les productions de la nature. Nous ne sçaurions trop nous arrêter sur l'effet admirable que produit l'aspect des terrasses G. Elles sont élevées au-dessus du sol d'environ douze pieds ; on y arrive par les escaliers H & par les rampes douces I, d'où l'on apperçoit le grand bassin, les pieces de gazon D, & la plus grande partie des palissades qui revêtissent les murs des terrasses & forment autant de beautés qu'il faut voir sur le lieu même.

Cette promenade va encore acquérir un nouveau mérite par la construction de la Place publique (f) qu'on érige actuellement à l'extrêmité de ce Jardin. Cette Place, destinée à contenir la Statue Equestre de *Louis XV*, sera, comme on le

---

(e) Voyez les desseins de ces escaliers dans *la Théorie du Jardinage*, & dans le septieme volume de cet ouvrage.

(f) Cette Place s'exécute aux frais de la Ville de Paris, sur les desseins de M. *Gabriel*, premier Architecte du Roi ; & c'est M. *Bouchardon*, Sculpteur célebre, qui a été chargé de l'exécution de la Statue équestre à laquelle il travaille actuellement avec le plus grand succès. Nous donnerons dans la suite les desseins de ce monument, lorsqu'il aura acquis son entiere perfection.

Tome *IV*:　　　　　　　　　　　　　　　　　　T

remarque en partie dans cette planche, entourée de fossés revêtus de maçonnerie, accompagnés de banquettes, & couronnés de baluftrades, de figures, & de trophées allégoriques aux conquêtes de Sa Majefté.

La terraffe qui regne le long de la riviere, eft beaucoup plus élevée & plus large que celle du côté de la rue S. Honoré, en forte qu'au bas & au pied de celle-ci, on a pratiqué dans toute la longueur de grands tapis verds entourés de plate-bandes de fleurs, fans pour cela que ces pieces de verdure nuifent à la fymétrie: la largeur de tout ce Jardin étant affez confidérable pour que les parties diffemblables ne puiffent fe voir enfemble.

Sur ce que nous venons de remarquer, il eft aifé de concevoir que ce Jardin, par fa difpofition, jouit de tous les avantages des autres promenades publiques qui font à Paris; puifque la grande allée, les terraffes & les efplanades dont nous avons parlé, offrent communément le même coup d'œil que les Jardins du Palais Royal, par la préfence des meilleures compagnies de Paris qui s'y raffemblent en foule, & qu'au contraire les bofquets A, B, C, & les allées baffes procurent, de même que le Luxembourg, une folitude qui attire les perfonnes qui, moins pour être vues que pour prendre le frais, viennent s'y délaffer & jouir de la falubrité de l'air que l'on y refpire.

Malgré l'apologie que nous venons de faire de ce Jardin, nous remarquerons cependant que la grande allée paroît trop étroite; qu'il feroit à défirer qu'on y joignît les deux contr'allées, & qu'alors au lieu d'en faire une allée couverte, on la taillât en paliffade; cela perceroit tout autrement ce Jardin, & procureroit d'une part dès l'entrée de ce Palais, l'afpect de la Statue qui va être érigée dans la nouvelle place; & du Pont-tournant on appercevroit une plus grande partie de la façade, qui fe découvre à peine à préfent des Champs-Elifées. Les bois & les bofquets couverts qui font à la droite & à la gauche de cette grande allée, dédommageroient affez de l'ombrage dont on feroit privé par celle que l'on propofe ici de détruire. Ne pourroit-on pas remarquer auffi qu'il faut parcourir trop de terrein découvert pour pouvoir gagner l'ombre en fortant du Palais; défagrément dont on ne peut fe dédommager qu'en entrant à cette promenade par les iffues qu'elle a dans la rue S. Honoré, & qui avec celle du côté de l'Edifice, font au nombre de fix.

La defcription des chef-d'œuvres de Sculpture que renferme ce Jardin devroit fuivre fans doute celle que nous venons de faire de ce dernier; mais ce détail nous méneroit trop loin. Nous dirons feulement qu'on y remarque dix ftatues marquées K, fix grouppes marqués L, quatre figures marquées M, quatre termes marqués N, deux vafes marqués O, le tout de marbre de la plus grande beauté, placés avec fymétrie, & exécutés par Mrs. *Couftou*, *Coifevox*, *Theodon*, *Le Pautre*, *Flamen*, *Renaudin*, *Vancleve*, *Slodtz*, &c. (g). Toutes ces figures font élevées fur des piedeftaux de même matiere que les ftatues, & font diftribuées avec beaucoup d'art, tantôt devant les charmilles & les paliffades, tantôt à découvert & ifolées, en forte qu'elles concourent par leur diftribution à procurer une agréable diverfité aux différents afpects de cette promenade.

Avant que de finir cette defcription, nous remarquerons que le terrein P eft une

(g) Plufieurs de ces Statues ont été auffi copiées d'après celles du Capitole à Rome, par les plus habiles des éleves de l'Académie; de ce nombre font le *Tibre* & le *Nil*, marqués M 1, M 2. Nous rapporterons auffi que les grouppes marqués L vers le Pont-tournant, repréfentant, l'un, la *Renommée*, l'autre, *Mercure* affis fur des chevaux aîlés, par *Coifevox*, ont été apportés à grands frais, le 7 Janvier 1719, des jardins de Marly, lors de la minorité du Roi. A la place de ces deux grouppes, feu M. Couftou a fait ceux qu'on voit aujourd'hui fur la partie fupérieure de l'abreuvoir de cette maifon de plaifance, & qu'il faut regarder comme les derniers chef-d'œuvres de ce Sculpteur célebre.

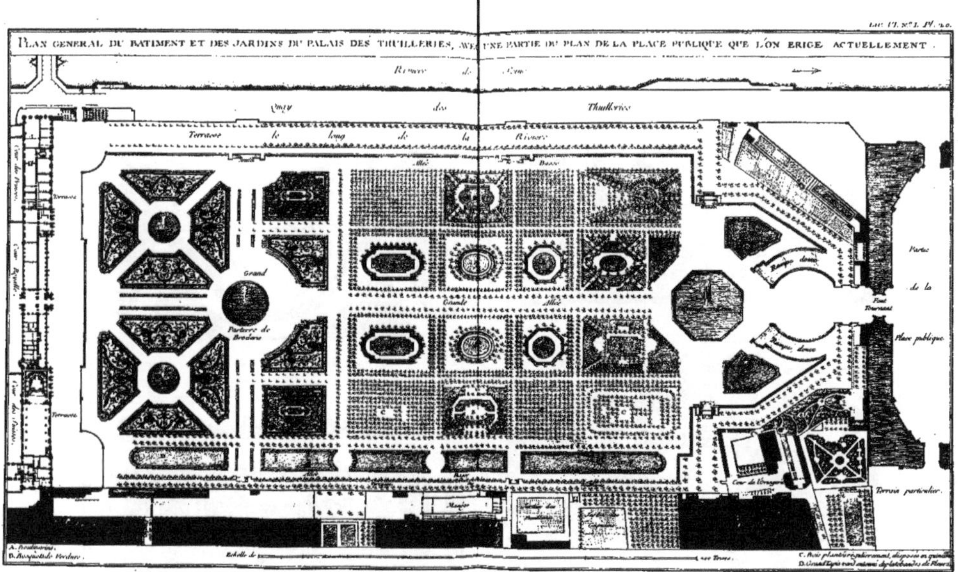

Tac. 17. N.° I. IV. 20.
PLAN GENERAL DU BATIMENT ET DES JARDINS DU PALAIS DES THUILLERIES, AVEC UNE PARTIE DU PLAN DE LA PLACE PUBLIQUE QUE L'ON ERIGE ACTUELLEMENT.
Rivière de Seine
Quay des Thuilleries
Terrasse le long de la Rivière
Allée Basse
Terrasse
Cour des Princes
Cour Royale
Cour des Princes
Terrasse
Grand
Parterre de Broderie
Grande Allée
Manège
Cour des Usages
Rampe douce
Rampe douce
Pont Tournant
Partie de la Place publique
Terrain particulier
A. Boulingrins.
B. Bosquets de Verdure.
Echelle de
100 Toises.
C. Bois planté régulièrement, disposé en quinconce.
D. Grand Tapis vert entouré de plates-bandes de Fleurs.

Liv. 12. N°. 2. Pl. 31.
Théâtre
La Salle de la Comedie
degrez
de Pierre revestus de Buis.
Amphitheatre
B 2
B 3
C
Eschelle de 40. toises.

pépiniere pour y élever les fleurs dont les plate-bandes des parterres font parées dàns la belle faifon. Q. Eft une feptieme porte dégageant fur le Quai des Tuileries, mais qui ne fert point, ou que rarement au Public. R. Sont les Jardins particuliers du Contrôleur. S. Logement de M. *Dille*, Architecte du Roi, & Contrôleur des Bâtimens & Jardins de ce Palais. T. Logement de M. le Comte de *Caylus*. V. Logement de feu M. *Derville*, ancien Infpecteur des Tuileries, occupé aujourd'hui par fa veuve. X. Partie du Jardin de Madame la Comteffe de Touloufe. Y. Jardin de M. de *Clermont d'Amboife*. Z. Terrein dans lequel font placées les glacieres du Louvre & des Tuileries. (&.) Ancien foffé.

### Divers Bofquets du Jardin des Tuileries. Planche XXI.

Cette planche fert à faire connoître combien les deffeins que *Le Nautre* avoit donnés des Bofquets de ce Jardin, font dégénérés depuis leur plantation. A peine en reconnoît-on aujourd'hui la forme principale; & fi l'on ne veille pas de plus près à fon entretien, avant peu d'années, il fera réduit fans doute dans le même état que celui du Luxembourg, & infenfiblement nous n'aurons plus de Jardins de propreté dans cette Capitale (*h*).

Les Bofquets B 2 & B 3 font entourés d'arbres à hautes tiges & compartis de charmilles à hauteur d'appui, qui renferment des maffifs de gazon. Ces derniers font valoir la forme de ces cabinets de verdure, plus propres à la vérité, dans des lieux découverts que ne le font des arbres de haute-futaie. D'ailleurs ce Jardin devenu public & abandonné aux foins de l'ouvrier mercenaire, a du fembler dans la fuite exiger moins d'entretien. Mais fi l'on a cru devoir fupprimer ces beautés de détail, il n'en falloit pas moins conferver la forme générale, & veiller de plus près aux moyens néceffaires de conferver ces bofquets d'une maniere relative à l'idée que l'on conçoit de ces Jardins au premier afpect. Tout le monde admire l'entretien du Jardin du Palais Royal; ce qui attire à cette promenade les plus belles compagnies de Paris. Cependant il n'y a point de comparaifon à faire entre l'un & l'autre, pour la grandeur, la beauté & la magnificence.

La partie marquée E differe peu dans l'exécution de ce qu'on la voit ici. Peut-être feroit-il préférable de moins fubdivifer fes compartimens, & d'y fubftituer de fimples tapis verds d'un beaucoup plus facile entretien; cependant, dans leur origine, ils ont eu befoin fans doute d'être chantournés ainfi, pour figurer d'une maniere convenable avec les parterres de broderie qui les avoifinent.

Sur cette même planche on remarque l'ancienne falle de la Comédie qu'on avoit diftribuée à la place du bofquet marqué E dans le plan général. Ce Bofquet, d'une forme ingénieufe, avoit été planté de piceas, d'ifs & de marronniers, mêlés de maffifs de gazon. Cette falle a été détruite depuis environ vingt ans, & l'on y a fubftitué le bofquet qu'on y voit aujourd'hui. ( Voyez la planche XX.)

---

(*h*) Une des caufes qui contribue le plus à la deftruction de ce jardin, eft la liberté que l'on donne au Peuple d'y entrer la veille de la Saint Louis, à l'occafion d'un Concert public qui s'y donne pour le bouquet du Roi. Pourquoi ce Concert ne s'exécute-t'il pas du côté de la cour Royale, cette cour eft vafte & capable de contenir une multitude étonnante de fpectateurs; par-là ce Jardin fe trouveroit garanti, de même que les figures de marbre qu'il contient, des accidens aufquels il fe trouve expofé. Encore une fois, les perfonnes en fecond, chargées de veiller à l'entretien des Maifons Royales, ne prennent pas garde d'affez près aux dépôts qui leur font confiés. Cependant il en coute des fommes confidérables à Sa Majefté, fans pour cela que le citoyen ni l'étranger jouiffent de la dépenfe que l'on fait tous les ans pour l'entretien & l'embelliffement de ces chef-d'œuvres de l'Art.

*Plan & Elévation du Pont-tournant.* Planche XXII.

Palais des Tuileries.

Ce Pont, d'une grande commodité pour communiquer des Champs-Elifées au Palais des Tuileries, eft d'une compofition fi heureufe qu'on a cru qu'on verroit avec plaifir la maniere dont il fut conçu par le Frere *Nicolas*, Réligieux Auguftin, qui le fit exécuter en 1716; il eft divifé en deux parties, dont l'une A paroît fermée dans le plan, & l'autre marquée B paroît ouverte. Chacune de ces deux parties eft foutenue dans l'une de fes extrêmités, par un arbre mobile de quatorze pouces de gros, ( Voyez le plan de cet arbre en grand marqué C ) garni en haut & en bas d'armatures de fer; en bas par un pivot D, qui tourne dans un palier de cuivre fcellé en plomb; en haut par un chaffis de fer marqué E, en forte que dans ce chaffis font ajuftés trois cylindres de cuivre marqués *a*, *b*, *c*, qui roulent fur une frette de fer placée autour de la circonférence de l'arbre *d*, & facilitent le mouvement de celui-ci lorfque l'on veut ouvrir ou fermer ce Pont. Au pied de chacun de ces arbres font affemblés plufieurs effeliers, qui foutiennent, par différents points d'appui, la longueur & la largeur de chaque partie de ce Pont. Ces effelliers viennent s'affembler dans les fablieres qui forment les deux chaffis fur lefquels font clouées les planches qui en compofent le fol. Ces planches font pofées à rainures & languettes, & entaillées de maniere que lorfque les deux parties de ce Pont viennent à fe réjoindre, quand il eft ouvert, les entailles de celle B s'engrainent dans celle A. Pour faciliter le mouvement de ces deux parties, elles font arrondies chacune vers leur extrêmité *e*, & équarries vers *f*, en forte que cette derniere pofe fur l'encorbellement G, & *e*, *e*, fur l'axe de l'arbre qui leur fert de point d'appui lorfque ce Pont eft ouvert. Pour cacher l'arrondiffement des extrêmités *e*, *e*, on abaiffe les deux portions de cercle *g*, qui, lorfque le Pont eft fermé, fe rabattent fur le fol, par des charnieres ou couplets de fer, de maniere que toute fa furface fupérieure eft fans aucun interftice, & fe trouve, pour plus grande fureté, garnie d'un appui de fer qui fuit le mouvement de ce Pont lorfqu'il s'ouvre ou fe ferme.

On a affecté dans cette planche d'ouvrir une partie de ce Pont & de fermer l'autre, afin que l'on apperçût, quoiqu'en petit, l'un des arbres vu de front, & l'autre fur fon profil, comme il fe remarque en D, D, ce qui fuffit pour donner une idée de la méchanique de ce Pont, lequel, quoiqu'il ait de longueur vingt-fix pieds & un quart fur feize de large, fe meut très-aifément, en très-peu de tems, & d'une facilité incroyable. Dans cette planche on a auffi marqué la maçonnerie des foffés qui ont donné occafion à ce Pont-tournant, & l'on y a exprimé les pied-droits fur lefquelsfont pofés les grouppes fculptés par *Coifevox*, afin de donner à connoître l'idée que l'on doit fe former de l'entrée de ce Jardin par les Champs-Elifées.

CHAPITRE

ELEVATION DU PONT TOURNANT, DU JARDIN DES THUILLERIES.
Echelle de
Plan
Fossé
Fossé

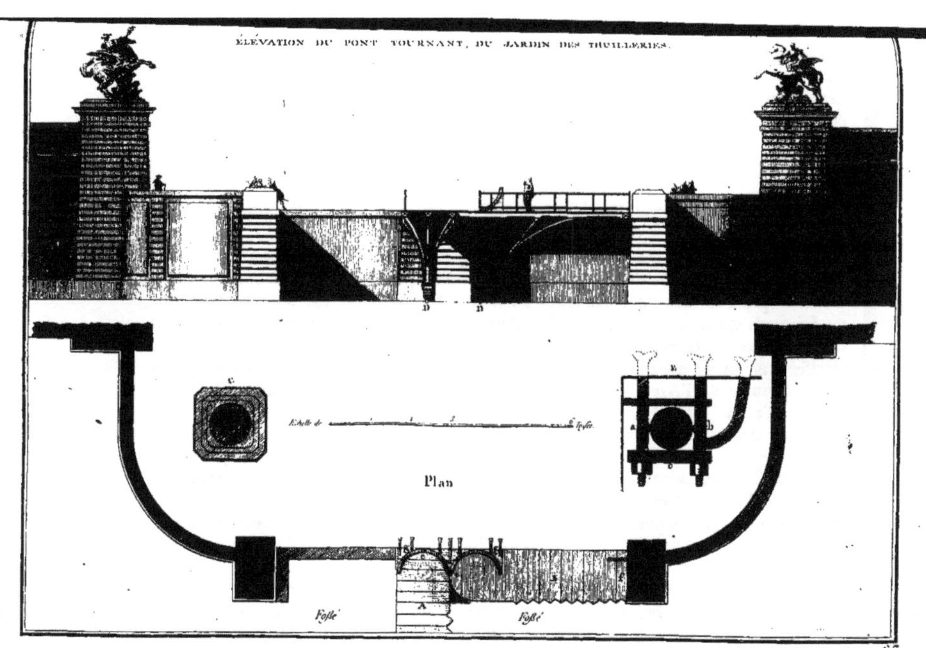

465.

## CHAPITRE XIX.

*Distribution du Palais des Tuileries, au rez-de-chauſſée & au premier étage.* Planche XXIII.

CE Bâtiment, qui a cent ſoixante-huit toiſes & demie de face, peut être conſidéré comme un ſemi-double, n'ayant dans la plus grande partie du milieu de ſa longueur, qu'environ dix toiſes de profondeur, & environ douze dans ſes extrêmités. Palais des Tuileries.

En égard à l'immenſité de cet Edifice, nous ne préſentons point cette diſtribution comme un exemple à ſuivre, mais comme renfermant dans pluſieurſ des pieces qui le compoſent, divers objets intéreſſans qui peuvent ſervir de modele à nos Artiſtes.

### Plan du rez-de-chauſſée. Figure I.

La piece A eſt un grand veſtibule diviſé par un mur de réfend; autrement elle auroit paru trop peu élevée, n'ayant de hauteur que vingt-un pieds. C'eſt ici que *Philibert De Lorme* avoit fait conſtruire le grand eſcalier dont nous avons déja parlé; cet eſcalier étoit de forme elliptique évuidée, le plus grand & le plus conſidérable que l'on eût vu juſqu'alors. *Philibert De Lorme* eſt un de nos Architectes François qui a le premier pouſſé l'Art de la Coupe des Pierres pratique à un certain dégré de perfection. Il s'appliqua ſingulierement à la conſtruction de cet eſcalier, & en fit un ouvrage merveilleux pour ſon ſiecle, en ſorte qu'en faveur de ce miracle de l'Art, on oublia long-tems le défaut de ſa ſituation. Il n'appartenoit qu'à M. *Colbert* de ſentir que le premier mérite d'un Edifice conſiſtoit dans l'art d'annoncer l'importance des dedans par les dehors; en conſéquence il ordonna qu'on démolît cet eſcalier, & qu'on le plaçât où on le voit aujourd'hui.

Ce veſtibule eſt décoré d'un Ordre de colonnes Ioniques, engagées d'un tiers dans l'épaiſſeur du mur. Cet Ordre eſt élevé ſur un ſocle de dix-huit pouces : la baſe eſt antique & le chapiteau moderne, l'un & l'autre d'une médiocre exécution. A l'égard de l'entablement, il eſt d'un profil compoſé; la corniche, par exemple, n'eſt autre choſe qu'une cimaiſe ſupérieure & un larmier ſoutenu par des conſoles qui viennent prendre naiſſance ſur l'Architrave, & qui tiennent lieu de modillons à cette corniche. On peut juger par l'aſpect de cet entablement, qui mérite quelqu'attention, que quoiqu'on s'éloigne quelquefois de la route ordinaire, on peut tenter de nouveaux profils ſelon les différents beſoins, ſurtout lorſqu'il ne s'agit que de la décoration intérieure.

La plus grande partie des entre-colonnemens de ce veſtibule eſt occupée par des arcades; mais la néceſſité de donner à ces ouvertures une certaine largeur, eſt cauſe que les piédroits & les archivoltes des arcades n'ont aucun rapport avec le diametre de l'Ordre. D'ailleurs comme les eſpacemens des colonnes ſont diſſemblables, ces ouvertures offrent des percés de différentes largeurs, ce qui annonce une décoration peu réfléchie, & nuit à l'ordonnance générale de ce veſtibule. On y voit auſſi des niches d'un plan elliptique élevées ſur des piedeſtaux dont la ſaillie & la hauteur paroiſſent giganteſques, comparées avec la dimenſion des niches, enſorte que l'on peut dire que les parties qui compoſent cette décoration n'ont aucune analogie avec la proportion & l'expreſſion Ionique qui préſide ici.

*Tome IV.* V

La principale porte qui donne entrée à ce veſtibule eſt à plate-bande, le peu d'élévation de cette piece n'ayant pas ſans doute permis de mettre la forme de cette porte ( qui devoit être d'une certaine largeur ) en ſymétrie avec toutes cel-les des entre-colonnemens; cette diſparité, néceſſaire à la vérité, n'en nuit pas moins à l'uniformité qu'on doit obſerver dans l'ordonnance d'une même piece, & montre évidemment que lorſqu'il s'agit d'accorder la décoration intérieure & extérieure, & que les dehors n'ont pas été faits de concert avec les dedans, ni ceux-ci pour ceux-là, il en réſulte preſque toujours un tout mal aſſorti qui ne doit jamais ſervir d'autorité.

Ce veſtibule, comme nous venons de l'obſerver, eſt diviſé dans ſa profondeur par un mur de réfend. Ce mur, marqué B, a été placé ici par trois motifs également intéreſſans : le premier, pour conſerver plus de rapport entre le diametre de cette piece & ſa hauteur : le deuxieme, pour ſoutenir avec plus de ſolidité le plancher de la ſalle des Cent Suiſſes qui eſt au-deſſus, & dont le diametre, de vingt-ſix ſur vingt-neuf pieds, avoit beſoin d'un point d'appui continu dans le tiers d'une de ces largeurs; autrement il auroit fallu vouter ce veſtibule, ce qui ne pouvoit ſe faire à cauſe de ſon peu d'élévation : le troiſieme enfin, pour cor-riger l'inégalité du niveau de cette piece, la partie A 2 étant plus baſſe de deux pieds que la partie A 1, à deſſein de racheter, dans toute la profondeur de ce Bâ-timent, la différence du ſol des Jardins d'avec celui de la cour; de maniere que dans le porche marqué C, on deſcend encore trois marches, enſuite cinq, qui égalent en total ſept pieds; élévation qui fait découvrir de l'intérieur de ce veſ-tibule la ſurface des jardins, mais qui occaſionne un défaut de plain-pied qu'il faut éviter, & qui n'eſt tolérable ici que parce qu'après-coup on a été forcé d'aſſujettir les différens niveaux de ce Bâtiment, ce qui ne doit être imité que dans une circonſtance auſſi critique, & jamais ailleurs.

Ce ſecond veſtibule A 2 communique à droite & à gauche à des galeries cou-vertes marquées D 1 & D 2; ces galeries ſont percées d'arcades donnant dans le jardin, formant lunettes dans la voute. Ces lunettes ſont répétées en face de cha-que arcade ſur le mur de réfend, afin que celui-ci ſoit déchargé d'une partie de la pouſſée de la voute. Entre chaque lunette regne un arc doubleau qui deſcend juſques deſſus les baſes Ioniques, leſquelles ſont arraſées par le devant, pour prendre moins de ſaillie ſur la largeur de ces galeries, qui n'ayant que dix-neuf pieds & demi, auroient été trop rétrecies, ſi l'on n'eût ſupprimé la face de ces ba-ſes. Cet exemple eſt condamnable, l'on doit prévoir l'effet que produiront dans l'exécution les membres d'Architecture qu'on a fait entrer dans ſon deſſein. Ja-mais on ne doit employer les Ordres avec une ſorte d'imperfection; on peut leur ſubſtituer des corps d'Architecture quelconques, qui n'exigeant pas la même ſévé-rité, peuvent ſatisfaire aux différens beſoins d'un Architecte.

Le ſol de ces galeries eſt tenu plus bas que le veſtibule A 2, en ſortequ'à l'une de leurs extrêmités on eſt obligé de monter ce qu'on a deſcendu à l'autre.

Ces différents niveaux ſont encore un abus; ils interrompent le plain-pied qui doit être continu, & rendent toujours la communication des différents appar-temens d'un Edifice moins commode, en rendant d'ailleurs le ſervice des Offi-ciers & des Domeſtiques plus difficile.

Du côté de la cour, à la gauche du veſtibule A, eſt une grande piece E ſer-vant anciennement de ſalle des Gardes. Son plafond eſt revêtu de menuiſerie à compartimens, ſoutenue par un entablement ſemblable à celui du veſtibule. Au pourtour de cette piece regne un lambris d'un deſſein fort ancien, & qui n'a que dix pieds de hauteur. Au-deſſus de ce lambris ſont placés des tableaux en griſaille peints fur toile, la feule chofe remarquable dans cette falle des Gardes.

La piece F étoit une grande antichambre revêtue auffi de lambris dans la plus grande partie de fa hauteur; elle eft divifée aujourd'hui par des cloifons, & coupée par des entre-fols, contenant le logement de M. *Servandoni*, ce qui empêche d'y remarquer un tableau compris dans le compartiment de fon plafond, peint par *Nicolas Mignard*, d'Avignon.

La piece G eft l'ancienne chambre à coucher de *Louis XIV*, qui a long-tems occupé cet appartement. Le plafond de cette chambre eft orné de peintures dont nous ne donnons point la defcription; cette piece & toutes celles marquées H, ne fe voyant plus publiquement, & fervant d'attelier à différents Peintres de l'Académie Royale.

Les pieces marquées I compofent l'ancien appartement de M. le Dauphin, ayant fervi autrefois à *Louis de France*, *Dauphin de Viennois*, fils de *Louis XIV*; cet appartement eft orné de peintures de *Philippe de Champagne*, qui y a repréfenté l'éducation d'Achilles; il a été occupé en 1715 par M. le *Duc du Maine*, Surintendant de l'éducation du Roi: mais en 1718, que M. le *Duc de Bourbon* fut chargé de cette Surintendance, ce Prince occupa cet appartement, qui l'eft aujourd'hui par M. *de la Vauguyon*, Lieutenant Général, &c.

Dans le gros pavillon K étoient diftribuées les cuifines, qui fervent à préfent de logement aux domeftiques chargés du foin de la propreté des appartemens.

De l'autre côté du veftibule A eft placé le grand efcalier, exécuté fur les deffeins de *Le Veau*; il eft à trois rampes & d'une conftruction folide: fa décoration eft fimple, mais noble, & heureufement terminée dans fa partie fupérieure; il eft d'ailleurs bien éclairé & dans une fituation convenable. La premiere rampe de cet efcalier monte à la chapelle, au-deffous de laquelle eft l'appartement M, occupé par M. *Bontems*, Gouverneur de ce Palais; l'entrée de cet appartement eft du côté de la cour, & il a fon dégagement par la galerie D 2.

Toute la partie marquée N, comprend la falle des machines, qui fut conftruite pour la repréfentation des Ballets & de la Comédie, par ordre de *Louis XIV*. Ce fut *Vigarani*, Gentilhomme Italien, qui conduifit l'exécution de cet ouvrage important. Nous donnerons à la fuite de cette defcription, les deffeins de cette falle gravés anciennement, & nous ferons remarquer le genre de fa décoration, une des plus riches qui ait été mife en œuvre jufqu'à préfent.

Dans le gros pavillon O, font plufieurs appartemens occupés aujourd'hui par Madame la Comteffe *de Marfan*, par M. le Comte *de Brionne*, &c.

*Plan du premier étage.* Figure II.

Le grand efcalier donne entrée feulement à toute la partie gauche de ce Palais. Du palier fupérieur on arrive dans une très-grande piece marquée A, qui contient tout l'efpace des deux veftibules qui font au-deffous: cette piece, d'une élévation proportionnée à fon diametre, eft terminée par une voute de charpenterie en arc de cloître; elle eft deftinée pour les Cent Suiffes lorfque le Roi vient à Paris, & qu'il féjourne dans ce Palais (*i*): elle eft éclairée par fix croifées & n'eft fufceptible d'ailleurs d'aucune décoration. Elle dégage du côté du Jardin fur les terraffes pratiquées au-deffus des galeries dont nous avons parlé, & du côté de la cour elle donne

(*i*) C'eft dans cette piece que fe donne, pendant la quinzaine de Pâques, & les jours de Fêtes folemnelles feulement, le Concert fpirituel. Pour cet effet on y a pratiqué des loges & un orqueftre d'une conftruction fort ingénieufe, de forte qu'ils peuvent fe démonter fans aucun endommagement, en quatre heures de travail, lorfqu'il eft néceffaire que cette piece devienne libre pour fon ufage primitif.

 entrée à la salle des Gardes du Corps, marquée B. Cette salle est éclairée de douze croisées, & son plafond en compartimens est orné de peintures dont les allégories sont relatives à son usage. Elle est revêtue d'un lambris de hauteur, d'un goût assez ancien; & sur plusieurs de ses panneaux, on remarque des rehaussés d'or, d'un dessein & d'une composition qui méritent une certaine attention.

La piece C est une antichambre éclairée par huit croisées; elle est aussi revêtue de ménuiserie, & son plafond est orné de peintures qui furent faites en 1668, par *Nicolas Loyr*, qui a peint aussi la piece précédente.

La chambre à coucher D est éclairée de trois croisées du côté de la cour, & est ordinairement meublée avec la plus grande magnificence, lorsque le Roi habite ce Palais. Dans le plafond de cette piece est un grand tableau peint par *Bertolet Flamen*, mort Chanoine de Liege. Il repréfente la Religion accompagnée de figures allégoriques au Sacre du Roi, &c. Sur la corniche sont des stucs exécutés par *Lerambert*, accompagnés de figures sculptées par *Girardon*; l'un & l'autre ouvrage peut être considéré comme autant de chef-d'œuvres.

La piece E est un grand cabinet, dans lequel se voient aussi de très-beaux stucs & des figures qui défignent la guerre & l'abondance. De ce cabinet, on entre dans une galerie F, connue sous le nom de la galerie des Ambassadeurs, parce que c'étoit dans cette piece que *Louis XIV* donnoit ses Audiences publiques aux Ministres des Cours étrangeres. Cette galerie est assez négligée aujourd'hui (k), & sert de dépôt au garde-meuble de la Couronne. On y remarque cependant encore dans les divers compartimens de son plafond, plusieurs tableaux repréfentant l'Histoire de Psiché & plusieurs autres sujets des Métamorphoses. La plus grande partie de ces ouvrages de Peinture ont été copiés par les plus habiles éleves de l'Académie, par ordre de M. *Colbert*, d'après la galerie Farnese d'*Annibal Carrache*. Au bout de la galerie des Ambassadeurs est un grand escalier qui a été construit à neuf depuis quelques années, par où se dégage cette grande piece, & par lequel on arrive à l'appartement de la Reine, compofé d'une salle des Gardes G, d'une salle d'assemblée H, d'une chambre à coucher I, & de deux cabinets de retraite marqués K, L. Ces dernieres pieces sont pourvues de dégagemens & de garde-robes, telles qu'on les sçavoit faire lors de la construction de ce Bâtiment. Cet appartement a vue sur le Jardin & sur la riviere, il a été peint par *Nocret* qui y a repréfenté souvent la Reine sous la figure de *Minerve*. Attenant cet appartement, est placé celui d'hyver pour Sa Majesté; il a sa principale entrée par le cabinet E, & par la chambre de parade D. La piece M est un cabinet destiné pour le premier Valet de chambre de quartier, qui a son logement dans l'entre-fol. Celle N est nommée la chambre du lit du Roi. Celle O est un cabinet en bibliotheque. Ces dernieres pieces sont ornées de peintures & de sculptures assez bien confervées. Les plafonds sont peints par *Noël Coypel*, & les dessus de porte, par *Francisque Millet*, Peintre Flamand, habile Paysagiste.

Le gros pavillon P est occupé aujourd'hui par différentes personnes de considération, aussi-bien que la plus grande partie des appartemens de ce Palais, lesquels à l'exception de celui du Roi & de la Reine dont nous venons de parler, sont accordés à divers particuliers attachés au service de Sa Majesté, à des gens de lettres,

---

(k) Ce qui a le plus contribué à la destruction de cette galerie, c'est le féjour que les Officiers de Sa Majesté ont été obligés d'y faire, lors de la minorité du Roi. Elle fut alors partagée dans sa longueur & sa hauteur par des cloisons, pour y pratiquer des logemens, ce qui ne s'est pas fait sans la beaucoup endommager. D'ailleurs elle a servi depuis d'atelier à différens Artistes pour la décoration des théâtres; ensorte qu'elle ne fait plus partie des appartemens qu'on laisse visiter dans ce Palais tous les jours, depuis dix heures jusqu'à midi, & depuis trois jusqu'à six, à l'effet de quoi il y a un garçon du Château qui est chargé de faire voir aux curieux ces restes précieux des ouvrages seizieme siecle.

construit

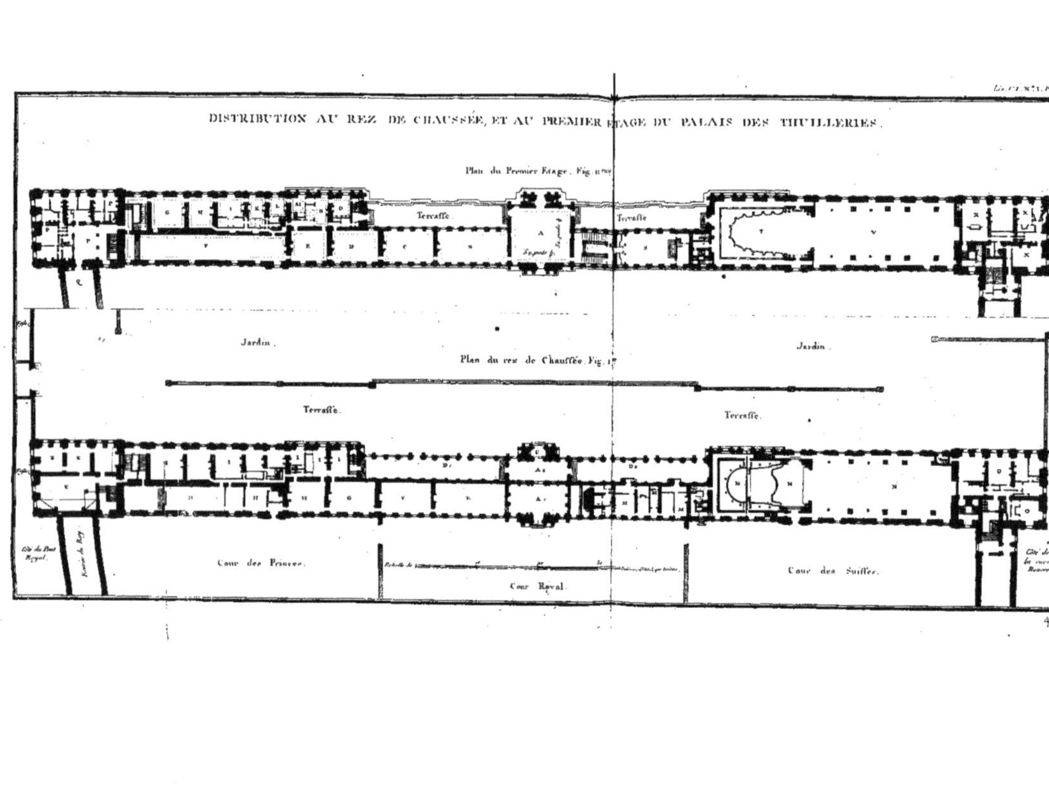

DISTRIBUTION AU REZ DE CHAUSSÉE, ET AU PREMIER ETAGE DU PALAIS DES THUILLERIES.
Plan du Premier Etage. Fig. II.me
Terrasse.
Terrasse.
Jardin.
Jardin.
Plan du rez de Chauffée. Fig. I.re
Terrasse.
Terrasse.
Côté du Pont Royal.
Ecurie du Roy.
Cour des Princes.
Echelle de
Cour des Suisses.
Côté de la rue St Honoré.
Cour Royal.

à des Artiftes, &c. On entre par ce pavillon, & de plain-pied à cet étage, dans la grande galerie des plans, marquée Q, dont nous avons donné la defcription dans ce Volume, page 19, (note *i*) & qui, comme nous l'avons remarqué, avoit été conftruite originairement pour fervir de communication de ce Palais à celui du Louvre. (Voyez la décoration extérieure de cette galerie, planche XXVI.

De la falle des Cent Suiffes, marquée A, l'on eft obligé de defcendre les deux rampes du grand efcalier, pour arriver du palier commun R dans la Chapelle S : celle-ci n'a pas été finie; on y remarque feulement une tribune pour le Roi au-deffus de la porte d'entrée, & dans le fond, fur la Sacriftie placée derriere l'Autel, une autre tribune pour la mufique. L'endroit marqué T eft la falle des machines, celui V eft le Théâtre de cette falle, dont nous avons déja parlé en décrivant le rez-de-chauffée.

Le gros pavillon X, comme nous l'avons dit auffi, eft occupé, de même que celui P, par différentes perfonnes de confidération. Ni l'un ni l'autre ne fait partie des grands appartemens. D'ailleurs les efcaliers qui donnent entrée aux appartemens de ces pavillons font mal éclairés; les pieces qui les compofent font la plûpart fans fymétrie & fans commodité, du moins par comparaifon avec notre diftribution actuelle : auffi faut-il regarder ce Palais comme un Edifice déja ancien à cet égard, & fe reffouvenir que dans les fiecles précédens, le plus grand nombre de nos Maifons Royales n'étoit pas à beaucoup près fi commode que celles de nos riches particuliers le font aujourd'hui. En effet, fi l'on confidere l'étendue de cet Edifice, on eft furpris de trouver à peine dans fa diftribution dequoi faire huit appartemens complets ; encore n'y a-t-il guere que les quatre qui fe remarquent tant au rez-de-chauffée qu'au premier étage, pratiqués du côté oppofé à la falle des machines, qui foient difpofés d'une maniere convenable à la grandeur de ce Bâtiment. Cependant, l'immenfité de ce Palais, fa fituation, les peintures qu'il renferme dans fon intérieur, certaines parties de la décoration de fes façades, la magnificence de fes Jardins, la réputation qu'il s'eft acquife par la réfidence des Têtes Couronnées qui y ont fait leur féjour, tant de confidérations nous ont déterminé à donner ici la diftribution de cette Maifon Royale, plutôt à la vérité pour fatisfaire la curiofité des amateurs en général, que pour en confeiller l'imitation aux Artiftes.

## CHAPITRE XX.

### De la décoration extérieure des façades du Palais des Tuileries. Planche XXIV.

CE Palais élevé fous divers regnes, & bâti fur les deffeins de différens Architectes, fe reffent dans fa décoration extérieure des changemens que l'Architecture a foufferts en France depuis le quinzieme fiecle. D'ailleurs l'irréfolution des Maîtres de l'Art fur les principes de la bonne Architecture, la vanité qu'on a de croire que l'on vaut mieux que ceux qui nous ont précédés, l'éloignement qu'on a de fuivre les fentimens d'autrui, & la fureur dont on eft dévoré de créer du neuf où il ne s'agit que d'imitation, font prefque toujours la caufe du défaut d'unité qui fe remarque dans la plûpart de nos Edifices d'importance, aufquels l'on s'eft trouvé obligé dans la fuite de faire des augmentations ou des reftaurations confidérables.

*Tome IV.*          X

*Philibert De Lorme*, comme nous l'avons dit, fut choifi par *Catherine de Medicis* avec *Jean Bullant*, pour la conftruction de ce Bâtiment. D'abord il ne fut
queftion que de l'avant-corps du milieu, des deux aîles en galeries & des pavillons qui les terminent. Pour offrir une idée des changemens furvenus dans la
décoration de ce Bâtiment, & faire connoître fon accroiffement depuis fon édification primitive jufqu'au miniftere de M. *Colbert*, nous donnons dans la planche XXV le deffein de fa façade du côté du Jardin, tel que l'avoient fait exécuter *Philibert De Lorme* & fon Collegue, & nous y ajoutons les projets que *Du
Cerceau*, fous *Henry IV*, avoit fait pour en augmenter l'étendue. En comparant
ces deux genres d'Architecture, on fentira combien il a été difficile à *Le Veau* & à
*Dorbay*, fous *Louis XIV*, de reftaurer cet Edifice d'une maniere convenable à
l'idée que nous nous formons de la réfidence d'un Souverain.

Voudra-t'on toujours économifer lorfqu'il s'agira de la réédification d'un Palais de la plus grande confidération? N'étoit-il pas néceffaire de prévoir qu'un Edifice qui, dans fon origine, n'avoit que cent toiles de face, ne pouvoit pas s'étendre
jufqu'à près de cent foixante-dix, fans qu'on en changeât les dimenfions, les rapports
& les proportions. Sans doute, ou les regles de l'Art font inconnues à la plûpart
des Architectes, ou le glus grand nombre, par indifférence ou autrement,
néglige ces regles, partie néanmoins la plus effentielle de l'art de bâtir, & la plus
capable certainement d'illuftrer l'Architecture & les fiecles où l'on voit éclorre des
Edifices réguliers.

Rien de fi condamnable que cette négligence; car enfin, lorfque l'on veut
ériger une place publique, n'affecte-t'on pas d'en rendre les façades fymétriques,
quoique dans tout fon pourtour on conçoive qu'elle doit être fubdivifée intérieurement pour différens propriétaires; pourquoi donc au contraire, dans la plûpart de nos Palais & de nos Maifons Royales, qui n'ont en vue qu'un feul &
unique objet, remarque-t'on une difparité dans l'ordonnance, qui porte le fpectateur à croire que chaque avant-corps, chaque arriere-corps, & chaque pavillon,
font autant de Bâtimens particuliers, élevés felon les motifs & les befoins des différentes perfonnes qui les ont fait conftruire : c'eft une inadvertance condamnable
qu'on remarque cependant plus que par-tout ailleurs dans les façades dont nous
parlons.

Falloit-il, parce que le premier Edifice devenoit trop peu élevé dans fon origine, & parce qu'on a voulu dans la fuite lui donner une plus grande étendue;
falloit-il, dis-je, le flanquer de deux grandes aîles, & de deux pavillons d'une
grandeur monftrueufe & revêtus d'Ordres coloffaux, qui par leur proportion
gigantefque, anéantiffent ceux qui furent exécutés en premier lieu? Du-moins
étoit-il à propos, fi l'on avoit intention d'augmenter ce Bâtiment, de ne pas
affecter de mettre fur la même ligne une Architecture auffi diffemblable? N'auroit-
il pas été mieux que toute l'ancienne façade eût formé un grand avant-corps de
dix ou douze toifes? Alors les nouvelles additions ayant fait arriere-corps, auroient
pu être de la même ordonnance & non d'une Architecture coloffale. D'ailleurs
ces arrieres-corps propofés auroient donné plus de mouvement à toute cette façade,
& auroient été plus analogues au diametre des premiers Ordres, en forte qu'on feroit
parvenu par ce moyen à faire un grand Edifice, fans être obligé de mettre en ufage
l'Ordre Compofite qui s'y remarque, lequel certainement contrafte mal avec les
précédens, dont l'Ionique du côté des Jardins, contient des beautés du premier genre.

Ce que nous venons de remarquer peut s'appliquer pour les deux façades de ce
Palais, quoique celle du côté de l'entrée foit comprife dans un peu moins d'efpace,
& que fa longueur femble être divifée par plufieurs cours; mais les murs de fépa-

ration de ces dernieres font fi peu élevés & fi peu conformes à la dignité de ce *Palais des Tuileries.* Palais, qu'il eft à croire que leur diftribution n'a été faite qu'au hazard, en attendant la réunion de cet Edifice avec celui du Louvre, ainfi que le *Bernin* & *Perrault* l'avoient propofé, & que nous en avons donné les projets au commencement de ce Volume. D'ailleurs pourquoi l'affectation de ces combles d'une grandeur formidable, à l'imitation fans doute de ceux de *Philibert De Lorme* ? ( Voyez la planche XXV. ) Pourquoi de grandes maffes, des pleins fi confidérables, & de fi petites ouvertures dans les nouvelles aîles ? Pourquoi au contraire de fi petits Ordres dans l'ancièn Bâtiment, & de fi grandes portes & croifées, proportion gardée avec le tout enfemble. Quel contrafte ! Je le répete, il falloit néceffairement détruire l'ouvrage de *Philibert De Lorme*, ou chercher à concilier le neuf avec l'ancien, pour compofer un Edifice plus conforme aux loix du bon goût, & plus digne de la fplendeur du regne de *Louis le Grand*; au lieu qu'on n'eft frappé ici que de l'immenfité. Le premier afpect en impofe fans doute, mais toutes les parties féparément perdent à l'examen, & l'on n'eft dédommagé que par quelques beautés de détail ; citons-en quelques-unes, & paffons légerement fur les médiocrités que nous avons eu tant de fois occafion de condamner ailleurs.

Nous ne parlerons dans cette defcription que de la façade du côté du Jardin, Figure II. L'élévation du côté de la cour, Figure I, différe peu de celle-ci ; elle eft affujettie à la même grandeur, hauteur & divifion. D'ailleurs les détails de ce côté font de beaucoup fupérieurs, & les licences font les mêmes par-tout, il nous fuffira donc d'examiner l'ordonnance de la façade du côté du Jardin, pour nous donner une idée diftincte de toute l'ordonnance de cet Edifice.

En comparant la planche dont nous parlons avec celle qui la fuit, il fera facile de reconnoître les augmentations qu'on a faites à ce Palais fous le regne de *Louis XIV*, & fur les deffeins de *Le Veau* & de *Dorbay*. Remarquons d'abord dans le grand avant-corps du milieu, que ces Architectes ayant voulu lui donner plus d'élévation, il a auffi fallu qu'il lui donnaffent plus de largeur ; que pour y parvenir ils ont compris dans cet avant-corps les deux entre-colonnemens AA, qui précédemment appartenoient aux galeries BB, en forte que ce nouvel accroiffement a permis une grande hauteur à cette partie de l'Edifice, dont la dimenfion en général eft heureufe, & figure affez bien avec l'étendue de la façade & de la profondeur du Jardin : genre de perfection effentiel pour l'afpect d'un Bâtiment. Il n'en eft pas de même des parties qui divifent cet avant - corps, originairement devant être moins élevées, *Philibert De Lorme* avoit compofé la grandeur de ces Ordres, & determiné les entre-colonnemens pour la maffe : mais il en a réfulté dans la fuite que leur multiplicité & leurs efpacemens fe contredifent avec le tout enfemble ; confidération, encore une fois, qui auroit dû déterminer, ou à laiffer ce Château en l'état où il étoit, ou à n'en rien conferver. Ce dernier parti paroîtra extrême fans doute, mais au moins falloit-il difpofer le fupplément qu'on y a fait à raifon de fon édification primitive. Au refte l'avant-corps qui porte le fronton, quoique furhauffé d'un troifieme Ordre, conferve encore une affez belle forme & une élégance relative à la légereté des Ordres qui y préfident ; mais nous ne pouvons applaudir aux trop grands entre-colonnemens du milieu, ni en confeiller l'imitation ; à l'exception de celui du rez-de-chauffée, ils ne font pas foutenables. La raifon de cet abus vient de ce que l'entre-colonnement Ionique du rez-de-chauffée ayant des piedeftaux, *Philibert De Lorme* a pu faire cet entre-colonnement de quinze pieds un quart de largeur ; mais cette diftance prefcrite à *Le Veau* qui, par la néceffité d'imiter l'Ordre Corinthien des pavillons C, n'a pu mettre des piedeftaux, ni des focles au premier étage, a rendu ce nouvel entre-colonnement d'une

forme quarrée, ainfi que celui de l'Ordre Compofite au-deffus, qui eft encore plus ridicule, en ce que non-feulement les bafes des Ordres pofées fur l'entablement font
mafquées par la faillie de ce dernier, mais encore parce que la petiteffe des ouvertures & la pefanteur des piédroits compris dans ces entre-colonnemens fupérieurs,
compofent une Architecture abfurde qui devoit être prévue avant l'exécution, &
qui par conféquent auroit mérité qu'on eût délibéré fur l'impoffibilité de faire du
bon : car enfin, quelle réputation doit-on efpérer lorfque l'on réédifiera nos Bâtimens avec ce défordre? Quelle profpérité doit-on attendre des Arts, lorfque
dans les plus grandes occafions on confultera l'œconomie, & que l'on voudra
néanmoins donner l'idée d'un grand Edifice, fans s'embarraffer fi toutes les parties fe conviendront? Cette confidération ne peut avoir lieu que pour les maifons
des particuliers, & ne doit jamais entrer pour rien dans les monumens publics, &
dans les Palais des Rois, qui font les feuls Edifices capables d'illuftrer les cités, & de
donner une grande idée de la vigueur des Arts dans des fiecles de profpérité.

Au-deffus du troifieme Ordre eft un Attique qui fert de couronnement à tout
l'avant-corps, & de foutien à un dôme circulaire par fon élévation, & quadrangulaire par fon plan, mais dont la forme & la capacité femblent écrafer l'ordonnance de deffous.

Malgré ces défauts effentiels, il eft certain qu'il fe rencontre dans certaines parties de
cet avant-corps des beautés que la petiteffe du deffein de cette planche nous empêche de décrire; mais comme ces beautés ne regardent que les Ordres qu'ils décorent,
nous donnerons dans le huitieme Volume leurs développemens en grand, &
nous y ferons mention de la difformité que la régularité de ces Ordres, confidérée à part, a occafionnée dans tous les autres membres d'Architecture de ce
Palais, qui ont fait jufqu'à préfent l'objet de nos remarques.

Les galeries B ont été confervées telles qu'elles étoient du tems de *Philibert De
Lorme*, même dans la nouvelle reconftruction qui en a été faite depuis peu. Le
focle ou piedeftal que nous avons défiré qui régnât fous l'Ordre Corinthien, auroit produit ici un bon effet, car autrement la corniche fervant d'appui aux terraffes qui couvrent l'intérieur de ces galeries, fait concevoir que le fol du premier
étage n'excéde pas la hauteur de l'architrave, d'où il réfulte non-feulement que
ces façades au rez-de-chauffée font privées d'un couronnement qui leur eft néceffaire, mais encore que les perfonnes qui fe promenent deffus, paroiffent pénétrer toute la partie fupérieure de l'entablement; ce qui eft contre toute idée de
vraifemblance, & qui donne un air de féchereffe à toute cette ordonnance.
D'ailleurs cette féchereffe s'accorde mal avec l'accroiffement que le fuft des colonnes & des pilaftres de cette décoration, femble recevoir par les tambours qu'on
a affectés dans le fuft de l'Ordre Ionique qui y préfide. Ajoutons à cela
d'une part, que malgré cet accroiffement, la faillie des pilaftres eft fi peu fenfible,
que celle des impoftes & des arcades défafleure ces pilaftres, & même les fur-
paffe, & que de l'autre les colonnes font fi peu écartées de ceux-là, que les chapiteaux de ces derniers font arrafés & fans aucun relief au-devant de leurs furfa-
ces : autant de licences monftrueufes que les Anciens fe font permis, & qui n'ont
que trop été imitées par la plûpart de nos Modernes qui, plus inftruits de la
routine de l'Art que de fes principes, ont commis les mêmes fautes dans la plus
grande partie de leurs productions.

Au-deffus de ces galeries en terraffe, au lieu de la ridicule décoration de *Philibert De Lorme*, ou plutôt de *Jean Bullant*, (Voyez la planche XXV) on a pratiqué
un étage régulier, où l'on a fupprimé les Ordres, ce mur de face étant en retraite
le toute la profondeur des galeries. (Voyez la planche XXIII, figure II ). Cette fuppreffion

preſſion apporte, dit-on, du repos à l'ordonnance de ce Bâtiment. Partout ail- Palais des Tuileries, leurs cette opinion pourroit avoir quelque fondement ; mais ici que l'avant-corps & les pavillons ſont ornés d'Ordres d'Architecture, tant dans leurs faces que dans leurs retours, il en réſulte un défaut d'unité qui nuit à l'accord général de cet Edifice lorſqu'on en apperçoit les développemens vus ſur l'angle. Néanmoins, il faut convenir que malgré cette irrégularité, il n'y a point de comparaiſon à faire entre cette nouvelle décoration & la précédente. *Le Veau*, pour conſerver encore à cet étage ſupérieur une ſorte de relation avec l'ancienne Architecture de deſ-ſous, a affecté des reſſauts dans les chambranles des croiſées ; il a fait pénétrer leurs ſommiers dans l'architrave, & les a fait profiler dans la friſe. Enfin il a placé des gaînes dans chaque trumeau de ces arriere-corps, eſpece de décoration qui n'eſt guere tolérable que lorſqu'il s'agit d'aſſortir un genre d'Architecture ſemi-Gothique, comme on a été forcé de le faire ici. Au-deſſus de cet étage regne un Attique couronné d'une baluſtrade, derriere laquelle s'éleve un comble, qui ayant très-peu de baſe, pouvoit avoir encore moins de hauteur & n'être pas interrompu, comme on le voit ici dans toute la longueur de cet Edifice. L'interruption de ces combles, leurs formes & leurs hauteurs diſſemblables, ne contribuent pas peu à faire paroître chaque avant-corps & chaque arriere-corps comme autant de Bâtimens particuliers diſpenſés d'avoir aucune relation enſemble.

Les pavillons C, à l'exception de la ſimplicité des croiſées, de la hauteur gigantefque des piedeſtaux & de leur multiplicité, de la largeur immenſe des trumeaux, & du peu de ſévérité qu'on a gardé dans les membres d'Architecture qui décorent les entre-colonnemens en général, ces pavillons, dis-je, ſont ſans doute ce qu'il y a de plus eſtimable dans cette ancienne partie du Bâtiment des Tuileries : on y voit entr'autres un Ordre Ionique digne de la plus grande admiration. Le fût de la colonne, le chapiteau, & ſon entablement, méritent ſingulierement les plus grands éloges. Certainement ſi l'on eût ſubſtitué une autre baſe à cet Ordre que celle antique, & des ſocles au lieu de piedeſtaux, il ne pourroit compter de rival que celui du *Château* de *Maiſons*, à qui même celui-ci a ſervi de modele, auſſi-bien qu'à celui du portail de Feuillans dont nous avons parlé Tome III, page 97. Néanmoins on a pouſſé ſi loin la richeſſe de l'Ordre dont nous parlons, ainſi que nous l'avons déja obſervé dans le Volume que nous venons de citer, que le Corinthien qui eſt élevé deſſus paroît ſec & meſquin. Peut-être que la richeſſe de cet Ordre Ionique n'eſt devenue telle que lors de la reſtauration de ce Palais : car non-ſeulement aucun de ces ornemens n'eſt exprimé dans la planche XXV, qui nous préſente fidelement la décoration de cet ancien Palais, mais le bon goût de la Sculpture qui y préſide & ſa très-grande perfection, annoncent un ſiecle plus éclairé dans cette partie de l'Art, que celui de *Catherine de Medicis*, à en juger par les ornemens qui ſe ſont conſervés dans ce Bâtiment compoſé ſur les deſ-ſeins de *Philibert De Lorme* & de *Jean Bullant*. Nous remarquerons même que la colonne marquée *a* l'emporte de beaucoup ſur toutes celles de ce pavillon & de celui qui lui eſt oppoſé, & qu'elle a ſervi de modele à toutes celles de cet Ordre, leſquelles ſe reſſentent de la foibleſſe de l'imitation, à meſure qu'elles ſe trouvent plus éloignées de l'original.

Cependant quelque applaudiſſement que nous donnions à cet Ordre, il faut ſçavoir qu'il ne peut être imité que dans le cas où l'on voudroit l'employer ſeul dans un Edifice, autrement la prodigalité de ſes ornemens deviendroit un abus, puiſque nous avons reconnu ailleurs qu'un des premiers mérites de l'Architecte eſt de conſerver un accroiſſement de richeſſes entre ſes Ordres, égal à la proportion du dia-

Palais des
Tuileries. metre de ces derniers comparés les uns avec les autres, principalement lorsqu'on veut les allier ensemble dans une même décoration.

L'Ordre Corinthien élevé au-dessus de l'Ionique qui se voit ici, est assujetti aux mêmes axes & semble avoir été conservé tel qu'il étoit, ainsi que les croisées, les niches, &c. Il paroît qu'on a seulement détruit tous les ornemens Gothiques qui enrichissoient ces dernieres parties ( Voyez la planche XXV ) & généralement toutes celles qui couronnoient ce second Ordre, pour y substituer un Attique de même hauteur que celui qui regne dans les arrieres - corps. Dans celui qui couronne les pavillons, on a affecté des pilastres pour lui donner plus de légereté, & l'on a fait saillir ces derniers des trois quarts de leur diametre, n'ayant pu raisonnable-ment y placer des colonnes à cause de leur proportion raccourcie : ces pilastres saillans ont peu d'exemples, aussi ne faut-il pas les imiter indistinctement, quoiqu'ils ne soient pas exécutés ici sans succès.

Les aîles D, bâties sous *Henry IV* sur les desseins de *Jacques Androuet du Cer-ceau*, furent démolies, pour la plus grande partie, lorsque *Le Veau* fut chargé de restaurer ce Palais. Celui-ci conserva sa longueur & sa hauteur. Les nouveaux percés seulement furent assujettis aux distributions intérieures, sujettion qui n'a pas permis à *Le Veau* de disposer les accouplemens de ses pilastres Composites plus régulierement : mais malgré cette contrainte, il est aisé de remarquer que cette nouvelle ordonnance est devenue sous un Maître habile, bien au-dessus de ce qu'elle étoit originairement par *du Cerceau*, puisqu'on y a détruit les petits avant-corps des extrêmités de ces aîles, dans l'intérieur desquels étoient pratiqués des escaliers, & que *Le Veau* a préféré un entablement continu aux ressauts réi-térés, aux frontons & aux ornemens diffus qui se remarquent dans la planche VI. Ce grand Ordre avoit été couronné d'une balustrade telle qu'on la voit ici, & qui a été détruite : elle étoit surmontée d'un comble brisé, substitué depuis à une couverture à deux égouts, pour procurer sans doute une plus grande éléva-tion à l'intérieur de la salle des machines placée dans l'une de ces deux aîles, & qui paroît malgré sa grande hauteur, plus supportable sur cet Ordre que sur les pavillons C, dont les colonnes & les pilastres sont d'un beaucoup plus petit diametre.

Quoiqu'il en soit, pouvons-nous applaudir à ce genre d'Architecture ? Paroît-il naturel que la hauteur de l'entablement Composite égale toute celle de l'Attique des pavillons D, que les piedestaux de ces deux Ordres ayent si peu de relation en-semble. Autant de défauts qui nuisent à l'idée qu'on doit se former de l'égalité des niveaux de l'intérieur des appartemens. Enfin paroît-il raisonnable de voir sur la même ligne deux genres d'Architecture si différens entr'eux, & des ouvertures dont la proportion, la forme & la richesse sont si dissemblables ?

Les gros pavillons E different peu de leur exécution primitive par *Du Cerceau*: aussi y remarque-t'on tout ce que l'Architecture peut offrir de plus licencieux. Des trumeaux inégaux, des écoinçons de largeur dissemblable, un plein où il faudroit un vuide. On remarque d'ailleurs dans l'entablement de cet Ordre, un architrave & une frise interrompus pour laisser monter des croisées d'une proportion extravagante jusques dessous la corniche ; un Attique dont les pilastres surpassent la hauteur de l'Ordre Ionique de l'ancien Edifice ; des chaînes de réfend associées avec une ordon-nance délicate ; enfin on y apperçoit une infinité de petites parties qui ne peu-vent aller de pair avec un Ordre Colossal ; autant d'abus que nous présente la décoration monstrueuse de ces pavillons.

Nous ne donnerons point de description particuliere de la planche XXV, le parallele que nous en avons fait avec la précédente doit suffire pour donner à con-

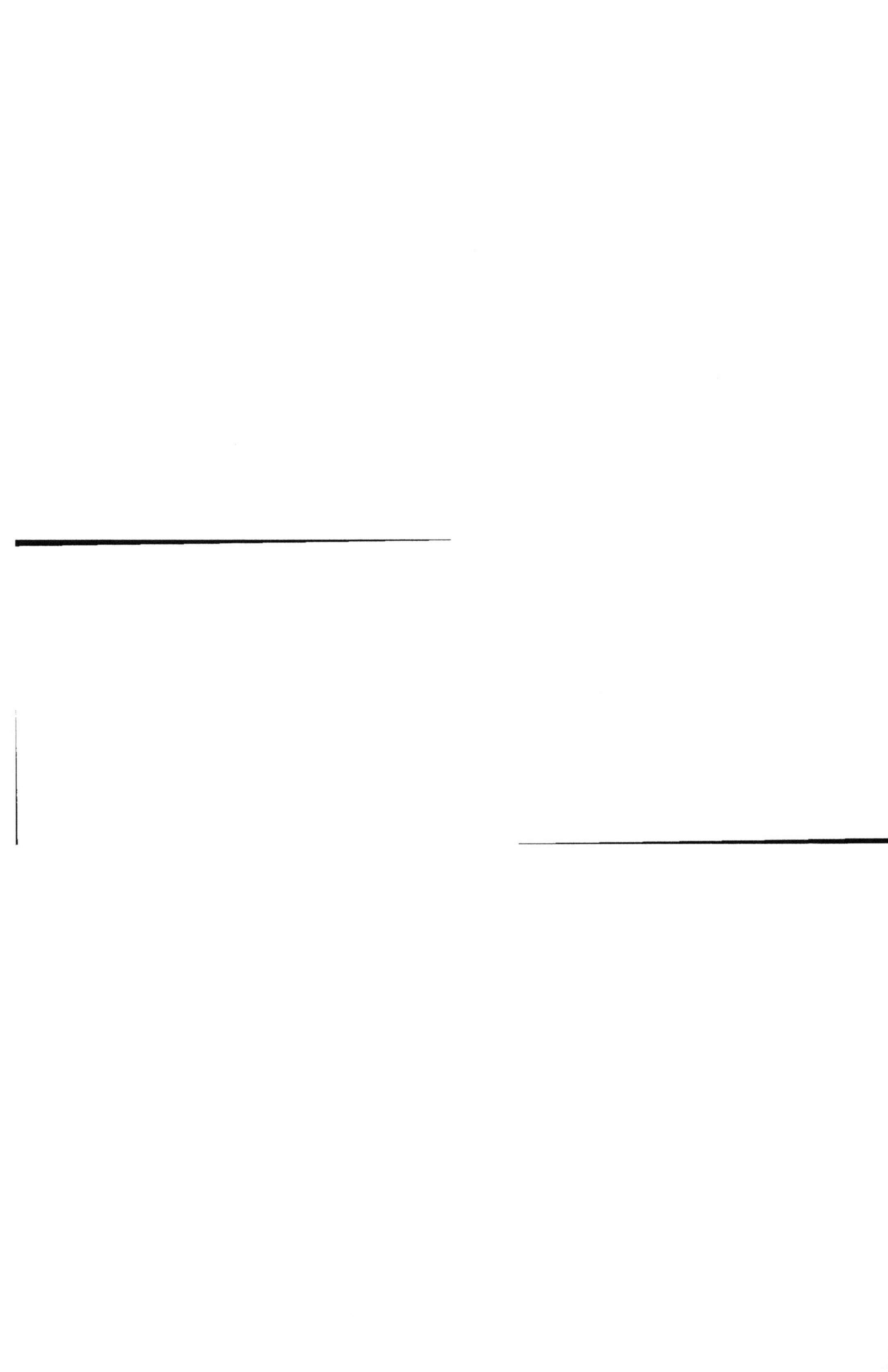

noître la différence de la décoration actuelle de ce Palais achevé par *Le Veau* &
*Dorbay*, d'avec celle de *Philibert de Lorme*, *Jean Bullant* & *Du Cerceau* : un examen plus réfléchi ne nous préfenteroit que des licences condamnables, que le
fiecle de *Louis XIV* a fait difparoître, & dont il refte quelques traces involontaires dans la reftauration de cet Edifice.

*Elévation de la grande façade qui réunit le Palais des Tuileries avec le vieux Louvre, du
côté de la riviere.* Planche XXVI.

Toute cette façade, comme nous l'avons déja remarqué, a été élevée à diverfes
reprifes. Le gros pavillon A eft de *Du Cerceau*; l'aîle qui commence à ce pavillon
jufqu'à l'avant - corps B, eft d'*Etienne Du Perrac*, Peintre & Architecte d'*Henry
IV*. Toute la partie reftante depuis le pavillon B jufqu'à celui C, a été élevée fous
*Louis XIII*; par *Clement Metezeau* (1). Parcourons de fuite les différentes ordonnances de cette façade immenfe.

La décoration du pavillon A, non-feulement a tous les défauts du précédent,
qui forme, du côté des Tuileries, un retour d'équerre avec l'élévation dont nous
parlons, mais encore un trumeau dans fon milieu d'une largeur fi confidérable
qu'il divife fon ordonnance & donne à ce pavillon un air de péfanteur qui fe contredit avec l'Architecture dont il eft revêtu; en effet, rien de fi mauffade que
les trois petites niches placées les unes au-deffus des autres dans toute fa hauteur,
& qui y font d'autant plus mal imaginées, que les membres d'Architecture qui
les enrichiffent fe trouvent, pour ainfi dire, anéantis par la largeur outrée du trumeau qui les reçoit.

La grande aîle qui fuit ce pavillon eft auffi décorée d'un Ordre de pilaftres
Compofites; ces pilaftres font accouplés, & leurs chapiteaux font d'une affez belle
exécution. Mais nous obferverons que l'idée d'avoir employé un Ordre de trois
pieds fept pouces de diametre, à deffein que cette ordonnance répondît au point
de diftance d'où elle doit être apperçue, auroit dû faire fentir la néceffité de
donner plus de faillie aux pilaftres. D'ailleurs cette nouvelle faillie auroit augmenté celle de l'entablement, qui bien loin de faire retour dans chaque entre-
pilaftre, comme on le voit ici, auroit auffi dû être continué d'un accouplement à
l'autre, ce qui n'a pû fe faire parce qu'on a fait monter les croifées jufques deffous
les corniches, le plus grand de tous les abus en Architecture. Nous remarquerons encore la fingularité du profil de la corniche de l'entablement de cet Ordre, dont
les modillons font enclavés d'un tiers de leur longueur, & qui viennent pofer fur
la faillie de la cimaife inférieure. Ce genre de profil ne peut fe découvrir ici à caufe
de la petiteffe du deffein; mais en faveur de cette fingularité, affez ingénieufe
d'ailleurs, on en trouvera le développement dans le huitieme Volume, comme
une reffource affez bonne à mettre en pratique en certaines occafions.

Plus d'une fois nous avons condamné la multiplicité des frontons. La façade
dont nous parlons femble être exécutée pour nous en faire fentir le ridicule. Que
fignifie cette décoration monotone de frontons alternativement circulaires &

---

(1) Ce fut cet Ingénieur ( car on appelloit ainfi dans
les fiecles précédens, les Architectes des Rois de France) qui fit conftruire fur fes deffeins, en 1628, la Di-
gue de la Rochelle, & qui a bâti plufieurs Edifices en
France, qui montrent évidemment, à en juger par l'élévation dont nous parlons, qu'il étoit plus verfé dans
les parties de détail que dans les beautés d'enfemble;
mérite fi effentiel néanmoins, qu'on a reconnu depuis
la néceffité de faire deux branches de l'Architecture,
l'une civile, & l'autre militaire; en forte que la premiere eft devenue un Art important qui exige une profonde théorie, une pratique continuelle, & une étude
réfléchie des Arts utiles, des Arts de goût, & peut-
être même des Arts agréables. La feconde, une fcience profonde qui entraîne après elle une connoiffance indifpenfable du Deffein, de la Méchanique, de la Phifi-
que, & généralement de toutes les parties des hautes
Mathématiques.

triangulaires posés sur le devant d'un comble continu (*m*), & qui par une suite funeste d'imitations se retrouvent encore réítérés sur toutes les croisées & les niches de cette façade? Quelle négligence encore d'avoir rendu le corps *b* dissemblable des autres, & de ne l'avoir pas placé au moins au milieu de l'aîle, sans avoir d'excuse légitime pour la distribution des dedans, ni au rez-de-chaussée, occupé par des écuries, ni au premier étage destiné pour une galerie à qui la largeur de ce corps apporte même un défaut de symétrie dans son intérieur. On remarque aussi que les portes en plein-ceintre *a*, *c*, dissonnent avec les autres ouvertures de cette élévation. Certainement, lorsque la nécessité de changer la forme des percés d'un Edifice fait loi, au moins faut-il désigner un avant-corps particulier qui annonce cette nécessité; autrement il en résulte une disparité plus ou moins condamnable selon le plus ou moins d'importance du Bâtiment (*n*).

Malgré les licences que nous venons de remarquer, peut-être eût-il été préférable de continuer l'ordonnance de cette aîle dans toute la longueur de la façade, plutôt que d'affecter un autre genre d'Architecture d'une beaucoup plus petite proportion, si chargé de membres & d'ornemens, qu'à peine les apperçoit-on du pied de l'Edifice. Chacune de ces parties néanmoins est belle séparément : nous n'entendons blâmer ici que leur assemblage mal assorti. Par exemple, l'avant-corps B n'est-il pas évidemment trop petit pour figurer dans une étendue de Bâtiment si considérable? D'ailleurs cet avant-corps est accotté de part & d'autre d'une ordonnance d'Architecture disparate, celui *d* même ne symétrise pas avec celui C, ni avec la façade *e*, si l'on en excepte sa partie supérieure, licence qui annonce le peu d'harmonie qu'on a cherché à mettre dans l'ensemble de cette décoration. Au contraire, on voit partout que chaque Architecte a préféré son opinion particuliere à l'effet général, d'où il résulte que jamais il n'entre dans l'idée d'un étranger qui considere l'aspect de cet Edifice, qu'il ait été élevé pour la même fin, ni que cette façade contienne dans son intérieur une seule & même piece, & qu'on ait eu pour objet de réunir & de conserver le plain-pied du Louvre, au premier étage, avec celui des Tuileries.

Examinons même en particulier la façade *e*, nous trouverons un Ordre Toscan au rez-de-chaussée, qui considéré séparément, pourroit faire un soubassement convenable, mais qui fait d'autant moins bien ici, que non seulement il surpasse d'un module la hauteur de l'Ordre de dessus, mais encore qu'il est chargé d'une quantité si prodigieuse d'ornemens (*o*) que l'Ordre Corinthien devient pauvre & chétif. D'ailleurs ce Toscan que nous avons nommé soubassement, parce qu'il est au rez-de-chaussée, n'est-il pas ridiculement surmonté par un étage de proportion Attique dans l'ordonnance duquel on apperçoit un mélange de petites parties inconsidérément alliées avec des largeurs de trumeaux considérables, & le peu de hauteur de cet étage.

---

(*m*) Les balustrades que l'on remarque au-dessus de l'entablement, placées entre chacun de ces frontons, ont été supprimées, ainsi que celles qui étoient placées du côté du Jardin. La roideur des combles & le séjour des neiges ont forcé à cette suppression; certainement il eût été mieux ici d'annuller les frontons & de continuer la balustrade, cette derniere eût couronné avec plus de dignité cette partie supérieure, quoiqu'en général il faille éviter d'allier ensemble les combles avec les balustrades.

(*n*) On remarque sur cette planche un soubassement qui devoit former le revêtissement d'un fossé proposé dans toute la longueur de cette façade; mais il n'a jamais eu lieu, non plus que celui du Louvre : on ne voit pas non plus sur cette planche une troisieme ouverture placée en *q*, nommée aujourd'hui le premier guichet du Louvre; ce percé n'ayant été fait qu'après coup pour le dégagement de la rue Fromanteau : ces changemens n'ont rien d'assez intéressant; on a pris soin seulement de les marquer dans les plans généraux du Louvre que nous donnons dans ce Volume.

(*o*) Ce que l'on voit exécuté des ornemens de cet Ordre, particulierement ceux qui sont distribués dans son entablement, sont de la plus grande perfection. Les connoisseurs sont épris de la beauté du ciseau du Sculpteur, & pour l'ordinaire sont révoltés du dessein de l'Architecte. Cette critique néanmoins ne regarde que l'ensemble, certainement tous les profils considérés séparément sont ingénieux, fermes & coulans. On leur reproche seulement d'être mal appliqués, & d'une expression contraire au motif qui leur a donné lieu.

L'entablement

L'entablement de l'Ordre Corinthien qui termine cette façade *e* , est de la Palais des Tuileries. même hauteur que celui de l'Ordre Composite, ainsi que le faitage du comble ; autant de raisons pour que l'on eût dû continuer le même genre d'Architecture dans toute la longueur de ce Bâtiment. *Metezeau* a fait plus, il a imité en quelque sorte la réitération des frontons que nous avons blâmée dans l'aîle *b* ; imitation d'autant plus condamnable que non-seulement cette décoration est trop monotone, mais qu'elle sert à faire appercevoir la disparité de ces deux genres d'ordonnance.

Nous n'étendrons pas plus loin nos observations sur cette façade. Un examen plus réfléchi nous jetteroit dans des répétitions involontaires, sans qu'il en résultât rien d'avantageux pour l'ordonnance de ce Bâtiment, recommandable seulement par son immensité & par quelques beautés de détail, lesquelles, quoique éparses, n'en doivent pas moins faire l'objet de l'étude des jeunes Artistes pour lesquels particulierement ces observations semblent être faites.

# CHAPITRE XXI.

## Description de la Salle des Machines du Château des Tuileries. Planche XXVII & suivantes.

ON a vû en petit dans la Planche XXIII, les plans de la salle des machines dont nous offrons ici les développemens, telle qu'elle fut éxécutée sur les desseins & sous la conduite de *Vigarani*. La planche XXVII présente le plan au rez-de-chaussée de la partie où se tiennent les spectateurs, nommée proprement la salle de Spectacle, celle où se passe la Scene étant appellée le Théâtre, quoique communément sous la dénomination de salle des machines on sous-entend ces deux différentes parties. La planche XXVIII donne le plan pris à la hauteur des premieres loges. La XXIX, les plans pris à la hauteur des secondes & troisiemes loges. La planche XXX offre le dessein de la décoration du *Proscenium* qui sépare la salle de Spectacle d'avec le Théâtre. Les planches XXXI & XXXII présentent celle de la salle dont nous parlons, prise sur sa longueur & sur sa largeur.

On voit par la planche XXVII que le rez-de-chaussée de cette salle est disposé en amphithéâtre. La lettre A marque le lieu où se mettent les lumieres pour éclairer le théâtre. Celle B marque le lieu de l'orquestre pour la musique. La lettre C , le parterre où se plaçoient les Gardes-du-corps , celle D indique la loge du Roi ; celles E E, les places destinées pour les personnes de la Cour ; celle F, les places des Officiers de la maison de Sa Majesté ; la lettre G enfin désigne les places qui étoient destinées pour le Public. Cette salle , qui a de largeur cinquante-un pieds dans œuvre, non compris les corridors , sur cinquante-cinq pieds de hauteur sous plafond , est distribuée en trois rangs de loges & peut contenir près de six mille personnes. Sa décoration consiste en deux Ordres, Corinthien & Composite, posés l'un sur l'autre, ( Voyez les planches XXXI & XXXII ) peints de marbre & dont les bases & les chapiteaux sont dorés & d'une très-belle exécution. Cette décoration en général est de la plus grande magnificence. Mais ce qui doit attirer le plus l'attention des amateurs, ce sont les compartimens du plafond, composés de membres d'Architecture, ornés de sculpture , & entremélés de sujets coloriés peints par *Noël Coypel*, sur les desseins de *Le Brun*. Toute cette ordonnance, dont la richesse est peut-être poussée jusqu'à la prodigalité, a dû dans son origine présenter le coup d'œil le plus éclatant. Cet éclat a perdu beaucoup de son prix depuis son édification. D'ailleurs le lieu de la scene est si vaste, que la voix des Acteurs, à ce qu'on prétend, avoit peine à le faire entendre. Ce qui n'a pas peu contribué à faire abandonner ce théâtre aux spectacles muets qui s'y donnent à présent sur les desseins & sous la conduite du Chevalier *Servandoni* ( *p* ).

Les plans que nous donnons de cette salle nous dispensent de nous étendre sur sa distribution. Arrêtons-nous un moment sur son ordonnance, & remarquons qu'un Ordre Corinthien de trois pieds de diametre, couronné d'un entablement régulier, décore le devant du théâtre, ( Voyez la planche XXX ) & que cet Ordre retourne dans l'intérieur de la salle, & forme plusieurs grouppes de colonnes & de pilastres qui produisent un relief peu commun dans ce genre de décoration. ( Voyez les planches XXVII & XXX. Cet Ordre Corinthien a été exécuté avec sévérité, & sa richesse naturelle, jointe à celle des matieres dont il est revêtu, rendent cette composition une des plus brillantes que l'on puisse désirer. Nous n'attaquerons pas dans cette description plusieurs licences que l'Auteur a cru devoir se permettre. Nous avons déja fait entendre qu'elles produisoient quelquefois des fautes heureuses, & ici plus que partout ailleurs elles peuvent être autorisées, n'étant question que d'une décoration théâtrale, autrement nous n'applaudirions pas aux deux petits Ordres qu'on remarque dans le pourtour de cette salle ; & certainement nous aurions voulu que l'Ordre inférieur fût de pilastres plutôt que le supérieur, n'étant pas naturel qu'un corps cylindrique en soutienne un quadrangulaire, principalement lorsqu'ils sont isolés. Nous remarquerons aussi que le rang des premieres loges semble suspendu à la tige des colonnes, & que ces loges, malgré leur solidité réelle, n'en ayant pas l'apparence, forment une disposition qui nuit à l'idée de vraisemblance, & qui masque la proportion de l'Ordre : elles semblent enclavées, lorsqu'on apperçoit cette décoration vue en perspective, & non géométralement.

On observera que la distribution de l'Amphithéâtre, exprimée dans la planche XXVII, differe de celle que nous avons marquée dans le plan de ce Palais, planche XXIII, parce que nous avons eu dessein de donner une idée des changemens qui ont été faits dans cette salle depuis qu'elle semble être destinée aux nouveaux spectacles qui s'y représentent actuellement.

Sans donner un plan détaillé du théâtre, nous dirons seulement qu'il a de longueur cent quarante pieds, & de largeur soixante - deux pieds & demi dans œuvre ; que sa hauteur depuis le sol du théâtre jusques dessous le premier entrait, est de cinquante quatre pieds, & que celle de la mansarde dans laquelle sont placées les machines pour les vols, les gloires, &c. est de vingt-deux pieds, non compris le faux comble de la couverture ; que celle des fondations destinées aux machines infernales, est de seize pieds, & qu'enfin la pente du théâtre dans toute sa profondeur est de vingt-cinq pouces.

Le dessein de ce théâtre n'auroit pu devenir intéressant que par les décorations ; mais comme elles sont sujettes à des changemens continuels, nous n'avons pas cru devoir entrer ici dans ces détails. Nous ne donnons pas non plus le développement des machines qui agissent sur ce théâtre, cette partie de la Méchanique doit trouver sa place ailleurs que dans un Recueil où l'on n'a pour objet que de traiter des proportions d'Architecture, de la distribution des Bâtimens, & de la partie qui doit nécessairement conduire à la pratique des Arts.

---

( *p* ) Cet excellent Artiste nous a donné à différentes reprises, sur ce Théâtre, plusieurs spectacles Pantomines qui nous ont fait voir l'étendue de son génie & de son intelligence dans cette partie de la Peinture & de la Méchanique ; anciennement le spectacle de *la Descente d'Enée aux Enfers, la Boîte de Pandore*, &c. depuis la *Forêt Enchantée, le Triomphe de l'Amour Conjugal*, non-seulement fournissent un nouveau genre de spectacle en France, mais aident à former des Artistes qui, sous la doctrine d'un aussi habile Maître, le seul que nous ayons en ce genre, pourront nous dédommager dans la suite de la disette de nos Décorateurs.

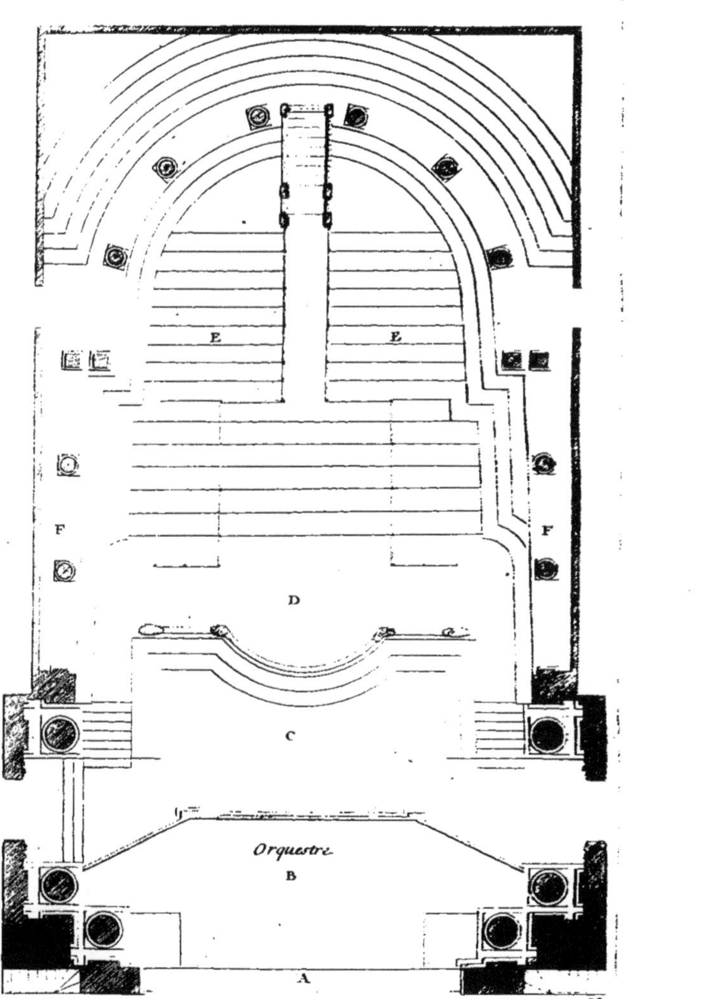


Plan du Rez de chaussé de L'Amphitéátre de la Sale des machines
du Château des Tuileries à Paris.    Liv. VI. N.º 1. Pl. 27.
E
E
F
F
D
C
Orquestre
B
A
1    2    3. toi.
403

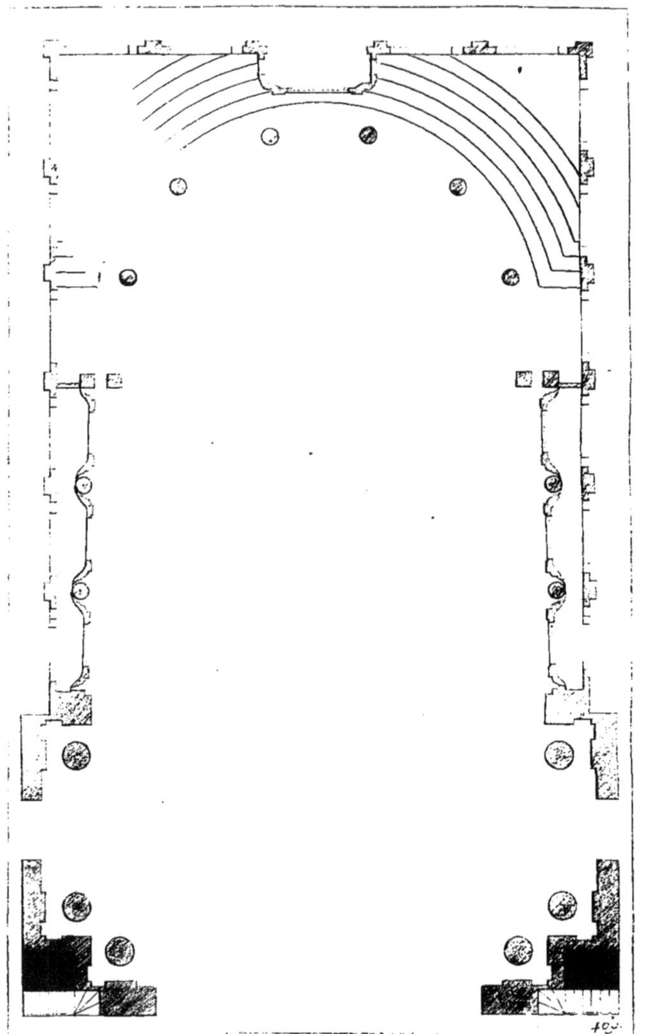


Plan à la hauteur des premières loges de l'Amphitéatre de la Sale des
machines du Chàteau des Tuileries à Paris. L.VI.Nº1.Pl. 28.

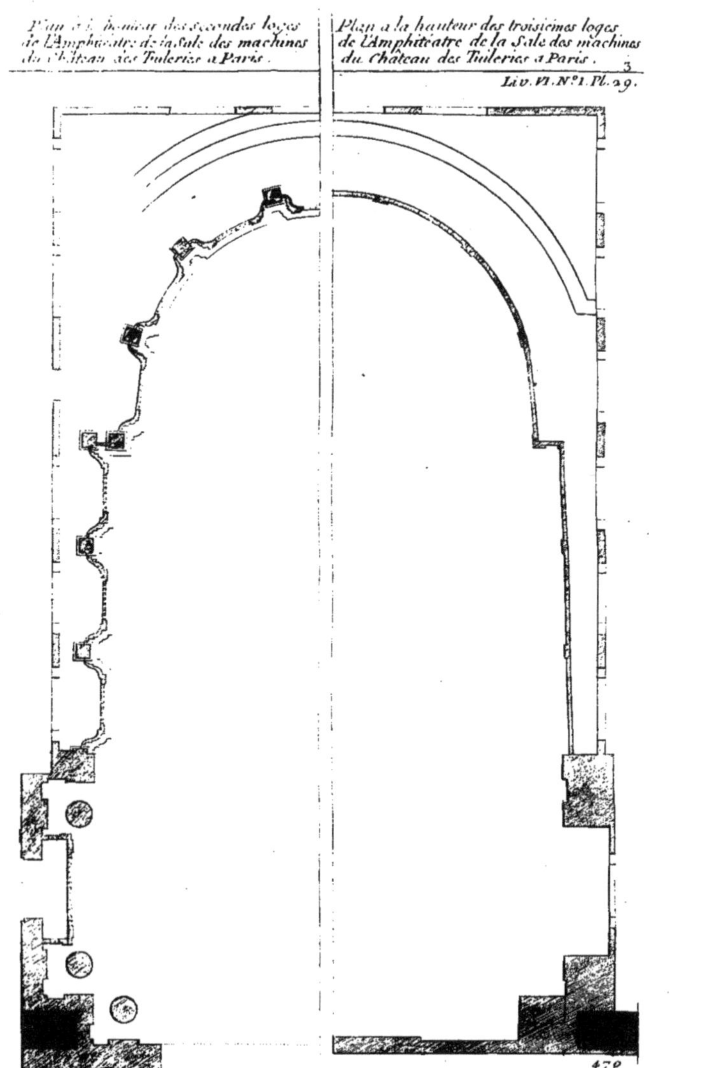

Plan à la hauteur des secondes loges de L'Amphithéâtre de la Sale des machines du Château des Tuilerie a Paris.
Plan a la hauteur des troisiemes loges de L'Amphitéatre de la Sale des machines du Château des Tuileries a Paris.
Liv. VI. N°1. Pl. 29.
3
470

Vue du Château de Versailles du côté de l'entrée.

# ARCHITECTURE
## *FRANÇOISE.*

## LIVRE SEPTIEME.
## *DU CHÂTEAU DE VERSAILLES*
### ET DE SES DÉPENDANCES.

### *AVANT-PROPOS.*

*Où il est parlé de l'origine de ce Château, & des Sources, Reservoirs & Conduits qui font jouer les Eaux dans les Bosquets de ses Jardins.*

LE Château, les Jardins & les dépendances que nous nous proposons de décrire, renferment tant de beautés du premier genre, qu'il faudroit un volume entier pour mettre sous les yeux des Lecteurs chacune des parties intéressantes qui s'y remarquent. Nous nous bornerons donc à parler seulement de la décoration & de la distribution des Bâtimens. Nous y comprendrons les Jardins de propreté, & nous nous contenterons de citer toutes les dépendances relatives à ce Palais.

Nous n'entrerons pas non plus dans le détail des chef-d'œuvres de la Sculpture & de la Peinture : cette énumération nous conduiroit trop loin. D'ailleurs elle ne convient qu'à un ouvrage portatif, destiné aux personnes qui, un Livre à la main, veulent parcourir sur le lieu toutes les beautés dont ce Palais est rempli. Notre but est de n'en présenter ici qu'un tableau général, & de particulariser seulement ce qui appartient directement à l'Architecture, en faisant voir néanmoins à l'Architecte l'enchaînement & l'analogie que les autres Arts doivent avoir avec ſa Profeſſion. Par-là notre deſcription, renfermée dans les juſtes bornes que nous nous ſommes preſcrites, deviendra ſans doute plus utile aux Artiſtes & aux amateurs que celles qui ont été faites juſqu'à préſent, dont la plûpart ne ſont propres qu'à ſatisfaire la curioſité d'un petit nombre de connoiſſeurs.

La grandeur, la dignité, la magnificence, la diſpoſition & l'ordonnance, ſont les moindres idées que l'on doive ſe former de cette Maiſon Royale. On y trouve tous les Arts réunis : l'Architecture, la Sculpture, la Peinture, l'Agriculture, l'Hydraulique, & la Méchanique y ſont dans leur plus beau jour. La richeſſe des matieres, le marbre, le bronſe & les métaux les plus précieux y brillent de toutes parts. En un mot, l'on peut dire qu'il ne manque à ce Palais immenſe, qu'une ſituation plus avantageuſe, pour qu'il puiſſe être enviſagé comme le plus parfait qu'il y ait au Monde. Mais ſi d'un côté la nature ne paroît pas ſeconder les beautés de l'Art, combien celui-ci ne dédommage-t'il pas de ce qu'un aſpect plus ſéduiſant auroit pu nous offrir ? Parcourons toutes ces merveilles avec l'impartialité dont nous avons uſé juſqu'à préſent, & ſans avoir égard aux opinions des Auteurs qui ont déja écrit ſur cette matiere, obſervons tout avec un eſprit dégagé de prévention.

La perfection des Arts fait ici notre but, les beautés univerſellement approuvées ſeront des beautés pour nous; les médiocrités ſeront cenſurées dans cette deſcription, comme elles l'ont été ailleurs, avec le ménagement qui convient. Pluſieurs perſonnes en place & d'un mérite diſtingué m'engagent à cette ſincérité. Sans doute elle déplaira à quelques-uns; mais la droiture de mes intentions & l'eſtime des ſçavans ſont capables de me dédommager de la tracaſſerie de ceux qui juſqu'à préſent ont cherché à donner de mauvaiſes interprétations à mon zele & au déſir que j'ai d'être de quelque utilité à mes Compatriotes. Qu'on ne s'attende pas ſurtout à un ſtyle recherché; la deſcription ne demande que de la clarté, de l'ordre; & quoique les productions qu'il s'agit de décrire ici ſoient d'une eſpece ſi ſupérieure & ſi ſublime, nous n'en conſerverons pas moins une ſimplicité convenable, en rendant toutefois hommage aux merveilles de l'Art.

Nous commencerons par un abrégé hiſtorique de cette Maiſon Royale. Quelques ſecours que nous ayons eu à cet égard d'une infinité de perſonnes attachées à Sa Majeſté, qui ſe ſont prêtées obligeamment à nos vues, nous invitons ceux que nous n'avons pas eu le loiſir de conſulter, à vouloir bien auſſi nous faire part de leurs lumieres. Ils contribueront à la perfection de l'ouvrage que nous donnons. Ce ſera un bien réel pour une ſeconde Edition, & un éclairciſſement intéreſſant de plus pour les ſiecles à venir.

### Origine du Château de Verſailles.

La Terre & Seigneurie de Verſailles étoit poſſédée en 1560 par pluſieurs particuliers; *Philippe Colas*, Ecuyer, en poſſédoit la plus grande partie; une autre appartenoit à M. *Antoine Poart*, Maître des Comptes à Paris. Ce dernier étoit auſſi Propriétaire de la Seigneurie de la Grange *Leſſart* : enfin une autre partie appartenoit à *Roberte de Soiſy*, femme de *Jean de la Porte*, & à *Marguerite de Soiſy* ſa ſœur, veuve de *Jean Dizy*, en qualité d'héritieres d'*Antoinette de Portet* leur mere.

*Martial de Lomenie*, Sécrétaire du Roi & de ſes Finances, devint, en 1561, Propriétaire de cette Terre, & de celle de la Grange *Leſſart*, par les acquiſitions qu'il en fit, & en a joui juſqu'à ſa mort arrivée en 1572; il avoit épouſé *Jacqueline Pinault*, décedée avant lui.

Les Tuteur & Curateur de leurs enfans mineurs, vendirent cette Terre & Seigneurie
de

de Versailles & celle de la Grange *Leffart*, par Contrat du 27 Juin 1573, à M. *Albert de Gondi*, Comte de Retz. Son fils, *Jean François de Gondi*, Archevêque de Paris, la vendit enfuite à *Louis XIII*, par Contrat du 8 Avril 1632, dont nous allons rapporter par extrait ce qui nous a paru le plus intéreffant.

Le 8 Avril 1632 fut préfent l'Illuftriffime & Reverendiffime *Jean-François de Gondi*, Archevêque de Paris, Seigneur de Verfailles, &c. &c. reconnoit & confeffe avoir vendu, cédé & tranfporté...... à *Louis XIII*, acceptant, pour Sa Majefté, Meffire *Charles de l'Aubepine*, Garde des Sceaux & Chancelier des Ordres du Roi, & Meffire *Antoine Rufé*, Marquis d'*Effiat*, Surintendant des Finances, &c. &c. la Terre & Seigneurie de Verfailles, confiftant *en viel Château en ruines, & une ferme de plufieurs Edifices*, confiftant ladite ferme en Terres labourables, en Prés, Bois, Chataignerets, Etangs, & autres appartenances & dépendances, haute, Moyenne & baffe Juftice...... avec l'annexe de la Grange *Leffort*, appartenances & dépendances d'icelles, fans aucune chofe excepter, retenir, ni réferver par ledit Seigneur Archevêque de ce qu'il a poffédé audit lieu de Verfailles........ pour d'icelles Terre & Seigneurie de Verfailles & annexe de la Grange *Leffart*, jouir par fadite Majefté & fes Succeffeurs Rois, comme de chofes appartenantes......... cette vente, ceffion, tranfport, faits aux charges & devoirs Seigneuriaux & féodaux feulement, moyennant la fomme de foixante-fix mille livres, que ledit Seigneur Archevêque reconnoît avoir reçues de fadite Majefté, par la main de........ en pieces de feize fols; de laquelle fomme il fe tient content, en quitte fadite Majefté & tout autre, &c. &c.

Quoiqu'il paroiffe par la date de ce Contrat que *Louis XIII* n'acheta la Seigneurie de Verfailles qu'en 1632, il eft cependant certain que dès l'année 1624 il avoit commencé à y faire bâtir un rendez-vous de chaffe qu'il avoit élevé fur le lieu le plus éminent, & où étoit fitué ci-devant un moulin à vent. Ce Château étoit flanqué de quatre pavillons bâtis de pierres & de briques avec un balcon de fer qui tournoit tout autour, & qui dégageoit les appartemens du premier étage. Une fauffe braie entouroit auffi ce Bâtiment, & elle étoit précédée d'un foffé à fond de cuve, revêtu de briques & de pierres de taille, terminé par une baluftrade. Ce petit Edifice étoit environné de Bois, de Plaines & d'Etangs, dont la nature alors faifoit feule les frais. Quelque-tems après *Louis XIII* fit percer ce Bois, planter les plaines, & cultiver un parc qui n'occupoit de fon tems que l'étendue que renferment aujourd'hui les Jardins de Verfailles.

Dans la fuite, *Louis XIV* ayant fait quelques promenades agréables à Verfailles, ordonna en 1660 qu'on ornât ce Château de Peintures, & qu'on lui procurât toutes les commodités que pouvoit lui permettre fon peu d'étendue (*a*). A peine ces réparations furent-elles faites, que le Roi prit la réfolution de l'augmenter de plufieurs dépendances, pour y pouvoir féjourner & y tenir fon Confeil. On commença alors plufieurs aîles qui étant à moitié élevées, ne plurent point à Sa Majefté. Elles furent démolies pour y conftruire trois principaux corps de logis fur les deffeins de *Le Veau* (*b*). Ces nouveaux Bâtimens finis, l'ancien petit Château parut défagréable, ne pouvant figurer avec ce qui venoit d'être conftruit. On

---

(*a*) Ce fut auffi vers ce tems-là, qu'il ordonna des écuries pour le fervice de fa Maifon & de fes Officiers. Elles furent conftruites alors où eft fituée aujourd'hui la rue de la Pompe, & fervent actuellement pour les écuries de la Reine.

(*b*) Au cabinet des Eftampes de Sa Majefté, fous la garde de M. *Joly*, à la Bibliotheque du Roi, on voit dans un porte-feuille cotté K, n. 171. un deffein original levé en 1664, par le fieur *de la Pointe*, où fe trouve exprimée la diftribution par maffes, du plan des Bâtimens dont nous parlons. On voit auffi l'eftampe de ce deffein gravée par le même, dans le cinquieme volume des Œuvres du Cabinet du Roi, & plufieurs autres plans de ce Bâtiment dans le même volume, gravés par *Silveftre* en 1680, qui donnent une idée affez fatisfaifante de l'accroiffement de ce Château, aujourd'hui devenu le plus confidérable que nous ayons en France.

propoſa au Roi de le démolir pour le reconſtruire d'une maniere plus convenable & plus commode ; mais Sa Majeſté s'y oppoſa, voulant conſerver, diſoit-elle, malgré leur difformité, les ouvrages de ſon Prédéceſſeur ; & ce ne fut que long-tems après qu'elle ſe détermina à permettre qu'on le doublât par de nouveaux murs de face, qui font aujourd'hui une partie de ceux qui ſe remarquent du côté des Jardins. Enfin ces augmentations ont été pouſſées ſi loin, qu'il n'eſt point d'Edifice en Europe qui puiſſe entrer en comparaiſon avec ce qu'on appelle aujourd'hui le Château de Verſailles; & l'on peut dire que les efforts de l'Art y ont tous été tentés pour corriger les défauts que la nature inculte y avoit laiſſés, & le rendre digne de la demeure du plus grand des Rois, qui y a fait ſon ſéjour ordinaire avec toute ſa Cour, depuis l'année 1681 juſqu'à ſa mort.

Lorſque *Louis XIV* eut conſenti qu'on augmentât le Château de Verſailles, on commença par l'avant-corps du côté des Jardins. Cependant il ne fut pas exécuté d'abord tel qu'on le voit aujourd'hui. On avoit laiſſé dans le milieu de ſon étendue un renfoncement de la moitié du double de ce Palais, ſur la longueur de neuf croiſées. Ce n'a été que long-tems après, & lorſqu'on a conſtruit la grande galerie, que l'on aligna tout cet avant-corps, à préſent percé de vingt-trois arcades, & dont nous ferons remarquer ailleurs l'ordonnance, & ſentir la néceſſité dans laquelle *Manſard* s'eſt trouvé de s'aſſujettir aux anciens Bâtimens, lorſque dans la ſuite il en donna les deſſeins, ainſi que ceux des aîles du Nord & du Midi, qui compoſent de nos jours cette belle façade de l'étendue de deux cens neuf toiſes & demie.

Le côté de la cour a reçu moins de changemens; ce ne fut que peu à peu que l'on joignit à la cour du Château la grande avant-cour, & les quatre pavillons des Miniſtres, auſquels on ajouta enſuite deux aîles de Bâtimens; que l'on diſtribua la Place d'Armes ; que l'on combla un foſſé qui étoit placé au pied de la grille de la cour du Château ; que l'on détruiſit pluſieurs tourelles placées dans les angles de cette cour ; que l'on bâtit enfin les écuries, & que l'on planta les avenues : ces augmentations très-conſidérables, malgré la diſpoſition aſſez heureuſe de pluſieurs corps de Bâtimens, ſe reſſentent toujours de la premiere origine des autres; de maniere que, quelques additions qu'on ait faites, ce Palais du côté de l'entrée, n'annonce point à beaucoup près la beauté & la magnificence dont il eſt ſuſceptible du côté des Jardins.

Peut-être eût-il été intéreſſant que nous euſſions pu citer les années où ces additions ont été faites ; mais indépendamment de ce que nos recherches à cet égard ne nous ont guere ſatisfaits, nous avons trouvé tant de contradictions dans la plûpart de ces dates que nous avons cru plus convenable de les paſſer ſous ſilence. D'ailleurs elles n'ont rien de commun avec l'état actuel de Verſailles, qui fait aujourd'hui l'objet de nos obſervations: ainſi ſans avoir égard à l'obſcurité des faits qui nous ont précédés, & aux changemens qui peuvent ſurvenir aux plans actuels que nous donnons, nous avertiſſons que les plans gravés ſur les planches II & III, qui accompagnent cette deſcription, ont été levés exactement ſur les lieux en Novembre 1755, & qu'on pourra les comparer avec ceux des ſix planches ſuivantes qui l'avoient été environ vingt années auparavant.

Les perſonnes qui ſeront curieuſes de prendre l'idée de ce qu'originairement on appelloit le Château de Verſailles, peuvent avoir recours à un petit plan inſéré dans la deſcription ſommaire de ce Château, que *Felibien* donna en 1671, & dans pluſieurs vues qui ont été gravées par *Perelle*. Ils en trouveront encore les plans dans le premier Volume manuſcrit de *Perrault*, qui ſe voit au dépôt des tableaux du Roi, à la Surintendance des Bâtimens, à Verſailles; où l'on trouve,

Château de
Versailles.

page 43 & suivantes, non-seulement ce que Versailles étoit du tems de cet Architecte, mais encore les projets qu'il avoit donnés pour en embellir la façade, & rendre, dit-il, plus commode l'intérieur du Château.

Ce vaste Edifice est accompagné d'une Ville très-peuplée, distribuée régulierement, ornée de Marchés, de Places publiques, de monumens & d'Hôtels qui rendent ce séjour une des plus belles habitations qui soient dans le Royaume.

Ce Château, situé à quatre lieues de Paris, est bâti sur une petite éminence qui s'éleve au milieu d'un grand vallon entouré de collines, ce qui le fait paroître dans un fond : cependant son sol est de cinquante-sept toises deux pieds plus élevé que le niveau de la Seine, pris au Pont Royal, à Paris. Sa latitude est de quarante-huit degrés quarante-huit minutes, & sa longitude de vingt-deux degrés dix-sept minutes & demie.

L'importance de ce monument, les augmentations continuelles ausquelles il est sujet, & l'entretien de tant de merveilles nous engagent avant que d'entrer en matiere, à donner une idée des moyens dont on use pour le porter à son plus haut point de perfection.

Tous les travaux qui exigent quelque attention sont proposés à Sa Majesté par le Directeur Général de ses Bâtimens ( c ) qui ensuite communique les ordres du Prince à son premier Architecte ( d ); celui-ci projette en conséquence, & résout sous les yeux du Roi les travaux qu'il s'agit d'ordonner.

On compte quatre Contrôleurs chargés de la conduite des augmentations & entretiens de Versailles : le premier, qui a le département du Château & des Jardins de Versailles, de Trianon & de la Ménagerie, est aujourd'hui M. *L'Ecuyer*, Architecte du Roi : le second, qui a le département des dehors du Château & des Bâtimens appartenans à Sa Majesté dans la Ville de Versailles, est aujourd'hui M. *Mollet*, Architecte du Roi : le troisieme, chargé du Contrôle des rigoles qui amenent à Versailles les eaux des sources & des réservoirs des environs de cette Ville, est aujourd'hui M. *Dubois*, ancien Géographe des Bâtimens du Roi : le quatrieme, chargé du Contrôle de l'enclos du Parc, est aujourd'hui M. *de la Motte*.

Ces quatre Contrôleurs ont chacun un Inspecteur : le premier, ( M. *Gallant* ) chargé de l'inspection des Châteaux de Versailles & de Trianon : le deuxieme, ( M. *Galley* ) chargé de l'inspection des dehors du Château : le troisieme, ( M. *de Marne* ) chargé de l'inspection des rigoles : le quatrieme, ( M. *Monga* ) chargé

( c ) M. *de Vandieres*, Marquis *de Marigny*, remplit aujourd'hui cette place importante. Nous n'entreprenons point ici de publier le zele infatigable qu'il témoigne pour le progrès des Arts. Le rachevement du Louvre seul lui trace le chemin à l'immortalité. Cette entreprise, sans doute, lui fait plus d'honneur que tout ce que nous en pourrions dire ici. Nous rapporterons seulement qu'il fut reçu en survivance à M. *de Tournehem*, mort le 18 d'Octobre 1751, & qu'il en prêta le serment le 15 de Janvier 1746, quelque tems avant son voyage d'Italie.

Avant M. *de Tournehem*, c'étoit M. Orry qui avoit été pourvu de cette place dès l'an 1737 ; avant celui-ci, M. le Cardinal *de Fleuri* ordonna dans les Bâtimens du Roi, après la mort de M. le Duc *d'Antin*, arrivée le 2 de Novembre 1736, qui étoit en place depuis 1708, qu'il succéda à *Jules Hardouin Mansard*, mort cette même année Surintendant & premier Architecte du Roi. Par un Edit du mois de Janvier 1716, on rétablit en faveur de M. le Duc *d'Antin*, la Charge de Surintendant des Bâtimens du Roi, qui avoit été supprimée depuis 1708, & on y ajouta la Direction de l'Imprimerie Royale, de la monnoie des médailles, & de toutes les Académies, à l'exception de celle des Scien-

le 27 de Novembre de la même année, M. *de Belle-garde* fut pourvu de la Charge de Surintendant des Bâtimens, sur la démission volontaire de M. le Duc *d'Antin*, son pere. Mais celui-ci en reprit les fonctions, son fils étant mort le 5 de Décembre 1719.

Nous ne remontons pas plus haut dans cette note, qu'à *Hardouin Mansard*. Une Chronologie de l'Architecture tendant à l'Histoire des Bâtimens du Roi, à laquelle M. *Du Chene*, Prévôt des Bâtimens de Sa Majesté, à Versailles, travaille depuis long-tems, semble nous dispenser de cette recherche.

( d ) M. *Gabriel*, digne successeur de feu M. *Gabriel*, son pere, premier Architecte du Roi, occupe aujourd'hui cette place avec distinction. C'est cet Architecte habile qui a donné les desseins de l'Ecole Militaire & de la Place Royale du Pont-tournant, que l'on exécute actuellement sous sa conduite. C'est lui qui préside aux embellissemens, aux augmentations & aux entretiens de nos Maisons Royales. Il fait sa résidence ordinaire à Versailles, où il tient son Bureau, composé d'Artistes de mérite qui travaillent sous ses ordres, & d'où l'on a vu, depuis plusieurs années, sortir des productions dignes de la confiance que le Prince accorde à ses soins, & capables de satisfaire tout amateur non prévenu.

 de l'inſpection des Jardins de Verſailles, des Bâtimens & des Jardins de la Ménagerie.

Il y a auſſi à Verſailles un Bureau des Bâtimens, où l'on traite des affaires de diſ-
cuſſion entre les Entrepreneurs, & où on leur délivre l'ordonnance de leur paye-
ment; un Prévôt des Bâtimens du Roi ( aujourd'hui M. *Du Chêne* ); un Géographe ( à préſent M. *Matis* ), & un Hiſtoriographe ( à préſent M. l'Abbé *Le Blanc* ).

Les Jardins de Verſailles & de l'Orangerie, ſont entretenus par un Jardinier en
chef, ( aujourd'hui M. *Le Moine* ); le Jardin potager a un Jardinier particulier,
( aujourd'hui M. *Le Normant* ).

Toutes les fontaines de ce magnifique Jardin ſont dirigées par M. *Denis*, Ingénieur & Commandant des Fontaines de la Ville & du Parc de Verſailles. Cette
famille eſt chargée de ce ſoin de pere en fils, depuis la minorité de *Louis XIII*.

Les Jardins de ce Palais tenant une place aſſez conſidérable dans notre deſcription, avant que d'y paſſer nous allons donner une indication ſommaire de la ſource
& des réſervoirs qui fourniſſent les eaux jailliſſantes du Parc de Verſailles, afin
de préſenter une idée des travaux immenſes qui ſont enfermés ſous terre, & dont
la dépenſe, à bien des égards, quoiqu'ignorée du vulgaire, égale celle qui s'offre
aux yeux des Spectateurs dans la décoration, l'ordonnance & la magnificence
des Jardins de propreté de ce Palais.

Lorſque *Louis XIV* fut déterminé à agrandir & embellir les Jardins de Verſailles, & qu'il en eut approuvé les projets, il ordonna qu'on cherchât les moyens
de parvenir à faire arriver dans ce lieu des eaux abondantes. On propoſa d'abord
de faire venir ſur la plaine de *Satauri*, près de Verſailles, des eaux de la riviere
*d'Eure*. Cette eau devoit paſſer ſur le fameux aqueduc de Maintenon, qui devoit
avoir deux mille cinq cens cinquante-cinq toiſes de longueur, ſur deux cens dix-
huit pieds d'élévation, & dont la plus grande partie a été conſtruite. De cet
aqueduc, les eaux de la riviere devoient arriver à la plaine de Sataury, par des
tuyaux de fer de deux pieds de diametre, & de-là être conduites dans des réſervoirs de diſtribution pour faire jouer les effets d'eau des différens Boſquets du
Jardin de ce Palais; mais ce projet ceſſa d'avoir lieu, & ce qui fut bâti de
l'aqueduc, ſe détruit tous les jours. On imagina alors de faire venir à Verſailles
des eaux par la Machine de Marli, & l'on conſtruiſit pour cela un aqueduc aſſez
conſidérable, vers 1690, dans la plaine de Montreuil près de Clagni : il a été
démoli entierement depuis quelques années : ce projet ayant eu le même ſort
que le précédent. Ayant enfin trouvé des moyens moins difficiles & moins diſ-
pendieux, il fut décidé qu'à plus de huit lieues dans les environs de Verſailles,
on ramaſſeroit dans des étangs & retenues, une quantité d'eau ſuffiſante pour
faire jouer pendant une année, toutes les fontaines de Verſailles, de Trianon, &
de la Ménagerie. A cet effet on récueille toutes les eaux de pluie & de neige qui
tombent ſur la ſurface de plus de ſoixante-dix mille arpens de terre, bois & prés,
par des rigoles & aqueducs d'environ ſoixante-cinq mille toiſes de longueur, dans
leſquels paſſent leſdites eaux, pour ſe rendre dans vingt-trois étangs qui ſe déchargent les uns dans les autres ſuivant leur pente naturelle, & qui ſe communiquent
& ſe rempliſſent par des aqueducs particuliers, pour ne faire qu'un tout, dans les
deux réſervoirs de la butte de *Montboron* près de Verſailles, & dans les deux réſervoirs du Parc-aux-Cerfs, auſſi près de ce lieu, & dont les deux premiers contiennent la quantité de quatre cens cinquante-ſix mille cent quatre-vingt douze
muids d'eau, & les deux derniers cent ſoixante-quinze mille cinq cens quatre-
vingt-un.

### Département des Réservoirs de la Butte de Montbauron.

Ces réservoirs communiquent leurs eaux à celui du Château d'eau ( *e* ) par cinq conduites de fer, dont deux de dix-huit pouces, & trois d'un pied de diametre. Le réservoir ( *f* ) de ce Château d'eau contient quatre mille deux cens trente muids d'eau, & se remplit en quarante-cinq minutes, par les cinq conduites de fer dont on vient de parler ; l'eau de ce réservoir fait jouer les parterres d'eau de la terrasse cotée 1 dans le plan général, planche I ; les deux bassins des cabinets du point du jour & de Diane, cotés 5 & 6 ; & les deux bassins du parterre du Midi, cotés 2. Toutes ces eaux jouent ensemble, & vuident ce réservoir en cinquante-trois minutes ; en sorte que pour suffire à la continuité des eaux de ces différens bassins, les conduits qui amenent l'eau de la butte de *Montbauron* au château d'eau, vont continuellement, ou cessent de fournir, par des signes certains & de convention, qui s'entendent réciproquement entre les Fontainiers de ce réservoir & ceux qui gouvernent les réservoirs de la butte de Montbauron.

Château de Versailles.

### Département des Réservoirs du Parc-aux-Cerfs.

Les deux réservoirs du Parc-aux-Cerfs communiquent leurs eaux à trois autres réservoirs : le premier, nommé *le Réservoir de Chevre-Loup*, situé dans la Plaine de *Trianon*, contenant cent soixante - trois mille huit cens cinquante - sept, muids d'eau, qui fait jouer les effets d'eau des Bosquets du Château de Trianon : le deuxieme, nommé *le Réservoir de Choisy - au - Bœuf* ( ancienne Paroisse & Village, située entre la Ménagerie & S. Cyr, mais totalement détruite aujourd'hui ), qui contient soixante - treize mille huit cens soixante-dix-huit muids d'eau, & qui communique ses eaux pour la Ménagerie près de Versailles : le troisieme, nommé *le Réservoir du Nord*, coté 40 dans le plan général, planche I, & qui contient vingt-un mille deux cens quatre-vingt-quatorze muids d'eau : ce dernier se remplit en cinq heures & un quart par trois conduites de fer, dont deux de dix-huit pouces, & une d'un pied. Ce réservoir fait jouer toutes les fontaines basses du Jardin de ce Palais, telles que le jet du bassin de l'Encelade, coté 23 ; le jet du bassin du Bosquet des dômes, coté 22 ; le rang du milieu de la gerbe du bassin de l'obélisque, coté 24 ; les masques du Bosquet des bains d'Apollon, cotés 30 ; tous les effets d'eau du Bosquet des trois fontaines, coté 32 ; celui du Bosquet de l'arc de triomphe, coté 34, & tous les effets d'eau de la piece de Neptune, cotée 33.

Ce réservoir communique aussi ses eaux, par deux conduites de fer d'un pied de diametre, à deux autres plus petits réservoirs placés sous les terrasses, cotés dans le plan général 46 & 47. Celui 46 contient six mille huit cens quatre-vingt-cinq muids d'eau ; celui 47 en contient sept mille cinq cens quatre-vingt-sept ; ils servent tous deux à faire jouer les effets d'eau du bassin de Latone & deux autres bassins, tous trois placés vers les parterres, cotés 8 ; la salle du bal, cotée 9, & le labyrinthe, coté 10.

Indépendamment des réservoirs que nous venons de citer, il s'en remarque

<hr>

( *e* ) Voyez les situations de ce Château d'eau, marqué *c* dans le plan général, planche I. C'est un pavillon de seize toises de longueur sur treize toises quatre pieds de profondeur, & cinquante-deux pieds d'élévation, non compris la hauteur des combles. Ce pavillon est accompagné d'un corps de logis qui contient le logement de M. *Denis*, & celui du Garde Magasin, concernant les plombs, outils, & autres ustenciles utiles aux réparations des Jardins de Versailles.

( *f* ) Ce réservoir, qui a de longueur treize toises un pied, sur dix toises un pied de largeur, & qui contient ordinairement six pieds & demi de hauteur d'eau, est doublé de tables de cuivre au lieu de plomb, & environné d'un trottoir où l'on se promene à couvert, toute la partie du réservoir étant découverte.

encore deux ſur ce plan, ſitués à gauche de l'avenue de Trianon. Ces deux réſer-voirs ſont nommés les *Réſervoirs de Jambette,* & contiennent enſemble treize mille cent ſoixante - treize muids d'eau. Ils tirent leurs eaux des ſuperficies des baſſins de l'arc de triomphe, des trois fontaines, & du baſſin du Dragon, & ſervent tous deux à faire jouer un double rang de la gerbe du baſſin de l'obéliſque , les rochers du baſſin de l'Encelade, les bouillons de la baluſtrade du Boſquet des dômes déja cité, & les Tritons & les Monſtres marins du baſſin d'*Apollon,* coté 19.

En général, tous les baſſins qui ſe trouvent les plus élevés ſervent à faire jouer ceux qui ſont au-deſſous. Par exemple, celui de Latone fait jouer les deux ger-bes du Boſquet du Dauphin, coté 27, & celles du Boſquet de la girandole, coté 12 ; la gerbe du baſſin de *Bacchus,* coté 11 ; les ſept gerbes des deux baſſins de la piece de l'Iſle Royale, cotée 14, & les trois gerbes du baſſin d'*Apollon.* Le baſſin de *Bacchus* fait jouer les gerbes de celui de *Saturne,* coté 13 ; les deux fontaines de la ſalle des Marronniers, cotée 16 ; & les vingt-huit jets du Boſquet de la colon-nade, coté 17.

Les deux baſſins du parterre d'eau font jouer celui de la pyramide, coté 38 , & les deux baſſins qui ſont enclavés dans les parterres appellés du Nord. Cette fontaine de la pyramide fait jouer la nappe cotée 37 ; tous les guéridons de l'allée d'eau, cotés 36 ; tous les effets d'eau du baſſin du Dragon, cotés 35 ; & les deux gerbes du baſſin de *Cerés* & de *Flore,* cotés 28 & 25 ; toutes les eaux des baſſins & fontaines dont nous venons de parler, vont ſe répandre dans le grand canal coté 20, & ſervent à l'entretenir plein. Mais lorſque les eaux de ce canal ſont ſurabondantes, elles s'écoulent par un canal ſouterrain vers la grille ſituée à la pointe de *Gallié,* marquée dans la planche I ; elles paſſent de-là à *Villepreux,* de Villepreux, elles vont enfin ſe perdre dans le Parc de *Grignon,* & quelquefois même elles vont ſe précipiter dans la riviere de Seine, aux environs de *Mantes.*

Lorſque toutes les fontaines, baſſins & boſquets de Verſailles jouent les jours publics, ou que le Roi les ordonne pour un Ambaſſadeur, ou autre grand Seigneur, il ſe conſomme la quantité de trente-cinq mille deux cens quatre-vingt - douze muids d'eau, en deux heures & demie, ou environ, que dure ce ſpectacle. Mais lorſque les fontaines de ce Jardin jouent ſeulement à l'ordinaire pendant la belle ſaiſon, elles conſomment quarante-huit mille trois cens ſoixante muids d'eau ſeu-lement, depuis huit heures du matin juſqu'à huit heures du ſoir.

Pour la ſalubrité des habitans de la Ville de Verſailles, on a fait venir, depuis environ dix ans, de l'eau de riviere, par la machine de Marli, la quantité de ſix pouces d'eau, par une conduite de fer de huit pouces de diametre, & de la longueur de quatre mille cinq cens ſoixante-quatre toiſes. Cette eau ſe diſtribue dans des baches & réſervoirs pratiqués ſous terre ſous les deux rampes cotées 48 & 49 dans le plan général ; les autres eaux bonnes à boire viennent à Verſailles, de *Chenai,* de *Glati-gni,* de *Bailly,* de *Rocancourt,* & de la Plaine du *Trou-d'enfer.* Toutes ces eaux, ame-nées par des conduites de plomb pour les cuiſines & offices de Verſailles, en plus de ſoixante endroits, ſe diſtribuent auſſi dans les fontaines de la Ville, par envi-ron trente-neuf conceſſions qui fourniſſent des eaux dans les Hôtels des Seigneurs de la Cour.

Au pied du Parc de Saint - Cloud, à *Ville-d'Avrai,* eſt auſſi une ſource excel-lente, deſtinée particulierement pour l'uſage de Sa Majeſté & de la Famille Royale.

# CHAPITRE PREMIER.

*Defcription des Jardins du Château de Verfailles.* Planche I.

LA Planche que nous offrons ici donne une idée générale de la difpofition Château de<br>Verfailles. des Bâtimens, des Jardins, de la Ville, & des iffues du Château de Ver- failles. On y arrive de Paris par une grande avenue compofée d'une allée de vingt-cinq toifes de large, & de deux contre-allées qui en ont chacune dix. Cette avenue vient fe terminer à la Place d'Armes, ainfi que deux autres, l'une qui conduit au Château de S. Cloud, l'autre à celui de Sceaux.

A la droite de l'avenue de Paris, eft fitué le *Chenil* marqué P, contenant des logemens pour la demeure des Gentilshommes de la *Vénerie*, les Pages, les Pi- queurs, les Valets de chiens, les Palfreniers, & les Artifans utiles à ce genre de Bâtiment ( *g* ); on y diftingue un corps de logis ifolé marqué *a*, deftiné à la réfi- dence du *Grand Veneur*, aujourd'hui M. le Duc de *Penthievre*, qui en a obtenu la furvivance pour M. le Prince *d'Aumale* fon fils. Il fut bâti en 1670, par *Charles d'Albert, Duc de Chaulnes*, de qui le Roi l'a acheté dans la fuite pour l'ufage dont nous parlons. Ce corps de logis, diftribué affez régulierement, eft couvert en plate-forme, & élevé fur une terraffe ornée d'une baluftrade qui donne fur le manége découvert de *la grande écurie*. Cette derniere, marquée N, fut bâtie, ainfi que *la petite écurie*, marquée O, en 1679, fur les deffeins de *Jules Hardouin Manfard*, pendant l'efpace de fix années. Ces deux Edifices & l'Oran- gerie de Verfailles, font ce qui fait peut-être le plus d'honneur à cet Archi- tecte, & les ouvrages les plus dignes de la fplendeur du regne de *Louis le Grand.* Nous donnerons en particulier dans le Volume fuivant, les plans, coupes & élé- vations de ces trois chef-d'œuvres.

De l'autre côté de l'avenue de Paris, à gauche, eft élevé un corps de logis Q, de la même forme & dimenfion que celui *a*. Ce Bâtiment fut conftruit dans le même tems & fur les mêmes deffeins que celui du Duc *de Chaulnes*. Il a appar- tenu fucceffivement au Maréchal *de Belle-fond*, au Chevalier *de Lorraine*, au Duc *de Vermandois*, légitimé de France, à la Princeffe *de Conty*, fa fœur, & a été acquis enfin par Sa Majefté, pour en faire l'Hôtel du *Grand-Maître* de fa Maifon, au- jourd'hui M. le Prince *de Condé*. Cet Hôtel a un jardin particulier & des dépen- dances affez confidérables. Nous n'en donnons point ici les plans, non plus que ceux de l'Hôtel du *Grand Veneur*, les deux premiers Volumes de ce Récueil nous ayant affez fourni d'exemples de Bâtimens de cette efpece.

Près de cet Hôtel on en a conftruit un marqué *a*, pour les Gendarmes de la Garde du Roi. C'eft auffi dans cette avenue qu'on a bâti depuis quelques années la Pofte Royale, & une fuite de maifons particulieres & de plaifance qui embellif- fent & fertilifent les iffues de Verfailles du côté de Paris.

La Ville de Verfailles eft divifée en deux parties; celle à gauche eft nommée *le vieux Verfailles*: elle s'étend depuis le Château jufqu'au potager, & contient tous les Bâtimens qui bordent l'avenue de Sceaux, & *le Parc-aux-Cerfs*; celle à droite eft nommée *la Ville-Neuve*. Dans cette derniere l'on remarque plufieurs Places & Marchés bâtis avec fymétrie; en face d'une de ces Places eft fituée la Paroiffe mar- quée S. Cette Eglife, qui a dix-neuf toifes de largeur fur quarante de longueur, a été

---

( *g* ) Nous ne donnerons point en particulier le plan de ce Bâtiment: il eft d'une diftribution facile à con- cevoir. D'ailleurs on en trouvera un de ce genre dans le cinquieme Volume, faifant partie des dépendances du Château de Chantilli, qui, à bien des égards, mé- rite la préférence fur celui-ci, pour la difpofition & les commodités qui lui font néceffaires.

Château de Versailles.

bâtie sur les desseins de *Jules Hardouin Mansard*, & est composée d'une nef, d'une croisée, & de deux bas-côtés qui tournent autour du Chœur ; des pilastres d'un Ordre Dorique denticulaire décorent son intérieur ; cet Ordre est couronné d'un piedestal ou Attique continu qui soutient les arcs doubleaux de la voute. Cette Eglise, en général, est d'une ordonnance assez simple & d'une construction un peu pesante ; mais son portail extérieur est d'un dessein d'assez bon goût, ainsi que le grand Autel, qui est orné de quatre colonnes d'Ordre Corinthien, de marbre de *Rance*. On voit aussi, dans une des Chapelles de la croisée de cette Eglise, un tableau de Saint Louis, peint par *Antoine Coypel*, à l'âge de dix-huit ans, & que l'on regarde néanmoins comme un de ses meilleurs ouvrages. On remarque encore dans cette Paroisse deux tableaux peints sur bois par *Jouvenet*, qui sont fort estimés ; mais dont l'entretien a été si fort négligé jusqu'à présent, que dans quelques années ces chef-d'œuvres courent risque de ne plus exister. Dans le Parc-aux-Cerfs sont aussi distribués plusieurs Places & Marchés ; une Eglise des Recolets V, où il se trouve quelques bons tableaux de *Jouvenet* & de plusieurs excellens Peintres ; une nouvelle Eglise T, appellée la Paroisse de S. Louis, bâtie sur les desseins de M. *Mansard*, Architecte du Roi, l'un des petit-fils de *Jules Hardouin Mansard*. Cette Eglise est bâtie avec assez d'élégance & bien appareillée ; mais l'Ordonnance de sa décoration se ressent de l'éloignement qu'ont plusieurs de nos Architectes à suivre les regles des Anciens, & à appliquer l'esprit de convenance dans leurs productions, lequel cependant plus que partout ailleurs, devroit présider dans les Edifices sacrés. On vient aussi de bâtir dans ce quartier, un nouvel Hôtel z pour les Gardes du Corps, commencé sur les desseins & sous la conduite de M. *Blondel*, Architecte du Roi, & finie par M. *Gallant*, Inspecteur du Château de Versailles. Dans le vieux Versailles est situé le Jardin potager marqué X ; c'est un Jardin particulier & planté régulierement sur les desseins de la *Quintinie*, un des plus habiles hommes que nous ayons eu pour l'Agriculture, & qui dans un terrein de cent cinquante-sept toises de longueur, sur cent trente-deux de largeur, a distribué différens compartimens pour les légumes, des allées en terrasses, des murs d'espaliers disposés avec art pour les fruits hâtifs & tardifs, des serres chaudes pour y élever & conserver pendant l'hyver des fruits précoces, étrangers & François, enfin des canaux & des bassins pour faciliter l'arrosement. Dans ce même enclos, sont disposés des cours, des basses-cours, & un Bâtiment assez bien entendu, pour le logement du Jardinier & les dépôts des fruits, des graines, des oignons, racines, &c. Dans ce quartier est situé aussi le Bâtiment de la Surintendance, dans une partie duquel est placé le dépôt des tableaux du Roi (*h*) marqué Y. On y trouve enfin le Bâtiment du grand Commun marqué M, dont nous donnerons les plans & élévations en particulier dans les planches suivantes de ce Volume.

<hr>

(*h*) Ce dépôt précieux est contenu dans un appartement particulier de huit pieces de plain-pied, & dans plusieurs autres pieces qui font partie de la résidence du Directeur Général des Bâtimens du Roi. Il est confié à M. *Portail*, Garde Général des Plans Géographiques & des Tableaux de Sa Majesté. Il est composé d'une collection considérable de tableaux des grands Maîtres d'Italie, tels que *Raphael*, *Michel-Ange*, *Le Correge*, les *Carraches*, *Le Guide*, le *Tintoret*, *Paul Veronese*, *Le Valentin*, *Le Guerchin*, &c. On y trouve aussi plusieurs ouvrages des plus célebres Peintres de l'Ecole Françoise, & des Ecoles Allemande & Flamande. C'est de ce cabinet immense que l'on tire tous les tableaux de chevalet qui parent les appartemens de Versailles & des autres Maisons Royales, & d'où ont été pris ceux qui se voient publiquement au Palais du Lu-xembourg, à Paris, sous la garde particuliere de M. *Bailli*.

C'est enfin dans cet endroit que se voient les tableaux originaux de la Famille Royale, & où se font les copies qu'il plaît à Sa Majesté d'accorder aux Cours étrangeres, ou à des personnes de considération. Dans l'une de ces pieces sont contenues les Cartes Géographiques des Maisons Royales, ainsi que plusieurs manuscrits sur l'Architecture, entr'autres celui de *Claude Perrault*, que nous avons cité plus d'une fois dans ce Volume.

Toute cette magnifique collection est distribuée avec beaucoup d'ordre. On doit cet arrangement à M. *Portail*, qui en homme de goût & en Artiste éclairé, se fait un plaisir de mettre ces chef-d'œuvres de l'Art dans leur plus beau jour, & de les laisser voir à l'étranger avec une affabilité peu commune.

Au

Au bas de cette planche, à l'endroit marqué R, on voit la maſſe du plan des Bâtimens & des Jardins du Château de Clagny, originairement bâti pour Sa Majeſté ſur les deſſeins de *Jules Hardouin Manſard*, & l'un des premiers chef-d'œuvres de cet Architecte. Ce Château fut donné par Sa Majeſté à Madame de Montespan, en 1685. ( Voyez les plans, coupes & élévations de cet Edifice, dans le cinquieme Volume de ce Récueil.) Près de-là, à l'endroit coté 43, on a bâti l'Hôpital de la Charité, & l'on conſtruit actuellement, vers l'emplacement coté 42, un Hôpital pour les malades qui doit contenir quatre cens lits, & qui s'érige par les libéralités de M. le Dauphin, ſur les deſſeins de M. de *Marne*, Inſpecteur des Rigoles de Verſailles. Cet Hôpital ſe trouve élevé au bord d'un canal, coté 45, qui reçoit ſes eaux des lieux circonvoiſins, & qui eſt deſtiné particulierement, pendant l'hyver, à remplir les glacieres de Verſailles.

Revenons à la Place d'Armes, & remarquons qu'elle forme une eſpece de triangle, dont la baſe eſt de deux cens quinze toiſes, & la perpendiculaire de cent dix; chaque côté de ce triangle devoit former une rue ornée du côté de la Place d'une grille de fer, derriere laquelle, de l'autre côté de la rue, on devoit appercevoir des corps de Bâtimens réguliers deſtinés à la réſidence des Seigneurs de la Cour. Quelques-uns de ces derniers ont été élevés, mais ils ont été diſcontinués, ainſi que les grilles, ce qui auroit cependant rendu l'iſſue du Château fort agréable, ſes dehors, dans leur état actuel, annonçant trop imparfaitement, par le défaut d'entretien, la demeure du Prince qui l'habite. La baſe de ce triangle eſt curviligne, & terminée par les écuries & les trois avenues dont nous avons fait mention; le ſommet eſt terminé par deux des pavillons des aîles des Miniſtres marquées E, & par la grille de l'avant-cour du Château. De cette Place d'Armes on découvre cet Edifice du côté de l'entrée, & il paroît élevé amphithéâtralement ſur un glacis qui monte inſenſiblement depuis l'avenue de Paris juſqu'à la Cour de marbre F; cette ſituation pyramidale donne à la vérité une aſſez grande idée de ce vaſte Palais, mais ſon ordonnance en général eſt bien inférieure à celle des façades des Jardins, ainſi que nous l'avons déja remarqué.

A l'extrêmité de l'avant-cour H, ſe trouve la cour principale G, & celle F, l'une & l'autre environnée des Bâtimens qui compoſent l'ancien Château de Verſailles, & auquel on a joint deux grandes aîles, l'une du côté du Midi, l'autre du côté du Nord, & qui, avec le grand avant-corps A, donnent naturellement la forme & la diſpoſition la plus heureuſe & la plus réguliere aux Jardins de propreté dont nous allons donner la deſcription. Celle des Bâtimens trouvera ſa place dans les Chapitres ſuivans.

En face de l'avant-corps A ſe trouve une grande terraſſe cotée 1, ornée de deux grands baſſins qui tiennent lieu de parterre, ce qui a fait nommer cette eſplanade, la terraſſe des parterres d'eau. La forme de ces baſſins a été changée plus d'une fois, mais toujours avec goût (*i*); ceux qu'on y voit aujourd'hui ſont beaucoup plus ſimples : les Jardins venant à s'aggrandir, on a cru devoir moins diviſer les parties qui les compoſoient. Ces baſſins ont de longueur 27 toiſes 2 pieds, ſur 13 toiſes 4 pieds de largeur; ils ſont bordés d'une tablette de marbre blanc entourée de gazon. Ces tablettes ſont ornées chacune de huit grouppes de bronze d'une proportion coloſſale & de la plus grande beauté. Ces grouppes repréſentent des fleuves, des rivieres & des fontaines, qui ont été modelées par les plus célebres Sculpteurs, & fondues par les *Kellers* (*k*), les deux plus habiles Fondeurs que la

---

(*i*) On voit dans le cinquieme Volume du Cabinet du Roi, planche III, un plan du Jardin de Verſailles gravé par *Silveſtre* en 1680, où eſt exprimée la forme des premiers baſſins placés ſur cette terraſſe, & dans *les Délices de Verſailles*, planche XIV, ceux qui ont pris la place des premiers, avant que ceux qui ſe voient aujourd'hui fuſſent exécutés.

(*k*) Nous avions eu deſſein de donner un abrégé des

France ait possédé. On voit aussi sur chaque tablette de ces bassins quatre grouppes d'enfans représentant des Amours, des Génies, & de petites Nimphes, d'un dessein exquis, & qui ont été fondus par *Aubri* & *Roger*, deux autres Fondeurs de réputation. Dans ces bassins sont distribués différens tuyaux de plomb, du milieu desquels s'éleve une gerbe de trente pieds, accompagnée d'une ceinture de divers jets paraboliques, qui devoient être revêtus de figures de métal, lesquelles n'ont point encore été exécutées.

A l'extrêmité de ces parterres d'eau sont deux bosquets cotés 5 & 6. Le premier, nommé le *Cabinet du point du jour*, est orné de deux grouppes d'animaux de bronze, modelés par *Houzeau*, & fondus par les *Kellers*. Le second, nommé le *Cabinet de Diane*, est aussi orné de deux grouppes d'animaux modelés par *Raon*, & fondus par les mêmes. Les bassins de ces Bosquets jettent des napes d'eau, & au milieu s'éleve une gerbe de vingt-cinq pieds, qui, par le murmure agréable qu'elle produit, invite les Spectateurs à visiter ces deux fontaines.

A la droite du Château se voient deux parterres, cotés 39 : on descend à ces parterres par un perron (*l*) de marbre blanc accompagné d'un mur de revêtissement qui soutient un des côtés de la terrasse où se trouvent situés les parterres d'eau ; ce mur de revêtissement est terminé par une tablette aussi de marbre, ornée de moyens vases du dessein de *Balin*, Orfevre célebre du dernier siecle, & jettés en bronze par *Duval*, habile Fondeur. Aux deux extrêmités du perron, sont deux figures de marbre blanc d'une très-belle exécution ; l'une est *Venus pudique*, copiée à Rome en 1686 par *Coisevox* ; l'autre est *Melius* affranchi de *Servius*, copié d'après l'Antique en 1684 par *Fog*, Sculpteur Florentin. Autour de ces parterres, nommés *les parterres du Nord*, sont distribués des vases de marbre blanc de six pieds de haut, exécutés par *Bertin* & *Cornu* ; à l'extrêmité est un grand bassin, coté 38, nommé *la fontaine de la pyramide*, parce qu'il s'en éleve une au milieu composée de quatre cuvettes de forme pyramidale, dont celle d'en-bas, soutenue par des Tritons, a douze pieds de diametre, & les autres à proportion. Cette fontaine jaillissante est du dessein de *Girardon*. Dans ces parterres sont deux autres bassins ornés de *Tritons* & de *Sirenes* de métal, modelés par *Tubi* & *Le Hongre*, ainsi que la fontaine de la pyramide. Ces Tritons soutiennent une couronne de laurier, du milieu de laquelle s'éleve un jet d'eau de treize pieds de hauteur (*m*). Cette fontaine de la pyramide fait face à deux allées : l'une qui s'étend dans toute la profondeur du petit parc, l'autre qu'on nomme l'*allée d'eau*, cotée 36, parce qu'elle est ornée de quatorze petits bassins, sept de chaque côté, enfermés dans des plate-bandes de gazon. Ces bassins de marbre sont ornés de grouppes de Tritons, Génies, Enfans, ou Termes de bronze, portant chacun une petite cuvette aussi de marbre, d'où s'éleve un bouillon qui, dans sa chute, forme une nappe qui tombe dans chaque bassin. Ces petits grouppes ont été modelés par *Le Gros*, *le Hongre*, & *Lérambert*, & jettés en bronze par les Fondeurs que nous avons déja cités. On voit dans le sixiéme Volume des Œuvres du Cabinet

ouvrages de chacun des Artistes qui vont être nommés dans cette description. Nous avions déja fait nombre de recherches à cet égard ; mais la difficulté de rendre justice à chacun, & de trouver des éclaircissemens suffisans pour parler de tous comme il convient, nous a fait renoncer à rapporter ici ce que nous en avions déja recueilli. D'ailleurs on nous a persuadés que ces notices n'étoient guere du ressort d'un recueil aussi considérable que celui-ci, nous réservons donc cet abrégé pour une autre occasion ; nous nous contenterons en nommant ces différens chef-d'œuvres, de faire sentir seulement la beauté de l'ouvrage & le mérite de l'Artiste.

(*l*) Vis-à-vis de ce petron, sur la terrasse, à l'endroit coté 46, se voyoit anciennement un bassin, nommé *le bassin de la Sirene*, au milieu duquel étoit un grouppe sculpté par les *Marsi*, & qui se trouve gravé par *Le Pautre* dans le cinquieme Volume des Œuvres du Cabinet du Roi. C'est à cet endroit qu'on a pratiqué un des réservoirs cités dans l'Avant-Propos, page 97.

(*m*) Voyez les desseins de ces différens bassins, vases & statues, dans le Recueil, de *Simon Thomassin*, dont nous parlerons dans la suite.

du Roi, les desseins de sept de ces petits grouppes gravés par *Le Pautre*, & qui répétés deux fois, composent les quatorze bassins dont nous parlons.

A la tête de cette allée d'eau, qui est en talud, est une cascade, cotée 37, composée d'une grande nappe ou torrent, produit par la fontaine de la pyramide. Cette cascade est ornée de bas-reliefs & de quatre masques. Toute cette ordonnance est d'un beau simple & d'un dessein admirable (*n*), & a été modelée par *Girardon*, *Le Hongre*, & *Le Gros*. Au pied des palissades qui environnent cette cascade, sont distribuées plusieurs figures de marbre exécutées par *Drouilli*, *Lespagnandel*, *Roger*, *Buister*, *Jouvenet*, *Houzeau*, *Girardon*, *Utinot*, *Guerin*, *Regnaudin*, &c. & qui représentent différens sujets allégoriques, dont les détails nous méneroient trop loin, ainsi que ceux de toutes les statues placées dans ce Jardin, tant antiques que modernes, & dont la plûpart de ces dernieres ont été copiées à Rome par les plus habiles Sculpteurs du dernier siecle; sans parler ici des termes, des grouppes d'enfans, d'animaux, & des vases de marbre, de bronze & de métal, dont la beauté de l'exécution surpasse tout ce que la description la plus exacte pourroit en dire; genre de beauté d'ailleurs qu'il faut nécessairement voir sur les lieux, pour se former une juste idée de la magnificence qu'offre aux yeux des Connoisseurs, le spectacle de tant de merveilles (*o*).

Au bas de l'allée d'eau se trouve un grand bassin, coté 35, nommé *le bassin du Dragon*; il a vingt toises de diametre, & au milieu se voit le Serpent *Python* qui lance un jet de quatre-vingt-cinq pieds de haut; il est entouré de Dauphins & de Cygnes jettant aussi de l'eau. Ceux-ci portent de petits Génies, d'attitudes variées, & d'une composition ingénieuse. Tout ce grouppe est de métal doré, & a été modélé par *Gaspard de Marsi*.

Au pied de ce bassin se voit une grande piece d'eau, cotée 33; elle est nommée *la piece de Neptune*, & est bordée dans sa partie supérieure d'une tablette ornée de vingt-deux vases de métal, au milieu de chacun desquels s'éleve un bouillon qui tombe dans un chéneau de plomb, d'où s'élance un jet d'eau entre chaque vase. Au bas du mur de revêtissement qui soutient la tablette, ont été faits, en 1739, (*p*) trois grouppes de métal. Celui du milieu, par *Adam*, représente Neptune & Amphitrite sortant du sein des eaux. Celui à droite représente l'Océan, par *Le Moine*; & celui à gauche représente *Protée*, par *Bouchardon*. On voit aussi de ce dernier, des Monstres marins au bas des glacis de cette piece d'eau, qui sont d'une exécution ferme & hardie. Cette piece, originairement du dessein de *Le Nautre*, a été retablie il y a

---

( *n* ) Plusieurs attribuent à *Le Brun* le dessein de cette cascade & de l'allée d'eau; cependant l'on en trouve les desseins, page 165. &c. dans le premier Volume manuscrit de *Claude Perrault*, que *Charles*, son frere, prétend avoir été exécutés, & où il dit que *Le Brun* a seulement présidé à la composition des figures, en sorte que *Claude Perrault*, au dire de son frere, paroît avoir eu quelque part à la décoration de plusieurs des fontaines & des Bosquets de Versailles; ce qui prouveroit que non-seulement il étoit bon Architecte, à en juger par le péristile du Louvre, & les autres Edifices que nous avons donnés de lui dans les Volumes précédens, mais encore qu'il excelloit dans les Arts de goût. D'ailleurs nous avons déja dit, qu'il a été consulté vers 1712 pour les changemens des Bâtimens du côté de la cour du Château dont nous décrivons les Jardins.

(*o*) Les 7e & 8e Volumes des Œuvres du Cabinet du Roi, contiennent 108 Statues, Termes & Vases, gravés avec le plus grand soin par *Edelinck*, *Audran*, *Le Pautre*, *Chauveau*, *Mellan*, *Baudet*, &c. & font partie du nombre de celles qui ornent le Château & les Jardins de Versailles. *Simon Thomassin*, Graveur du Roi, en 1689, a aussi formé un Recueil *in-octavo* de plus de deux cens figures, grouppes, Termes, fontaines & vases qui embellissent le lieu que nous décrivons. Ce Recueil n'offre encore qu'une très-petite partie des chef-d'œuvres contenus dans l'intérieur & l'extérieur de ce Palais. Il seroit à désirer sans doute que l'on rassemblât dans un nouveau Recueil portatif, généralement tout ce qu'il y a de remarquable dans cette Maison Royale, & qu'on y joignît les trésors de ce genre qui se trouvent à *Marly*, à *Trianon*, à *Fontainebleau*, au Château de *Sceaux*, & ailleurs, accompagnés des desseins géométraux & des mesures exactes des bosquets & des Fontaines de ces Maisons de plaisance; ouvrage désiré depuis long-tems de l'Etranger, & d'une utilité indispensable à nos Artistes.

(*p*) Avant ce tems l'on ne voyoit sur ce revêtissement que les tuyaux de plomb qui attendoient ces grouppes, tels que se voient actuellement ceux des parterres d'eau dont nous venons de parler.

environ vingt ans , dans l'état où on la voit aujourd'hui. On peut dire sans enthouſiaſme que cette piece raſſemble plus d'objets intéreſſans, qu'aucune de celles qui ſe voient dans les Jardins de Verſailles. Auſſi eſt-ce par elle que ſe termine le ſpectacle enchanteur des grandes eaux ( *q* ) de ces magnifiques Jardins ; & c'eſt-là que les Spectateurs ſe rendent après avoir vu jouer tous les boſquets & les fontaines, & qu'ils découvrent, étant placés ſur les boulingrins qui environnent cette piece, les beautés de l'Art & celles de la nature réunies enſemble. Autour de cette piece d'eau on voit trois ſtatues de marbre blanc ; l'une eſt *Fauſtine*, copiée à Rome par *Fremery* ; la ſeconde, eſt un groupe repréſentant la *Renommée* qui écrit l'Hiſtoire de *Louis le Grand* : ce groupe a été fait à Rome par *Dominique Guidi*, d'après les deſſeins de *Le Brun* ; la troiſieme repréſente *Bérénice*, copiée par *Leſpingola* d'après l'Antique.

Aux deux côtés de l'allée d'eau ſe voient deux boſquets, l'un nommé *les trois fontaines*, coté 32, l'autre *l'arc de triomphe*, coté 34 ; le premier eſt ainſi nommé, parce que trois baſſins de formes variées s'y trouvent diſtribués dans ſa longueur : ce boſquet eſt ſans ornement, il eſt ſeulement entouré de charmilles & de gradins de verdure, & l'inégalité du ſol eſt rachetée par des glacis en pierre. C'eſt de l'inégalité de ce terrein que *Le Nautre* a ſçu tirer l'effet merveilleux des eaux de ce boſquet, qui préſentent avec un art infini le pouvoir de l'Hydraulique, lorſqu'il eſt conduit par une main intelligente, & par l'étude de la Méchanique. En un mot, ce boſquet ſeul auroit été capable de faire la réputation de *Le Nautre*, ſi ce génie fertile n'avoit prouvé dans toutes ſes productions un goût exquis & une expérience ſeule capable de vaincre tous les obſtacles. On trouve le deſſein de ce boſquet dans le ſixieme Volume de l'Œuvre du Cabinet du Roi.

Le boſquet de l'arc de triomphe eſt appellé ainſi, parce qu'au fond de cette piece de verdure eſt élevé un frontiſpice compoſé de trois arcades, & dont les trumeaux ſont ornés de pilaſtres d'Ordre Ionique. Tout ce frontiſpice eſt conſtruit en fer doré à l'huile, percé à jour, & d'un travail excellent : il eſt couronné d'un fronton ſur les corniches rampantes duquel ſont placées des cuvettes de métal, jettant des bouillons d'eau & des nappes. Cet arc eſt élevé ſur des gradins de marbre blanc chargés de bas-reliefs de métal, d'un deſſein correct & bien entendu. Quatre pyramides triangulaires percées à jour, poſées ſur des piedeſtaux de marbre de Languedoc précédent cet arc de triomphe, & ſemblent être autant de monumens élevés en cryſtal & en bronze, par la limpidité des nappes d'eau qui en réuniſſent les compartimens. Certainement il eſt impoſſible d'imaginer ſans l'avoir vû, le merveilleux effet que produit cette décoration ; l'art y paroît pouſſé à ſon dernier période, & la nature ſemble à l'envi lui diſputer la prééminence. On remarque encore dans ce boſquet des ſcabellons, des buffets, des goulottes, & trois fontaines, l'une de *la Gloire*, l'autre de *la Victoire*, & la troiſieme de *la France*. Toutes ces compoſitions, d'un deſſein & d'une exécution qui ſurpaſſent l'éloge que nous en pourrions faire ici, ont été modelées par *Coiſevox*, *Tubi*, *Mazeline*, &c. ſur les deſſeins de *Le Brun*, & ſous la conduite de *Le Nautre* (*r*). Enfin l'on peut dire que

---

(*q*) Les eaux jailliſſantes des Boſquets de Verſailles dépenſent un volume d'eau ſi conſidérable, lorſqu'elles jouent toutes enſemble, qu'on ſe contente ordinairement durant l'été ſeulement, de faire jouer depuis dix heures du matin juſqu'à huit heures du ſoir, pendant le ſéjour du Roi à Verſailles, les parterres d'eau & quelques baſſins qui s'apperçoivent du Château & des terraſſes ; en ſorte que les grandes eaux ne jouent publiquement qu'aux Fêtes de la *Pentecôte* & de *Saint-Louis*, ou bien lorſque quelque Ambaſſadeur, ou quelqu'Étranger de la premiere conſidération, viennent viſiter cette Maiſon Royale. Ce ſpectacle alors dure environ deux heures & demie, & conſomme la quantité de trente-cinq mille deux cens quatre-vingt-douze muids d'eau.

(*r*) *Charles Perrault*, dans le premier Volume manuſcrit des Œuvres de ſon frere, dit, page 156, que *Claude Perrault* avoit donné des deſſeins pour ce Boſquet qui ſurpaſſoient en magnificence celui dont

la

la richeffe des matieres, le choix des formes, la beauté des ornemens, tout juf-qu'au travail de l'Artifan, y eft traité avec le plus grand fuccès.

Près de ce bofquet on voit un réfervoir, coté 40, & qui donne fon nom à la rue fur un des murs de laquelle il fe trouve fitué. Voyez ce que nous avons dit de ce réfervoir, page 97. On en voit auffi plufieurs fous le même numéro, marqués dans ce plan, mais dont la plûpart font détruits; il ne refte actuellement que ceux cotés 40 *, appellés *les deux réfervoirs de Jambette*, dont il a auffi été fait mention, page 97.

Après avoir parcouru la droite de ces Jardins, examinons l'autre côté, avant que d'entrer dans le détail des bofquets diftribués en face du Château. On y trouve une terraffe (ʃ) femblable à celle qui lui eft oppofée, ornée de plufieurs perrons de marbre blanc; dont celui du milieu eft orné de Sphinx de même matiere, portant chacun un enfant de bronze (t). Ce perron defcend fur une efplanade occupée par des parterres, appellés *les parterres des fleurs, ou du midi*, cotés 2. La tablette de marbre qui environne ces parterres eft enrichie de vafes auffi de marbre d'une très-grande beauté, & de l'exécution de *Bertin, Tubi, & Hulot*. On y voit auffi plufieurs petits vafes de bronze, exécutés fur les deffeins de *Balin*, & dans le même goût que ceux dont nous avons parlé en décrivant *le parterre du Nord*.

A l'extrêmité de cette efplanade eft une baluftrade de pierre, de laquelle on découvre le Jardin de l'Orangerie, coté 3. Le Bâtiment de ce Jardin eft digne de la magnificence des Romains : il faut defcendre cent quatre marches pour y arriver; mais comme il mérite une defcription particuliere, nous la donnerons dans le Volume fuivant avec fes plans, coupes & élévations. Nous dirons feulement ici, que cet ouvrage important a été élevé fur les deffeins & fous la conduite de *Jules Hardouin Manfard*, & qu'on peut le regarder comme une des merveilles de l'Europe, par fa grandeur, fa magnificence & fa folidité, fans parler de la beauté & de la quantité des Orangers que ce Bâtiment contient l'hyver, qui parent fes Jardins pendant la belle faifon, & qui font entretenus & foignés de maniere à faire croire aux perfonnes que la curiofité attire à Verfailles, que ce Palais eft fitué dans le fein de la Provence.

En face de cette Orangerie eft un grand canal, coté 4, nommé *la piece des Suiffes*, parce que ce font eux qui ont travaillé à fa conftruction; elle a trois cens cinquante toifes de longueur & cent vingt de largeur; elle eft bordée d'une tablette de pierre, & environnée de taluds de gazon, & d'arbres à hautes tiges, dont la cime vient fe réfléchir dans ce canal. A l'extrêmité de cette piece d'eau eft placée une ftatue équeftre repréfentant *Marcus-Curtius*, par le Cavalier *Bernin*. L'axe de ce grouppe, coté 41, s'aligne avec celui de la *Renommée* placée au bout de la piece de *Neptune*, coté 33, dont nous avons déja parlé. Cet axe horizontal, de neuf cens foixante-dix toifes, fert de bafe à la perpendiculaire qui traverfe toute la profondeur du petit & du grand Parc, lequel, depuis l'avant-corps du Château A, jufqu'à la grille placée à la pointe de *Gallié*, a mille cinq cens foixante-dix toifes.

Entrons à préfent dans le petit Parc, & parcourons-en les chef-d'œuvres, ou plutôt contentons-nous de les indiquer; car, comme nous l'avons déja remarqué, chaque bofquet qui le compofe, exigeroit de nous une defcription particuliere, que nous aurions donné fans doute, fi les bornes que nous nous fommes pref-

---

nous venons de parler. Non-feulement nous donnons de ce qu'il avance, mais nous ne les trouvons point dans le deuxieme Volume des Œuvres de cet Auteur, où *Charles Perrault* les avoit indiqués.

(ʃ) C'eft fous cette terraffe, coté 47, que l'on a conf-truit un des deux réfervoirs que nous avons cités dans l'Avant-Propos, page 97.

(t) Ces Sphinx font l'ouvrage de *Lerambert*, & fe trouvent gravés dans le Recueil de *Simon Thomaffin*, Planches LXXXIII & LXXXIV.

crites, nous euſſent permis ce détail ; d'ailleurs il auroit demandé des deſſeins particuliers & des meſures exactes, qui dans la ſuite pourront faire l'objet d'un Recueil particulier.

En ſortant de l'Orangerie, le premier boſquet eſt le labyrinthe, coté 10, planté ſur les deſſeins de *Le Nautre.* Ce boſquet eſt compris dans un maſſif de bois percé de pluſieurs allées de huit pieds de largeur qui produiſent du couvert & de l'ombrage en plein Midi. Ces allées ſont plantées irrégulierement, & ſont bordées de treillages à hauteur d'appui ; celle des arbres, & le peu de largeur des allées n'ayant pas permis d'y entretenir des paliſſades. Dans chaque Carrefour que forment les ſinuoſités des allées, ſe trouve placé un baſſin de rocailles orné d'animaux de différentes eſpeces, repréſentant pour chaque baſſin une Fable d'Eſope, accompagnée pour la plûpart d'une inſcription par *Benſerade* ; ce labyrinthe a trois iſſues, contre l'uſage ordinaire. A la porte principale ſe remarquent deux ſtatues, dont l'une repréſente *Eſope*, l'autre l'*Amour* : la premiere eſt de *Le Gros* : la deuxieme, de *Tubi.* Ces deux figures ſont de métal colorié, ainſi que tous les animaux placés dans les trente - neuf baſſins qui ſont diſtribués dans ce labyrinthe. Ces animaux ſont accompagnés d'attributs qui leur conviennent, & ſoutenus par des rocailles & des coquillages réels. Chacun de ces baſſins eſt embelli par des jets d'eau, des nappes & des bouillons, dont l'effet, quoiqu'en petit, ne dément point celui des boſquets qui nous reſtent à décrire. Les Sculptures, entr'autres, ſont d'une beauté d'expreſſion qui n'a de rivale que la nature. D'ailleurs les formes de ces fontaines ſont belles & ingénieuſes, d'un bon choix : enfin la propreté, l'entretien, l'air frais qu'on y reſpire, invitent au recueillement, & y ſont goûter les douceurs de la ſolitude. ( Voyez les deſſeins de ces boſquets & fontaines dans le ſixieme Volume des Œuvres du Cabinet du Roi, gravé par *Le Clerc.* On en trouve auſſi une autre ſuite *in-quarto*, petit format, à Paris, chez *Jombert* ).

Attenant ce boſquet, eſt ſitué celui de la ſalle du bal, coté 9 ; cette ſalle, de forme elliptique, eſt bordée de gradins. Dans le fond on voit une caſcade de rocailles artiſtement arrangée, & accompagnée de quatre goulottes de marbre de Languedoc qui en marquent les extrêmités, & au bas deſquelles ſe voient de grandes torcheres, ainſi qu'au pied des taluds de marbre qui ſoutiennent les gradins. Ces torcheres ſervent à porter des girandoles pour éclairer cette ſalle pendant la nuit. De la caſcade de rocailles tombent des nappes d'eau qui produiſent un murmure agréable, & un effet très-brillant aux lumieres. Au-deſſus de cette caſcade eſt un trottoir où ſe place l'orcheſtre, & ſur chaque goulotte & talud de marbre, ſe voient des vaſes de métal ſculptés, ainſi que les torcheres, par *Houzeau*, *Maſſon*, *Le Hongre*, &c. Sur la partie ſupérieure de l'Amphithéâtre, & en face de la caſcade, eſt placé un grouppe de marbre blanc repréſentant *Papire Pretextat* & ſa mere, ſculptés par *Carlier* d'après l'Antique. Sur le ſol de ce boſquet on avoit pratiqué anciennement une eſpece d'arene formant une iſle, ſurmontée de deux gradins de plomb bordés de rocailles, & qu'on a détruit depuis, n'étant pas naturel que cette arene, qui avoit été deſtinée pour la danſe, fut entourée d'eau. Ce boſquet champêtre n'eſt véritablement intéreſſant que lorſqu'il eſt embelli par la chute des nappes & torrents aſſez précipités qui s'y remarquent, lorſque les grandes eaux de Verſailles ſe donnent en ſpectacle.

En face du Château, & à côté de cette ſalle de bal, eſt une grande eſplanade, cotée 8, où l'on a diſtribué deux parterres à compartimens, dans chacun deſquels ſe trouve enclavé un baſſin de forme circulaire, bordé de marbre blanc, & où l'on voit au milieu un petit grouppe de métal, d'où s'éleve une gerbe de trente pieds de hauteur. Ces grouppes ſont analogues à l'Hiſtoire de *Latone*, repréſentée par un grouppe de trois figures de marbre blanc, ſculpté par *Marſi*, placé dans un grand baſſin ſitué à la tête de ces parterres, & au pied d'une terraſſe en fer à cheval, coté 7, à laquelle on arrive par trois grands perrons en pierre.

C'eſt de l'extrêmité ſupérieure de cette terraſſe marquée * que l'on découvre le plus bel aſpect qu'on puiſſe concevoir; d'un côté on apperçoit toute la façade du Château de Verſailles, de deux cens neuf toiſes & demie de longueur, ſans compter la ſaillie de l'avant-corps A, en ſorte que cette ſaillie, plus proche du point de diſtance * de quarante-trois toiſes que les aîles, ſemble faire dominer cet avant-corps de toute la hauteur de l'Attique, quoique la partie ſupérieure de cette façade ſoit horizontale dans l'exécution; effet d'optique qui marque le concert que *Manſard* & *Le Nautre*, ont cherché à mettre dans la décoration de l'Edifice, & dans la diſtribution des Jardins de ce Palais. Enfin, de l'autre côté de cette éminence *, on découvre non ſeulement le baſſin & les parterres de *Latone*, que nous venons de décrire, mais auſſi la grande allée du tapis verd 18, le baſſin d'*Apollon* 19, & le grand canal 20: autant d'objets, qui par leur diſpoſition, par l'art avec lequel *Le Nautre* a ſçu racheter l'inégalité du terrein, & par la quantité de figures de marbre blanc, & de vaſes qui ſe détachent ſur les paliſſades qui ſervent de limites à toutes ces parties découvertes, ſont autant de beautés frappantes qu'on ne ſçauroit décrire qu'imparfaitement.

A la droite du baſſin de *Latone* ſe remarque un boſquet, coté 29, où l'on avoit élevé il y a environ quinze ans, un petit *Belvedere* pour M. le *Dauphin*, & qui a été détruit depuis quelques années (*u*). Près de là ſont placés les bains d'*Apollon*, cotés 30, dont le boſquet de verdure qui les contient a* pris le nom. Ce magnifique grouppe de marbre blanc, compoſé de ſept figures, repréſente ce Dieu chez *Thetis*, accompagné de ſix Nymphes. Ce Dieu eſt aſſis au milieu: les trois Nymphes qui s'empreſſent à le ſervir, ainſi que la figure d'*Apollon*, ſont de *Girardon*; les trois autres, qui ſont derriere, ſont de *Regnaudin*. Tout ce grouppe, un des plus conſidérables qui ayent encore été exécutés, eſt, ſans contredit, un des chef-d'œuvres des Sculpteurs que nous venons de nommer, & des Jardins de Verſailles, & mériteroit certainement d'être à couvert dans une galerie magnifique, auſſi-bien que les deux autres grouppes qui ſont à côté, l'un repréſentant deux courſiers d'*Apollon* abreuvés par des *Tritons*, ſculptés par *Guerin*; l'autre compoſé auſſi de deux *Tritons* qui abreuvent deux des chevaux d'*Apollon*, exécutés par *Marſi*. Ces deux derniers grouppes ne cedent en rien à celui du milieu; & quoiqu'ils ſoient tous trois à couvert, par autant de baldaquins de métal ſoutenus par des armatures de fer revêtues de plomb doré, ainſi que les baldaquins, ces miracles de l'art ſont beaucoup trop expoſés aux injures de l'air, à la rouille, & à la chute des feuilles; autant d'obſtacles qu'on ne peut prévenir qu'en les tranſportant ailleurs, ou en leur bâtiſſant dans le même lieu un Edifice qui les mette en ſûreté. Originairement on l'avoit fait ainſi: ce Bâtiment appellé *la Grotte de Thetis* (*x*), & qui con-

---

(*u*) Dans une nouvelle édition de *Piganiol*, on trouve gravé avec beaucoup d'appareil, le deſſein de ce Boſquet, d'ailleurs aſſez peu intéreſſant.

(*x*) Voyez la deſcription de cette Grotte, par *Felibien*, Hiſtoriographe des Bâtimens du Roi, imprimée en 1671 chez *Coignard*, rue Saint Jacques, extraite du ſixieme Volume des Œuvres du Cabinet du Roi, ancienne édition, & où l'on trouve, en vingt planches gravées par *Edelinck*, *Baudet*, *Chauveau*, & *Le Pautre*, tous les développemens intéreſſans de cette Grotte. Voyez auſſi, dans le premier Volume manuſcrit de *Perrault*, page 157, les deſſeins qu'il avoit donnés de cette Grotte, en 1667. *Charles Perrault*, rapporte dans ce manuſcrit, que le projet de ſon frere ne fut exécuté, parce qu'il avoit imaginé un deſſein ſans exemple. Raiſon, dit-il, pour laquelle il auroit être préféré. C'étoit des figures coloſſales qui auroient été de marbre blanc, revêtues en partie de rocailles, qui les auroit fait paroître d'une ſeule piece. L'intérieur de cette Grotte étoit magnifique. *Le Brun*, dit toujours *Charles Perrault*, avoit ſeulement diſpoſé les grouppes des figures exécutés par *Girardon* & *Regnaudin*, & *Claude Perrault*, avoit donné le deſſein de tout le reſte, même des compartimens de la voute & du ſol, dont il nous a conſervé les deſſeins dans les pages 161 & 163 du même Volume manuſcrit.

Château de
Verfailles.

tenoit ces grouppes, étoit situé à l'entrée du Parc, en face de l'endroit où est aujour-
d'hui la Chapelle. Ensuite, lorsqu'on vint à démolir cette Grotte pour ériger l'aîle
neuve, on plaça ces chef-d'œuvres dans le bosquet des dômes, coté 22; mais comme
ils y étoient totalement à découvert, on les transporta dans le bosquet dont nous
parlons, & l'on imagina les baldaquins déja cités. Ce bosquet est entouré de palissades de charmilles, ornées de gradins & d'un Amphithéâtre placé en face des
trois grouppes qu'on voit dans ce bosquet, & dont la beauté, la perfection, &
l'excellence de l'art, ont dispensé qu'on y insérât aucun effet d'eau. On y remarque seulement des masques de bronze dorés, qui jettent leur eau dans des coquilles, ce qui forme autant de nappes dans un bassin continu qui sert de base à ce
monument, digne de passer à la postérité la plus reculée.

A la droite de ce bosquet, & au-dessus de celui des trois fontaines, en étoit
anciennement un autre, nommé le *Théâtre d'eau*, coté 31. Cette piece est totalement détruite : elle étoit de forme circulaire ; trois allées en patte d'oie venoient
s'aligner au centre. Dans chacune de ces allées étoient autant de cascades ; leurs
eaux présentoient divers changemens, dont les mouvemens procuroient un spectacle aussi étonnant que merveilleux. Mais il ne nous reste de ce bosquet admirable, que les allées assez bien entretenues qui l'environnoient. ( Voyez les
desseins de ce bosquet, dans le sixieme Volume des Œuvres du Cabinet du Roi,
gravés par *Le Pautre*, *Silvestre*, *Simoneau*, &c.)

Les bosquets dont nous venons de parler, sont enfermés dans autant de massifs
de verdure, de moyenne futaie; chacun de ces massifs est séparé par de grandes
allées de vingt-huit pieds de largeur, bordées de palissades de trente pieds d'élévation, qui forment des contre-allées de huit pieds de large. Ces allées sont sablées,
dressées & entretenues avec assez de soin, & procurent un ombrage agréable en
tout tems.

Dans les quatre principaux carrefours des maîtresses allées qui divisent les bosquets, sont placés autant de bassins, cotés 11, 13, 25 & 28, appellés les bassins
de *Bacchus*, de *Saturne*, de *Flore* & de *Cerés*, représentées par autant de figures
de métal accompagnées de génies & d'attributs qui leur conviennent, exécutés
par *Girardon*, *Merg*, *Tubi*, & *Regnaudin*, sur les desseins de *Le Brun*. On voit
les desseins des grouppes de ces bassins, gravés dans le Recueil de *Simon Thomassin*.

En face du bassin de *Latone* est une grande allée, cotée 18, de vingt-une toises
quatre pieds de largeur, appellée la grande allée du tapis verd, elle a de longueur
cent soixante-douze toises, & est ornée de six vases & de six figures de marbre
blanc de chaque côté, sculptés par *Flamen*, *Le Fevre*, *Le Gros*, *Raon*, *Poultier*,
*Slodtz*, *Joli*, *Buret*, &c. Cette allée est formée par une palissade de charmille précédée d'arbres à hautes tiges qui auroient dû être enfermés de préférence derriere
les charmilles, d'autant plus que les troncs de ces arbres interrompent le coup d'œil
de la palissade, & que leur chevelure, par l'eau qui en tombe & par la chute des
feuilles, détruit insensiblement les beautés de ces chef-d'œuvres, ou du moins en altére
les finesses, cet inconvénient obligeant de les nettoyer plus souvent. Nous l'avons
observé plus d'une fois, lorsque l'on place des statues d'un certain mérite au pied
des palissades, il convient que ces dernieres soient élaguées verticalement dans
toute leur hauteur, & que les figures en soient isolées de trois ou quatre pieds,
afin que ni l'eau du Ciel qui tombe sur les arbres, ni leurs feuilles, dans l'arriere-
saison, ne puissent les endommager. D'ailleurs le tronc de ces arbres au-devant
de cette charmille, nuit à la beauté de la palissade & à l'aspect des statues & des
vases, défaut qui ne se rencontre point dans toutes les autres allées de ce Jardin,

&

& qu'on pourroit éviter ici sans aucun dommage & avec peu de dépense.

Examinons les bosquets qui sont placés aux deux côtés de cette grande allée. On trouve d'abord à gauche l'ancien bosquet nommé *la Girandole*, coté 12, parce qu'au milieu, dans un cabinet de verdure de forme circulaire, percé en étoile & environné d'allées plantées réguliérement, étoit un bassin d'où s'élançoit une gerbe fort élevée, & plusieurs jets paraboliques qui faisoient un bel effet, à la place desquels se voient aujourd'hui seulement le bassin & la jerbe.

Attenant ce bosquet se voit une grande piece de cent trente toises de long sur soixante de large, cotée 14, nommée *l'Isle Royale*, parce qu'anciennement on voyoit au milieu une Isle environnée de quatre-vingt jets d'eau, qui n'empêchoient pas qu'on ne s'y promenât sans être mouillé, & du milieu de laquelle s'élevoit un gerbe de quarante-sept pieds. Cette Isle est détruite aujourd'hui, la gerbe seule est conservée. Au dessus de ce canal, après l'allée de traverse, se remarque encore une piece d'eau exécutée en 1681, entourée d'un verdugadin sur l'extrêmité duquel étoit placée une fontaine jaillissante qui ne se voit plus à présent, non plus que plusieurs figures de marbre blanc qui étoient placées au pied des palissades de cette grande piece de verdure, & dont il ne reste plus qu'un *Hercule*, par *Cornu*, d'après l'Antique, & une *Flore*, aussi copiée d'après l'Antique, par *Raon*.

Près de cette grande piece se voit la salle des marronniers, cotée 16. A la place des arbres qui y sont aujourd'hui, on a vû des jets d'eau & des statues de marbre. Cette salle, dans son état actuel, est encore très-belle. On y remarque plusieurs bustes antiques de marbre blanc (y) placés sur des gaînes de marbre de Rance ; deux statues antiques, l'une représentant *Antinoüs*, l'autre *Meleagre* ; & aux deux extrêmités se voient deux bassins, au milieu de chacun desquels il y en a un autre qui sert de piedestal à une figure antique. D'un côté c'est une Muse, & de l'autre une Dame Romaine.

De ce même côté, à gauche du tapis verd, on voit un bosquet, coté 17, d'une composition, d'une beauté, & d'une magnificence qui tient de l'enchantement. Ce bosquet, de forme circulaire, de vingt-une toises trois pieds de diametre, s'appelle *le bosquet de la Colonnade*. En effet, trente-deux colonnes de marbre de dix-huit pouces de grosseur, avec autant de pilastres, composent la décoration d'un cirque, dont le sol est environné d'un perron de marbre de cinq marches, & dans le milieu duquel est un grouppe de même matiere posé sur un piedestal circulaire, élevé sur deux gradins ; les colonnes, de la plus belle exécution, sont soutenues par autant de socles. Les bases sont Antiques, & les chapiteaux modernes. Dans les vingt-huit entre-colonnemens sont placés autant de bassins, aussi de marbre, d'où s'élance un jet de seize pieds, qui dans sa chute forme une nappe dans un chêneau de marbre qui sert de soubassement à toute cette Architecture (z). Sur les colonnes & les pilastres regne une corniche architravée qui sert d'imposte aux archivoltes qui déterminent le plein-ceintre de chaque espacement des colonnes. Dans les intervalles de ces arcs, sont distribués des bas-reliefs représentant des Génies & des Amours, sculptés par *Coisevox*, *Maziere*, *Granier*, *Le Hongre* & *Le Comte*. Sur les claveaux de chaque arc, sont des têtes de *Nym-*

---

(y) Quelques-uns de ces bustes sont d'une grande beauté ; l'on trouve les desseins de plusieurs dans le huitieme Volume de l'Œuvre du Cabinet du Roi, gravés par *Mellan*, *Baudet*, &c.

(z) Sous ce soubassement regne un aqueduc circulaire servant de fondation à cet Edifice, & dans lequel sont contenues les conduites pour la distribution des eaux de ce Bosquet ; attention qu'on a eu pour le plus grand nombre des autres bosquets des Jardins de Versailles, en sorte que malgré le coup d'œil intéressant qu'offrent aux Spectateurs les chef-d'œuvres que nous décrivons, combien de travaux caché sous terre, qui seuls setoient capables d'illustrer le regne où se sont faites tant de merveilles.

phes, de *Nayades* & de *Sylvains*, & au deffus de ces archivoltes regne une corniche continue, amortie par un petit Attique enrichi de poftes ou ornemens courans, furmontés de vafes qui répondent fur chaque colonne. Toute cette ordonnance eft de marbre blanc, à l'exception des colonnes, dont huit font de *brêche violette*, douze de *bleu turquin*, & douze de marbre de *Languedoc*, ainfi que les trentedeux pilaftres, qui font du même marbre que ces dernieres. Le grouppe qui eft au milieu de ce bofquet repréfente l'enlevement de *Proferpine*, un des chef-d'œuvres de *Girardon* (*a*). Sur le piedeftal font repréfentés en bas-relief plufieurs actions analogues à cet événement. Nous n'avons pas deffein d'entreprendre l'éloge de la décoration ingénieufe de ce bofquet ; il eft fort au deffus de ce que nous en pourrions décrire ici. Nous remarquerons feulement que la richeffe des matieres, la beauté de fon exécution, l'Architecture, la Sculpture, l'Hydraulique, y font mariées avec tant d'art & d'intelligence, que fon afpect feul feroit capable de donner une idée de la fplendeur & de la profpérité des Arts fous le regne de *Louis le Grand*.

A la droite de l'allée du tapis verd fe trouve un bofquet, coté 27, de même forme & grandeur que celui 12, dont nous avons parlé. Il étoit appellé anciennement *le bofquet du Dauphin*, parce qu'au milieu du baffin qui s'y voit aujourd'hui, étoit un Dauphin de métal qui jettoit de l'eau, & à la place duquel eft une gerbe. Quelques Termes de marbre blanc, exécutés à Rome par différens Sculpteurs de l'Académie, fur les deffeins du *Pouffin*, ornent encore ce bofquet.

A côté de cette falle de verdure fe remarque *le bofquet de l'étoile*, coté 26 ; nommé ainfi, à caufe qu'il fe trouve enclavé dans un maffif de bois percé de cinq allées qui aboutiffent à chaque angle d'un polygone. Au milieu de ce bofquet étoit anciennement un baffin qu'on appelloit *la montagne d'eau* ; il étoit formé par des eaux jailliffantes & des nappes qui s'élevoient & retomboient fur un rocher de forme pyramidale. Ce baffin eft détruit à préfent : il ne refte que la difpofition du bofquet, dans lequel, & dans les allées qui l'environnent, font diftribuées plufieurs figures antiques, & quelques autres copiées à Rome par les éleves de l'Académie Royale.

Au deffus de cette étoile fe trouve *le bofquet de l'obélifque*, coté 24. C'eft dans cette piece de verdure, qui a de longueur cinquante-cinq toifes fur quarante de large, que *Le Nautre* avoit compofé plufieurs ifles & baffins, qui avoient fait donner anciennement à ce bofquet le nom de *falle des feftins*, & qu'on voit aujourd'hui feulement un baffin de forme rectangulaire, dont les angles font à pans. De ce baffin, fort une gerbe ou obélifque d'eau, compofée de plufieurs ajutages circulairement arrangés, & qui s'éleve à foixante-quinze pieds de hauteur ; cette gerbe eft environnée de quatre gradins garnis de plomb, & qui forment nappe : ils ont leurs chutes dans la grande piece d'eau qui eft au milieu de ce bofquet. La fimplicité de ce dernier répond à fa grandeur & à l'idée champêtre que préfente l'afpect de toute fon ordonnance.

A la gauche de cet obélifque eft un bofquet, coté 23, nommé *le Bofquet de l'Encelade*. On y voit, au milieu d'un baffin circulaire enfermé dans un boulingrin de forme octogone, ainfi que le bofquet, ce géant, de vingt-quatre pieds de proportion, modelé par *Marfi*, paroiffant accablé fous des rochers. Cette figure de métal eft d'une belle exécution ; mais les rochers, compofés de fragmens de roche naturelle, y font d'un trop petit volume, & ne paroiffent rien moins qu'accabler ce géant. Au refte ce bofquet n'eft pas fans mérite par fa fimplicité, & par

---

( *a* ) Voyez les deffeins de ce grouppe, gravés par *Au-dran*, dans le feptieme Volume de l'Œuvre du Cabinet du Roi ; on le trouve auffi dans le Recueil de *Thomaffin*, & dans les *Délices de Verfailles*, par *Perelle*.

le murmure & la hauteur du jet de foixante-dix-huit pieds que lance le géant. Château de<br>Verfailles.

Dans le même maffif de bois qui contient le bofquet de l'*Encelade*, on en voit un autre nommé *le bofquet des dômes*, coté 22. Il fut nommé originairement *le Bofquet de la Renommée* (*b*) parce qu'au milieu du baffin qu'il renferme étoit une *Renommée* de métal doré, pofée fur un globe de même matiere, & qui lançoit un jet d'une hauteur confidérable. Aujourd'hui, à la place de cette figure, s'éleve feulement un jet au milieu d'un baffin à pans arrondi dans les angles & bordé de baluftrades de marbre enrichies de piedeftaux, de la tablette defquels fort des bouillons d'eau qui fe répandent en nappe dans le baffin. Cette baluftrade eft environnée d'une autre baluftrade auffi de marbre élevée fur plufieurs gradins, & féparée par une terraffe fablée. En face l'un de l'autre, & dans l'un des diametres de ce bofquet, qui eft de forme circulaire, font placés deux pavillons de marbre ornés de bronze & couverts en dôme, qui ont donné le nom à ce bofquet (*c*). Au pied de la paliffade de cette piece de verdure, fe voient huit ftatues de marbre blanc fculptées par *Flamen*, *Magnier*, *Raon*, *Raiol*, *Le Gros*, *Tubi*, &c. & à la place defquelles on a vu autrefois les grouppes de marbre blanc qui repréfentent *Apollon* chez *Thetis*, dont nous avons parlé (page 107). Nous ne finirions point, fi nous voulions décrire les beautés fans nombre de ce bofquet, même dans fon état actuel, qui eft femblable à celui de la Colonnade; nous nous trouvons trop courts d'expreffions pour applaudir à tant de merveilles, & nous croyons ne pouvoir mieux faire que de renvoyer l'Amateur & l'Artifte, fur les lieux, pour juger par eux-mêmes de ce que peut l'intelligence de l'Art, lorfqu'il eft pouffé à fon plus haut degré de perfection.

La plus grande partie des bofquets que nous venons de décrire ont été fermés par des grilles de fer, en 1730, ou environ. Il eût été à défirer qu'on eût pris plutôt ce parti; bien des figures de marbre, mutilées aujourd'hui, auroient été confervées dans leur entier. D'ailleurs celles de métal, les conduites de plomb, les robinets de cuivre, rien n'étoit en fureté; & malgré l'attention des Fontainiers à cet égard, il eft arrivé plus d'une fois que plufieurs pieces d'eau rendoient imparfaitement leur effet, la plûpart des tuyaux qui étoient à découvert ayant été enlevés la veille.

Nous avons fait mention, autant qu'il a été en notre connoiffance, de la plûpart des changemens qui font arrivés dans les effets d'eau des bofquets que nous avons décrits; mais nous avons cru devoir paffer fous filence plufieurs fontaines qui ont été détruites entierement, telles que *la galerie d'eau*, *le chêne verd*, *ou le marais artificiel*, *le théâtre d'eau*, &c. dont il y a plufieurs vues gravées dans le fixieme Volume des Œuvres du Cabinet du Roi, à la Bibliotheque de Sa Majefté. On les trouvera tous affez bien rendus dans le Recueil intitulé *les Délices de Verfailles*, chez *Jombert* : ouvrage que nous indiquons, pour que l'Artifte puiffe fertilifer fon imagination dans ce genre de production, d'après ces excellens modeles.

Enfin ces Jardins magnifiques font terminés par un grand baffin, coté 19, de foixante toifes de longueur fur quarante-cinq de largeur. Cette piece d'eau eft nommée *le baffin d'Apollon*, parce qu'au milieu l'on voit ce Dieu fur fon char tiré par quatre courfiers, conduits par des Tritons, & fuivis de Dauphins & autres animaux maritimes, le tout de métal doré & de l'ouvrage de *Tubi*, fur les deffeins de *Le Brun*. Au milieu s'éleve une grande gerbe de cinquante-fept pieds, & dans les extrêmités, deux autres de quarante-fept. Cette piece d'eau eft fituée dans une

---

(*b*) On voit le deffein de la fontaine de la *Renommée*, qui étoit dans ce bofquet, dans le fixieme Volume de l'Œuvre du Cabinet du Roi; elle eft gravée par *Sylveftre*; & dans les *Délices de Verfailles*, par *Perelle*.

(*c*) Voyez le plan & l'élévation de l'un de ces pavillons dans le feptieme Volume de cet Ouvrage.

 grande esplanade environnée de palissades, derriere laquelle, à droite, on a construit un Bâtiment, coté 21, appellé *la petite Venise*. Ce petit Bâtiment est destiné au logement des Gondoliers & de leur Chef; ils sont chargés de la construction, de l'entretien des ustenciles, des étoffes, & des habits relatifs à leur usage & au service des gondoles, nacelles, & autres petits Bâtimens flottans qui servent à se promener sur le grand canal, lorsque la Famille Royale, quelque Ambassadeur, ou autre personne de considération, vont visiter par eau les Châteaux de la Ménagerie & de Trianon.

Le grand canal, coté 20, est situé, ainsi que le bassin d'*Apollon*, en face de l'allée du tapis verd, coté 18, & procure le plus beau coup d'œil que l'on puisse imaginer à la grande galerie du Château. Ce canal (*d*) a de longueur huit cens toises sur trente-deux de large, & sept pieds de profondeur, il est traversé par un autre canal de cinq cens trente-cinq toises de long qui forme deux bras, dont l'un à droite conduit à Trianon, celui à gauche conduit à la Ménagerie. Personne n'ignore que c'est sur ce magnifique canal que *Louis le Grand* donna le 18 Août 1674, & le 30 du même mois & de la même année à toute sa Cour, deux fêtes très-brillantes : la premiere, sur les desseins de *Le Brun* : la seconde, sur ceux du sieur *Vigarani*, Décorateur de ce Prince, qui ont été décrites par *Felibien*, Historiographe des Bâtimens du Roi, & gravées par *Le Pautre* ; on les trouve dans le onzieme Volume des Œuvres du Cabinet du Roi (*e*).

(*d*) On a vu pendant long-tems à la tête de ce canal, deux grouppes de métal, de l'ouvrage de *Tubi*, qui sont détruits aujourd'hui, mais dont on trouve les desseins dans le Recueil de *Thomassin* déja cité.

(*e*) La nécessité où nous nous sommes trouvés de citer plusieurs fois les Œuvres du Cabinet du Roi, nous engage à dire un mot de cette immense collection.

Cet Œuvre est composé de vingt-trois Volumes, grandeur d'Atlas, non compris un *in-folio* petit format, contenant le Catalogue des neuf cens cinquante-trois estampes rassemblées dans ce Recueil.

Le premier Volume est composé de trente-neuf planches représentant divers sujets, faisant partie de la collection des tableaux du Roi.

Le second contient quinze planches représentant les batailles d'*Alexandre*, par *Le Brun*.

Le troisieme représente quatre cens trois sujets des médaillons antiques du Cabinet de Sa Majesté, en quarante-une planches.

Le quatrieme contient les plans, élévations & vues des Châteaux du Louvre & des Tuileries, en quarante-quatre planches. On y trouve des développemens concernant l'intérieur du Louvre que nous avons oublié de citer lorsque nous avons donné la description de ce Château au commencement de ce Volume.

Le cinquieme contient les plans, élévations, & vues du Château de Versailles, contenant trente-une planches.

Le sixieme contient l'ancienne Grotte de Versailles, le labyrinthe, & les fontaines & bassins de la plus grande partie de ceux qui s'y voient aujourd'hui : le tout en quatre-vingt-neuf planches.

Le septieme contient une partie des statues antiques & modernes de Versailles, au nombre de quarante-huit planches.

Le huitieme contient cinquante-une planches représentant plusieurs termes, bustes, sphinx, & vases de Versailles. Ces quatre derniers Volumes doivent être fort agréables à parcourir pour les personnes qui s'intéressent aux changemens survenus dans cette Maison Royale, depuis son origine jusqu'à présent.

Le neuvieme Volume contient les tapisseries du Roi, en quarante-huit planches.

Le dixieme contient les Carrousels, courses de têtes & de bagues, en quatre-vingt-dix-sept planches.

Le onzieme, les fêtes données à Versailles par *Louis le Grand*, en vingt planches.

Le douzieme contient les plans & élévations, vues, coupes & profils de l'Hôtel Royal des Invalides, en vingt-trois planches, que nous avons aussi oublié de citer dans la description que nous en avons donnée dans le premier Volume de ce Recueil.

Le treizieme contient les plans, profils, élévations & vues de différentes Maisons Royales, en vingt-neuf planches, dont nous citerons la plus grande partie en son lieu.

Le quatorzieme contient différens desseins, profils, & vues de quelques lieux de remarque, avec divers plans détachés de Villes, Citadelles, Châteaux, &c. en trente-deux planches.

Le quinzieme contient les plans & profils, appellés communément *les petites conquêtes*, servant à l'Histoire de *Louis XIV*, en quarante planches.

Le seizieme contient les vues, marches, entrées, passages, & autres sujets servant à l'Histoire de *Louis XIV*, en vingt-huit planches.

Le dix-septieme contient aussi des vues, entrées, & autres sujets servant à la même histoire, en vingt-neuf planches.

Le dix-huitieme contient des Paysages & divers morceaux d'études, provenant du fonds de *Vandermeulen*, en quatre-vingt-dix-huit planches.

Le dix-neuvieme, des plans, profils, & vues de camps, places, sieges & batailles d'après *Beaulieu*, servant à l'Histoire de *Louis XIV*, en vingt-huit planches.

Le vingtieme, *idem*, en trente planches.

Le vingt-unieme, *idem*, en trente-trois planches.

Le vingt-deuxieme, *idem*, en vingt-neuf planches.

Le vingt-troisieme, *idem*, en trente-une planches.

Par ce précis l'on voit que cet Œuvre se monte à neuf cens cinquante-trois planches, représentant huit cens quatre-vingt-quatorze sujets, tons gravés avec le plus grand soin, & avec une dépense véritablement Royale, par les plus habiles Graveurs du dernier siecle, tels que les *Edelinck*, *Le Pautre*, *Picard*, *Chauveau*, *Baudet*,

Ce canal eſt enfermé dans un boulingrin bordé d'allées & environné de bois de haute futaie, qui va ſe terminer vers l'enclos du petit Parc. Ce bois eſt percé d'allées qui paſſent à travers les terres labourées; dans ces dernieres ſe trouvent diſperſées pluſieurs *remiſes* ſervant de retraite au gibier. Les bêtes fauves ne peuvent y pénétrer parce qu'il y a des murs qui ſéparent le grand Parc de celui dont nous parlons.

Au devant des paliſſades qui forment l'eſplanade dans laquelle ſe trouve ſitué le commencement du canal & le baſſin *d'Apollon*, ſont diſtribuées pluſieurs figures de marbre Antiques & Modernes, dont quelques-unes ſe trouvent gravées dans le ſeptieme Volume des Œuvres du Cabinet du Roi, & dans le Recueil qu'en a formé le ſieur *Thomaſſin*, Graveur, que nous avons déja cité. C'eſt à cette eſplanade que ſe terminent les Jardins de Verſailles, ſéparés du petit Parc pour la plus grande partie, par des grilles de fer, ainſi que le petit Parc l'eſt du grand, par des murs de maçonnerie.

On trouve en petit ſur cette planche, les plans des Châteaux de Trianon & de la Ménagerie, compris dans le petit Parc de Verſailles. Nous n'entrerons ici dans aucun détail concernant ces deux genres de Bâtiment, on en trouvera les plans, les élévations, & les coupes particulieres, dans le cinquieme Volume de ce Recueil, qui comprendra les autres Maiſons Royales, & dans lequel nous continuerons à donner de Verſailles, ce qui n'a pu entrer dans celui-ci, tels que les Bâtimens des grandes & petites Ecuries, celui de l'Orangerie, avec le plan de ſon Jardin en particulier, &c.

---

## CHAPITRE II.

*Plan général au rez-de-chauſſée des Bâtimens, Cours, & Avant-cour du Château de Verſailles.* Planche II.

ON voit d'un ſeul coup d'œil, ſur cette planche, la diſpoſition générale des Cours & des Bâtimens au rez-de-chauſſée du Château de Verſailles, dans ſon état actuel (*Novembre* 1755), auſſi-bien qu'une partie des dépendances & des Jardins qui accompagnent ce Palais. Cependant nous ne nous propoſons pas d'entrer dans le détail de chaque appartement de ce Château : non ſeulement nous ſerions obligés de nous répéter ſans ceſſe, mais nous ſortirions peut-être de la retenue dont nous croyons devoir uſer à l'égard de cette Maiſon Royale. Notre but ici eſt d'écrire pour les Artiſtes; il n'y doit être queſtion que des reſſources de l'Art, & non de certains détails qui n'intéreſſent véritablement que les perſonnes de la Cour. Renfermons-nous donc dans les bornes que nous avons

*Silveſtre, Audran, Le Clerc, Thomaſſin, Château, Scotin,* &c.

Ces vingt-trois Volumes étoient accompagnés originairement de deſcriptions compoſées par *Felibien*, Hiſtoriographe des Bâtimens du Roi, & avoient été imprimées, par Cramoiſi, à l'Imprimerie Royale. Mais depuis que cette édition eſt uſée, cette collection eſt dépourvue de deſcriptions, & ſe donne par le Roi, dans ſon état actuel, aux Ambaſſadeurs, aux Miniſtres, & aux autres perſonnes de la premiere conſidération. Les planches & l'édition de cet Œuvre, ſont au cabinet des Eſtampes, à la Bibliotheque du Roi, ſous la garde de M. *Joly*, qui, les jours publics, communique ces vingt-trois Volumes aux Curieux & aux Connoiſſeurs.

Les anciennes éditions ſont aujourd'hui fort rares, non-ſeulement parce qu'elles contiennent les premieres épreuves, mais encore parce qu'on y trouve les deſcriptions, ce qui les fait eſtimer des amateurs, quoiqu'elles ſoient tirées ſur du papier de différente grandeur, ce qui les rend plus difficiles à ranger dans une Bibliotheque, au lieu que l'Œuvre d'à préſent eſt de même format.

Château de Versailles.
dû nous preścrire, & engageons nos Lecteurs à nous paſſer certaines obſervations que nous nous ſommes trouvés obligés de faire, par la néceſſité de nous rendre compte, & au Public, des beautés qui ſe remarquent dans cet Edifice, auſſi-bien que des licences qui peuvent s'y rencontrer, comme la ſeule route qui puiſſe conduire au progrès de l'Art, & le ſeul motif, nous ne craignons point de le répéter, qui nous dirige eſſentiellement dans nos obſervations.

Avant-cour.
De la Place d'Armes, dont nous avons parlé, page 101, on entre dans une grande avant-cour qui n'en eſt ſéparée que par une grille de fer doré, d'un deſſein d'aſſez bon goût, & aux extrêmités de laquelle ſont deux guérites qui ſervent de piedeſtaux à deux grouppes de pierre ; l'un, à droite, repréſente la *Victoire* de la France ſur l'*Empire*, par *Marſi* ; l'autre, à gauche, repréſente la *Victoire* de la France ſur l'*Eſpagne*, par *Girardon*.

Cette cour eſt bordée d'une terraſſe de forme variée, diviſée en deux parties, & à la tête deſquelles ſe remarquent deux fontaines. Le pourtour extérieur de ces terraſſes eſt ſoutenu d'un mur de revêtiſſement, décoré de membres d'Architecture (*f*) & couronné d'une baluſtrade d'un deſſein ferme & hardi. Au deſſous de ces terraſſes ſont pratiqués des corps-de-gardes pour les Gardes Françoiſe & Suiſſe, auſſi bien que dans le ſoubaſſement des aîles & des pavillons marqués A. Ces corps de Bâtimens, deſtinés aux quatre Miniſtres & Secrétaires d'Etat, font donner à cette avant cour le nom de *cour des Miniſtres*. Leur décoration extérieure, que nous ne donnerons point ici, eſt dans le même genre que celle du grand commun, dont on verra une élévation ſur la planche XXVI. Les pavillons de cette avant-cour différent cependant des aîles par leur couverture, étant terminés par des combles à l'impériale, revêtus pour la plus grande partie de plomb doré ; au lieu que les ailes ſont ſeulement couvertes par un comble à la manſarde, ainſi que le grand commun. Les murs de face de ces deux aîles ſont conſtruits en briques & ſont ornés de membres d'Architecture en pierre, &c.

Nous allons donner une idée de la diſtribution (*g*) de ces aîles priſes au plainpied des terraſſes de l'avant-cour, dont le ſol ne différe de celle-ci que de trois pieds & demi. Nous préférons les chiffres Arabes & les lettres de l'alphabet pour cette indication & pour celle des pieces du Château, comme le moyen le plus commode en général & le moins fatiguant pour le Lecteur.

---

(*f*) Ces revêtiſſemens ne s'apperçoivent guere aujourd'hui, par la quantité d'échopes & autres petits Bâtimens qu'on a laiſſé conſtruire autour des murs. Inſenſiblement on ſe laiſſe gagner par l'importunité ou la commiſération, en ſorte que par ſucceſſion de tems on oublie la bienſéance. Le Spectateur ſe trouve choqué, principalement l'Etranger, de voir à l'entrée de nos Maiſons Royales, un ridicule amas d'échopes, de barraques, &c. qui en nuiſant au coup d'œil, altére la beauté des formes, & s'oppoſe à la convenance qu'on devroit obſerver eſſentiellement dans tout ce qui concerne les Palais des Grands, & qu'on ne néglige même que trop ſouvent dans les monumens élevés à la piété des fideles.

Certainement c'eſt un grand obſtacle pour l'aſpect de l'entrée du Château de Verſailles, d'une ſtructure d'ailleurs aſſez irréguliere, que d'y remarquer tant d'objets vils & mépriſables qui s'accordent ſi peu avec la majeſté du lieu. Qu'on ne s'y trompe pas, les dehors d'un Palais de cette importance exigent de l'attention. Ordinairement l'impreſſion qu'on ſe fait de l'entrée d'un Edifice, nous ſuit dans les dedans. De cette impreſſion naît plus ou moins de ſatisfaction. & lorſque l'ame ſe trouve mieux diſpoſée par des dehors heureuſement conçus & dirigés par un œil ſurveillant, l'eſprit prend plus de part à l'examen des choſes qu'il contemple, d'où il réſulte toujours un bien réel pour les connoiſſances que l'Amateur & l'Artiſte veulent acquérir.

(*g*) On trouve dans la collection des Maiſons Royales qu'avoit fait M. *Mariette*, avant que M. *Jombert* en fit l'acquiſition, un plan particulier de cette Avantcour. On l'a ſupprimé ici, ayant cru plus convenable de donner dans la planche dont nous parlons, un plan général de tous les Bâtimens du rez-de-chauſſée de Verſailles, en faveur des changemens conſidérables qu'on a fait depuis vingt ans dans cette Maiſon Royale ; changemens qu'on pourra comparer, ainſi que nous en avons averti ailleurs, avec les planches IV, V, VI, & ſuivantes.

*Diftribution des appartemens des aîles des Miniftres.*

1. Logement des Officiers des Gardes Françoifes. 2. Ancien logement de M. le Prince *de Pons*, aujourd'hui vacant. 3. Appartement du Miniftre pour les Affaires étrangeres, aujourd'hui M. *Rouillé*. 4. Appartement du Miniftre de la Guerre, aujourd'hui M. *d'Argenfon*. 5. Logement de M. *de Chalmazel*, premier Maître d'Hôtel de la Reine. *Château de Verfailles. Aîle des Miniftres, à gauche.*

6. Logement des Officiers des Gardes Suiffes. 7. Appartement du Miniftre de la Marine, aujourd'hui M. *de Machault*, Garde des Sceaux. 8. Appartement de M. le Comte *de Saint-Florentin*. 9. Logement de M. *Boulongne*, Intendant des Finances. *Aîle des Miniftres, à droite.*

Ces deux aîles de Bâtiment contiennent une infinité d'autres appartemens compris dans les étages fupérieurs, dont nous ne donnons ni les détails ni les plans; ces différens logemens & leur décoration étant en général affez peu intéreffans.

A l'extrêmité de ces aîles, attenant les pavillons qui regardent le Château, fe remarquent deux rampes, l'une à droite, qui defcend à la rue du Réfervoir, l'autre à gauche, qui conduit à la rue de la Surintendance. Ce font fous ces deux rampes que font placés les réfervoirs fouterreins dont nous avons parlé, page 98.

De l'avant-cour on entre dans la cour du Château. Celle-ci eft féparée de l'autre par une grille de fer accompagnée de deux guérites, l'une couronnée par un grouppe de pierre qui repréfente *la Paix*, par *Tubi*; l'autre couronnée par un un autre grouppe qui repréfente *l'Abondance*, par *Coifevox*. Cette cour du Château eft terminée dans fa largeur par deux aîles de Bâtimens, précédées par autant de pavillons, ornés chacun de fix colonnes d'Ordre Dorique, couronnés d'une baluftrade, & cette derniere d'autant de figures. ( Voyez les décorations de ces pavillons & leur élévation, planche XI ) Nous parlerons de la diftribution de ces aîles en décrivant le principal avant-corps de ce Château. Commençons par la dénomination de l'aîle du Midi, & nous irons de fuite jufqu'à celle du Nord.

*Diftribution des appartemens au rez-de-chauffée de l'aîle du Midi.*

*a.* Appartement de Madame *de Marfan*, premiere Gouvernante des Enfans de France. *b.* Appartement des Enfans de France, décorés & meublés de goût, & qui font accompagnés des piéces deftinées aux différentes perfonnes chargées du foin de M. le Duc *de Bourgogne*, de M. le Duc *de Berri*, & de M. le Comte *de Provence. c.* Appartement de Mademoifelle *de Charolois. d.* Appartement de M. le Comte *de Charolois. e.* Appartement vacant. *f.* Appartement de M. le Maréchal *de Noailles. g.* Appartement de Madame la Comteffe *de Château-Renault*, Dame de Compagnie de Mefdames de France. *h.* Appartement de Madame la Ducheffe *de Chevreufe*, Dame d'Honneur de la Reine, en furvivance. *i.* Logement de Madame *Goui*, Dame de Compagnie de Mefdames. *k.* Appartement de Madame la Ducheffe *de Brancas*, Dame d'Honneur de Madame la Dauphine. *l.* Appartement de Madame *Dufour*, premiere femme de chambre de Madame la Dauphine. *m.* Appartement de Madame la Ducheffe *d'Antin*, Dame du Palais de la Reine. *n.* Appartement de Madame la Ducheffe *de Caumont*, Dame de compagnie de la Reine. *o.* Appartement de M. le Duc & de Madame la Ducheffe *de Grammont*, l'un Menin de M. le Dauphin, l'autre Dame du Palais de la Reine. *p.* Logement de M. *Senac*, premier Médecin du Roi. *q.* Appartement de M. le Comte & *Aîle du Midi.*

*Château de Versailles.* de Madame la Comtesse *de Mailly*, l'un premier Ecuyer de Madame la Dauphine, l'autre Dame de Compagnie de cette Princesse. *r.* Appartement de M. le Marquis *de Livry*, premier Maître d'Hôtel du Roi. *s.* Grand escalier, nommé *l'escalier des Princes*, & dont nous donnerons les plans, coupes & élévations dans le septieme Volume de ce Recueil. *t.* Salle de la Comédie, construite entre deux murs de face ajoutés après coup (*h*) pour lier ensemble le principal corps de logis avec les aîles du Château, & qu'on a substitués aux grilles de fer qui s'y sont vues anciennement. Cette salle de spectacle, comprise seulement dans la hauteur du soubassement, est fort peu élevée, & est renfermée d'ailleurs dans un lieu si serré, qu'elle ne peut contenir qu'un très-petit nombre de Spectateurs. Cependant on y a distribué plusieurs loges, deux tribunes pour la Famille Royale, un parquet, un orchestre, & un théâtre. Les Comédiens François & Italiens, pensionnés par Sa Majesté, viennent ordinairement représenter trois fois la semaine sur ce théâtre.

On y donne aussi quelquefois des ballets; mais pour représenter ces différens spectacles avec plus de magnificence, on vient de commencer à bâtir une salle spacieuse à l'endroit marqué P, & dont nous parlerons dans son lieu.

### *Distribution au rez-de-chaussée des appartemens du principal avant-corps du Château de Versailles.*

Ce grand avant-corps est composé de plusieurs Bâtimens séparés par des cours particulieres qui en éclairent les appartemens, les garderobes, les dégagemens, &c. Ce Bâtiment, pour la plus grande partie, originairement le Château de Versailles du tems de *Louis XIII*, est précédé aujourd'hui de deux cours, l'une nommée *celle du Château*, dont nous avons déja fait mention; l'autre *la cour de marbre*, appellée ainsi, parce qu'elle est élevée de cinq marches, & qu'elle est pavée de carreaux de marbre de diverses couleurs. On a vu anciennement au milieu de cette cour un bassin, dans lequel étoit une fontaine jaillissante (*i*). Ce bassin depuis a été situé au milieu de la cour du Château; mais ces deux bassins sont totalement supprimés aujourd'hui. Aux deux côtés de la cour sont pratiquées *Aile gauche de la cour du Château.* deux aîles de Bâtiment dont nous avons déja dit quelque chose. L'une d'elles, à gauche, est composée de quatre appartemens. Celui A est principalement destiné pour le Grand Maître, & c'est dans ce lieu que les Seigneurs qui suivent Sa Majesté à la chasse, viennent prendre des rafraîchissemens. Celui B est destiné à la réception des Ambassadeurs, le jour qu'ils viennent faire leur entrée à Versailles. Celui C est destiné pour le Conseil privé, & sert aussi au Grand Maître pour y traiter les Ambassadeurs les jours de cérémonie. Celui D est occupé aujourd'hui par M. le Duc *de Biron*, Colonel des Gardes Françoises.

*Aile droite de la cour du Château.* Dans l'autre aîle, à droite, sont distribués, un garde-meuble marqué E. Le logement du premier Maître d'Hôtel de Madame la Dauphine marqué F. Le logement de M. *Le Bel*, Concierge du Château, marqué G. Les cuisines de Madame la Marquise *de Pompadour*, marquées H. Le Corps-de-Garde des douze, marqué I. Et la salle des Gardes de la porte, marquée K.

---

(*h*) Voyez les planches XIII, XIV, & XV, dans lesquelles on reconnoîtra la différence de la décoration de ces arriere - corps avec la façade, ce qui doit les faire regarder comme des additions, tant du côté dont nous parlons, que du côté opposé, vers la Chapelle, & où il paroît qu'on s'est seulement assujetti aux mêmes hauteurs d'entablement, sans faire parade de l'Ordre Ionique du premier étage, ainsi que nous le remarquerons en son lieu.

(*i*) Il est fait mention de cette fontaine dans le onzieme Volume des Œuvres du Cabinet du Roi, à l'occasion d'un festin magnifique que *Louis XIV* donna à toute la Cour, & dont la table étoit dressée autour de ce bassin. Voyez le dessein de cette Fête gravé par *Le Pautre*, dans le Volume que nous indiquons.

A

A l'extrémité de ces deux ailes se remarquent deux porches L, l'un à gauche, servant de communication de la cour du Château au parterre du Midi, & dans lequel on a pratiqué depuis peu un corps-de-garde pour les Gardes de la Prévôté de l'Hôtel. Celui à droite sert de communication de la cour dont nous parlons au parterre du Nord. Château de Versailles.

M. Corps-de-garde des Cent Suisses. N. Péristile & escalier, nommé *l'escalier de la Reine*, construit tout de marbre, & dont on donnera les développemens dans le septieme Volume de ce Recueil. O. Garde-robe pour les habits du Roi. P. Logement des Garçons de la chambre de Sa Majesté.

Q. Appartement de Madame la Dauphine décoré avec beaucoup de goût, de magnificence, & pourvu de toutes les commodités nécessaires à la résidence d'une grande Princesse. Q 1. Principale entrée de cet appartement. Q 2. Premiere antichambre. Q 3. Piece occupée par la premiere femme de chambre. Q 4. Petit appartement de réserve servant de retraite aux Dames d'Honneur de Madame la Dauphine. Q 5. Deuxieme antichambre. Q 6. Grand Cabinet. Q 7. Chambre à coucher. Q 8. Cabinet en niche. Q 9. Arriere-cabinet. Q 10. Chaise percée avec dégagement. Q 11. Oratoire. Q 12. Garde-robe pour le service. Q 13. Piece pour les Garçons de la chambre. Q 14. Piece pour l'usage des Femmes de chambre en exercice. Appartement de Madame la Dauphine.

R. Appartement de M. le Dauphin, décoré comme le précédent. R 1. Salle des Gardes-du-Corps. R 2. Premiere antichambre. R 3. Deuxieme antichambre. R 4 & 5. Retraite du premier Valet de chambre. R 6. Garde-robe aux habits. R 7. Chambre à coucher. R 8. Grand cabinet. R 9. Cabinet en bibliotheque. R 10. Arriere-cabinet servant de garde-robe. R 11. Retraite pour les Garçons de la chambre. Appartement de M. le Dauphin.

S. Péristile vouté, qui précédemment continuoit dans l'étendue de neuf croisées de face (*k*) donnant sur le jardin, & que l'on a divisé en plusieurs pieces pour procurer des commodités aux deux appartemens marqués R. U.

T. Vestibule orné de deux files de colonnes de marbre de *Rance* pour soutenir le plancher de l'ancienne chambre du Roi qui est au dessus, & pour augmenter en apparence la hauteur de ce vestibule, qui est un peu bas pour son diametre.

U. Appartement de Mesdames, distribué pour la plus grande partie dans l'ancien appartement, connu sous le nom d'appartement des bains, & qui en 1724 fut distribué tel qu'on le voit dans le plan gravé sur la Planche V. On arrive à ce nouvel appartement par *la cour des Cerfs*, appellée ainsi à cause d'un assez grand nombre de têtes de ces animaux sculptées & coloriées avec soin, & dont les bois seulement sont naturels. Appartement de Mesdames.

Cette cour a différentes issues, & donne entrée à une premiere antichambre marquée U 1, faisant partie d'un sallon servant d'antichambre à l'ancien appartement des bains, & qui étoit décoré de huit colonnes de marbre, d'Ordre Dorique. U 2. Deuxieme antichambre pratiquée dans l'ancienne salle de *Diane*, où se voyoient autrefois douze colonnes d'Ordre Ionique, dont huit de marbre de *Rance*, & quatre de marbre de *Charlemont*, aussi-bien que deux statues d'après l'Antique, l'une représentant *Flore*, & l'autre *Apollon*. (Voyez aussi la distribution de cette piece, planche V.) U 3. Grand cabinet décoré avec magnificence, & où l'on a vu autrefois douze figures de bronze représentant les douze mois de l'année, modelées par *Marsi*, *Utanot*, *Tubi*, *Regnaudin*, &c. U 4. Chambre à coucher de Madame *Victoire*, anciennement la salle des bains, ornée de six colonnes

______

(*k*) C'est au dessus de cet ancien péristile, qu'on a vu long-tems une terrasse au premier étage, dont nous avons déja parlé.

*Château de Versailles.* de marbre *Isabelle*, qui accompagnoient une table destinée à recevoir tous les usten-ciles à l'usage des bains. U 5. Chambre à coucher de Madame *Sophie*, dans la-quelle autrefois étoit placée une baignoire de marbre précieux & d'une gran-deur fort considérable. Elle fut ôtée de ce lieu, lorsque de cet appartement des bains l'on en fit celui de Madame la Comtesse de Toulouse, en 1724. U 6. Cham-bre à coucher de Madame *Louise*, pratiquée depuis peu dans une partie du péris-tile S, dont nous avons parlé plus haut. U 7 & 8. Cabinet & arriere-cabinet de Madame *Louise*. U 9. Bibliotheque de Mesdames *Sophie* & *Louise*. U 10. Cabinet de Madame *Sophie*. U 11. Cabinet de Madame *Victoire*. U 12. Piece des bains pour Mesdames. U 13. Piece pour le service de Mesdames. U 14. piece de réserve pour Madame la Maréchale *de Duras*. U 15. Bibliotheque de Madame *Victoire*.

V. Appartement du Capitaine des Gardes de quartier. X 1. Garde-robe aux ha-bits de Madame *Adelaïde*. X 2, 3 & 4. Garde-robe aux habits de Mesdames *Vic-toire*, *Sophie* & *Louise*, pratiquée à présent à la place du péristile qui conduisoit à l'escalier des Ambassadeurs, démoli depuis quelques années, & dont nous ferons mention ailleurs. X 5. Logement du premier Valet de garde-robe du Roi en quar-tier. X 6. Escalier nouvellement construit pour monter à l'appartement particu-lier de Sa Majesté. X 7. Salle des Gardes du Roi pour cet appartement. X 8. Bu-cher. X 9. Cour pratiquée aujourd'hui dans une partie du terrein qu'occupoit l'es-calier des Ambassadeurs.

*Appartement de Madame la Marquise de Pompadour.* Y. Appartement de Madame la Marquise *de Pompadour*, distribué nouvellement avec beaucoup de commodité, & décoré de goût. Y 1. Premiere antichambre. Y 2. Deuxieme antichambre. Y 3. Grand cabinet. Y 4. Chambre à coucher. Y 5. Petit cabinet. Y 6. Arriere-cabinet. Y 7. Appartement des bains. Y 8. Méri-dienne. Y 9. Garde-robe.

Z. Piece avec entresol au dessus, conservée à Madame la Comtesse *de Tou-louse*.

*Distribution des appartemens au rez-de-chaussée de l'aîle du Nord, connue sous le nom de l'aîle neuve.*

*a.* Péristile compris entre deux murs de face, comme la salle de Spectacle, marquée *t*, lesquels ont été aussi ajoutés après coup, pour lier ensemble l'aîle du Nord, dont nous parlons, avec le principal corps de bâtiment. Ce péristile est par-tagé dans sa profondeur par deux files de colonnes accouplées & d'Ordre Dori-que, qui servent, comme celles du péristile T, à soutenir le plancher du premier étage, & à diminuer en apparence le diametre de cette piece, comparé avec sa hauteur. Ce péristile sert de communication pour passer en voiture de la cour de Versailles dans les Jardins de ce Palais, sur une chaussée de pavés, pratiquée exprès pour aller de ce Château à ceux de Trianon, de Marli, &c.

*b.* Vestibule qui précede la Chapelle, & qui communique à une galerie con-tinue qui conduit à couvert aux appartemens distribués dans toute l'étendue de l'aîle du Nord. Ce vestibule est divisé par deux files de colonnes d'Ordre Ioni-que, & d'une assez belle exécution. (Voyez la décoration de cette piece dans la planche XXI).

*c.* Chapelle de Versailles, dont la structure & la magnificence exigent une description particuliere qui sera l'objet du Chapitre VIII, & qui sera accompagnée des plans, coupes & élévations, indépendamment des développemens particuliers de ce chef-d'œuvre de l'art qui seront donnés séparément dans le septieme Vo-lume de ce Recueil.

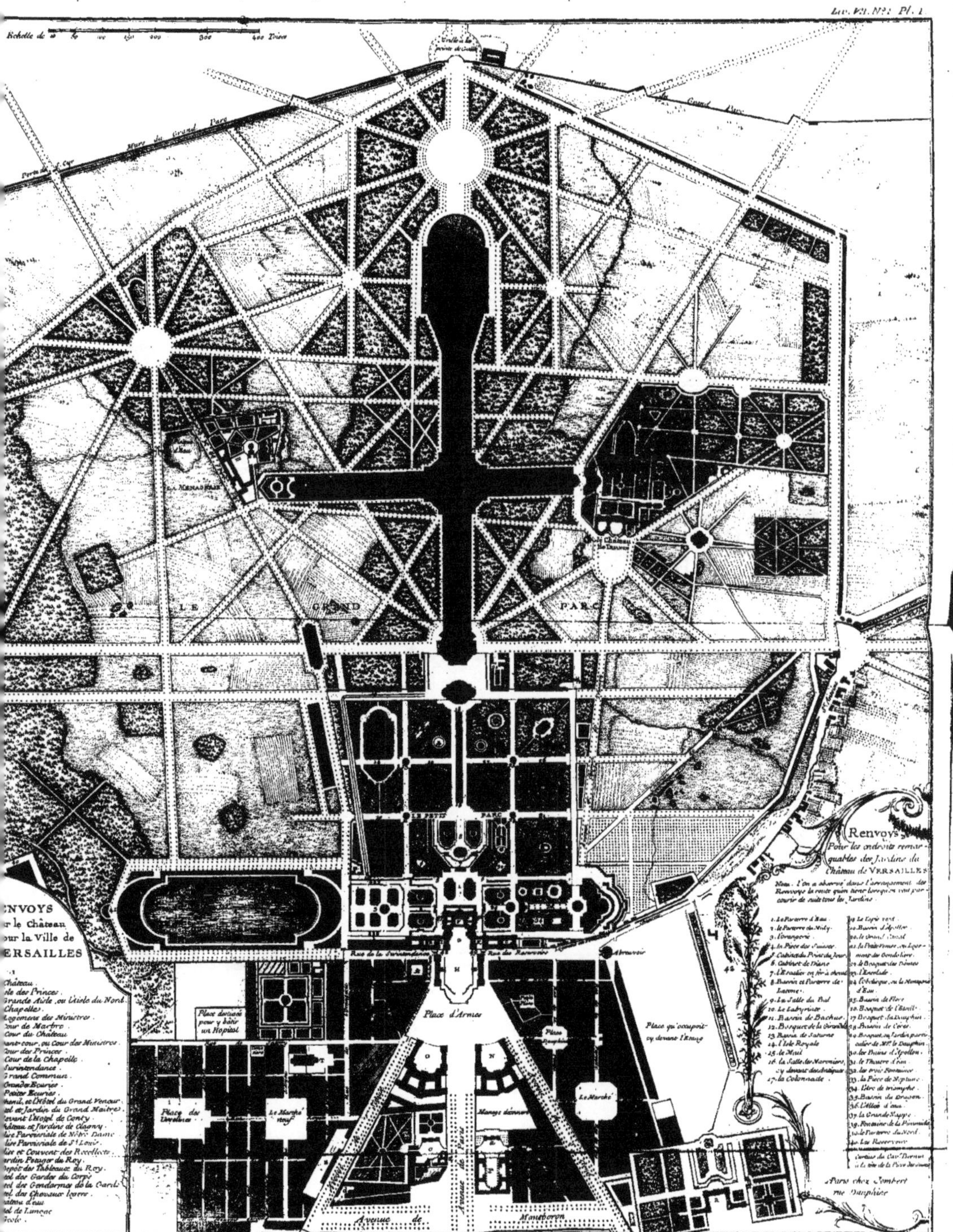

Lev. VII. No. 1. Pl. 1.
Echelle de
PLAN GENERAL DE LA VILLE CHATEAU JARDINS ET PARC DE VERSAILLES nouvellement levé sur les lieux.
Renvoys Pour les endroits remarquables des Jardins du Château de VERSAILLES
Nota. l'on a observé dans l'arrangement des Renvoys la route qu'on tient lorsqu'on veut parcourir de suite tous les Jardins.
1. Le Parterre d'Eau
2. le Parterre du Midy
3. l'Orangerie
4. la Piece des Suisses
5. Cabinet du Point du Jour
6. Cabinet de Diane
7. l'Escalier en fer à cheval
8. Bassin et Parterre de Latone
9. La Salle du Bal
10. Le Labyrinte
11. Bassin de Bachus
12. Bosquet de la Girandole
13. Bassin de Saturne
14. l'Isle Royale
15. le Mail
16. la Salle des Marroniers
17. la Colonnade
18. Le Tapis vert
19. Bassin d'Apollon
20. le Grand Canal
21. la Petite Venise ou Logement des Gondoliers
22. le Bosquet des Dômes
23. l'Encelade
24. l'Obelisque ou la Montagne d'Eau
25. Bassin de Flore
26. Bosquet de l'Estoile
27. Bosquet du Dauphin
28. Bassin de Cérès
29. Bosquet en Jardin particulier de M. le Dauphin
30. les Bains d'Apollon
31. le Thuatre d'eau
32. les trois Fontaines
33. la Piece de Neptune
34. l'Arc de triomphe
35. Bassin du Dragon
36. l'Allée d'eau
37. la Grande Nappe
38. Fontaine de la Piramide
39. le Parterre du Nord
40. Les Reservoirs
Jardins du Cav. Bernini à la teste de la Piece des Suisses
À Paris chez Jombert rue Dauphine
RENVOYS pour le château pour la Ville de VERSAILLES
Château
Isle des Princes
Grande Aisle ou Isiele du Nord
Chapelle
Logemens des Ministres
Cour de Martre
Cour du Château
Avant-cour ou Cour des Ministres
Cour des Princes
Cour de la Chapelle
Surintendance
Grand Commun
Grande Bourie
Petites Ecuries
Chenil et l'Hôtel du Grand Veneur
Hôtel et Jardin du Grand Maitre
devant l'Hôtel de Conty
Château et Jardins de Clagny
Eglise Paroissiale de Nôtre Dame
Eglise Paroissiale de St Louis
Eglise et Couvent des Recollets
Jardin Potager du Rey
Dépôt de l'Abbaye du Rey
Hôtel des Gardes du Corps
Hôtel des Gendarmes de la Garde
Hôtel des Chevaux legers
Château d'eau
Hôtel de Limoge
Ecole
Place d'Armes
Place Dauphine
Place qu'occupoit cy devant l'Etang
Place destinée pour y bâtir un Hopital
Place des Developpes
Le Marché neuf
Manege d'armes
Le Marché
Avenue de Paris
Avenue de St Cloud
Avenue de Mauriboron
Place des Ursulines
LE GRAND PARC
Menagerie
Mur du Grand Parc

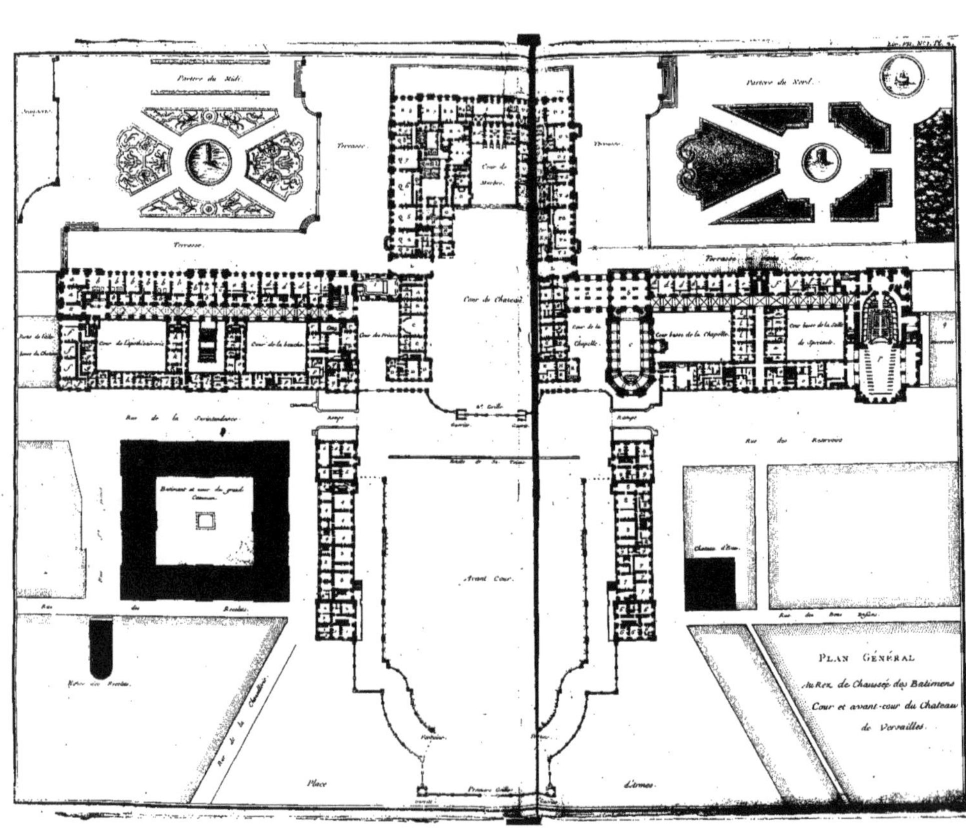

*d.* Appartement de Madame la Duchesse *de Modene. e.* Appartement de Madame la Marquise *de Clermont - Gallerande. f.* Appartement de M. le Prince *de Conty* & de M. le Comte *de la Marche. g.* Appartement du Prédicateur du Roi. *h.* Logement pour les Chefs des Brigades des Gardes du Roi. *i.* Appartement de M. le Prince *Conftantin*, premier Aumônier du Roi. *k.* Appartement de Madame *de Goësbriant*, Dame de compagnie de Mesdames *Victoire* , *Sophie* & *Louife. l.* Appartement de Madame la Duchesse *de Lauraguais*, Dame d'atours de Madame la Dauphine. *m.* Appartement de Madame la Princesse *de Carignan. n.* Appartement de Madame la Duchesse *de Boufters* , Dame du Palais de la Reine. *o.* Appartement de M. le Duc *de Luxembourg* , Capitaine des Gardes du Roi. *p.* Nouvelle falle de Spectacle qui fe conftruit actuellement fur les desseins & fous la conduite de M. *Gabriel*, premier Architecte du Roi, & dont la disposition, la grandeur & la décoration, annoncent le plus grand fuccès. Nous donnerons les desseins de cet ouvrage important dans le fupplément de ce Recueil ; & en attendant on en trouvera les principaux dévélopemens dans le feptieme Volume qui comprendra , pour la plus grande partie , les chef-d'œuvres dans tous les genres, qui fe remarquent dans le Palais immenfe que nous décrivons.

*q.* Partie du réfervoir , coté 40 dans la planche I , & dont nous avons parlé , page 105.

# CHAPITRE III.

## *Plan général, au premier étage , du Château de Verfailles:*
## Planche III.

DE toute la diftribution des Bâtimens dont nous parlons , ce plan offre la partie la plus intéressante , puifqu'il donne à connoître non feulement la difposition générale de tous les appartemens du bel étage de ce Palais , mais encore qu'il contient ce qu'on appelle communément les grands appartemens du Château de Verfailles, que nous ne décrirons cependant qu'après avoir parlé de l'intérieur de l'aîle du Midi , pour fuivre l'ordre que nous avons tenu dans le Chapitre précédent.

### *Diftribution au premier étage de l'aîle du Midi, nommée* l'aîle des Princes:

*a.* Grand efcalier, nommé *l'efcalier des Princes*, dont on trouvera les plans , coupes & élévations dans le feptieme Volume de ce Recueil. *b.* Appartement de M. le Duc & de Madame la Duchesse *d'Orleans*, anciennement celui de M. le Dauphin, & l'un des appartemens particuliers de ce Château , décoré avec le plus de goût & de magnificence. *c.* Appartement de M. le Duc *de Penthievre. d.* Appartement de Madame la Duchesse *de Duras* , Dame d'Honneur de Mefdames *Victoire, Sophie* & *Louife. e.* Appartement de M. le Prince & de Madame la Princesse *de Condé. f.* Appartement de Madame la Duchesse *de la Tremouille. g.* Appartement de M. le Marquis de *Puifieux. h.* Appartement de Madame la Duchesse *de Brancas* , Dame d'Honneur , en furvivance, de Madame la Dauphine. *i.* Logement du premier Médecin de la Reine. *k.* Appartement de M. le Duc *de Brancas. l.* Appartement de Madame la Marquife *de Bouzols*, Dame du Palais de la Reine. *m.* Appartement de Madame la Marquife *de Flava-court* , Dame du Palais de la Reine. *n.* Appartement de Madame la Com-teffe *de Pons* , Dame de compagnie de Madame la Dauphine. *o.* Appartement de M. le Prince *de Soubife*. *p.* Appartement de M. le Duc *de Villeroi* , Capitaine des Gardes. *q.* Appartement de Madame la Ducheffe *de Luynes* , Dame d'Hon-neur de la Reine. *r.* Veftibule appellé *le fallon des Marchands* , fervant de commu-nication de l'aîle du Midi aux appartemens du Roi & à ceux de la Reine.

*Diftribution au premier étage de l'avant-corps dans lequel font compris les grands appartemens de Verfailles.*

A. Appartement de Madame la Comteffe *du Roure* , Dame de compagnie de Ma-dame la Dauphine. B. Appartement de M. le Duc *d'Aumont* , premier Gentilhomme de la Chambre du Roi. C. Paffage. D. Appartement de M. le Comte *de Clermont.* E. Grande falle générale des Gardes du Corps. Cette piece eft fort vafte & revê-tue de ménuiferie pour la plus grande partie. C'eft dans ce lieu que Sa Majefté fait la *Cene* , le Jeudi-Saint.



F 1. Salle des Gardes qui fervent auprès de la Reine. Cette piece eft revêtue de marbre en compartimens ; au milieu du plafond , en arc de cloître, eft un grand tableau octogone repréfentant *Jupiter* dans un char tiré par des Aigles , accom-pagné des fignes du *Zodiaque* & de plufieurs figures allégoriques. Quatre autres tableaux ornent encore ce plafond ; le premier repréfente *Solon* qui foutient l'équité des loix qu'il avoit données aux Athéniens ; le fecond, *Trajan* qui reçoit des placets de toutes les Nations du Monde ; le troifieme, *Ptolomée Philadelphe* donnant la liberté aux efclaves Juifs qui étoient dans fes Etats ; le quatrieme, l'Empereur *Severe* qui fait diftribuer du bled au Peuple de Rome. Sur la corni-che qui foutient ce plafond , on a feint une baluftrade où font peintes plufieurs figures en différentes attitudes , & dans les quatre encoignures fe remarquent plufieurs grouppes rehauffés d'or , & des ornemens feints de ftuc qui fe lient avec les compartimens de ce plafond. Sur la cheminée eft un grand tableau qui repré-fente un facrifice fait à *Jupiter* , & en face de cette derniere on en voit un autre qui repréfente la naiffance de ce Dieu. Toutes les peintures font de *Noel Coypel* , qui les avoit deftinées pour le cabinet du Confeil ; mais les changemens qu'on fit à ce Château en bâtiffant la grande galerie de Verfailles, les fit placer dans l'appartement dont nous parlons.

F 2. Antichambre où fe tient le grand couvert. Cette piece eft revêtue d'un lambris d'appui de marbre en compartimens. Les chambranles & les embra-fures des portes & croifées font de la même matiere. On remarque dans cette piece de belles tapifferies & plufieurs tableaux. Au milieu du plafond on voit *Mars* & les fignes du Zodiaque. Dans les compartimens qui le fubdivifent, font placés huit tableaux en camayeu rehauffés d'or. Le premier repréfente *Rodogune* qui, ayant appris à fa toilette la mort de fon mari, fit ferment de ne point achever fa coëffure , qu'elle ne l'eût vangé. Le fecond, *Harpalice* qui, à la tête d'une petite troupe, délivre fon pere qui avoit été fait prifonnier par les *Getes*. Le troi-fieme , *Bellone* qui , avec un flambeau, brûle le vifage de *Cybele*. Ces trois tableaux font de *Vignon*. Le quatrieme, *Clelie* qui , ayant été donnée en ôtage à *Porfenna*, trouva le moyen de paffer le Tibre à la nage. Le cinquieme, *Ipfycratée*, femme de *Mitridate* , qui le fuit à cheval à l'armée , malgré les difgraces de ce Prince. Le fixieme, *Zénobie* qui combat l'Empereur *Aurélien*. Le feptieme, *la Fu-reur* , fous la figure d'une femme qui tient d'une main une épée, & de l'autre une

torche

torche. Le huitieme enfin repréſente *Artemiſe* ſuivant *Xercés*, dans l'expédition Château de Verſailles. qu'il entreprit contre les Grecs. Ces cinq derniers tableaux ſont peints par *Paillet*, & d'un genre de beauté au deſſous des trois précédens.

F 3. Grand cabinet revêtu de marbre comme le précédent , tendu de tapiſſeries , & dans le plafond duquel eſt un grand morceau de Peinture par *Corneille*. On y voit *Mercure* qui préſide aux Sciences & aux Arts repréſentés par *Aſpaſie* , *Sapho*, & *Penelope*. Sur les portes ſont auſſi placés des tableaux repréſentant des Trophées relatifs aux Sciences & aux Arts, ainſi que dans les pieces qui précedent, & qui ſont de l'ouvrage de Mademoiſelle *Boullogne*.

F 4. Chambre à coucher richement meublée , & dont le plafond, peint par *de Seve* l'aîné, repréſente le Soleil qui répand ſes rayons ſur les quatre parties du Monde. On y voit auſſi l'Aurore , le point du jour, les heures, &c. Dans quatre tableaux du compartiment de ce plafond , on voit *Cleopâtre* avec *Marc-Antoine* , dans ce ſomptueux repas où elle fit diſſoudre une perle qui peſoit, dit-on , quatre-vingt-dix carats ; *Didon* qui examine le plan de Carthage ; *Rhodope* dans l'eſclavage avec *Eſope* ; & *Nitocris* faiſant interrompre le cours de l'*Euphrate*.

F 5. Salle du concert, connue ſous le nom du *ſallon de la paix* , parce que précédemment il faiſoit partie de la grande galerie, comme celui K 2 qui lui eſt oppoſé , & qu'on nomme le *ſallon de la guerre*, dont nous parlerons en ſon lieu. Ce ſallon eſt tout revêtu de marbre & magnifiquement décoré ; partout la Sculpture annonce la Clémence, l'Abondance , & les Arts ; le plafond , peint par *Le Brun*, repréſente *la France* aſſiſe ſur un globe, dans un char porté ſur un nuage , couronnée par *la Gloire*. On y voit *la Paix*, le caducée à la main, & des Amours qui uniſſent des Tourterelles , portans des médaillons au col qui déſignent les alliances que la France a faites avec les Cours étrangeres. *L'Hymen* accompagné des Graces eſt auprès du char. Enfin l'on y remarque l'*Allegreſſe* , ſous la figure d'une *Bacchante* , *la Magnificence* qui montre à la France pluſieurs plans d'Edifices , *la Diſcorde* trébuchant , *la Religion* qui brûle de l'encens ſur un Autel au pied duquel l'*Héréſie* eſt renverſée , &c. Dans les quatre parties qui occupent la courbure du plafond , ſont autant de tableaux du même Peintre. Le premier repréſente l'*Europe Chrétienne* , tenant une thiare & une corne d'abondance , ayant à ſes pieds les dépouilles de l'Empire Ottoman ; elle eſt accompagnée de *la Juſtice* , de *la Piété* , & de différens Génies qui s'occupent à divers exercices relatifs au rétabliſſement des Arts. Le ſecond , l'*Allemagne* appuyée ſur un globe , tendant la main à un enfant qui lui apporte deux branches , l'une de laurier , l'autre d'olivier , ſymboles de la Paix. Le troiſieme , l'*Eſpagne* qui reçoit une branche d'olivier des mains d'un Amour. Le quatrieme , *la Hollande* accompagnée des mêmes ſymboles , &c. La cheminée de ce ſallon eſt ornée d'un grand tableau peint par *Le Moine* , repréſentant Sa Majeſté , tenant de la main gauche un gouvernail , & préſentant de la droite une branche d'olivier à l'*Europe*. Ce tableau , de forme ovale , eſt de douze pieds ſur neuf, & certainement eſt digne du ſujet & de ſon Auteur.

Ce grand appartement eſt accompagné de petites pieces qui fourniſſent toutes les commodités relatives à ſa deſtination ; elles ſont toutes décorées avec beaucoup de dignité, de nobleſſe & de goût. La piece marquée F 6 , eſt un cabinet des bains. Celle F 7 , un cabinet privé. Celles F 8 , ſont les oratoires de la Reine. Celle F 9 eſt un laboratoire, où cette Princeſſe occupe ſes loiſirs à l'étude de la Peinture. Celle F 10 eſt une Méridienne. Celle F 11 , une garde-robe. Celle F 12 , une piece où ſe tiennent les femmes de chambre. Enfin celle F 13 , eſt une piece de communication de l'appartement de la Reine avec celui du Roi , & au deſſus

*Tome IV.*                                                      H h

*Château de Versailles.* de laquelle eſt contenu le logement du premier Valet de chambre de Sa Majeſté. Toutes ces dernieres pieces tirent leur jour ſur une cour particuliere qui procure plus de recueillement à ce petit appartement ; il eſt pourvu d'ailleurs de pluſieurs eſcaliers de dégagement qui en rendent le ſervice plus aiſé, & qui par le ſecours des entre-ſols qui ſont au deſſus, multiplient ces genres de pieces, ſans leſquelles le plus bel appartement n'auroit aucun mérite. Indépendamment du grand eſcalier, marqué *a*, qui arrive au grand appartement que nous venons de décrire, il y en a encore un autre, coté G, appellé *l'eſcalier de la Reine*, & qui communique auſſi aux appartemens du Roi dont nous allons parler.

*Apparte- mens du Roi.* Cet eſcalier G, ſeul aujourd'hui qui conduiſe aux grands appartemens de Verſailles, depuis la démolition de celui nommé *l'eſcalier des Ambaſſadeurs*, eſt conſtruit de marbre, & d'un aſſez bon goût de deſſein. ( Voyez dans le ſeptieme Volume de ce Recueil, les plans, coupes & élévations de cet eſcalier ). Il donne entrée, d'un côté dans la ſalle des Gardes de la Reine, marquée F 1, de l'autre, dans un veſtibule marqué H 1. Celui-ci eſt revêtu tout de marbre, & conduit à la ſalle des Gardes du Roi, marquée H 2.

*Salle des Gardes.* Cette piece eſt revêtue d'un lambris dans toute ſa hauteur, & n'a de remarquable qu'un aſſez beau tableau de *Parrocel*, placé ſur la cheminée.

*Salle du grand cou- vert.* La piece H 3 eſt nommée *la ſalle du grand couvert*, lorſque Sa Majeſté mange dans ſon appartement, & non dans celui de la Reine, pour cauſe d'abſence ou d'indiſpoſition. Cette ſalle eſt auſſi revêtue d'un lambris de hauteur, dans pluſieurs des panneaux duquel ſont des batailles peintes par *Parrocel*. Sur la cheminée on voit un tableau du *Bourguignon* qui y a repréſenté la bataille d'Arbelles, dans laquelle *Alexandre* vainquit *Darius*. Le plafond de cette piece eſt en arc de cloîtré & uni, ſoutenu ſeulement par une corniche de ſtuc doré, couronnant un lambris de hauteur d'un goût aſſez ancien.

*Grande anticham- bre.* La piece H 4 eſt une grande antichambre nommée *l'œil de bœuf*, parce que dans la friſe rampante qui porte le plafond, on remarque une ouverture ovale qui contribue à répandre une lumiere plus abondante dans cette piece. Cette derniere comprenoit anciennement l'antichambre & la chambre à coucher de *Louis XIV* : aujourd'hui elle eſt appellée *antichambre* ou *ſallon de l'œil de bœuf*, & eſt revêtue en ménuiſerie, ornée de ſculpture & de dorure ſur un fond blanc. Cette menuiſerie eſt ſurmontée d'une corniche, & au deſſus ſe remarque une friſe rampante enrichie auſſi de ſculpture dorée, dans laquelle eſt compris l'œil de bœuf dont nous parlons, & vis-à-vis duquel, au deſſus de la cheminée, eſt un autre œil de bœuf feint, dans lequel on voit un tableau d'*Horatio Gentilleſchi*, Peintre Italien. Cette piece eſt décorée d'excellens tableaux de *Paul Veroneſe*, qui ſont encaſtrés dans les compartimens du lambris, & dont pluſieurs ſervent de deſſus de porte. On remarque auſſi ſur ces dernieres, deux tableaux *du Baſſan*, d'une grande beauté.

*Chambre de parade.* La piece H 5 ſervoit anciennement au déshabiller de *Louis XIV*, enſuite elle eſt devenue ſa chambre à coucher ; aujourd'hui elle ne ſert que de chambre de parade. Cette piece, fort élevée, comprend le premier étage & l'Attique de la façade extérieure du Château. ( Voyez la coupe ſur la planche XVII ) Elle eſt d'ailleurs toute revêtue de menuiſerie dorée ſur un fond blanc ; un Ordre de pilaſtres Compoſites, enrichi de ſculpture d'un aſſez bon goût de deſſein, préſide dans cette piece ; la ſculpture eſt exécutée, ainſi que celle de la piece précédente, par *Taupin*, *Du Goulon*, *Goupi*, &c. Divers tableaux de prix, de grandes glaces, & des meubles de goût ornent cette piece ; mais l'on doit remarquer que ce genre

de décoration & sa grande élévation la rendent plus propre à la magnificence qu'à *Château de Versailles.*
l'habitation. En changeant à diverses reprises, la deftination de cette piece, on a
placé la cheminée au Nord, au lieu du Midi où elle étoit. Le lit, d'une étoffe
précieufe, eft précédé d'une baluftrade qui en ferme l'enceinte; il eft placé en face
des croifées, fituation convenable, mais qui auroit exigé néanmoins que cette
piece eût eu plus de profondeur. (Voyez la difpofition de cette chambre à coucher dans le plan, fur la planche VIII.) Au deffus de la décoration du lambris,
on remarque plufieurs figures allégoriques fculptées par *Couſton*, telles que des
Renommées qui femblent publier les exploits du Prince; la France qui paroît
veiller inceffamment à fa confervation, &c. Plufieurs excellens tableaux de *Ra-*
*phael*, du *Dominiquin*, de *Vandyck*, du *Valentin*, de *Lanfranc*, d'*Alexandre Veroneſe*,
& du *Caravage*, rendent encore cette piece un lieu fort intéreffant.

La piece H 6 eft le cabinet du Confeil. Sa décoration vient d'être changée *Cabinet du Conseil.*
tout récemment, par la néceffité où l'on s'eft trouvé de la rendre plus fpacieufe.
En effet, on y a joint le cabinet appellé *des Termes* (l), qui tiroit fon jour de
la cour des Cerfs. Les lambris & la fculpture qui ornent cette piece ne font
pas encore dorés, ni les tableaux qu'on y voyoit anciennement, pofés en place.
On y remarque feulement une affez belle cheminée de marbre fanguin, enrichie
de bronze doré d'or moulu, de grandes glaces, des meubles de goût, &c.

La piece H 7 eft la chambre à coucher de Sa Majefté (m) faifant partie de fon *Apparte-ment particulier de Sa Majesté.*
appartement privé, lequel eft compofé de plufieurs pieces expofées au Midi, &
pourvues des commodités qu'on ignoroit encore dans le fiecle précédent. Tout
cet appartement eft revêtu de menuiferie, ornée de fculpture & dorure fur un
fond blanc, & contient diverfes curiofités dignes du Prince qui l'habite, tels
que d'excellens tableaux de grands Maîtres, des porcelaines, des bronzes, &c.
qui rendent cette habitation très-agréable, & procurent aux amateurs un coup
d'œil fatisfaifant. Cette chambre à coucher eft en alcove; ordinairement les meubles d'été & d'hyver dont elle eft garnie, font des étoffes de prix & d'un goût de
deffein qui donne à connoître les progrès & la fupériorité de nos manufactures
en France, fur celles de toute l'Europe.

La piece H 8 eft appellée *le cabinet des pendules*. En effet, on y en voit une
entr'autres d'un travail exquis & d'un prix très-confidérable, inventée par *Paſ-*
*femant*, & exécutée par *Dauthiau*. On a vu long-tems dans cette piece plufieurs
beaux tableaux du *Pouſſin*, particuliérement celui qui repréfentoit *la manne que*
*Dieu envoya aux enfans d'Ifraël*, & dont *Le Brun* a donné la defcription dans un
difcours qu'il fit fur fon Art, le 5 Novembre 1667. Aujourd'hui, cette piece étant
toute revêtue de menuiferie, on n'y remarque que quatre deffus de portes de ce
même Peintre, & qui font fort eftimés.

La piece H 9 eft un cabinet de jeu, revêtu de menuiferie ornée de fculpture, de dorure & de glaces. Plufieurs excellens tableaux font placés dans ce
cabinet; mais comme ils fe renouvellent & changent de place, nous n'en parlerons pas ici.

La piece H 10 eft un arriere-cabinet fervant de retraite à Sa Majefté; où elle
tient fes papiers, & où elle écrit, deffine, ordonne & reçoit fes dépêches, &c. Atte-

---

(l) Ce Cabinet avoit pris fon nom de vingt figures
d'enfans, en forme de Termes, qui ornoient l'Attique
qui foutenoit le plafond de cette piece. On y a vu
long-tems d'excellens tableaux du *Baſſan*; il étoit auffi
orné de glaces dans tout fon pourtour, encaftrées dans
de belle menuiferie fculptée, dorée, & chargée de
confoles, de vafes, & autres ouvrages précieux. Cette
piece a auffi porté le nom de Cabinet des Perruques.

( Voyez le plan, fur la planche VIII.
(m) Cette piece, anciennement, s'appelloit le *Cabinet*
*du billard*, & étoit ornée d'excellens tableaux du *Guide*,
de *l'Albane*, de *Le Brun*, de *La Foſſe*, de *Mignard*,
d'*Antoine Coypel*, &c. dont la plus grande partie aujourd'hui font placés ailleurs, ou confervés au dépôt des
tableaux du Roi, à la Surintendance.

nant ce cabinet est une autre petite piece marquée H 11, servant de garde-robe, dans laquelle est placée une chaise percée. H 12, est une antichambre revêtue d'ancienne menuiserie qui encastre plusieurs tableaux, & dans laquelle sont pratiquées plusieurs loges & banquettes pour les chiens du Roi. H 13, est une salle à manger décorée à la moderne, & ornée de tableaux relatifs à *Comus*, nouvellement exécutée par nos plus habiles Peintres. H 14, est une piece servant de buffet à la salle à manger.



H 15, escalier qui monte aux petits appartemens du Roi, distribués, décorés & ornés avec beaucoup d'intelligence, & pourvus de toutes les commodités qu'exige ce genre d'habitation. Nous n'entreprenons point ici la description de ces petits appartemens, étant sujets à des changemens continuels. Nous remarquerons seulement qu'ils contiennent une bibliotheque d'environ quatre mille volumes de Livres choisis; un laboratoire de Chymie, & qu'on a pratiqué, sur des terrasses qui l'environnent, plusieurs petits Jardins pour y élever des simples, des fleurs, &c.

H 16. Dégagement qui conduit à un cabinet particulier, coté 17, appellé *le cabinet doré*, & dont la sculpture, ainsi que la plus grande partie de celle des anciennes pieces précédentes, ont été faites par *Dugoulon & Roumier*, deux des plus habiles Sculpteurs en bois, du commencement de ce siecle. Les sculptures faites de nos jours sont de l'exécution du sieur *Verbreck*, Dessinateur & Sculpteur de beaucoup de mérite en ce genre. H 18. Piece servant de laboratoire & où est placé le *Tour* du Roi.

On arrive à tout cet appartement privé par l'escalier H 19, qui a son issue par la cour de marbre, & par lequel passe Sa Majesté lorsqu'elle va ou revient de la chasse, ou lorsqu'elle vient de faire quelque séjour dans ses maisons de plaisance.



Avant que de passer aux grands appartemens du Château de Versailles, parcourons celui marqué I, occupé aujourd'hui par Madame *Adelaïde*, & situé où étoit placée autrefois la petite galerie de l'appartement du Roi (*n*), & l'escalier des Ambassadeurs (*o*). (Voyez les distributions de cette petite galerie & de l'escalier dont nous parlons dans le plan, planche VIII.) On entre communément dans l'appartement de Madame *Adelaïde*, par la piece K 7. De cette piece on arrive dans un passage marqué I 1 qui dégage par un escalier qui monte de fond en comble. Ce passage donne entrée à une antichambre marquée I 2. La piece I 3 sert de salle à manger & de retraite pour les Dames de compagnie de Madame *Adelaïde*. La piece I 4 est sa chambre à coucher qui communique à l'arriere-cabinet de Sa Majesté, coté H 10, dont nous avons parlé plus haut. I 6 est l'arriere-cabinet de cette Princesse, & au dessus duquel, en entre-sol, est placée la piece des bains de cet appartement. I 7 est un Oratoire. I 8, une Garde-robe où est placée une chaise percée. La piece I 9 étoit anciennement le cabinet des mé-

---

(*n*) Cette petite galerie étoit accompagnée de deux sallons à ses extrémités, & ils contenoient ensemble les cinq croisées qui éclairent dans ce plan les trois pieces marquées H 3, 4, & 5.

Les plafonds de ces trois pieces avoient été peints par *Mignard le Romain*; mais ces ouvrages ont été détruits il y a environ quinze ou vingt ans, avant que le Sieur *Picault* eût trouvé l'admirable secret d'enlever la peinture de dessus le plâtre & de dessus le bois; moyen dont on se seroit servi, sans doute, pour conserver ces chef-d'œuvres à la postérité. A ce défaut, voyez les desseins de ces plafonds gravés par *Gerard Audran*, dans le cinquieme Volume des Œuvres du Cabinet du Roi déja cité. On voyoit aussi dans cette galerie & dans les deux sallons dont nous parlons, une collection très-considérable d'excellens tableaux, dispersés aujourd'hui dans les appartemens de ce Château; mais le plus grand nombre est déposé à la Surintendance, à Versailles, ou exposé publiquement dans le Palais du Luxembourg, à Paris.

(*o*) Ce grand & magnifique escalier qu'on a vu détruire depuis quelques années avec beaucoup de regret, étoit à trois rampes & construit tout de marbre; l'Ordre Ionique présidoit dans son ordonnance, celle-ci étoit ornée de peintures exécutées sur les desseins de *Le Brun*. *Vandermeulen* y avoit aussi peint à Fresque les Conquêtes de *Louis XIV*; on y voyoit encore des figures représentant les différentes Nations du Monde, peintes par les plus habiles Artistes en ce genre. On y remarquoit enfin des Trophées sculptés par *Coisevox*; le buste de *Louis le Grand* par le même; un grouppe antique de marbre blanc, & au dessous de ce dernier un bassin aussi de marbre, soutenu par des Dauphins de bronze, &c. Cet escalier étoit éclairé par en haut, ainsi que nous l'avons remarqué plus d'une fois dans le premier Volume de ce Recueil, en applaudissant cette maniere

dailles

*Château de Versailles.*

dailles (*p*), & sert aujourd'hui de premiere antichambre à cet appartement , & de buffet pour le service de la table de Madame *Adelaïde*, qui tenant sa maison, traite ordinairement Mesdames *Sophie*, *Victoire* & *Louise*. Cette premiere antichambre communique aussi à la piece K 8 , faisant partie des grands appartemens de Versailles que nous allons décrire.

*Distribution des grands appartemens du Château de Versailles.*

On appelle les grands appartemens de Versailles , toutes les pieces marquées dans ce plan de la lettre K, & par lesquelles leurs Majestés & la Famille Royale, passent ordinairement au milieu d'une foule de Courtisans , pour aller à la Chapelle marquée *c*. Ce grand appartement a deux issues, l'une par le grand escalier de la Reine, marqué G, en traversant les pieces H 1 , 2 , 3 & 4 , dont nous avons parlé, & qui conduisent à la grande galerie K 1. L'autre en arrivant par le vestibule de la Chapelle, marqué *b*, par les petits escaliers à vis, marqués *d*, placés à l'extrêmité des tribunes de la Chapelle. Commençons cette description par la grande galerie, dont la situation , la disposition, la décoration & la magnificence, surpassent tout ce qu'on voit de ce genre en Europe.

*Grande galerie.*

Cette galerie a de longueur trente-six toises cinq pieds , sur trente-deux pieds de largeur , & trente-sept & demi de hauteur sous clef. Cette piece est toute revêtue de marbre. Un Ordre de pilastres Corinthiens de vingt-un pouces de diametre , & de marbre de Rance , posé sur un fond de marbre blanc veiné, préside dans l'ordonnance de cette galerie. Cet Ordre est élevé sur un piedestal de trois pieds quatre pouces de hauteur. Ses chapiteaux sont composés de feuilles de palmier & ornés d'une tête de Soleil dans leur tailloir, au lieu de rose, le tout de métal doré ; & les bases, selon l'Antique , sont de bronze doré d'or moulu. Dix-sept arcades en plein-ceintre éclairent cette grande piece, & lui procurent le plus bel aspect qu'il soit possible d'imaginer , par le coup d'œil des fontaines jaillissantes & des Jardins de ce Palais, terminé par le grand canal dont nous avons déja parlé. Vis-à-vis de chacune de ces arcades, en sont placées autant de feintes remplies de glaces qui répetent, d'une maniere fort intéressante, l'aspect des dehors de cette galerie. Dans les trumeaux qui séparent ces ouvertures, feintes & réelles, sont distribués quarante-huit pilastres , non compris ceux qui décorent chaque extrêmité de cette galerie , dont deux de ces derniers sont angulaires & font place à autant de colonnes. ( Voyez - en le plan sur la planche VIII ) Entre ces colonnes est une grande arcade ( Voyez la coupe , planche XVII ) qui répond au milieu des sallons de la guerre & de la paix, marqués K 2 & F 5 , & qui procurent par les croisées placées dans ces sallons en face de ces arcades, un autre coup d'œil qui laisse jouir de la plus grande partie de l'étendue des Jardins de Versailles, depuis l'extrêmité de la piece des Suisses , jusqu'à la fontaine de la pyramide ; ( Voyez le plan général , planche I ) agrément qui releve les beautés de cette galerie , & qui ne contribue pas peu à la rendre le plus beau lieu du monde ; la disposition & la situation étant un des premiers avantages des productions de ce genre.

L'inégalité des trumeaux de cette galerie, occasionnée par la décoration exté-

---

de tirer du jour pour procurer de la lumiere à ces sortes de pieces. (Voyez dans les Œuvres du Cabinet du Roi, tome V, les desseins des peintures de cet escalier , gravés en sept planches ; par *Etienne Baudet*.)

(*P*) Il ne reste plus de ce Cabinet que les revêtissemens des lambris & le plafond. Ce dernier est de forme elliptique soutenu par quatre panaches ornées de peinture, de sculpture, & de dorure, d'un très - bon goût de dessein. On y voit aussi des camayeux rehaussés d'or d'une composition excellente. Cette piece, quoique dé-

pourvue des trésors qu'elle contenoit , mérite encore l'attention des connoisseurs par la beauté de l'Architecture qui y préside , le choix des ornemens qui l'enrichissent , & la beauté des détails répandus dans son ordonnance en général.

Les médailles contenues autrefois dans ce Cabinet , sont aujourd'hui en dépôt à la Bibliotheque du Roi. Voyez ce que nous en avons dit en parlant des medailles appartenantes à Sa Majesté , dans le troisieme Volume de ce Recueil , page 74 , note *g*.

rieure, & celle-ci devenue irréguliere par les restaurations de cet avant-corps, faites à diverses reprises, ont produit quelques pilastres inégalement accouplés, & plusieurs pilastres solitaires qui apportent un défaut de simétrie dans l'intérieur de cette piece ; mais la grandeur du Vaisseau, la beauté du tout-ensemble, & la richesse des matieres qui y sont prodiguées, rachetent cette disparité, qui d'ailleurs a donné occasion de placer quatre niches vers le milieu de cette galerie, & dont la beauté des figures qu'elles contiennent dédommage de ce prétendu défaut, lequel n'empêche pas néanmoins que les côtés opposés ne soient égaux entr'eux ; en sorte que bien loin de pouvoir envisager comme un abus, cette irrégularité, celle-ci jette au contraire une agréable diversité dans toute cette ordonnance, qui peut-être est préférable à une décoration trop monotone & trop scrupuleusement réguliere. On peut dire encore, en faveur de ces trumeaux dissemblables, qu'ils ont procuré une variété agréable dans les compartimens de la voute, dont *Le Brun* a sçu profiter heureusement pour disposer le grand ouvrage de peinture que renferme cette galerie, & dont la composition, la vigueur du coloris, la correction du dessein, & l'enchaînement qui regne dans la distribution des ornemens qui contiennent les conquêtes du Roi qui y sont représentées, assurent une gloire immortelle à notre école Françoise. Cette voute est distribuée en neuf grands tableaux & dix-huit petits, peints par *Le Brun*. Il a représenté dans ces tableaux, sous des figures allégoriques, l'Histoire de *Louis le Grand*, depuis la paix des *Pyrenées* jusqu'à celle de *Nimegue*. Nous n'entreprendrons point ici la description de cet ouvrage immense : M. *Massé*, Peintre du Roi, vient depuis peu de mettre dans tout leur jour ces chef-d'œuvres de l'Art, par le ministere de la gravûre, ce qui nous dispense d'entrer dans un détail qui ne pourroit trouver place ici que comme une partie accessoire. Nous en userons de même pour ce qui regarde les figures & les vases antiques que contient cette galerie, la plûpart se trouvant gravées dans le huitieme Volume des Œuvres du Cabinet du Roi. Ajoutons que le coup d'œil d'un Connoisseur sur ces différens objets, dit plus qu'une description, quelque bien qu'elle puisse être, & que souvent elle est une bien foible ressource pour le vulgaire ; cette considération nous fait inviter les personnes qui peuvent se procurer la vue de ces excellens modeles, à ne pas négliger un examen qui ne peut que tourner au profit d'un Spectateur intelligent : nous observerons seulement que cette voute est en berceau de forme elliptique, & qu'elle eût été mieux en arc de cloître dans ses deux extrêmités ; autrement une voute terminée par deux parties verticales, laisse toujours à douter si la piece qu'elle met à couvert n'a pas été raccourcie sur sa longueur. D'ailleurs il résulte moins d'unité dans les compartimens d'une telle voute, & une interruption indispensable dans les sujets de peinture qui y sont distribués ; défaut qui ne se rencontre pas dans un arc de cloître, ainsi qu'on peut le remarquer dans la plus grande partie des plafonds des appartemens du Palais dont nous parlons. La retombée de cette voute vient se terminer sur l'entablement de l'Ordre Corinthien. Cet entablement est d'un profil composé, orné de modillons & de consoles qui, dans leurs intervalles, produisent autant de métopes, dans lesquels sont distribués des trophées & des ornemens de stuc doré. On a placé sur cette corniche des *Génies* & des *Trophées* de guerre en relief, derriere lesquels on a pratiqué des jours provenans des croisées Antiques du côté du Jardin, dans l'intention d'éclairer par reflet les peintures de la voute ; moyen qui ne réussit qu'imparfaitement ici, mais qui peut donner pour ailleurs l'idée d'une exécution plus heureuse.

On doit faire quelque attention aux Trophées de bronze placés dans les entre-

pilaſtres de cette galerie, & à une infinité de *vaſes*, d'*urnes*, de *navicelles* antiques de porphyre & d'albâtre d'un travail & d'un deſſein exquis, auſſi-bien
qu'une infinité de torchieres, de tables de marbre, & autres meubles qui parent
cette galerie, & qui au premier aſpect laiſſent les yeux du Spectateur indétermi-
nés ſur le choix des beautés qu'il doit examiner. Nous ne parlerons point ici de
la compagnie la plus nombreuſe & la mieux choiſie dont ce lieu magnifique eſt
encore embelli, & qui aſſiduement vient faire ſa cour au Monarque; en ſorte que
très-communément on voit à des heures à peu près réglées, les Miniſtres des
Cours Etrangeres & nos plus grands Seigneurs, peupler ce ſéjour enchanté, le
rendez-vous de la politeſſe & de l'urbanité Françoiſe.

Cette galerie, comme nous l'avons déja remarqué, eſt précédée à ſes deux
extrêmités d'autant de ſallons, l'un nommé *le ſallon de la paix*, l'autre *le ſallon de
la guerre*. Nous obſerverons que le premier faiſant partie des appartemens de la
Reine, nuit eſſentiellement à la liberté du coup d'œil de l'enfilade de cette galerie. Celui de la guerre, marqué K 2, qui eſt tout ouvert, donne à connoître
l'agrément qu'auroit procuré celui F 5, ſi ſa communication eût reſté libre, mais
au contraire il interrompt l'axe qui traverſe toute la longueur de cet avant-
corps, & maſque aujourd'hui une des beautés eſſentielles de la diſpoſition & de
la ſituation de ces grands appartemens.

En face des croiſées, dans deux arcades feintes, on a pratiqué deux ouvertures
fermées par des portes de glaces qui ne nuiſent point à la ſymétrie; l'une ſert
de communication à tous les appartemens, par l'antichambre H 4; l'autre ſeulement pour la perſonne du Roi, & ſa ſuite, par la ſalle du Conſeil, marquée
H 6.

Le ſallon de la guerre, marqué K 2, eſt de forme quadrangulaire & d'un 
diametre égal à la largeur de la galerie. Il eſt auſſi revêtu de marbre de choix
dans toute ſa hauteur. On a feint dans cette piece une cheminée, au deſſus de
laquelle, dans une grande bordure ovale, on voit un bas-relief en plâtre qui repréſente la ſtatue équeſtre de *Louis le Grand*, & qui devoit être exécuté en marbre par *Coiſevox*. Dans le chambranle de cette cheminée feinte, ſe remarque
auſſi un bas-relief repréſentant *l'Hiſtoire* qui écrit les exploits de *Louis XIV*, enfin
cette piece eſt embellie par pluſieurs vaſes antiques, divers buſtes d'albâtre & de
porphyre, des ſcabellons de marbre, des torchieres dorées, des trophées de
bronze, & des ornemens de métal, &c. De ce ſallon on jouit de deux points de
vue admirables, l'un par le coup d'œil de la grande galerie, l'autre par celui des
huit pieces de plain-pied qui compoſent la partie la plus conſidérable des grands
appartemens.

Cette piece eſt voutée en arc de cloître, ſa ſurface eſt ornée de compartimens
dans le goût de la voute du ſallon de la paix, & on y a placé cinq grands
tableaux peints par *Le Brun*, qui, par des figures allégoriques, repréſentent des
ſujets analogues à *Bellone*, & rappellent les victoires de *Louis XIV*, déſignées dans
la voute de la galerie. Qu'on me permette de m'arrêter ſur l'aſpect ſéduiſant que
produit la ſituation, la décoration, & l'ordonnance de ce ſallon, ſoit qu'on le
conſidere par rapport à la diſpoſition de ſon intérieur, ſoit qu'on l'enviſage relativement au coup d'œil des dehors. Certainement il ne faut que ſentir le beau &
l'aimer, pour être épris de l'effet que procurent tant d'objets raſſemblés ſous un
ſeul point de vue. J'ai viſité nombre de fois ce Palais immenſe; j'ai toujours été
enchanté de la ſéduction que faiſoit ſur mes ſens l'aſpect de tant de merveilles.
J'ai eu occaſion plus d'une fois d'y accompagner des Etrangers des différentes
parties de l'Europe; je les ai toujours vu partager mon admiration, en leur en-

*Château de Versailles.* tendant avouer avec surprise , qu'ils n'avoient jamais rien vu qui approchât de la grandeur & de la majesté qu'offroit à leurs regards l'intérieur de ce Palais, vu dans le sallon dont nous parlons. Deux choses néanmoins seroient à désirer ici ; la premiere, que les colonnes placées dans l'une des extrêmités de la galerie , eussent pu être apperçues de ce sallon , & que l'intervalle des colonnes aux pilastres eût été percé à jour ; assurément une plate-bande auroit été préférable à l'arcade en plein-ceintre placée dans le grand entre-colonnement. D'ailleurs cette arcade est d'une proportion vicieuse , & sa forme est inutile , n'ayant jamais dû être fermée par de la menuiserie. La deuxieme , que les portes à placard de l'appartement en retour fussent plus spacieuses (q), ces ouvertures devant toujours être proportionnées à la longueur de l'enfilade. Nous ne répéterons point qu'il paroît d'une nécessité absolue que le sallon de la paix soit réuni à la galerie, tel qu'on voit aujourd'hui celui de la guerre. ( Voyez les planches VIII & XVII, où les défauts dont nous parlons sont plus aisés à remarquer que dans la planche que nous décrivons. )

*Salle d'Apollon.* La piece K 3 est nommée *la salle d'Apollon*, parce que dans le milieu de son plafond on voit ce Dieu sur un char tiré par quatre Coursiers, peint par *La Fosse*. Au dessous, & dans les quatre principales parties de la courbure de ce plafond , sont placés autant de tableaux ; sçavoir, *Auguste* qui fait bâtir un port à *Mycene*. *Vespasien* qui fait élever le *Colisée*, *Coriolan* qui se laisse fléchir par sa mere ; enfin l'entretien d'*Alexandre* & de *Porus*, Roi des Indes ; & dans les quatre angles sont représentées les quatre Parties du Monde. Cette piece est connue aujourd'hui sous le nom de *la chambre du trône*, parce que sur un gradin on y voit un siege d'étoffe de prix, placé sous un dais de même espece , orné de crépines en or, de panaches, &c. Sur la cheminée, on remarque un portrait en pied, de *Louis XIV*, par *Rigaud*, & deux dessus de portes peints par *Vandyck*. Plusieurs excellens tableaux de grands Maîtres décorent cette piece, ainsi que toutes celles de cet appartement, lorsqu'elles ne sont tapissées que d'étoffes ; mais quand par intervalle on y étale de belles tapisseries des Gobelins, ainsi qu'on l'a fait cette année, ces ouvrages de peinture se déposent au cabinet des tableaux de la Surintendance, &c. ( Voyez ce que nous avons dit de ce cabinet, page 110 ). Les tapisseries dont nous parlons, occupent toute la hauteur de chaque piece, à l'exception d'un lambris d'appui de marbre ; les chambranles des portes, des croisées, & leurs embrasures sont aussi de marbre. Ces dernieres sont à compartimens qui s'allient assez bien avec ceux des plafonds faits de stuc, rehaussés d'or & ornés d'Architecture , Peinture & Sculpture. Ces pieces sont éclairées la nuit par des lustres de cristal & des girandoles de même matiere ; celles-ci sont posées sur des torchieres nouvellement exécutées. Les autres meubles de cette piece, quoique d'un goût déja assez ancien , ne laissent pas d'être néanmoins d'une grande beauté.

*Salle de Mercure.* La piece K 4, anciennement nommée *chambre de parade*, est connue aujourd'hui sous le nom de *la salle de Mercure*, parce que *Champagne* y a représenté ce Dieu accompagné de la Vigilance & des Arts, dans le milieu du plafond. Ce même Peintre a aussi représenté , dans les quatre grands tableaux qui l'accompa-

---

(q) Ces portes ont cependant quatre pieds dix pouces & demi de largeur , sur neuf pieds dix pouces & demi de hauteur , mais cette enfilade étant de cinquante toises de longueur, il eut encore été à désirer que ces portes eussent eu plus de grandeur. D'ailleurs les écoinçons, qui n'ont que deux pieds quatre pouces , sont trop près du mur de face, ce qui fait que l'axe des portes déja étroites , empêche qu'on ne parcoure directement cette enfilade, à cause de la saillie des meubles placés dans les trumeaux des croisées, ce qui nuit à la dignité d'un appartement de cette espece ; défaut qu'il faut même éviter dans un Bâtiment moins important. Nous remarquerons cependant que ces portes, originairement , n'avoient que trois pieds dix pouces , & qu'elles furent rélargies dans l'état où nous les voyons aujourd'hui lors de la restauration de ce Château par *Hardouin Mansard*.

gnent,

gnent, *Alexandre* qui fournit à *Aristote* tous les moyens nécessaires pour travailler Château de Versailles. avec succès à l'Histoire Naturelle; le même *Alexandre* qui donne Audience aux Philosophes Indiens; l'entrevue de *Ptolomée* avec des Sçavans dans une bibliotheque : *Auguste* qui reçoit des Ambassadeurs Indiens. Ces cinq tableaux sont encastrés dans des compartimens de stuc doré d'or jaune & d'or couleur, ornés de camayeux & de figures symboliques, exécutées sur les desseins de *Le Brun*. Cette piece, comme la précédente, est ornée de belles tapisseries, de chambranles & de lambris d'appui de marbre, de torchieres, &c. On y voit en tout tems deux excellens tableaux de *Raphael*, l'un le *S. Michel* (r), originairement peint sur bois, & remis sur toile par le sieur *Picault*; ( Voyez ce que nous avons dit de cet Artiste dans le second Volume, page 10, note *d*) l'autre *la sainte Famille*, un des chef-d'œuvres du même Peintre (*ſ*). On y remarque encore deux tableaux servant de dessus de portes, l'un du *Carravage*, l'autre de *Blanchard*, &c.

La piece K 5 étoit appellée *la salle du Concert*, parce qu'on y voyoit précédem- *Salle de Mars.* ment deux tribunes ornées de colonnes, situées en face des croisées; (Voyez le plan de ces tribunes dans la planche VIII) mais ces tribunes ayant été détruites depuis quelques années, on nomme communément cette piece *la salle de Mars*, parce qu'on voit dans son plafond, ce Dieu suivi du Génie de la guerre, peint par *Le Brun*; & deux autres sujets, dont l'un repréfente *la Terreur* qui épouvante les puissances de la terre, peint par *Houasse*; l'autre *la Victoire*, soutenue par *Hercule*, peint par *Jouvenet*. Ces trois tableaux sont environnés de compartimens de stuc, dans lesquels sont aussi encastrés six camayeux rehaussés d'or. Cette piece est meublée comme la précédente, & sur sa cheminée se remarque un tableau de *Paul Veronese*, & quatre autres sur les portes, par *Raphaël*, le *Guerchin*, &c.

La piece K 6 étoit anciennement appellé *la salle du Billard*; on la nomme au- *Salle de Diane.* jourd'hui la salle de *Diane*, *Blanchard*, ayant peint cette Déesse dans le milieu de son plafond, accompagnée des heures, de la navigation, & des attributs de la chasse. Les sujets des quatre tableaux qui accompagnent celui du milieu sont, *Cefar* qui envoie des Colonies à Carthage; *Cyrus* qui attaque un Sanglier, tous deux peints par *Audran*. *Jafon* qui aborde à Colchos, & *Alexandre* qui chasse aux Lions, peints par *La Fosse*. Sur la cheminée se remarque aussi un tableau de *La Fosse*, qui repréfente le sacrifice d'*Iphigenie*, au moment que *Diane* fit paroître une Biche pour être immolée à la place de cette Princesse. Sur l'attique de cette cheminée & sous le tableau dont on vient de parler, on doit admirer une fuite en Egypte, de marbre, par *Sarrazin*, un des chef-d'œuvres de ce Sculpteur, mais trop exposée à l'indifcrétion du vulgaire. En face de la cheminée est placé un beau tableau du *Feti*, & en face des croisées un buste de marbre de *Louis le Grand*, sculpté par le Cavalier *Bernin*. Cette piece est encore ornée de quatre dessus de portes, de belles tapisseries, de compartimens de marbre, &c.

La piece K 7 est appellée *la salle de Venus* : elle communiquoit ci-devant, ainsi *Salle de Venus.* que la précédente, au grand escalier des Ambassadeurs. Aujourd'hui elle sert de principale entrée à l'appartement de Madame *Adelaïde*, dont nous avons parlé, page 124. Cette piece est toute revêtue de marbre, & ornée, en face des croisées, de colonnes & de pilastres d'Ordre Ionique ( Voyez-en le plan sur la planche VIII) qui soutiennent une belle corniche de stuc doré. Sur cette derniere s'éleve une voûte en arc de cloître ornée de compartimens, au milieu desquels *Houasse* a peint *Venus* dans son char, couronnée par les Graces, & accompagnée des Dieux & des

(r) Voyez la Dissertation que *Le Brun* a faite sur ce  de ce tableau dans un discours qu'il fit le 3 Septembre
tableau, le 7 Mai 1667.                 1667.
(ſ) Voyez la defcription que *Mignard* nous a donnée

*Tome IV.*                                   K k

# PLAN GÉNÉRAL AU PREMIER ÉTAGE DU CHATEAU DE VERSAILLES.

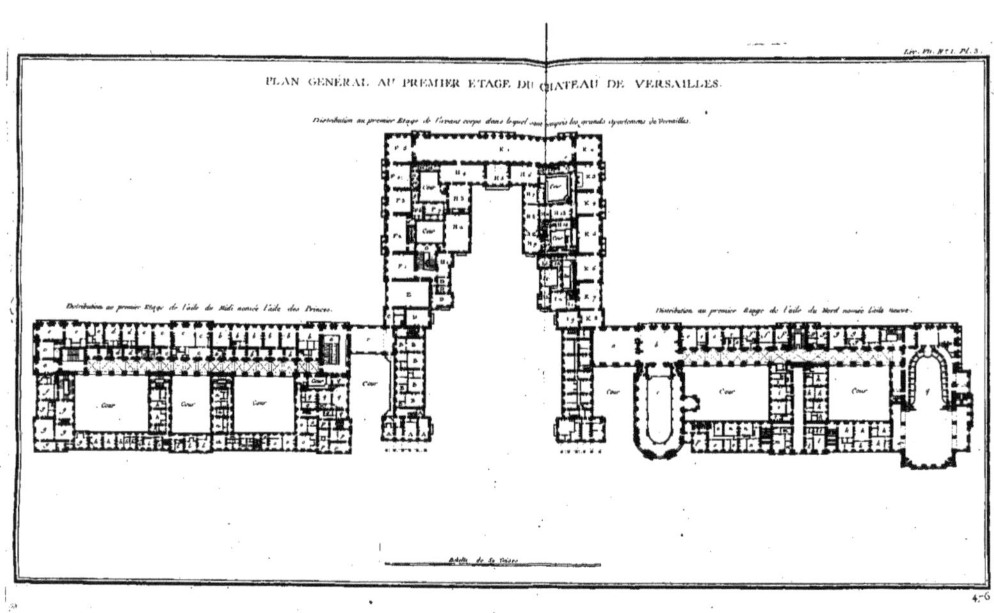


4.-6

M. le Duc *de Bouillon*, Grand Chambellan. *i.* Appartement vacant. *k.* Appartement de M. *de Saſſenage*, Chevalier d'Honneur de Madame la Dauphine. *l.* Appartetement de M. le Marquis *de Matignon*. *m.* Appartement de M. le Maréchal *de Coigny*. *n.* Appartement de M. le Maréchal *de Belle-Iſle*. *o.* Appartement vacant. *p.* Piece à l'uſage de la Muſique de la Chapelle. *q.* Plan des deuxiemes loges de la nouvelle ſalle de ſpeǎacle dont nous avons parlé précédemment, & qui eſt accompagnée de toutes les dépendances relatives à un Bâtiment de cette eſpece, comme loges d'Aǎeurs, foyers, eſcaliers de dégagement, &c.



Nous n'avons prétendu parler dans cette deſcription, que des appartemens contenus dans les planches II & III, n'ayant pas cru devoir donner le plan de l'étage ſupérieur, ni celui des entreſols compris au deſſus de la plus grande partie des appartemens dont on vient de parler. Nous dirons ſeulement ici que l'on compte deux cens vingt-ſix appartemens de Maîtres, & leurs dépendances, dans le Château de Verſailles, non compris les appartemens du Roi, de la Reine, & de la Famille Royale, ni ceux diſtribués dans le grand commun pour les Officiers , & dans les grandes & petites écuries du Roi. A cette remarque nous ajouterons que preſque tous les appartemens du Château deſtinés pour la réſidence des grands Seigneurs, ſont revêtus pour la plûpart de menuiſerie, & munis de toutes les commodités qu'il convient à chaque logement , enfin que les embelliſſemens, les réparations & les reſtaurations de chacun d'eux, ſe font par la libéralité de Sa Majeſté, & ſous les ordres du Direǎeur Général des Bâtimens du Roi.

## CHAPITRE IV.

*Diſtribution plus en grand des appartemens du Château de Verſailles, tant au rez-de-chauſſée, qu'au premier étage.* Planches IV, V, VI, VII, VIII & IX.

NOus avons averti que depuis environ vingt ans, que les ſix planches contenues dans ce Chapitre ont été gravées, il étoit ſurvenu des changemens aſſez conſidérables dans l'intérieur des appartemens du Château dont nous parlons ; cette conſidération nous a engagés à faire précéder ces ſix planches par deux plans qui offrent l'état aǎuel des diſtributions de ce Palais. Cette addition, comme nous l'avons déja remarqué, non ſeulement doit intéreſſer nos Leǎeurs, mais doit contribuer auſſi à donner une idée de la manutention de cette Maiſon Royale & des détails immenſes de ſon département, & doit faire connoître l'importance & la conſidération des perſonnes attachées au ſervice de leurs Majeſtés & de la Famille Royale.

La planche IV fait voir la diſpoſition générale & toutes les parties de détail de l'aîle du Midi ; la diſtribution des appartemens du côté des Jardins, ceux contenus du côté de la rue de la Surintendance, enfin ceux compris dans les corps de logis qui diviſent les trois cours pratiquées dans l'étendue de cette aîle. Nous avons averti que nous n'entrerions pas dans un grand détail concernant l'arrangement des pieces qui compoſent les appartemens marqués ſur les plans que nous indiquons. Que pourrions-nous dire en effet ſur une diſtribution faite à diverſes repriſes, & dont les pieces changent de Maître continuellement ? Quelles obſervations y a-t'il à faire ſur des appartemens, qui originairement ayant été faits doubles, ſemi-doubles & ſimples, manquent, pour la plûpart, des commodités eſſentielles & indiſpenſables

à une Maison Royale de l'importance de celle dont nous parlons , sinon que de
ce défaut résulte la nécessité des changemens qu'on y a faits depuis vingt ans , &
que l'on sera forcé d'y faire dans la suite ; la distribution étant une des branches
de l'Architecture où nous ayons fait le plus de découvertes depuis l'édification de
ce Palais ? Passons donc sous silence l'irrégularité des cours , la disposition ingrate
des corps de logis , l'imperfection des avant-corps, la réitération trop répétée des
ressauts, & la multiplicité trop considérable des petites parties qui se remarquent,
particuliérement du côté de l'entrée, dans le plan général du rez-de-chaussée dont
cette planche IV fait partie, & ne portons notre attention que sur l'utilité de la
galerie de communication, qui conduit à couvert, d'une extrêmité à l'autre du Château, toutes les personnes attachées au service du Prince , aussi-bien que celles
du dehors qui viennent visiter ce Palais immense. Considérons la grandeur de
l'escalier des Princes, la commodité de celui de la cour du milieu de cette aîle.
Enfin faisons attention à la régularité de la distribution & à la disposition assez symé-
trique des principales pieces distribuées en enfilade du côté du Jardin.

La planche V offre la disposition du principal corps de logis du Château de
Versailles au rez-de-chaussée : c'est sur cette planche qu'est exprimé le plan de l'ancien
escalier des Ambassadeurs, le premier appartement de M. le Dauphin , & celui où
demeuroit Madame la Comtesse *de Toulouse*, à la place desquels sont distribuées
aujourd'hui les pieces que nous avons décrites dans le Chapitre précédent.

La Planche VI donne à connoître la distribution de l'aîle du Nord, de la même
étendue que la précédente, mais dans laquelle se trouve comprise la chapelle de
ce Château, dont on trouvera , ainsi que nous l'avons annoncé, les développemens particuliers dans le Chapitre VIII. C'est aussi à l'extrêmité de cette aîle, que
l'on construit la nouvelle salle de spectacle dont nous avons parlé en expliquant
les planches II & III.

La planche VII contient la distribution au premier étage des appartemens pratiqués au dessus de l'aîle dont nous venons de parler, planche IV. Ces apparte-
temens ont souffert aussi quelques changemens qu'on peut remarquer sur la
planche III.

La planche VIII offre les grands appartemens du Château de Versailles, celui
du Roi, & celui de la Reine, ceux de tout ce principal corps de logis qui ont
reçu le moins de changement. On y remarque aussi plusieurs appartemens particuliers dont on a fait observer les additions dans la planche III. On retrouve
encore dans cette planche VIII l'escalier des Ambassadeurs, aussi-bien que le plan
de la petite galerie, dont nous avons précédemment fait mention.

Enfin la planche IX présente le plan du premier étage de l'aîle du Nord, &
dans laquelle se remarque celui des tribunes de la Chapelle, le vestibule qui la
précede, la grande galerie de communication, & la cage de l'emplacement de la
nouvelle salle de Spectacle.

Ces trois dernieres planches, ainsi que les trois précédentes, peuvent se coller
ensemble, pour appercevoir d'un seul coup d'œil l'immensité de ce Bâtiment. On
les a divisées ici, pour éviter la difficulté de la reliure , chacune d'elles, d'ailleurs,
offrant des départemens particuliers.

CHAPITRE IV.

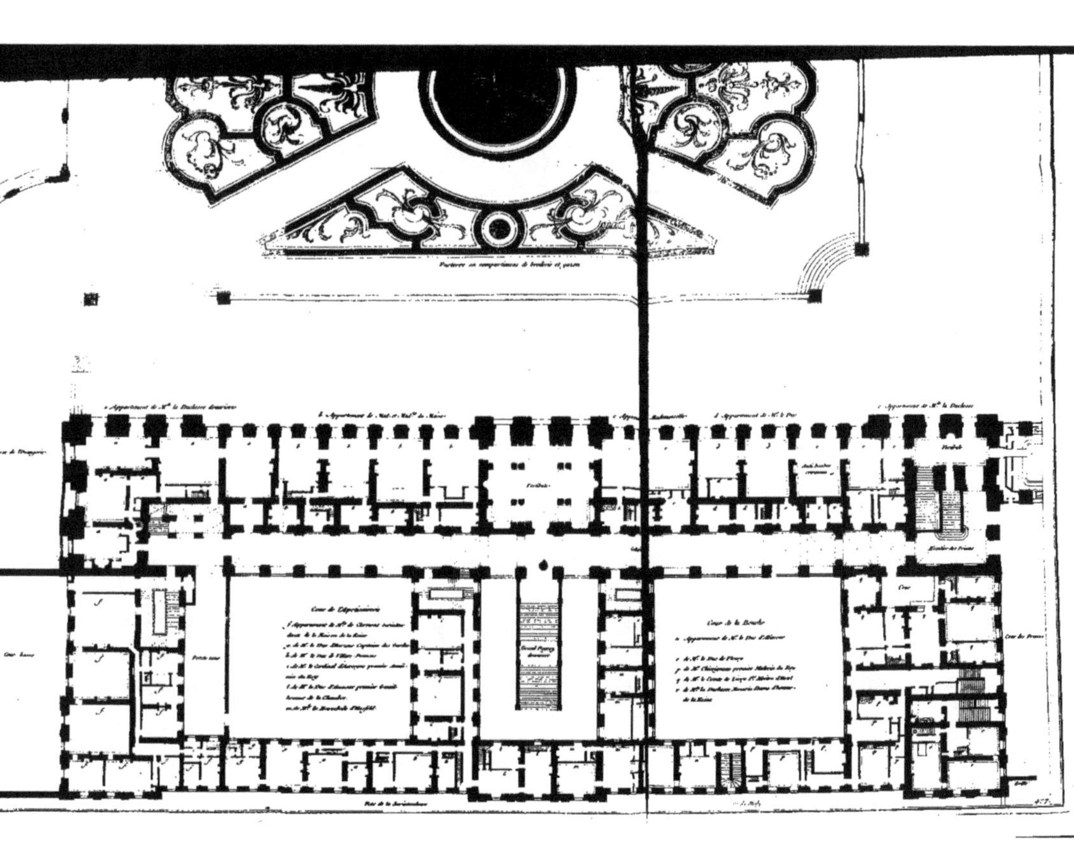

Parterre en compartiment de broderie et gazon
Appartement de M. la Duchesse douairière
Appartement de M. et M. du Maine
Mademoiselle
Appartement de M. le Duc
Appartement de M. la Duchesse
Cour de l'Apresdinée
1 Appartement de M. de Clermont surintendant de la Maison de la Reine
2 de M. le Duc d'Harcourt Capitaine des Gardes
3 de M. le Duc de Villars Premier
4 de M. le Cardinal de Rohan premier aumônier du Roy
5 de M. le Duc d'Humières premier Gentilhomme de la Chambre
6 de M. le Maréchal d'Huxelles
Cour de la Bouche
a Appartement de M. le Duc d'Elbeuf
f de M. le Duc de Flurys
g de M. Chicoyneau premier Maître de Roy
q de M. le Comte de Luçay 1er Maître d'Hôtel
r de M. la Duchesse Roussis Dame d'Honneur de la Reine
Plan de la Surintendance

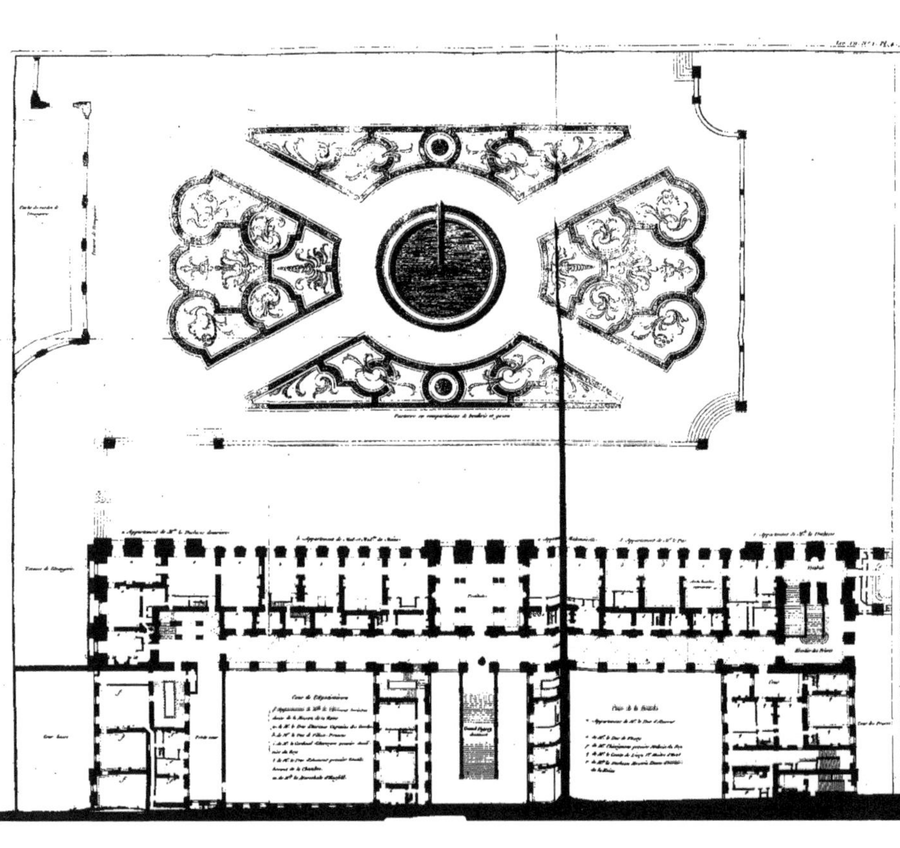

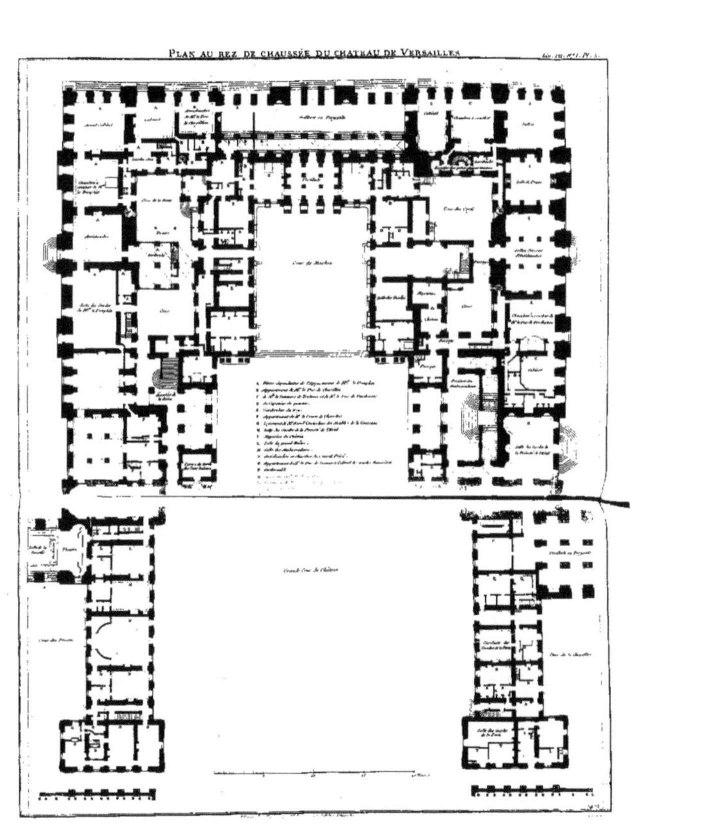

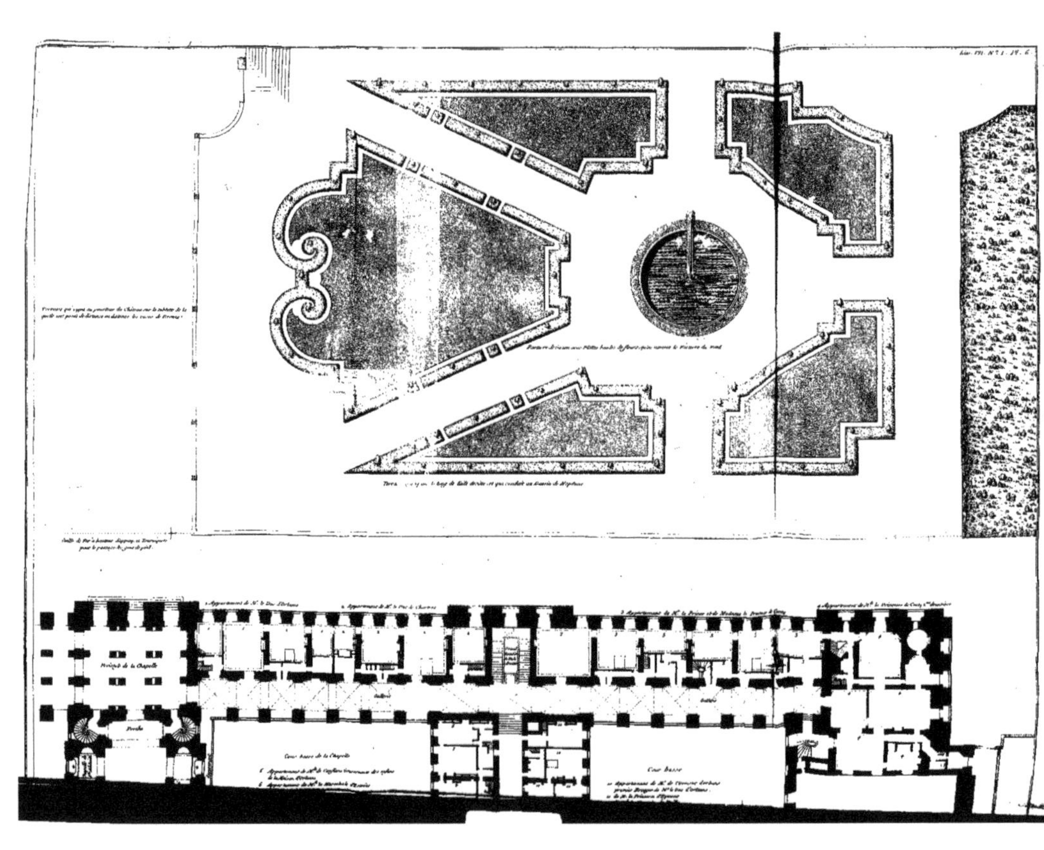

Liv. VII. N.º 1. Pl. 6.
Perystile de la Chapelle
Porche
Galerie
Cour basse de la Chapelle
Cour Basse
1. Appartement de M. le Duc d'Orléans
2. Appartement de M. le Duc de Chartres
3. Appartement de M. le Prince et de Madame la Princesse de Conty
4. Appartement de M.lle la Princesse de Conty sa dernière
5. Appartement de M.me la Comtesse d'Orléans
6. Appartement de M.me la Maréchale d'Estrées

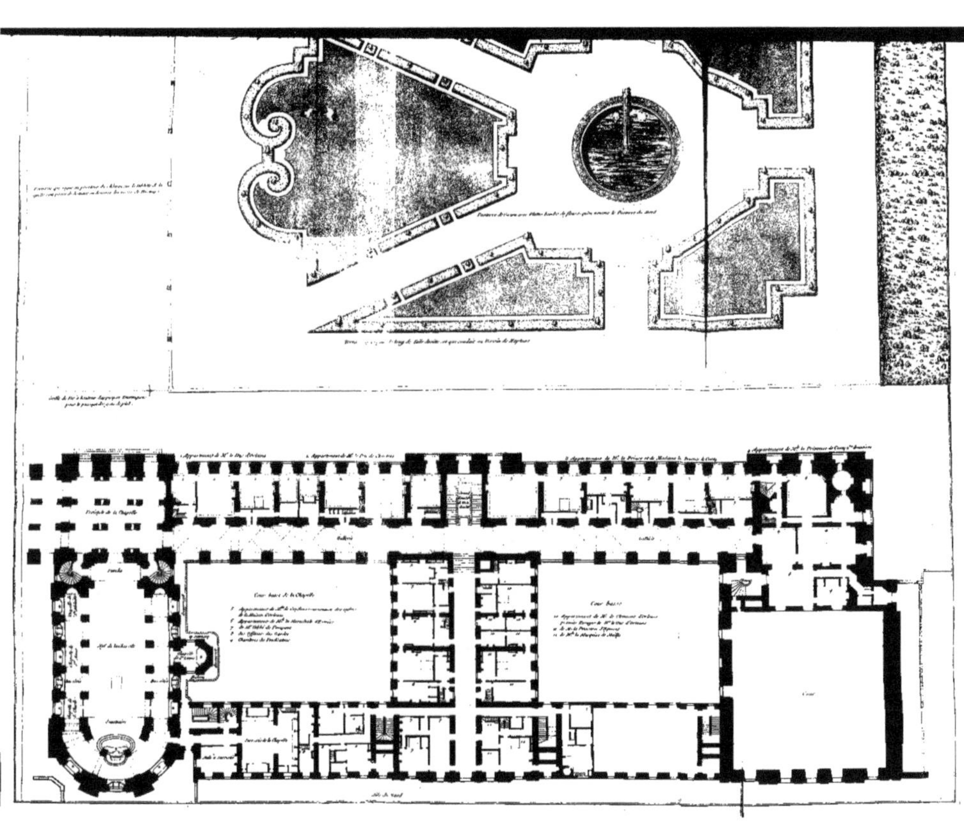

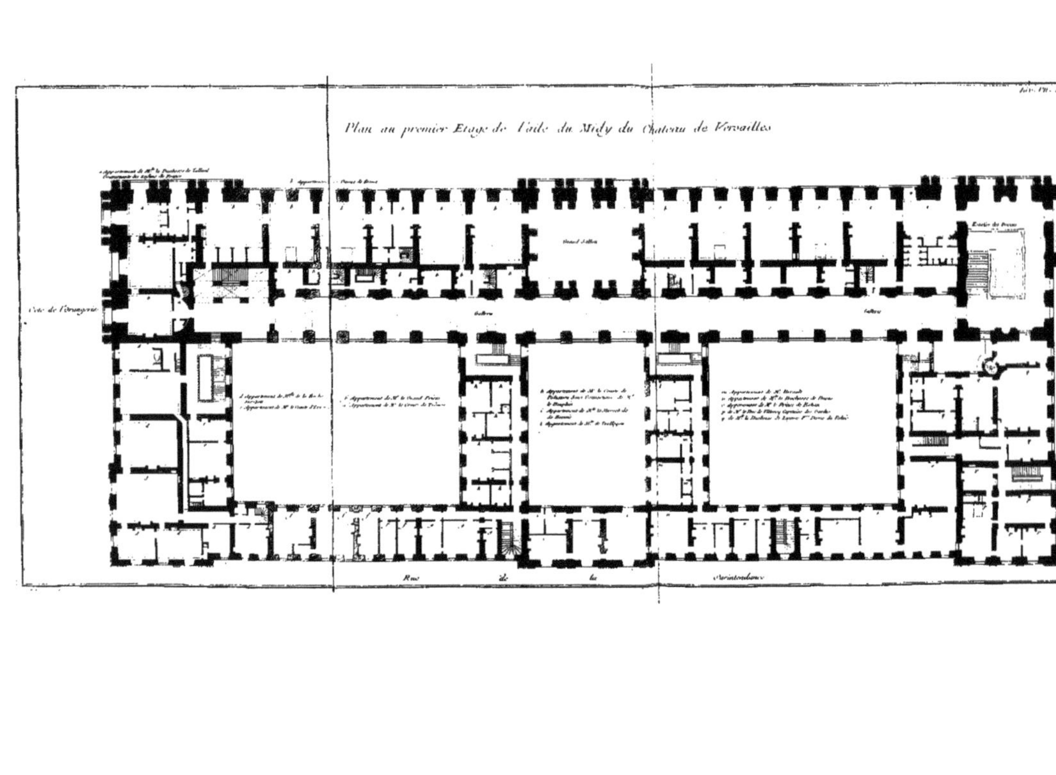
Liv. VII. N° 1.
Plan au premier Etage de l'aile du Midy du Chateau de Versailles
Grand Sallon
Galerie
Galerie
Escalier des Princes
Coté de l'Orangerie
Rue    de    la    Surintendance

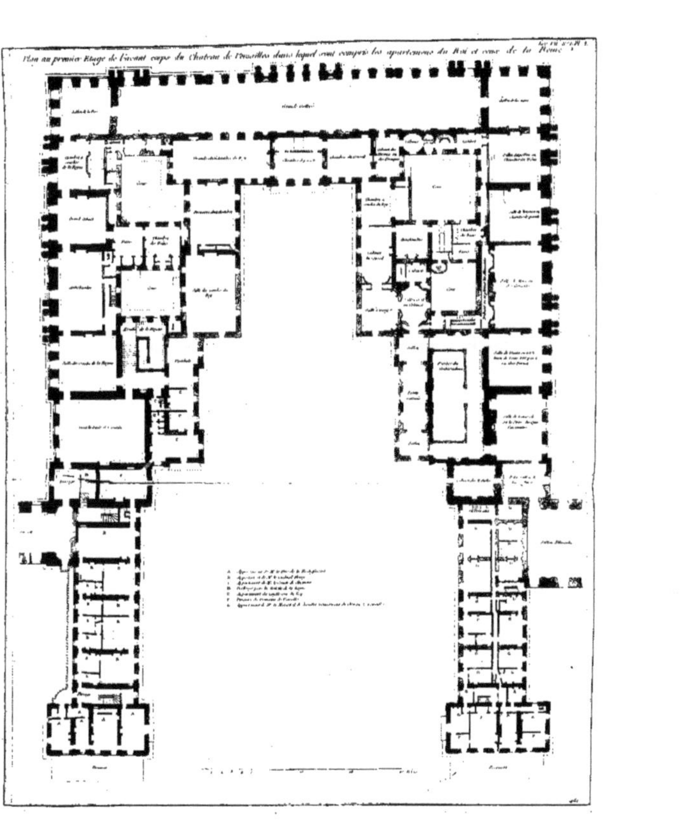

Plan au premier Etage de l'avant corps du Chateau de Versailles dans lequel sont compris les apartemens du Roi et ceux de la Reine

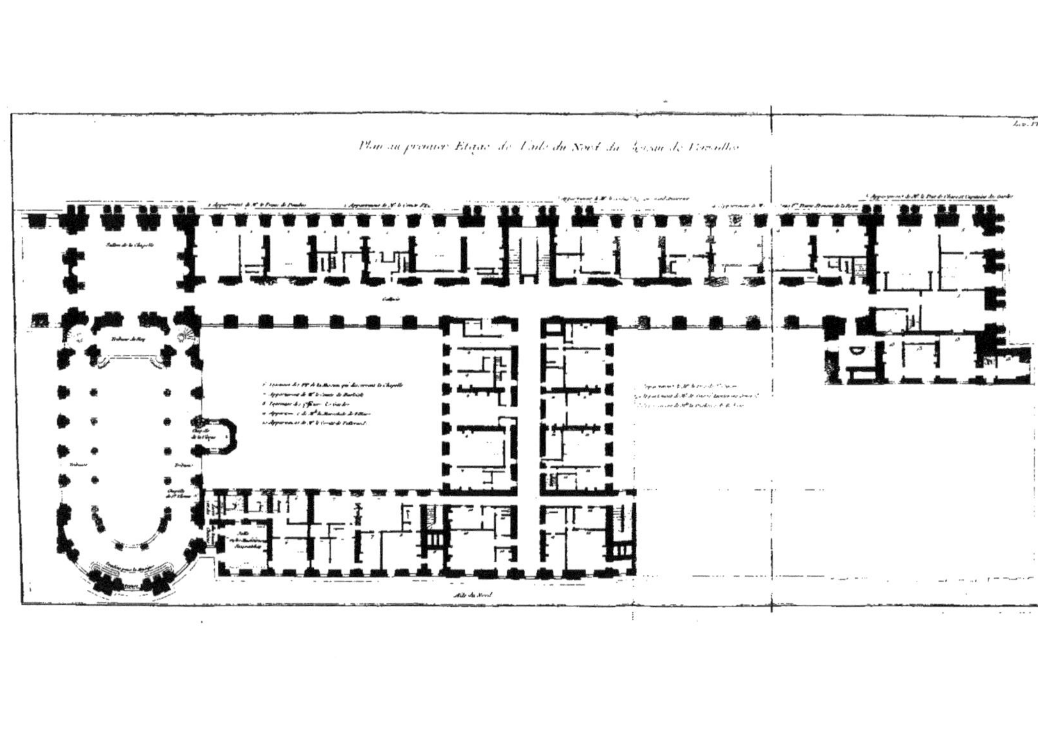

Liv. VII. N°1.
Plan au premier Etage de l'Aile du Nord du Château de Versailles
Aile du Nord

## CHAPITRE V.

*Elévation géométrale de toute la longueur du Château de Versailles du côté de l'entrée, divisée en trois planches.* Planches X, XI & XII.

### Planche X.

CETTE planche nous fait voir l'élévation de l'aîle du Midi, vue du côté de la rue de la Surintendance. L'ordonnance de cette façade, non seulement est fort simple, mais d'une Architecture assez négligée. Un grand Ordre de pilastres Doriques orne cependant les trois avant-corps ; mais comme cet Ordre, de ving-un pieds de hauteur, se trouve élevé sur un piedestal qui en a près de la moitié, & que celui-ci est placé sur un soubassement qui égale l'Ordre, ce dernier paroît chétif. Ajoutons que le défaut que nous avons remarqué en parlant de l'en-tablement de l'Ordre Composite aux Tuileries se retrouve ici, c'est-à-dire, que l'architrave & la frise sont interrompues par les percés des croisées du premier étage. D'ailleurs la proportion lourde & massive de l'Attique, la distribution trop monotone des croisées des arriere-corps, la continuité trop répétée de leurs ap-puis, la maigreur des plinthes qui annoncent les divisions des planchers, la réitéra-tion des tables qui décorent les trumeaux, enfin la dimension gigantesque de toutes les ouvertures du rez-de-chaussée, sont autant de licences qui ne doivent pas nous arrêter, cette décoration n'étant point assez intéressante, eu égard à ce qu'on appelle le Château de Versailles, & relativement aux observations que nous nous sommes proposées, concernant la décoration extérieure de cette Maison Royale. Nous remarquerons seulement que les deux portes au rez-de-chaussée, placées dans les arriere-corps, & couronnées chacune d'un fronton, sont d'un assez bon goût de dessein, & que les tables des trumeaux dont nous venons de blâmer la trop grande réitération, étant construites de briques, donnent un air de richesse à cette aîle de Bâtiment qui, dans l'exécution, a plus de droit de plaire, que dans la gravûre que nous offrons ici. Nous observerons encore que la pente assez consi-dérable de la rue où se trouve située cette aîle, ne contribue pas peu à interrom-pre le rapport qu'on auroit voulu conserver entre la hauteur du soubassement & les étages supérieurs de cette façade.

### Planche XI.

Cette façade, formant le frontispice du côté de l'entrée du principal corps de logis du Château de Versailles, présente, pour la plus grande partie, ce qu'on appelle communément, *l'ancien Château.* En effet, c'est pour avoir voulu conserver la plûpart des Bâtimens que *Louis XIII* avoit fait élever, que l'on remarque tant d'irrégularités & de dissonnances dans l'ordonnance de cette façade, malgré les restaurations qui y ont été faites sous le regne de *Louis le Grand* à diverses reprises, & par différens Architectes. Dans le nombre de ces restaurations, on doit compter les colonnades pratiquées au devant des pavillons des extrêmités de ce Bâtiment, & les cinq balcons portés par des colonnes Doriques d'un plus petit diametre que celles qui soutiennent le grand entablement, mais toutes deux sont exécutées avec une irrégularité également condamnable. La baluftrade, les vafes & les figures qui font posées sur l'Attique de l'avant-corps du milieu, & l'amortissement qui le couronne, font encore des additions, aussi-bien que la plûpart des combles qui, malgré les ornemens dont on les a revêtus, n'en paroissent pas plus supportables par leur excef-sive hauteur, ni plus convenables à la décoration de ce Palais, ayant prouvé ailleurs combien il étoit contraire à la bienféance de pratiquer des combles apparens au deffus de la réfidence d'une tête couronnée; couverture qui ne préfente toujours à l'idée du Spectateur, que des logemens en galetas, contraires à la dignité d'un Edifice tel que celui dont nous parlons, & qu'*Hardouin Manfard* a fçu éviter dans l'ordonnance de la façade de ce même Palais du côté des Jardins.

Sans doute les augmentations dont nous venons de faire mention, ont rendu cette ancienne façade plus fupportable; mais il faut convenir que quelque amélioration que cela lui ait procuré, cette alliance de l'Architecture moderne avec celle *femi - gothique* qui y régnoit auparavant, forme un contrafte qui préfente une ordonnance trop imparfaite pour nous déterminer ici à en relever tous les abus. D'ailleurs, plus nous avancerons dans les defcriptions qui compoferont la fuite de ce Recueil, & moins l'on doit s'attendre à trouver l'énumération des licences qui fe rencontreront dans les Edifices qui nous reftent à examiner. Le commencement de cet œuvre a dû être élémentaire; à ces élémens, nous avons cru devoir faire fuccéder les préceptes fondamentaux de l'Art. On ne doit plus s'attendre qu'à des differtations & à une analyfe raifonnée, puifqu'il ne nous refte plus que des maifons de plaifance à traiter. Nous fuppofons que la lecture de cet ouvrage a dû accroître jufqu'à préfent les connoiffances de ceux entre les mains defquels il eft parvenu. Nous éviterons par-là des répétitions fans nombre, dans lefquelles nous ne pourrions manquer de tomber, parce qu'il nous arrivera d'avoir toujours les mêmes genres de beautés à applaudir, les mêmes défauts à cenfurer, & les mêmes fyftêmes à combattre, en forte que jufqu'à la perfection du fixieme Volume, nos obfervations auront pour objet les beautés reconnues pour telles, les moyens de parvenir à leur imitation, & la route néceffaire à tenir pour y arriver: & lorfqu'il s'agira des feptieme & huitieme Volumes, comme la nature de l'ouvrage deviendra différente, quoique relative aux matieres qui auront précédé, nous reprendrons l'efprit de comparaifon, & nous ferons forcés de revenir à la difcuffion des préceptes.

Planche X I I.

L'élévation gravée fur cette planche, affez femblable à celle de la planche X, en differe cependant à fes deux extrêmités; celle A fait voir la partie extérieure du chevet de la Chapelle dont nous avons parlé, en décrivant les plans du Château, & pour laquelle nous avons renvoyé au Chapitre VIII, où l'on trouvera les devéloppemens de ce monument; celle B donne à connoître l'élévation extérieure de la nouvelle falle de fpectacle que l'on érige actuellement, & qui n'eft encore élevée que jufqu'à la hauteur du premier cordon. Par cette élévation il eft aifé de fentir la néceffité dans laquelle on s'eft trouvé de s'affujettir à l'ancienne ordonnance; imitation peut-être préférable à un nouveau genre de décoration, lequel, quoique beaucoup plus conforme au bon goût de l'Architecture, auroit formé une difparité avec l'extrêmité oppofée de cette aîle. D'ailleurs la décoration d'une façade de Bâtiment, doit être une, malgré l'ufage varié des dedans, & à l'exception des avant-corps & des pavillons, qui peuvent recevoir quelque prééminence & quelque richeffe, quoique d'une ordonnance toujours conforme au caractere de l'Edifice, il eft contre l'harmonie du tout, de défigner extérieurement dans un Palais, dans une Maifon Royale, ou dans tout autre Bâtiment deftiné à l'habitation, les lieux confacrés au culte de la Divinité, ou ceux qui doivent fervir pour les délaffemens de l'efprit humain : chacun de ces différens genres de productions exigeant des fymboles & des allégories qui ne peuvent fe concilier avec les attributs héroïques qui doivent caractérifer les décorations de la demeure d'un Souverain. Nous avons

relevé cette inadvertence en parlant du Palais du Luxembourg, & on peut la remarquer ici à propos de la Chapelle de Versailles, laquelle, quoiqu'un chef-d'œuvre,
considérée séparément, produit par sa décoration extérieure une dissonnance condamnable dans l'ordonnance générale des façades du Château dont nous parlons, &
le défaut de symétrie dont on s'apperçoit au premier aspect de cet édifice. *Le Mercier*
avoit voulu éviter ce défaut dans le projet qu'il donna de cette Chapelle, bien avant
*Hardouin Mansard* fit exécuter celle qui se voit aujourd'hui. ( Voyez une courte
description du projet de *Le Mercier*, dans le huitieme Chapitre de ce Livre ).



# CHAPITRE VI.

*Élévation géométrale de toute la longueur du Château de Versailles du côté du Jardin, divisée en trois planches.* Planches XIII, XIV & XV.

## Planche XIII.

CETTE planche nous offre la décoration de l'aîle du Nord, connue sous le nom de l'aîle neuve. L'ordonnance que l'on remarque ici, continue du côté du Jardin dans toute l'étendue du Bâtiment, qui, comme nous l'avons déja dit, a de longueur deux cens neuf toises trois pieds, dont cette aîle fait partie. Elle est composée de trois avant-corps & de deux arriere-corps. Un Ordre Ioni-que élevé sur un soubassement & couronné d'un Attique, y préside (*t*). Nous avons déja applaudi à ce genre de décoration, comme le plus convenable à l'idée qu'on doit se former de la demeure d'une tête couronnée. Cependant, en conseillant cette imitation, nous nous trouvons forcés de relever la négli-gence avec laquelle cette ordonnance est exécutée.

Par ce que nous avons rapporté dans notre *Introduction* ( Voyez le premier volume de ce Recueil) concernant les rapports qu'on doit observer entre les Ordres en soubassement & les Ordres réguliers, & entre ces derniers & les Atti-ques, nous avons, d'après les exemples les plus célebres, fixé la hauteur de ceux-ci à moitié de l'Ordre, & celle de ceux-là aux deux tiers. Le soubassement & l'At-tique dont nous parlons sont assez conformes à ce précepte ; mais comme à ces rapports il faut ajouter ou diminuer à raison des parties qui accompagnent, qui soutiennent, ou qui couronnent, ce que l'on n'a pas prévu ici, il résulte que l'Ordre Ionique qui devoit présider dans cette ordonnance paroît mesquin, parce qu'il se trouve placé au milieu d'une assez grande hauteur de Bâtiment, dont il n'occupe que les deux septiemes, abstraction faite du talud placé dans cette aîle, & dessous du soubassement.

Ajoutons que ce qui contribue à rendre cet Ordre chétif, c'est qu'au lieu d'être couronné par une balustrade, qui auroit donné plus de hauteur apparente à l'étage où il se trouve placé, on n'y a mis qu'un socle, & qu'au contraire la balustrade qu'on a fait régner dans la hauteur du socle de l'Ordre semble élever le soubassement. Observation qui prouve que quoiqu'un Architecte suive d'assez près les principes de son Art, s'il ne joint l'expérience à la théorie, qu'il ne con-sulte que la routine ordinaire, sans prévoir la relation qu'il doit mettre entre les parties & le tout, qu'il néglige de sentir que l'étendue de son Bâtiment, sa hauteur, le point de distance, & les effets de l'optique exigent de lui de fran-

---

(*t*) On n'a point exprimé ici l'extrêmité supérieure de la Clé la Chapelle qui s'apperçoit au dessus de cette façade: il auroit mieux valu, comme nous l'avons remarqué dans le Chapitre précédent, que cet Edifice ne se fût pas apperçu des dehors du Château.

chir certains préceptes, partout ailleurs indispensables, il ne produit que des ouvrages médiocres, qui, bien loin de pouvoir servir d'autorités, deviennent au contraire autant d'exemples à éviter.

Certainement la petitesse de cet Ordre est intolérable dans l'étendue d'un Bâtiment aussi immense. L'étage qu'il occupe devoit annoncer dès les dehors, l'importance des appartemens qu'il contient; or, que doit-on espérer d'un diametre de vingt-deux pouces? & peut-on applaudir à la distribution des colonnes de chaque avant-corps? Non sans doute, leur espacement est tout-à-fait à réjetter; les grands entre-colonnemens procurent des piedroits d'une largeur contraire au rapport qu'ils doivent avoir avec l'ouverture des croisées & avec le diametre de l'Ordre; & les petits entre-colonnemens, les deux cinquiemes du grand, ne trouvent d'exemples que dans les productions de nos demi-sçavans. D'ailleurs à quoi bon la continuité des impostes dans les entre-colonnemens? Ce membre d'Architecture n'est supportable aux arcades en plein-ceintre, que pour masquer la retombée de l'arc avec le coussinet de son piedroit. Encore une fois, on doit regarder comme un abus l'application de tout membre en Architecture qui ne paroît pas vraisemblable: les corniches, les plinthes, & les autres parties horizontales ne doivent être admises dans la décoration des façades, que pour désigner la division des planchers intérieurs, & à moins qu'on ne veuille annoncer des entre-sols continus dans toute la longueur du Bâtiment, ce qui ne peut être, & dont on ne doit jamais faire parade, il est inexcusable de faire continuer les impostes partout où ils ne sont ni nécessaires, ni agréables, malgré la prodigieuse quantité d'exemples que nous fournissent nos Edifices modernes. Je le répete, cette continuité de lignes horizontales raccourcit en apparence la hauteur de l'étage où l'Ordre dont nous parlons est appliqué, & ne contribue pas peu à faire paroître le soubassement plus élevé, parce qu'à ce dernier on a supprimé ce membre.

Nous n'applaudirons pas avec plus de complaisance la réitération des arcades en plein-ceintre placées les unes au dessus des autres dans cette façade. Il est vrai que celles du soubassement sont sans impostes & sans archivoltes; mais il s'agit ici de la forme, qui demandoit à être variée pour éviter une trop grande monotonie; & si la nécessité des passages pour les voitures exigeoit qu'on fit des arcades au rez-de-chaussée, il ne falloit les mettre en œuvre que dans les avant-corps, & pratiquer, comme on l'a fait au péristile du Louvre, des croisées bombées ou à plate-bandes dans les arriere-corps du soubassement, & faire les arcades des avant-corps de cet étage en ceintre surbaissé; la seule occasion qu'on ait de mettre ce genre de courbes en pratique dans les Edifices de quelque importance.

L'Attique n'est guere exécuté avec plus de succès; la hauteur outrée de la balustrade qui le couronne & qui a plus du quart, semble l'écraser. Cet Attique paroît encore plus court qu'il ne l'est en effet, par la continuité du gorgerin & de l'astragale de sa corniche qui auroit dû ne régner que sur les pilastres de cet Ordre prétendu, autrement vu du sol, il semble qu'on ait affecté dans cet étage de placer des chapiteaux jusques sur les croisées de cet Attique.

Quelque estime que nous fassions d'ailleurs des talens d'*Hardouin Mansard*; nous n'avons pas cru devoir passer sous silence autant d'inadvertences; plus cette façade en impose au vulgaire, plus il nous a paru important de relever les licences qu'on y remarque. L'aspect de ce Bâtiment n'a que trop fourni d'exemples de ce genre à la plûpart de nos Architectes, qui fondés sur une telle autorité, ont négligé leurs productions, & fourni à leurs contemporains des modeles de la corruption de l'Art. Qu'on y réfléchisse, il faut du choix dans l'imitation; souvent le bon ne peut s'imiter, & si l'on n'a le discernement de puiser le beau avec jugement,

ment, on court rifque de défigurer fon original. On prend les parties pour le
tout, ou celui-ci pour celles-là, d'où réfulte infenfiblement la décadence de l'Architecture. N'imitons donc *Hardouin Manfard* que dans la difpofition de l'ordonnance de cette façade. N'admettons, ainfi que nous l'avons recommandé ailleurs, dans la décoration extérieure des Palais des Rois, qu'un foubaffement au
rez-de-chauffée, qui femble élever le fol des appartemens que le Prince doit habiter au deffus des humidités de la terre, & qu'un feul Ordre d'une grandeur raifonnable décore feulement le bel étage. Préférons le Dorique dans les capitales, & le
Compofite dans les maifons de plaifance, & qu'enfin cet Ordre, lorfque l'Edifice
aura une grande étendue, foit, à l'exemple de celui-ci, furmonté d'un Attique, qui
ne paroiffe appellé, néanmoins, que pour préferver les appartemens du Propriétaire de l'ardeur du foleil, & des intempéries de l'air. Ayons recours enfin, pour la
beauté des proportions, pour la pureté des détails, & l'excellence de l'exécution,
au Château de *Maifons*, par *François Manfard*, l'oncle de celui-ci, & peut-être le
feul véritablement bon Architecte que la France ait poffédée.

Nous ne releverons point ici une infinité d'autres licences que l'on peut remarquer dans cette façade, elles ont été reconnues ailleurs; la petiteffe du
deffein & la crainte de nous répéter, femblent nous difpenfer d'entrer dans
un certain détail, & nous renvoyons au huitieme Volume, où nous donnerons des dévéloppemens plus en grand de ce qui nous paroîtra mériter quelque
confidération; perfuadés que pour arriver à la route du beau, il faut prendre
connoiffance des fentiers qui en écartent, & que telle Architecture, confidérée
comme irréguliere à certains égards, eft fouvent un moyen de faire éviter les
médiocrités.

Planche XIV.

Cette planche repréfente la façade de l'avant-corps placé au milieu de toute
l'étendue du Bâtiment du côté du Jardin; fon ordonnance eft la même que la
précédente, mais la diftribution des avant-corps differe en quelque chofe : celui
du milieu, par exemple, offre cinq entre-colonnemens, dont trois font occupés
par des arcades, & deux par des niches. Ces derniers font plus petits que les autres,
& approchent trop de l'écartement des premiers, en forte que l'ordonnance de cet
avant-corps n'eft pas plus tolérable que celle des aîles. Il eft cependant vrai que
la diftribution de l'avant-corps dont nous parlons, a été déterminée par la dimenfion
du foubaffement, exécuté long-tems avant qu'*Hardouin Manfard* entreprît la reftauration de cette façade (*u*); mais fi cette confidération peut ici lui fervir d'excufe,
il n'en eft pas de même de ceux des deux aîles du Nord & du Midi. Ces dernieres ayant été plantées à neuf, auroient dû fe reffentir de la liberté qu'il avoit
d'imaginer une décoration plus conforme aux préceptes de l'Art & aux principes du goût. Certainement fon coup d'effai, je veux dire le Château de *Clagni*, eft
de beaucoup fupérieur à cette derniere production, & quoique négligé dans les
détails, du moins l'enfemble en général, le mouvement que l'on remarque dans
fa diftribution extérieure, & les formes pyramidales qu'il a obfervées dans les
façades de *Clagni*, doivent faire regarder cet Architecte comme un homme de
génie, mais qui manquoit de févérité. (Voyez les plans, coupes & élévations de
ce Château dans le cinquieme Volume de ce Recueil) Les deux petits avant-corps
des extrêmités de cette élévation ont la même dimenfion qu'une des trois parties de ceux des aîles; ils font tous couronnés par des focles, portant des ftatues

Château &<br>Verfailles.

(*u*) Voyez ce que nous avons déja dit concernant ce foubaffement, au deffus duquel étoit originairement
une terraffe.

*Tome IV.*                                    M m

qui répondent sur l'axe de chacune des colonnes de dessous. On peut remarquer ici que l'Ordre Ionique paroît moins chétif, la hauteur du soubassement étant moins considérable; différence qui provient de l'inégalité du niveau du sol sur lequel est élevée la façade de ce Palais.

Dans les deux grands arriere-corps de cette élévation, on remarque deux pilastres accouplés, dont l'un forme un retour qui produit une division vicieuse dans cette ordonnance; mais il faut se rappeller que nous avons déja dit, qu'au dessus de ce soubassement & dans la longueur de neuf ouvertures du milieu de cet avant-corps, étoit pratiquée une terrasse qui a subsisté jusqu'au tems de la construction de la grande galérie, de maniere qu'aux deux côtés de chacun des petits avant-corps, étoient originairement deux arriere-corps composés de trois ouvertures, & flanqués dans leurs extrêmités par deux pilastres accouplés, dont deux de leurs parties anguleuses ont été réunies depuis avec toute la façade. Cette réunion, qui la divise aujourd'hui en six parties presque égales, rend sans doute son ordonnance monotone, défaut que nous ne relevons ici cependant que dans la crainte qu'on ne l'imite trop servilement. Au reste, chaque milieu est marqué par un vuide, les profils sont d'une assez belle exécution, la sculpture est assez correcte; & à l'exception des chapiteaux qui sont d'un dessein mesquin, & de la négligence avec laquelle on a fuselé les colonnes, cette ordonnance n'est pas sans mérite.

Un grand perron de pierre, composé de dix marches, forme par son pallier une terrasse dans toute la longueur de cet avant-corps. Sur cette terrasse sont placées quatre belles figures de bronze de proportion colossale, & deux vases de marbre blanc d'un excellent goût de dessein; autant de beautés accessoires, mais qui contribuent néanmoins à donner un air de prééminence à toute cette partie du milieu de la façade de Versailles, & qui, comme nous l'avons déja remarqué, page 10/, ayant une saillie de quarante-trois toises sur les aîles, donne à tout cet avant-corps un air pyramidal en apparence qui produit un grand effet. Certainement c'est de la saillie de cet avant-corps que dépend tout le succès de l'ensemble de cette façade; autrement la hauteur de cet Edifice, quoique assez considérable, eût paru écrasée, si on l'eût apperçu sur une seule ligne droite, au lieu que non seulement de l'extrêmité supérieure de la terrasse de *Latone*, qui est le point de distance donné pour en considérer l'aspect, toute cette longueur de Bâtiment paroît divisée en trois parties, mais encore, par la saillie de cet avant-corps, il résulte qu'une partie de la longueur réelle des deux aîles paroît masquée; ressource ingénieuse, dont nous avons déja vanté l'industrie, & que nous avons désiré qu'on eût mis en œuvre, lorsqu'on résolut d'étendre la façade du Château des Tuileries, dont nous avons donné la description dans ce même Volume.

Planche X V.

Cette planche nous fait voir l'aîle du Midi, connue sous le nom de l'*Aîle des Princes*: sa dimension, sa décoration & son ordonnance sont absolument les mêmes que celles de l'aîle du Nord que nous venons de décrire, planche XIII, avec la seule différence que le sol sur lequel celle-ci est assise, est de niveau, se trouvant située sur une terrasse horizontale, de dessus laquelle on découvre le magnifique Bâtiment & les Jardins de l'Orangerie de ce vaste Palais.

Il nous reste à remarquer la désunion qu'on a affectée, je ne sçais par quel motif, dans les deux arriere-corps qui lient aujourd'hui les deux aîles du Nord & du Midi avec le grand avant-corps que nous venons de décrire, à l'occasion de la planche précédente. Nous avons dit ailleurs qu'originairement, à la place de ces murs

de face, on avoit vu des grilles de fer. Sans doute il est mieux, & plus com- Château de<br>Versailles.
mode pour la communication des dedans des appartemens, que l'on ait réuni
ces trois corps de logis par des murs de face; mais il ne nous paroît pas excusable
qu'on ait interrompu l'Ordre Ionique; & puisqu'il semble qu'*Hardouin Mansard* n'a
pas usé d'exactitude pour les espacemens de ses colonnes, il eût peut-être mieux
vallu s'il eût cherché à accoupler des pilastres, pour occuper la largeur des trumeaux de ces arriere-corps; quoique disparates avec le plus grand nombre de ceux
répandus dans cette façade, par là du moins le coup d'œil général eût été satisfait; la forme des ouvertures, la hauteur des entablemens, & les principaux membres d'Architecture étant les mêmes, mais seulement les trumeaux dissemblables.

Plusieurs Architectes ont prétendu qu'il eût mieux valu supprimer toute la
sculpture qui couronne la balustrade de l'Attique. Je suis de cet avis : les trophées
qui s'y remarquent paroissent lourds & pesans, & forment un contraste trop
marqué avec l'élégance des vases qui sont distribués sur cette même balustrade.
Ce Bâtiment, censé couvert à l'Italienne, doit annoncer une terrasse. D'ailleurs
cette Sculpture, & principalement les trophées, quoique posés sur un plan différent, semblent accabler les statues placées sur les colonnes, surchargent l'Attique, & produisent un effet désagréable. Qu'on se rappelle ce que nous avons
dit dans notre *Introduction* : nous y avons recommandé expressément que dans
tous les cas, l'Architecture annonçât la nécessité de la sculpture, que celle-ci
parût faite pour celle-là, & qu'on se déterminât, toutes les fois que cette derniere, par la disposition de l'ordonnance, ne permettroit pas un amortissement
heureux, ou à changer sa production, ou à supprimer la sculpture; autrement
c'est vouloir allier ensemble les deux plus beaux Arts, pour ne produire au grand
jour qu'une composition peu refléchie.

<hr>

# CHAPITRE VII.

*Façade latérale du côté du Midi, & coupe du principal corps de Bâti-
ment du Château de Versailles.*

### Décoration de la façade latérale, Planche XVI.

CETTE planche présente la décoration de l'un des retours de l'avant-corps
de la façade de Versailles, vue du côté de l'Orangerie; l'ordonnance des trois
avant-corps de cette façade est semblable à celle des avant-corps dont nous avons
parlé en expliquant la planche XIV. Ces avant-corps ont occasionné quatre arriere-
corps; les deux des extrêmités sont aussi semblables aux retours angulaires de la façade
du côté des parterres d'eau. C'est pour cela qu'on a vu précédemment l'accouplement
des deux pilastres déja cités, diviser l'ordonnance des arriere-corps dont nous avons
parlé, page 138. Les deux autres arriere-corps du milieu de cette façade latérale sont occupés par des niches qui présentent un plein, où il seroit à désirer
qu'on eût placé un vuide. D'ailleurs elles offrent une irrégularité dans les espacemens
des pilastres que nous avons blâmée dans les descriptions des planches précédentes, & produisent une disparité condamnable, dans les trumeaux du soubassement
& de l'Attique, qu'il faut éviter avec soin dans toute ordonnance que l'on veut
offrir pour reguliere.

On peut remarquer dans cette planche, mieux que par tout ailleurs, la suppression mal entendue de l'Ordre Ionique, dont nous avons blâmé l'interuption dans les parties ajoutées après coup, pour lier ensemble l'avant-corps du Château avec les ailes du Nord & du Midi, & qui auroient dû être revétues d'une ordonnance de pilaftres, pour que la décoration de ces parties ajoutée parût moins diffemblables avec le refte de la façade ( Voyez ce que nous avons confeillé précédemment à ce fujet.)

A la fuite de ces arriere-corps, fi peu faits pour être imités, fe remarque le retour de l'aîle des Princes : la réitération monotone des corps qui en occupent l'étendue, préfente auffi une ordonnance peu conforme au bon goût de l'Architecture. Certainement on doit regarder comme un principe inconteftabe, que quelque bien que faffent d'ailleurs les colonnes dans les façades d'un Ediice, il faut ufer avec prudence de ce genre de décoration, & prévoir principalement fi les parties qui foutiennent & couronnent les Ordres, contribueront, par leur difpofition, à former un tout qui foit agréable, & non des parties difcordantes & mal afforties. On ne doit point douter que c'eft dans l'Art ingénieux d'unir enfemble les étages fupérieurs & inférieurs, les avant-corps & les arriere-cops, les maffes avec les parties, & celles-ci avec les détails, que confifte l'excellence de l'Architecture. Peu d'Edifices fans doute nous préfentent ces perfections raffemblées. Auffi le but de ce Recueil eft-il de faire parcourir à nos Lecteurs, toutes les beautés éparfes dans cette collection immenfe, & de leur en faire entrevoir les médiocrités. Toutes les découvertes font faites dans l'Architecture ; il ne nous refte plus que de parvenir à mettre de l'accord dans nos productions. Pour cela évitons les contraftes, rappellons-nous les excellens modeles de l'Antiquité, concilions leurs principes avec nos ufages & les découvertes que nous avons faites concernant la diftribution. Partout le beau eft un, mais il faut le fentir pour le mettre en œuvre. Or, pour le connoître, il ne faut pas négliger de porter fon attention fur le médiocre, afin de l'éviter ; ce font ces confidérations qui nous ont porté à parler avec franchife, en approuvant les beautés reconnues pour teles dans l'ordonnance du Château de Verfailles, & en faifant remarquer les licences dont il n'eft pas exempt.

Dans cette planche on a exprimé auffi le retour de la façade du côté de la rue de la Surintendance, dont nous avons parlé au fujet de la planche X, & qui, comme on le voit ici, contient cinq étages, non compris les manfardes. Nous ne rappellerons point ce que nous avons dit touchant l'ordonnance de cette élévation. Nous ne dirons rien non plus de la décoration de celle de l'arriere-corps qui divife les pignons des façades du côté de la rue & du côté du jardin. Cette Architecture, comme nous l'avons remarqué ailleurs, n'étant ni intéreffante, ni bonne à imiter. Nous ferons feulement obferver l'inégalité du fol de ces deux façades ; inégalité involontaire, qui n'a pas peu contribué à la difparité qu'on remarque dans les deux ordonnances des façades de la décoration de ce Palais, & qui auroit pu être rachetée avec plus de fuccès, fi l'on n'eût pas cru devoir mettre une différence confidérable entre la fimplicité & la richeffe de l'Architecture de l'élévation du côté du Jardin, comparée avec celle du côté de la rue.

*Coupe du principal corps de Bâtiment, & élévation des aîles du côté de l'entrée du*
*Château de Verfailles.* Planche XVII.

Cette coupe, quoiqu'en petit, donne à connoître le développement de l'inté-Château de
rieur du principal corps de logis, fitué d'un côté fur la terraffe en face des par-Verfailles.
terres d'eau, & de l'autre fur la cour de marbre. Le rez-de-chauffée du côté des
jardins eft occupé par le périftile dont nous avons parlé à l'occafion de la planche
II, en remarquant qu'il portoit une terraffe à la place de laquelle on a conftruit
la grande galerie dont on voit, dans cette planche, la décoration marquée A. Les
changemens qu'on a faits depuis peu dans le périftile dont nous parlons, pour
procurer des commodités aux appartemens de Mefdames de France, qui occupent une partie du rez-de-chauffée de ce Château, ont détruit la décoration qui
fe voit ici, & que nous avons laiffé fubfifter pour donner une idée de fon ordonnance lors de fon édification. On doit obferver que ce périftile étant compris
dans la hauteur du foubaffement, on l'a divifé dans fa profondeur, afin de lui donner une proportion plus convenable, & que c'eft pour cette raifon qu'on a auffi
divifé la furface du périftile, du côté de la cour de marbre, par deux files de colonnes qui affurent en même-tems la folidité du plancher de la chambre de parade qui eft au deffus. Nous remarquerons que cette chambre de parade a long-
tems fervi de chambre à coucher pour Sa Majefté, & que quoique nous ayons déja
fait plufieurs de ces obfervations, en décrivant les plans du rez-de-chauffée, nous
avons cru devoir les réitérer, en traitant de cette coupe ; la lecture d'un Ouvrage
tel que celui-ci étant fouvent interrompue, & femblant exiger des répétitions fans
doute condamnables dans tout autre genre de defcription.

Quoique la décoration de la galerie A foit exprimée ici d'une maniere affez
diftincte, nous renvoyons néanmoins à une coupe particuliere que nous donnerons dans le feptieme Volume ; on y trouvera auffi une partie de la décoration prife fur la longueur de cette piece, dont l'Architecture, la Sculpture, la
Peinture, & les ornemens, méritent une eftime particuliere. A l'égard de la décoration de la chambre de parade, on peut juger de fon ordonnance par l'afpect
de cette planche. D'ailleurs les revêtiffemens de cette derniere ayant été reftaurés à
diverfes reprifes, elle n'exige pas une grande attention ; fa beauté principale confiftant dans fa dimenfion, fa grandeur, fa fituation, & dans l'excellence des peintures diftribuées dans les compartimens des lambris qui la décorent.

Attenant cette coupe, font défignées de fuite l'aîle du Midi, qui forme l'un
des côtés de la cour de marbre, & celle qui détermine un de ceux de la cour
Royale. L'ordonnance de l'Architecture de ces deux aîles eft traitée dans le
même goût que celle dont nous avons parlé en décrivant la planche XI, à laquelle nous renvoyons, n'ayant donné celle-ci que pour préfenter une idée de
l'immenfité de ce Château, & non pour offrir un modele d'imitation. Notre
fincérité paroîtra peut-être un peu dure, mais tels font les engagemens que nous
avons contractés avec le public : heureux, fi le zele qui nous anime ne paroit pas
indifcret à quelques-uns. Mais comment concilier la vérité avec la complaifance?
Et comment pourrions-nous efpérer de contribuer au rétabliffement du bon
goût de l'Architecture, fi nous euffions voulu applaudir également à l'excellent,
au médiocre, & au défectueux?

Nous ne dirons rien non plus de la partie de la façade latérale de la Chapelle
qui paroît ici au deffus des combles de l'aîle de la cour du Château. Nous avons
déja blâmé l'alliance des Edifices de ce genre avec la décoration d'un Palais ;

*Tome IV.*N n

ainſi, pour éviter toute répétition, paſſons au Chapitre ſuivant, qui contient les
développemens particuliers de cette Chapelle, laquelle, conſidérée ſéparément,
renferme certainement des beautés du premier genre, & à qui il ne manque qu'une
ſituation plus convenable au motif de ſon édification.

# CHAPITRE VIII.

## *Deſcription de la Chapelle de Verſailles.*

LA Chapelle de Verſailles, monument digne de la piété de *Louis XIV* & de
ſa magnificence, fut commencée le 20 Mars 1699, & finie en 1710. La
beauté, l'ordonnance, la richeſſe des matieres, l'excellence de la Sculpture & de
la Peinture, l'éclat de la dorure, rien n'y eſt épargné : peut-être même ſeroit-on
bien fondé à trouver trop de profuſion dans ſes ornemens. Mais l'intention qu'on
a eu de faire de cet Edifice, quoique renfermé dans un aſſez petit eſpace, un
chef-d'œuvre dans tous les genres, & la perfection des parties de détail qu'on y
remarque, ſont autant de motifs qui doivent faire paſſer par deſſus la prodigalité
de la Peinture & de la Sculpture. Dans tout autre Edifice de ce genre, la critique
qu'en ont faite pluſieurs Ecrivains de nos jours, auroit pu être légitime ; mais la plûpart ont jugé de cet ouvrage plutôt en hommes de lettres qu'en Artiſtes, & ils ſe ſont
laiſſé frapper de la multiplicité du tout, ſans s'arrêter à conſidérer l'enchaînement, la
liaiſon & l'analogie qu'on a obſervée entre les maſſes & les parties : accord qu'on a
pouſſé à un très-haut point de perfection, & qui doit attirer l'attention des connoiſſeurs, & aſſurer à ce Temple une gloire immortelle. Cet édifice eſt digne ſurtout
de ſervir de modele à nos Artiſtes, ſoit par cette conſtruction admirable, au moyen
de laquelle on eſt parvenu à ſoutenir en l'air, les plate-bandes des entre-colonnemens des tribunes, ſoit par la régularité de la plus grande partie de ſa décoration,
ſoit enfin par la pureté de l'Architecture qui y préſide, la correction des profils
& le choix des formes, ou en la conſidérant par la beauté de la Sculpture & de la
Peinture, qui s'y font admirer.

Tout ce monument, qui a de longueur, hors œuvre, vingt-deux toiſes un pied, ſur
onze toiſes quatre pieds de largeur, & treize toiſes de hauteur ſous clef, eſt bâti tout
de pierre de liais-ſeraut, & appareillée avec la plus grande perfection. Mais malgré
l'impartialité de cette apologie, il faut convenir cependant que toutes les parties de
l'ordonnance de cette Chapelle ne ſont pas d'un choix égal ; la deſcription que nous
en allons donner, & les planches qui l'accompagneront, nous fourniront les occaſions
de relever ce que nous avons cru y appercevoir de licencieux. Il s'en faudra bien
néanmoins que le nombre de nos cenſures égale celui de nos applaudiſſemens. N'y
auroit-il pas en effet de l'injuſtice à les refuſer à tant de merveilles, & ſurtout à ne pas
entrer dans les motifs qui ont porté *Hardouin Manſard*, qui en a été l'Architecte, à
introduire les licences dont nous voulons parler ?

Long-tems avant que cet Architecte eût entrepris la conſtruction de cette Chapelle, pluſieurs autres avoient été chargés de donner des projets ; *Claude Perrault*
même avoit reçu ordre d'en compoſer pour la décoration intérieure de l'ancienne
Chapelle érigée lors des premiers Bâtimens de Verſailles, du tems de *Louis XIII.* On
voit les deſſeins qu'il avoit fait à ce ſujet, dans le premier Volume manuſcrit de ſes
Œuvres, page 155 ; mais il paroît que le plan & la diſpoſition de l'ancien Bâtiment
ne lui avoient pas ſans doute permis d'imaginer rien qui fût digne de la magnifi-

cence de *Louis XIV*; ce qui en luispendit l'exécution, & détermina dans la suite Château de Versailles.
à changer cette Chapelle de lieu, & à la construire à neuf. En effet, on ne
remarque guere dans les desseins qui nous restent de *Perrault*, que l'assemblage
assez mal assorti de moyennes niches & de grandes arcades; on y voit des médaillons d'une proportion outrée, de petites parties, & des ornemens, la plûpart, ché-
tifs. Tant il est vrai que quelque habile que soit l'Artiste, encore est-il nécessaire,
pour que ses productions ayent un certain mérite, qu'il ne soit point contraint
dans les idées, & qu'il puisse être l'Auteur de l'ouvrage entier.

Des autres Architectes qui avoient pu travailler aux nouveaux projets, il ne
nous est parvenu que celui de *Le Mercier*, qui fut gravé dans le tems avec la plus
grande partie des nouveaux Bâtimens de Versailles. Par ces gravures, il paroît que
la situation de cette Chapelle étoit la même que celle d'aujourd'hui; elle contenoit, dans œuvre, vingt-une toises de longueur, sur quatorze de largeur, & vingt-
deux toises quatre pieds de hauteur sous clef. Sa décoration intérieure étoit composée d'un grand Ordre Corinthien, de trois pieds & demi de diametre, élevé sur
un socle de cinq pieds & demi, couronné d'un entablement portant une espece
d'Attique, sur lequel venoient s'asseoir les retombées des arcs doubleaux qui sou-
tenoient la voute. Cette derniere étoit percée d'une lunette dans le goût de celle
des Invalides, qui laissoit voir l'intrados d'une double voute qui devoit être ornée
de Peintures.

Un petit Ordre Ionique de treize pieds & demi de hauteur, élevé sur un socle
de deux pieds, & qui servoit de piédroit à des arcades, soutenoit des tribunes placées dans les collatéraux, pour la Musique, & une autre en face du sanctuaire, pour
Sa Majesté. La hauteur de ces tribunes étoit assujettie à celle du plain-pied des appartemens du Château. Ce projet de *Le Mercier* n'étoit pas sans beauté, son ordonnance en général étoit plus simple & plus grave que celle que nous allons
décrire; mais les détails des dedans & les façades extérieures de celle-ci, sont
mieux entendus à certains égards, & plus relatifs à la magnificence qu'on a voulu
donner à ce monument.

*Description du plan au rez-de-chaussée de la Chapelle de Versailles.*
Planche XVIII.

On trouve sur cette planche, figure I, la moitié du plan du rez-de-chaussée
de cette Chapelle; & dans la figure II, la moitié du compartiment des voutes
qui soutiennent les tribunes au premier étage. On a déja vu, dans la planche VI,
Chapitre III, le plan général de cette Chapelle, raison pour laquelle on n'en donne
ici que la moitié, & qui a fait préférer de rapporter le dessein des ornemens du plafond des bas-côtés, pour faire connoître, quoiqu'assez imparfaitement, la richesse
répandue dans toutes les parties de cet Edifice.

Cette Chapelle est composée d'une nef précédée d'un péristile extérieur par
lequel on y entre; d'un porche intérieur placé sous la tribune du Roi, & de
deux bas-côtés qui regnent au pourtour de la nef. Ce rez-de-chaussée comprend la
hauteur d'un soubassement qui sert de stylobate continu à l'Ordre Corinthien
qui décore les tribunes au premier étage. Au bas des croisées qui éclairent les
bas-côtés, sont placés alternativement des Chapelles & des Confessionnaux dont
on voit les formes en petit dans la planche XXI, & dont on trouvera les desseins en grand dans le septieme Volume de ce Recueil.

Indépendamment des Chapelles dont nous parlons, distribuées dans les croisées
des bas côtés, il s'en voit une nommée la Chapelle de S. Louis, pratiquée hors

 de l'enceinte de ce monument ; l'ordonnance de cette Chapelle, & la décoration
de l'Autel, ſont d'un très-bon goût de deſſein. On remarque ſur ce dernier, un
tableau de *Jouvenet* fort eſtimé, qui a peint ce ſaint Roi ſur le champ de bataille,
après la victoire qu'il remporta en Afrique ſur les ennemis du nom Chrétien.

On remarque auſſi derriere le maître Autel, une Chapelle du Saint Sacrement,
ornée d'un tableau peint par *Silveſtre*, qui y a repréſenté Jeſus-Chriſt allant faire la
Pâque avec ſes Diſciples. Toutes ces Chapelles ſont revêtues de marbre de diverſes couleurs, ornées de bas-relief de bronze, modelés par nos plus célebres Sculpteurs, & enrichies d'ornemens d'un deſſein ſage, de bonne forme, & d'une proportion & d'une grandeur analogue à celle du lieu qui les contient ; la Sacriſtie renferme auſſi quelques excellens tableaux qui méritent d'être vus. Elle eſt d'ailleurs
revêtue d'une fort belle menuiſerie, & contient des ornemens d'Egliſe d'un très-
grand prix.

On a marqué dans la figure I le compartiment de marbre qui ſert de pavé au ſol
de cette Egliſe. Ce compartiment, de diverſes couleurs & d'un deſſein très-bien
entendu, ne contribue pas peu à rehauſſer l'éclat de ſon ordonnance.

La figure II, comme nous l'avons déja dit, offre la forme & la diſtribution des
culs-de-four, des pendentifs, & des lunettes qui indiquent la conſtruction de la
voute des bas-côtés. Nous ne dirons rien ici de la perfection des ornemens qui
décorent ces bas-côtés, il faut les voir & en juger ſur le lieu. Nous aſſurons ſeulement que l'Orfévrerie n'eſt pas traitée avec plus de ſoin, & que tout ce travail
en bas-relief mérite une attention très-particuliere.

On a marqué auſſi dans ce plan les ornemens des ſophites des plate-bandes
qui portent ſur l'Ordre Ionique dont le périſtile extérieur eſt décoré. Cette piece
eſt ornée de douze colonnes iſolées, & d'autant de colonnes engagées, à deſſein
non-ſeulement d'aſſurer la ſolidité du plancher de l'étage ſupérieur, qui a un
grand diametre, mais auſſi pour diviſer l'eſpace de ce périſtile qui, étant compris
dans la hauteur d'un ſoubaſſement, auroit paru trop peu élevé ſans les deux files
de colonnes qui partagent ſa largeur & ſa profondeur.

*Deſcription du plan de la tribune de la Chapelle de Verſailles.* Planche XIX.

Cette planche, comme la précédente, offre la moitié du plan du ſol des tribunes, figure I, & la moitié de celui des plafonds de ces mêmes tribunes, figure
II. La figure I fait voir la diſtribution des colonnes Corinthiennes iſolées qui décorent le pourtour de la nef ; & les colonnes engagées adaptées au mur de face.
On y voit auſſi le plan de la tribune du Roi, celui de la Chapelle de la Vierge,
le plan de la Chapelle de Sainte Thereſe, celui du buffet d'orgues, le compartiment de marbre qui pave tout le ſol des tribunes ; enfin l'un des eſcaliers qui y
donnent entrée, auſſi bien qu'au ſallon de la Chapelle qui la précede ; on voit
auſſi le plan de ce dernier marqué ſur cette planche, moitié pris au deſſus du
ſol, moitié laiſſant voir ſon plafond. ( Voyez la décoration de ce ſallon dans la planche XXI ). Examinons ſéparément chacune de ces différentes parties, nous traite-
rons en particulier de leur décoration, en décrivant les planches ſuivantes.

Par la diſtribution de l'Ordre Corinthien, il eſt aiſé de s'appercevoir de l'irrégularité de la diſtribution des colonnes du rond point, irrégularité plus frappante
encore dans la répartition des plate-bandes du plafond, figure II, qui ſe remarque
dès l'entrée de l'Edifice, & qui, bien loin de ſervir d'autorité, doit toujours être évitée
dans quelque eſpece de production que ce puiſſe être. Le défaut d'analogie qui
ſe remarque entre la diſtribution du ſol, comparée avec celle de la partie ſupérieure,

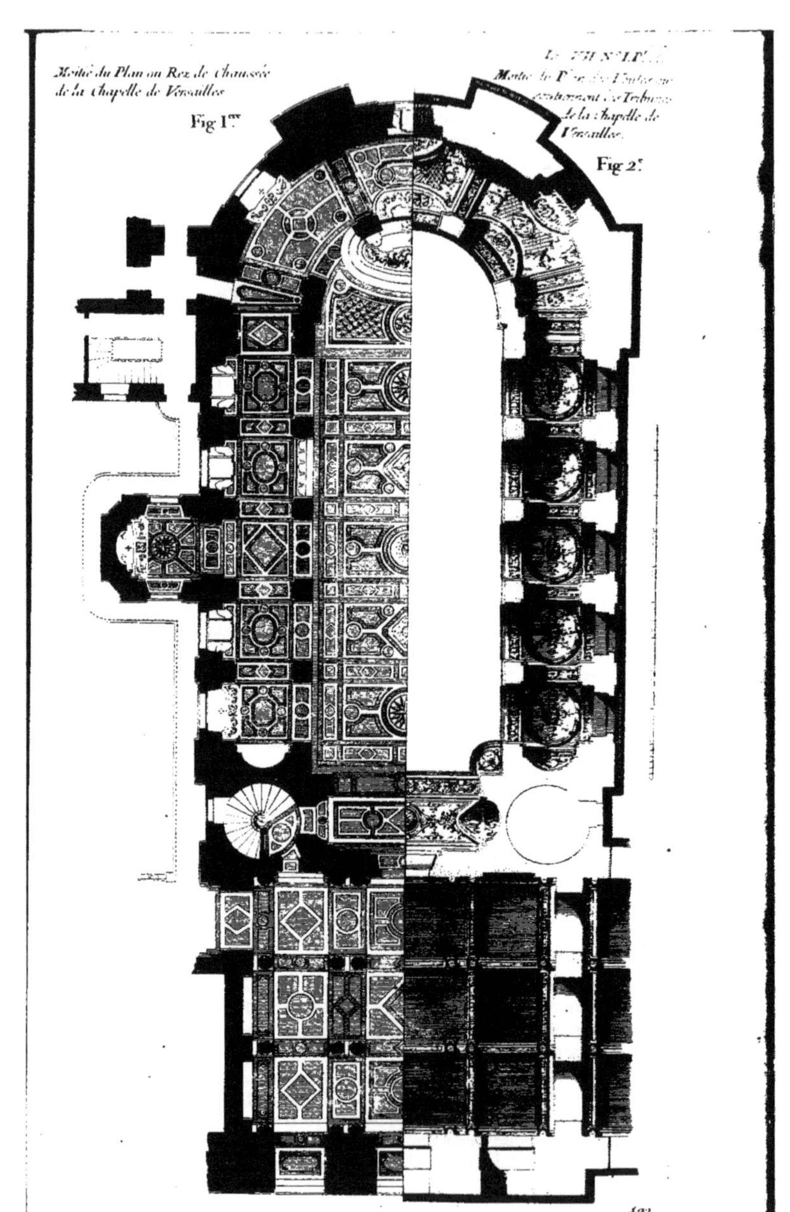

Moitié du Plan ou Rez de Chaussée
de la Chapelle de Versailles
Fig I.
Moitié du Plan des Voutes ou
autrement des Tribunes
de la Chapelle de
Versailles.
Fig 2.
492

rieure, rend cette licence tout-à-fait inexcusable, & fait connoître combien il seroit nécessaire de se passer de rond-point dans nos temples à colonnes. D'ailleurs la multiplicité de celles du mur de face, fait paroître les colonnes du devant des tribunes circulaires trop solitaires, & peu faites pour aller ensemble. Les plans rectilignes, plus réguliers que les curvilignes, devroient avoir la préférence en pareille occasion. Cette derniere forme nous vient des Goths, & dans cette partie de leur ordonnance comme dans bien d'autres circonstances, ils sont très-répréhensibles. Les Grecs en ont usé autrement, & méritent d'être imités de préférence : aussi l'inadvertence que nous remarquons n'a-t'elle trouvé aucune grace chez les Censeurs de cet Edifice, & sans s'embarrasser des beautés dont il est susceptible, ils l'ont regardé comme un exemple à éviter absolument. Moins partial que ces critiques, attachons-nous à relever les beautés d'ensemble & de détail, & laissons tomber le voile sur les parties reconnues pour licencieuses.

La tribune du Roi, posée en face du rond-point, est beaucoup plus réguliere ; elle a de profondeur treize pieds & demi, & son sol est de niveau au plain-pied des appartemens, ayant sa principale entrée par le sallon qui la précede. Nous disons la principale entrée, car à ses deux extrêmités sont placées autant de portes donnant sur les escaliers dont nous avons parlé, mais qui ne s'ouvrent jamais, ou rarement. Cette tribune est décorée avec la plus grande magnificence, ainsi que nous le remarquerons en son lieu, en proposant quelques additions qui nous paroissent convenables, relativement à la bienséance qu'on doit observer dans un Edifice de cette espece. Aux deux extrêmités de cette tribune en sont placées deux autres fermées de glaces, dont il sera fait aussi mention en décrivant la planche XXIII.

La Chapelle de la Vierge, placée hors œuvre, & sans côté opposé qui lui symétrise, est néanmoins distribuée dans son intérieur avec beaucoup de régularité. *Boulogne* le jeune, a peint avec le plus grand succès, dans la calotte de cette Chapelle, l'*Assomption de la Vierge*, & dans les quatre panaches ainsi que sur les trois arcs doubleaux qui soutiennent cette calotte, divers sujets relatifs à ce Mystere. Le tableau de l'Autel est aussi du même Peintre, & représente l'*Annonciation* ; on ne sçauroit trop faire l'éloge de celui-ci, car certainement il peut passer pour un chef-d'œuvre de cet habile Artiste. Enfin la Chapelle de *Sainte Therese*, près de celle de la *Vierge*, & qui ne symétrise pas non plus avec aucune autre, est cependant d'un dessein & d'une ordonnance qui méritent attention. Au dessus du coffre d'Autel est un tableau de cette Sainte, peint par *Santerre* ; c'est aussi l'un de ses chef-d'œuvres. En général, nous remarquerons, quelque apologie que nous ayons faite de la décoration de ces différentes Chapelles, que leur composition est trop uniforme, qu'on n'y trouve pas assez de variété, & que l'idée du sujet sacré qu'on a voulu qui y présidât, auroit dû porter l'Architecte à assortir son dessein aux symboles du Patron à qui chacune de ces Chapelles est dédiée. La richesse des matieres n'est qu'une partie accessoire dans les productions des Arts ; l'esprit de convenance, la proportion, la symétrie, sont les objets principaux qu'on doit observer dans un ouvrage d'Architecture. Les profils, les ornemens, la peinture, la sculpture, tout doit être un, & se rapporter au motif qui a donné occasion à la main d'œuvre. Cet assortiment a seul droit de plaire à tous. C'est par lui que naît la dignité, la noblesse, & surtout la bienséance, sans laquelle toutes les productions de l'esprit humain ne présentent à l'imagination du Spectateur, qu'un cahos & qu'un désordre qui ne peut satisfaire que des hommes futiles & superficieles ; espece d'hommes trop commune à la vérité, mais pour lesquels les ouvrages de réputation ne semblent pas être faits. Cette digression est peut-être moins bien placée ici que

partout ailleurs ; mais en conſidérant que les grands ouvrages demandent de grandes méditations, & que c'eſt ordinairement ſur ces modeles que ſe forme le goût
des Artiſtes, il nous a paru néceſſaire de prévenir le plus grand nombre, que malgré les applaudiſſemens dûs à tant d'égards au monument que nous décrivons, la
monotonie qui regne dans l'ordonnance des différentes Chapelles que l'on voit ici
eſt peut-être inexcuſable, & le deviendroit encore plus dans tout autre lieu moins
ſerré & moins près de l'œil du Spectateur ; il ſeroit ſans doute néceſſaire d'y apporter
cette variété que nous déſirons, en évitant néanmoins de tomber dans un contraſte outré, auquel s'oppoſe l'eſprit de convenance & les regles fondamentales de
l'Art que nous recommandons avec tant d'inſtances à nos Ordonnateurs & à nos
Artiſtes.

Le buffet d'orgue eſt d'un deſſein fort élégant, la forme en eſt heureuſe, les ornemens en ſont bien diſtribués (Voyez le deſſein de ce buffet dans le ſeptieme Volume
de ce Recueil.) Nous diſcuterons ailleurs la ſituation de ce buffet d'orgue, &
celle des gradins où ſe place ordinairement la Muſique du Roi, pendant le Service Divin.

Nous ne dirons rien ici du deſſein des compartimens de marbre de ces tribunes, ils ſont aſſez bien détaillés ſur cette planche. Nous rappellerons ſeulement ce
que nous avons dit en parlant de celui du rez-de-chauſſée, que la variété des couleurs s'unit, on ne peut pas mieux, avec les ſujets de peinture coloriés du plafond, auſſi-bien qu'avec les baluſtrades placées dans chaque entre-colonnement
des tribunes, leſquelles ſont de marbre de brèche violette, & les baluſtres de bronze
doré : diverſité de matiere qui produit un effet merveilleux à toute l'ordonnance de
cet Edifice.

Les eſcaliers dont nous avons déja parlé, ſont enrichis de belles rampes de fer
doré : en un mot tout ce qui s'appelle détail, conſidéré ſéparément, eſt autant de
chef-d'œuvres ; tout ſe reſſent de la capacité éminente des Artiſtes, & même des
différens genres d'Artiſans qui ont été employés à la ſtructure de cet Edifice.

La figure II, comme nous l'avons remarqué, préſente la diſtribution des plate-
bandes du plafond des tribunes ; leurs ſophites ſont ornés de ſculpture d'un travail admirable. Les calottes de chaque entre-colonnement ſont enrichies de peintures,
& ſont de l'exécution des deux *Boulognes* ; ils y ont repréſenté les Apôtres grouppés
avec des figures & des Anges, qui font de chacun de ces morceaux de peinture, autant
de tableaux peints à l'huile ſur plâtre. On remarque dans chaqu'un de ces tableaux,
une grande correction de deſſein, une touche ferme, & une compoſition qui ne
cede en rien à toutes les merveilles de ce genre qui décorent ce monument.

*Deſcription d'une des façades latérales de la Chapelle de Verſailles.*
Planche XX.

Nous ne donnons, dans cette deſcription particuliere de la Chapelle de Verſailles, qu'une élévation extérieure ; celle du chevet de l'Egliſe ſe trouvant dans la
planche XII dont nous avons parlé, & qui fait partie de l'aîle du Nord du Château du côté de l'entrée ; cette même aîle, du côté du Jardin, maſquant, pour
la plus grande partie, tout le frontiſpice de cette Chapelle.

A cette façade latérale, nous avons ajouté la coupe de l'aîle du Nord, dans laquelle, au rez-de-chauſſée, l'on voit le porche qui précede le périſtile de la Chapelle, & par lequel les voitures communiquent des dehors dans les Jardins de Verſailles. On y remarque auſſi, au premier étage, la décoration du côté de la cheminée du ſallon d'*Hercule*, dont nous avons parlé page 130.

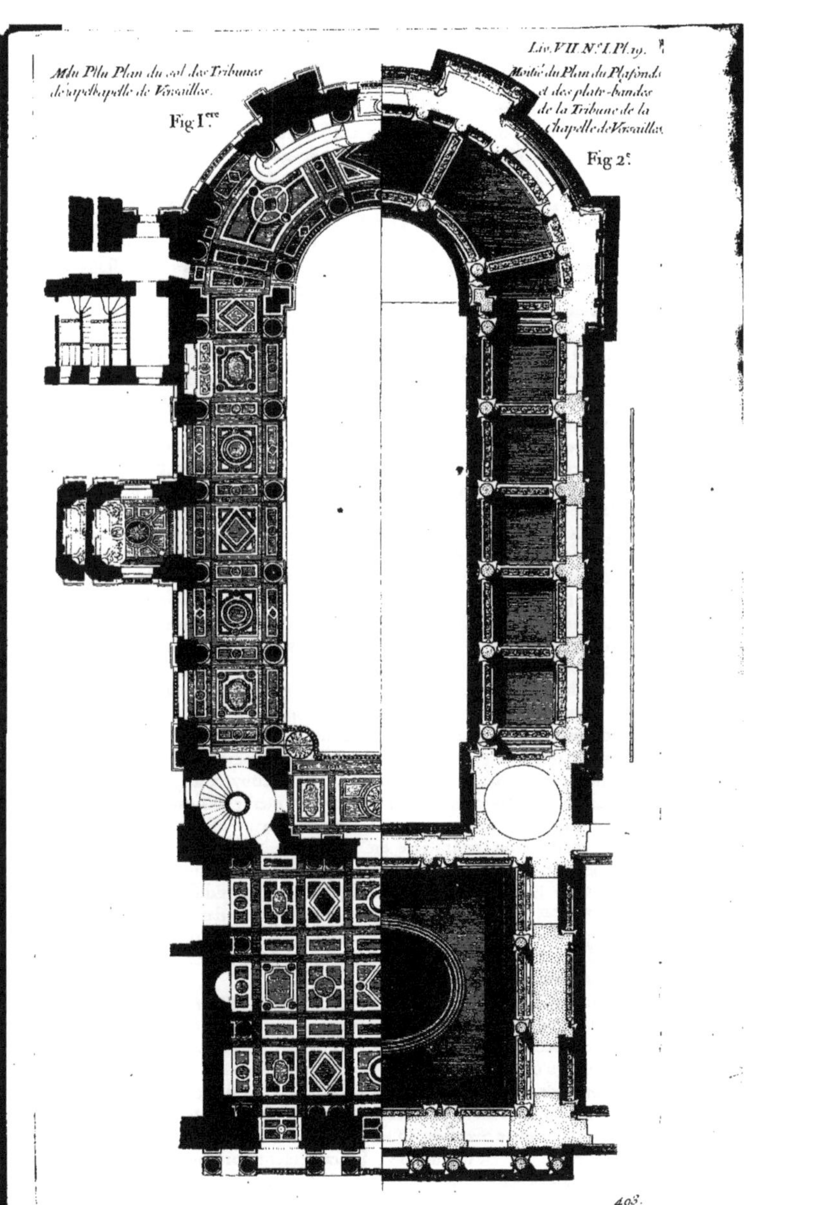
Mdu Plu Plan du sol des Tribunes
de sa Chapelle de Versailles.
Fig I.ere
Liv.VII N.o I.Pl.19.
Monté du Plan du Plafonds
et des plate-bandes
de la Tribune de la
Chapelle de Versailles.
Fig 2.e
493.

Un foubaffement qui foutient un Ordre de pilaftres Corinthiens lequel eft furmonté d'un Attique, compofe la décoration extérieure de ce monument. Le foubaffement eft percé de croifées bombées, fermées de glaces, entourées d'un chambranle, & ornées d'un claveau en confole d'où pendent des feftons.

L'Ordre Corinthien, de trente-huit pieds de hauteur, y compris l'entablement
& la baluftrade qui fert de focle à cet Ordre, eft auffi percé dans les entre-pilaftres, par des arcades en plein-ceintre, couronnées de Génies portant des attributs relatifs au Chriftianifme. Sur cet Ordre regne une baluftrade fur les piedeftaux de
laquelle font placées vingt-huit ftatues de pierre de tonnerre de neuf pieds de proportion, qui font l'ouvrage des plus habiles Sculpteurs du commencement de ce fiecle,
& qui repréfentent des figures allégoriques à la piété.

L'Attique qui eft au deffus de cet Ordre porte fur les colonnes des tribunes,
& forme autant d'arcs-boutans pour foutenir la voute intérieure de cette Chapelle.
Entre chacun de ces arcs-boutans, font des croifées en plein-ceintre avec chambranles, & dont les axes répondent à ceux des arcades de deffous. Ces croifées font ornées
d'un claveau d'où pendent des guirlandes. Cet Attique eft couronné d'une corniche architravée, furmontée d'un focle taillé de poftes, & terminé par vingt-fix
candelabres. Nous ne fçaurions trop applaudir à la beauté de l'appareil, & à la folidité inébranlable de cet Edifice : l'un a contribué à la perfection des membres
d'Architecture qui le décorent : l'autre, en le rendant immuable, ne nuit en aucune
maniere à la légereté qui préfide dans fon ordonnance, de maniere qu'on eft parvenu dans ce monument à concilier la févérité des regles de l'art de bâtir, avec l'élégance des formes & la proportion fvelte de l'Ordre Corinthien qui regne dans les dehors & dans l'intérieur de cette Chapelle. En effet, nous obferverons que de tous les
divers Bâtimens qui compofent le Château de Verfailles, l'Edifice dont nous parlons
eft celui qui exige le moins de réparations & d'entretien, quoique bâti avec une
hardieffe qui tient de l'induftrie des Goths pour la conftruction, & d'une pureté
& d'une févérité pour la décoration qui tient de la belle Architecture des Grecs.

Tout ce monument eft couvert extérieurement d'un comble à deux égouts,
revêtu d'ardoifes, & terminé par une lanterne revêtue de plomb doré, ainfi que le
faîtage, les arrêtiers, les noues & les lucarnes de cette couverture, dont la Sculpture & la magnificence annoncent dès les dehors, les merveilles que renferme cet
Edifice. Nous remarquerons néanmoins que cette couverture eft non feulement un
peu riche, mais qu'il auroit peut-être été mieux, ainfi que nous l'avons déja
obfervé, de ne pas annoncer par les dehors, l'ufage du dedans de ce monument;
aucun autre genre de Bâtiment ne pouvant figurer avec cet Edifice facré; ce qui
procure à la décoration extérieure de ce Palais une difparité dans fon ordonnance
générale, qui ne pourra jamais fe réparer : confidération pour laquelle, à la façade
de l'aîle du Nord du côté des Jardins, nous avons négligé d'exprimer la partie
fupérieure du frontifpice de cette Chapelle.

Nous remarquerons encore que les entre-pilaftres de l'Ordre Corinthien font
trop fveltes, ce qui rend les arcades d'une hauteur outrée, & celle des claveaux exceffive. Mais cette élégance, condamnable à certains égards, eft devenue une néceffité
ici, par la relation qu'on a été forcé de mettre entre l'axe des pilaftres extérieurs
& ceux des tribunes de l'Eglife, en forte que cette élégance, permife dans le dedans, a produit involontairement une licence dans le dehors qui ne peut néanmoins
fervir d'autorité en toute autre occafion. D'ailleurs cet Ordre Corinthien eft d'une belle
exécution; la fculpture en eft admirable, l'entablement furtout eft profilé avec
beaucoup d'art, & les ornemens y font diftribués avec une intelligence qui n'a de
rivale que le périftile du Louvre. Les pilaftres cependant ont trop peu de faillie, &

 rendent toute cette Architecture trop méplate, ce qui ôte une partie de l'effet à cette ordonnance. Ce peu de saillie contribue sans doute au succès du dedans qui paroît en avoir plus de relief, & dont le mouvement & la richesse rendent son ordonnance plus éclatante. Au reste l'extérieur de cette Chapelle est si serré par les cours qui donnent sur ses collatéraux, qu'à peine a-t'on la facilité d'appercevoir ni les beautés que nous applaudissons, ni les licences que nous nous sommes trouvé forcés de relever.

*Description de la Coupe sur la longueur de la Chapelle de Versailles.*
Planche XXI.

Il est aisé de remarquer sur cette planche, combien l'élégance des entre-pilastres, que nous venons de condamner dans les dehors, réussit ici, & combien elle procure de légereté aux entre-colonnemens des tribunes. C'est sur les colonnes de ces tribunes que s'éleve la voute qui termine toute la hauteur de cette Chapelle. Dix croisées en plein-ceintre éclairent cette voute, & forment autant de lunettes; ces dernieres étant fort élevées vers la clef, lui donnent à la vérité de la légereté, & assurent sa solidité; cependant cette légereté apparente nuir non seulement au coup d'œil, mais divise en de trop petites parties les sujets de peinture qui décorent cette voute, qui d'ailleurs est de la plus grande magnificence. De riches compartimens rehaussés d'or, contiennent diverses allégories sacrées de la composition & du pinceau de *Coypel*, qui certainement s'est surpassé dans l'ordonnance, la touche & le coloris de ce grand ouvrage de peinture. Dans le milieu de cette voute, on voit le Pere éternel au milieu de la Cour Céleste, dont le sujet se réunit par des nuages peints, suaves & bien jettés, avec les attributs & les symboles de l'ancien & du nouveau Testament, exécutés en camayeux, rehaussés d'or, & en sujets coloriés, formant un ensemble d'Architecture & de Sculpture feintes si bien mariées avec la Peinture, que cette voute passeroit pour un chef-d'œuvre, si, comme nous venons de le remarquer, elle étoit composée de parties moins petites, & qu'en général il y eût moins d'ouvrage dans un espace aussi peu considérable.

Nous venons d'observer que les croisées en plein-ceintre qui éclairent cette voute s'élevent trop vers la clef; nous ne pouvons nous dispenser de remarquer aussi que ces mêmes croisées descendent trop bas vers l'entablement qui leur sert de base, en sorte que le piedestal qui sert de couronnement à l'Ordre Corinthien, est interrompu par les embrâsures de chacune de ces ouvertures: certainement cette interruption nuit à l'accord général. Ces croisées pouvoient être d'une élévation moins considérable, & tenir de la proportion Attique, sans blesser les loix du bon goût. Alors ce couronnement, qui continue au dessus du sanctuaire & au dessus de la tribune du Roi, auroit aussi régné sans interruption au dessus des croisées dont nous parlons, & auroit offert une liaison plus intime dans cette base qui, servant de soutien à la retombée de l'arc de cette voute, paroissoit nécessaire. Sans doute ces embrasures élégies ainsi, ont occasionné moins de pésanteur sur les architraves des entre-colonnemens; mais il n'en est pas moins vrai que cette considération, qui regarde la solidité, pouvoit se concilier avec la décoration, en affectant de continuer ces piedestaux avec une matiere légere, telle que la menuiserie ou le carton, toute cette partie supérieure étant coloriée. Sur chacun de ces piedestaux de relief & dorés à l'huile, *Coypel* a peint les Prophetes de la Loi, au dessus desquels se lit une inscription qui indique leurs noms & les principaux événemens ausquels ils ont eu part. Ces figures paroissent assises, & sont peintes d'une grande maniere & d'un coloris qui ne s'est point altéré depuis leur exécution.

Nous

FAÇADE LATERALE DE LA CHAPELLE DE VERSAILLES
Coupe de l'Aile du Nord.

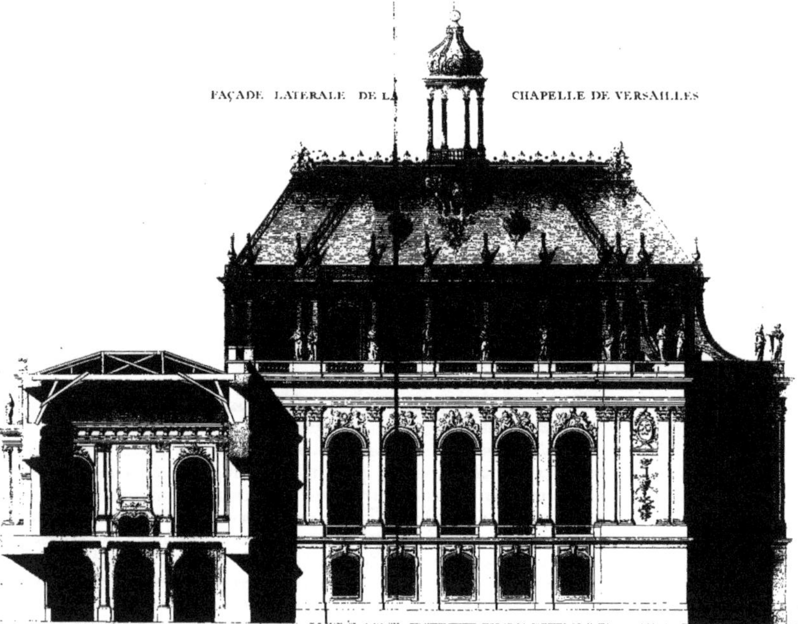

404.

Nous avons déja applaudi l'Ordre Corinthien des tribunes, & parlé de l'élégance que procurent les colonnes à la décoration de nos Temples. Nous ne pouvons affez vanter ici la beauté de leur exécution : contentons-nous d'en donner
les mefures générales , en attendant que nous puiffions, dans le feptieme Volume, en offrir les détails en grand, ainfi que la plus grande partie des profils &
des ornemens qui décorent l'intérieur de ce monument ; les gravures, que nous
offrons actuellement étant trop imparfaites, & l'échelle des deffeins trop petite ,
pour fatisfaire les amateurs & donner aux Artiftes une idée diftincte de ces merveilles de l'Art.

Le diametre de cet Ordre eft de deux pieds neuf pouces & demi , & fa hauteur
de 27 pieds 9 pouces & demi ; les entre-colonnemens ont de largeur 11 pieds , l'entablement eft entre le quart & le cinquieme de la hauteur de l'Ordre , le focle a
2 pieds 9 pouces de hauteur , & eft orné de Trophées de fculpture enfermés dans
des tables rentrantes ; tout le chapiteau eft de feuilles d'olivier , la bafe eft felon
*Vitruve*, & toutes fes moulures font taillées d'ornemens : le fuft eft enrichi de
vingt-quatre cannelures féparées chacune par un lifteau.

Dans chaque entre-colonnement du pourtour de la tribune , on apperçoit autant
d'arcades , dont dix fervent de croifées fermées de glaces , entretenues de chaffis
de fer doré à l'huile. Au deffus de ces arcades font placées des figures affifes , fculptées en bas-relief, repréfentant des Vertus caractérifées par des fymboles qui leur
conviennent , & dont la compofition & l'expreffion font de la plus grande beauté.

La tribune du Roi eft auffi décorée d'Architecture & d'une Sculpture d'un
travail excellent. Sur chacune des portes qui donnent fur les efcaliers à vis
dont nous avons parlé , font placés autant de bas-reliefs. Celui qui fe remarque
ici , repréfente Jefus-Chrift dans le Temple ; l'autre, la Circoncifion du Sauveur.
Au deffus de la grande porte de cette tribune, en face du maître Autel , font placés,
en bas-relief, les Armes de France & leurs fupports , & dans les entre-pilaftres
des extrêmités fe voient des Trophées d'Eglife , au deffus des caffolettes & des
grouppes de Cherubins. ( Voyez cette derniere décoration en petit dans la planche XXIII , à propos de laquelle nous parlerons des petites tribunes hors-œuvre
qui fe remarquent dans la planche que nous décrivons ).

Le foubaffement qui foutient l'Ordre Corinthien , a de hauteur 20 pieds 6 pouces
9 lignes : il eft percé d'arcades en plein-cintre, ornées d'impoftes & d'archivoltes. Les
piédroits de ces arcades font ornés de Trophées d'Eglife dans leur quatre faces, tous
d'un deffein varié & d'un travail exquis. Au deffus de l'impofte, entre chaque archivolte , font diftribués autant de bas-reliefs allégoriques à la paffion de Notre Seigneur. Chacune de ces figures a des beautés de détail fans nombre , & elles font
exécutées avec une délicateffe mefurée au point de diftance d'où elles doivent être
apperçues. Sur le milieu des arcades, pour claveaux , font grouppées des têtes de
Chérubins de la même perfection, en forte que l'on peut dire, en fe fervant de
l'expreffion de l'un de nos Modernes ; *qu'à peine eft-on entré dans cette Chapelle , que*
*les beautés qu'on y apperçoit raviffent l'efprit fans fixer les regards, & que les yeux avides*
*& incertains de leur choix, courent de chef-d'œuvres en chef-d'œuvres, & n'ont pas la*
*liberté de s'y arrêter.* Cette apologie me paroît auffi légitime que la critique eft
heureufe. Certainement on doit attribuer l'une aux beautés de détail, l'autre à la
prodigalité des ornemens.

Sur cette même planche on a exprimé la décoration d'une des faces du fallon
qui précede la tribune du Roi : il eft conftruit, comme la Chapelle , de pierres
de liais , & orné de colonnes d'Ordre Corinthien, ifolées dans deux de fes côtés,
& engagées dans les deux autres, ce qui apporte une irrégularité fenfible dans les

Château de<br>Verfailles.

<table><tr><td>Tome IV.</td><td style="text-align:right">P p</td></tr></table>

ſophites des architraves ( Voyez le deſſein de ce plafond dans la planche XIX de
ce Chapitre ). Dans l'entre-colonnement du milieu ſe remarque une niche dont
l'Architecture qui l'environne, les ornemens qui l'accompagnent, la figure &
le piedeſtal qui la ſoutient, ſont d'une exécution très-médiocre. Cette figure eſt
de marbre, elle repréſente *la Gloire*, & a été exécutée par *Vaſſé*. Celle qui lui eſt
oppoſée, repréſente *la Magnanimité*, & a été exécutée par *Bouſſau*. Dans les deux
entre-colonnemens des angles, ſont placées de grandes portes en plein-ceintre fermées de menuiſerie, ornées de ſculpture & de dorure, & au deſſus du chambranle
deſquelles ſont des figures en bas-relief, repréſentant des Vertus Chrétiennes.
Cette piece eſt terminée en calotte formant arc de cloître ; dans les angles ſont
placées les quatre parties du Monde, & dans le milieu de cette calotte eſt une
grande lunette de forme elliptique, qui donne occaſion à une double voute priſe
dans la hauteur de la charpente, & qui réuſſit aſſez bien.

*Deſcription de la coupe ſur la largeur de la Chapelle de Verſailles, vue du côté du
maître Autel.* Planche XXII.

Cette coupe eſt priſe dans l'axe de la Chapelle de *S. Louis*, & nous fait voir
une des faces latérales de cette Chapelle & celle de *la Vierge*, le rond-point
de l'Egliſe où eſt placé le maître Autel, &. la tribune pour la muſique. Elle
nous fait voir auſſi la largeur des bas-côtés au rez-de-chauſſée, & celle des tribunes au premier étage. Enfin on y remarque le cul-de-four de la voûte, le dé-
véloppement de la charpente, & la décoration de la lanterne qui termine ce monument.

Le maître Autel eſt adoſſé à l'arcade qui fait face à la porte d'entrée ; pour cela,
on n'a fait cette arcade que feinte. N'auroit-il pas été mieux de la laiſſer ouverte,
& d'iſoler le coffre d'Autel ? Car malgré la richeſſe de la gloire céleſte qui remplit cette arcade, malgré les Anges adorateurs & les autres ornemens de bronze
doré d'or moulu qui l'accompagnent, toute cette ſculpture paroît poſtiche, méplate, & tient la place d'un vuide qui eût beaucoup mieux réuſſi ; tant il eſt vrai
que l'Art du Sculpteur eſt inſuffiſant, lorſque ſes productions ſont mal dirigées par
l'Architecte, qui néceſſairement doit avoir l'eſprit du tout, & aſſigner à chaque
Artiſte l'arrangement, la diſpoſition, & la forme de toutes les parties qui compoſent l'ouvrage entier.

Le coffre d'Autel eſt conſtruit de marbre précieux : il eſt élevé ſur pluſieurs
gradins auſſi de marbre : le marche-pied eſt à compartimens, d'un deſſein qui imite
la broderie ; le tout d'un très-bon goût de deſſein. Au deſſus de cet Autel, dans le
renfoncement de la tribune du rond-point, ſe remarque le buffet d'orgue élevé
ſur des gradins où ſe place la muſique. Nous avons déja condamné la ſituation
de ces gradins au deſſus du ſanctuaire. En effet, il paroît contre la bienſéance de
remarquer au deſſus de l'Autel, une multitude d'hommes vulgaires, qui, quoique deſtinés à chanter les Cantiques du Seigneur, n'obſervent pas, à beaucoup
près, la décence qui convient à nos Temples. Du moins ces tribunes devroient-
elles être plus eloignées du Saint des Saints. Cette conſidération, qui nous paroît
importante, étoit une raiſon de plus pour iſoler le coffre de l'Autel, comme nous
l'avons propoſé, & pour placer ces tribunes ſur les collatéraux, ainſi qu'on le remarque à la Chapelle de Fontainebleau, ou, comme on le pratique ordinairement,
en face du Sanctuaire, où ſe trouvent placés, plus convenablement, les orgues
& la muſique dans nos Paroiſſes. La convenance, ſi fort recommandable dans tous
les genres d'Edifices, ne devroit jamais être négligée dans nos Egliſes. Je l'ai dit

ailleurs , certainement on paſſe trop légérement ſur les raiſons de bienſéance. Château de Verſailles. L'entouſiaſme de la compoſition , la fertilité du génie de certains Deſſinateurs , la paſſion de jouir de ſes productions , l'apologie immodérée de ceux qu'on conſulte , l'ignorance de ceux-ci , la pareſſe de ceux-là , enfin la négligence du coſtume , l'oubli de l'Hiſtoire , ſont autant d'inadvertences qui contribuent à toutes les licences qui ſe ſont introduites juſqu'à préſent , tant dans nos monumens ſacrés que dans nos Edifices publics & particuliers.

Dans la voûte en cul-de-four qui termine ce rond-point , on voit un grand ouvrage de Peinture , par *La Foſſe* , qui y a repréſenté *la Réſurrection de J. C.* accompagnée de pluſieurs grouppes allégoriques à ce ſujet ; ce morceau de Peinture s'accorde très-bien avec le tableau de la voûte de la nef , peint par *Coypel* , auſſi-bien qu'avec celui peint par *Jouvenet* , placé au deſſus de la tribune du Roi. Ce dernier y a repréſenté *la deſcente du Saint Eſprit.* Dans le fond du tableau s'éleve un grand morceau d'Architecture , qui indique l'intérieur du *cénacle* où *la Vierge & les Diſciples* étoient aſſemblés. Le nom de cet habile Peintre nous tiendra lieu d'éloge pour la deſcription de ce tableau , dont on a peine néanmoins à ſentir toutes les beautés ſur le lieu , étant peint ſur une ſurface verticale ſituée dans un lieu un peu obſcur & abandonné , faute d'entretien , à la pouſſiere & à l'humidité , qui ne laiſſent pas que de détruire inſenſiblement ce chef-d'œuvre de notre Ecole Françoiſe.

Aux deux côtés de ce rond-point ſe remarquent les tribunes , où l'on voit en raccourci les décorations des arcades & des colonnes engagées , dont nous avons parlé au ſujet de la planche précédente. On y voit auſſi la forme & l'ordonnance de la décoration des Chapelles de *S. Louis* & de *la Vierge* , dont nous avons donné la diſtribution dans les planches XVIII & XIX.

*Deſcription de la coupe ſur la largeur de la Chapelle de Verſailles , vue du côté de la tribune du Roi.* Planche XXIII.

C'eſt dans la partie ſupérieure de cette tribune , & ſous la voûte en plein-ceintre , qu'eſt placé ce grand morceau de Peinture de *Jouvenet* dont nous venons de parler , & à la place duquel il auroit peut-être été mieux de ſituer les orgues & la tribune de la muſique. Il eſt vrai que pour y parvenir , il auroit fallu faire régner ſur le devant de la baluſtrade , des colonnes ſemblables à celles des tribunes collatérales. Mais il ſemble qu'il ſeroit réſulté plus d'un bon effet de ce changement propoſé. 1°. Que la muſique ne ſe ſeroit plus trouvée au deſſus du Sanctuaire. 2°. Que la tribune du Roi ſe ſeroit trouvée à couvert par celle des Muſiciens. 3°. Que celle qu'on y voit à préſent ſeroit devenue moins ſpacieuſe & moins airée , de maniere qu'on auroit pu ſe paſſer alors de celles qui ſe remarquent ici aux deux extrêmités de la baluſtrade , leſquelles , quoique d'un deſſein aſſez élégant & d'une certaine utilité pendant l'hyver , paroiſſent porter en l'air , & ſans dignité. 4°. Que l'arc du ſoubaſſement qui ſoutient cette grande tribune , auroit acquis moins d'ouverture & une meilleure forme , ſans pour cela nuire au dégagement du porche intérieur qui eſt deſſous. Par ces différentes obſervations & les précédentes , on évitoit preſque toutes les licences répandues dans l'ordonnance de ce monument , ſans changer néanmoins rien à la forme générale , & ſans rien détruire des beautés de détail qui ont fait juſqu'à préſent l'objet de notre admiration. Peut-être que le projet de placer la muſique du Roi au deſſus de la tribune de Sa Majeſté , trouvera des Contradicteurs , mais certainement elle eſt ſituée moins convenablement au deſſus du maître Autel. Au reſte , nous propoſons ces chan-

Cet Edifice, de forme rectangulaire, a quarante-deux toises de longueur, sur trente-neuf de profondeur, & neuf toises deux pieds d'élévation, non compris la mansarde, & la hauteur de la couverture du faux comble. Au milieu de ce Bâtiment est une grande cour de vingt-trois toises un pied de longueur, sur vingt toises de largeur, prises entre les murs de face du premier étage, le rez-de-chaussée ayant quatre pieds de moins sur ses deux diametres, à cause d'un massif de deux pieds d'épaisseur qui soutient un trottoir orné d'un balcon de fer servant de communication extérieure à tout le premier étage. (Voyez ce trottoir & le massif qui le soutient, dans la figure II de la planche XXVI).

Les quatre aîles qui forment cet Edifice sont d'une distribution double, & les différentes pieces qui le composent sont éclairées par les deux murs de face, l'un donnant sur la cour, l'autre sur les rues où cette aîle de Bâtiment est située. Nous allons indiquer l'usage de chacun des départemens dont nous donnons la distribution, tant du rez-de-chaussée que du premier étage, & tels qu'ils sont numérotés sur les portes dans l'intérieur de ce Bâtiment, sans avoir égard à quelques changemens journaliers qui ne sont nullement intéressans : il s'agit ici du local général du Bâtiment dont nous parlons, & non d'un détail particulier, toujours indifférent dans une description telle que celle que nous offrons au Lecteur.

D'ailleurs nous avertissons que nous tenons la distribution que nous donnons ici, du bureau des Bâtimens du Roi ; qu'elle a été communiquée au Libraire, & ensuite confiée au Graveur sans examen. Ensorte que lorsque nous sommes parvenus à en faire la description, & que pour cela nous avons consulté l'Inspecteur des dehors du Château qui en a le département, nous nous sommes apperçus que ces plans levés depuis long-tems, étoient non seulement assez infideles quant aux parties de détail, mais encore que la saillie de l'empatement qui soutient le trottoir dont on vient de parler, avoit été omise dans le plan du rez-de-chaussée ; inadvertence dont nous avertissons, afin qu'elle tombe sur celui à qui elle appartient, ayant été obligés de notre part de la laisser subsister, parce que nous ne nous en sommes apperçus que lorsque nous étions sur le point de mettre ce quatrieme Volume au jour. D'ailleurs cette inadvertence ne nuit en rien au local que nous voulons donner, & se trouve réparée dans la coupe, ainsi que l'on peut l'observer.

*Description du plan au rez-de-chaussée du grand commun.* Planche XXIV.

Comme nous ne donnons point ici le plan des caves du Bâtiment dont nous parlons, & dont les différentes pieces qui le composent sont marquées depuis le n°. 1 jusqu'au n°. 17, nous allons suivre dans ce plan du rez-de-chaussée, l'ordre de ceux placés au dessus des portes de chaque département, tant à la droite qu'à la gauche de la principale entrée de cet Edifice, donnant du côté de la rue de la Surintendance, & situé en face de l'aîle du Château de Versailles, connue sous le nom de *l'aîle du Midi*. (Voyez la situation de ce Bâtiment, marqué M, dans le plan général des Bâtimens du Château, planche II). Mais avant que d'entrer dans ce détail, nous observerons que si d'un côté c'est une incommodité que ce grand commun soit séparé du Château par la rue de la Surintendance, ce qui oblige de faire le service de la bouche à découvert, d'un autre côté il faut remarquer que l'immensité de ce département auroit procuré beaucoup de désagrément aux logemens du Château ; considération qui, dans presque toutes nos maisons un peu considérables, fait éloigner, le plus qu'il est possible, les cuisines du principal corps de logis, & qui a fait totalement rejetter celles qu'anciennement on plaçoit dans les souterreins, ainsi que nous en avons parlé ailleurs.

Nous remarquerons encore qu'il n'eſt pas auſſi indifférent que le plus grand
nombre ſe l'imagine, de donner les plans d'un Bâtiment de l'eſpece de celui dont
nous parlons, ces différens départemens étant un objet important qui exige des rela-
tions qui appartiennent à l'Architecture, comme tout autre genre d'Edifice, &
que faute par pluſieurs de nos Architectes d'être entrés dans ce détail, la plus
grande partie des Bâtimens d'importance qu'ils ont fait élever ſont ſans commodité, dont le ſervice des Maîtres ſe reſſent toujours. Enfin nous obſerverons
que la dénomination de chacun des départemens de ce grand commun, doit
être regardée ici comme une ſuite des dépendances du Château, & que c'eſt par
ces additions que nous pouvons donner une idée complette de l'importance de
toute cette Maiſon Royale, principalement lorſque par la ſuite nous aurons
donné, dans le cinquieme Volume, comme nous nous y ſommes engagés, les
plans particuliers des grandes & petites écuries, de l'Orangerie, de la Ménagerie,
& du Château de Trianon : autant de genres d'Edifices qui accompagnent preſque
toujours un Palais deſtiné à la réſidence d'une tête couronnée.



N°. 18. Logement du Concierge du grand commun. N°. 19. Serdeau de la
Reine, piece deſtinée pour une table de douze couverts pour les Gentilshommes
ſervans, &c. N°. 20. Laboratoire de l'Apothicairerie de la Reine, dans lequel ſe font
les diſtillations. N°. 21. Echanſonnerie de la Reine, lieu où ſe diſtribue le vin
pour les communs. N°. 22. Office du premier Maître d'Hôtel de la Reine. N°.
23. Bureau de la Reine, lieu où ſe tient l'aſſemblée des Maîtres d'Hôtel & Contrôleurs, pour ce qui concerne le département de la Maiſon de la Reine. N°.
24. Fruiterie de la Reine, piece où ſe diſtribuent les fruits pour les communs, &
la cire pour toute la Maiſon de la Reine. N°. 25. Apothicairerie du commun de
la Reine. N°. 26. Cuiſine de M. le Comte de Charolois. N°. 26 coté A. Panneterie de la Reine, piece où ſe diſtribue le pain pour tous les communs de la
Reine. N°. 27. Petit commun de la Reine, piece où s'apprête la table du premier
Maître d'Hôtel. N°. 27, coté A. Fourriere de la Reine, piece où ſe délivre le
bois pour les appartemens de la Reine & pour toute ſa Maiſon. N°. 28. Logement des Garçons de la Chambre du Roi. N°. 29. Logement des premiers Valets de garde-robe du Roi. N°. 30. Patiſſerie de la Reine, piece où ſe fait la patiſſerie de la table de la Reine & de ſes communs. N°. 31. Cuiſine du grand commun de la Reine. N°. 32. Patiſſerie des communs du Roi. N°. 33. Echanſonnerie
du Roi, lieu où ſe diſtribue le vin pour les communs. N°. 34. Grand commun du
Roi, où s'apprêtent toutes les tables communes de Sa Majeſté.



N°. 18, coté G. Logement du Suiſſe de la grille, la principale porte de l'entrée
de ce Bâtiment du côté de la rue de la Surintendance étant fermée d'une grille
de fer au lieu d'une porte de menuiſerie. N°. 19. Magaſin du garde-meuble. N°.
20. Lingerie du Roi, piece où l'on délivre le linge de la table du Roi, & de ſa
Maiſon. N°. 21. Cuiſine des Garçons de la Chambre du Roi. N°. 22. Serdeau de
M. le Dauphin, piece où mangent les premiers Officiers du Roi, de quartier
chez M. le Dauphin. N°. 23. Serdeau du Roi, piece où mangent les Gentilshommes ſervans. N°. 24. Salle à manger pour les Aumôniers du Roi. N°. 25.
Salle à manger des Valets de chambre du Roi. N°. 26. Chapelle & Sacriſtie. N°.
26, coté A. Loge du Suiſſe de la Chapelle. N°. 27. Pieces où mangent les pre-
miers Officiers du Roi, de quartier chez Meſdames. N°. 28. Fourriere du Roi,
piece où ſe délivre le bois pour les appartemens du Roi & pour toute ſa Maiſon.
N°. 29. Bureau du Roi, & tables de Mrs les premiers Maîtres d'Hôtel de Sa
Majeſté, & où s'aſſemblent auſſi les Maîtres d'Hôtel, Contrôleurs généraux, &
Contrôleurs de quartier, pour régler la dépenſe qui ſe fait dans la Maiſon du

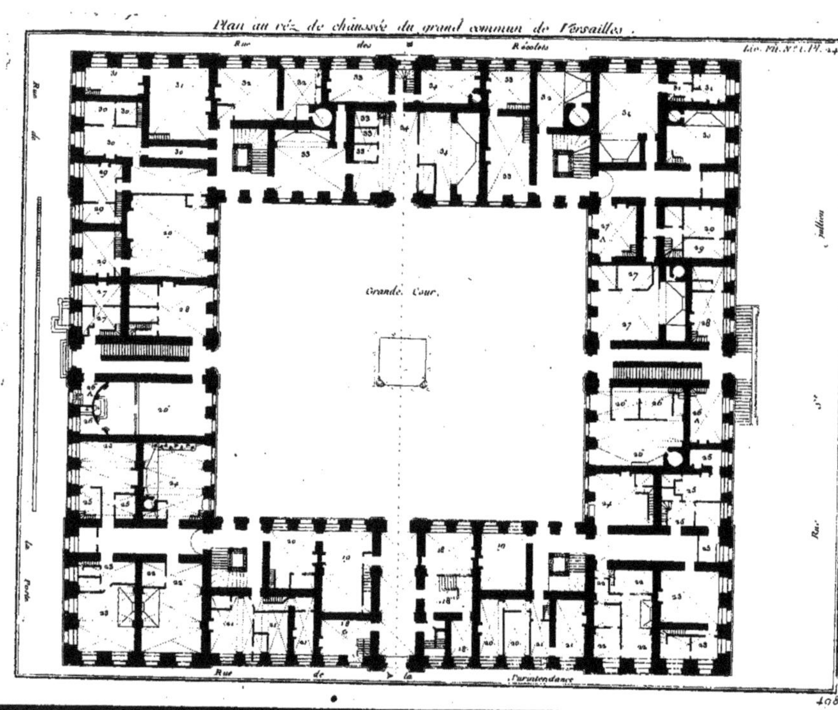

Plan au réz de chaussée du grand commun de Versailles.

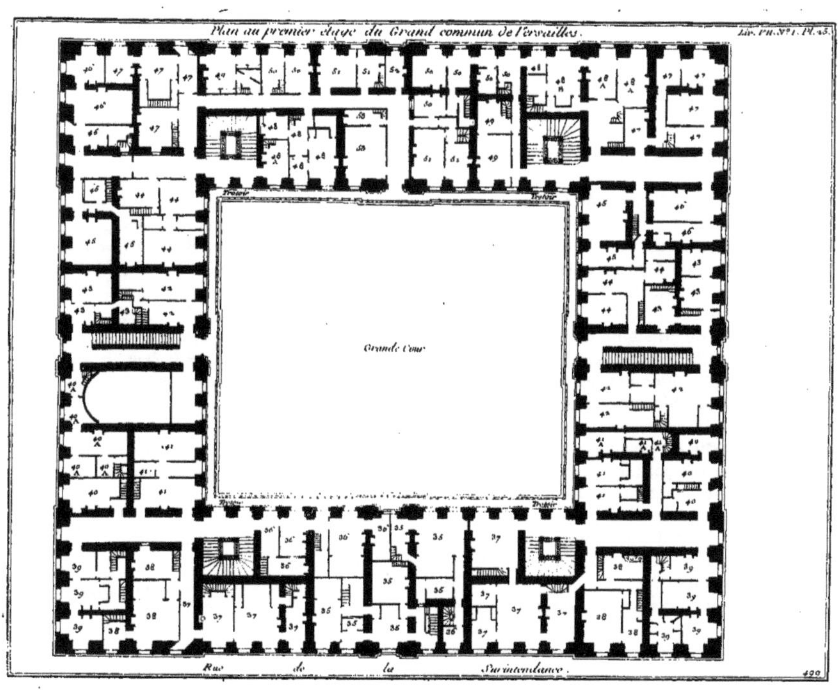
Grande Cour

Roi. N°. 30. Café de la Maiſon du Roi, piece où ſe fait & ſe diſtribue le café   *Château de* &les liqueurs fraîches pour toute la Maiſon de Sa Majeſté. N°. 31. Panneterie du  *Verſailles.* Roi où ſe diſtribue le pain pour les communs de Sa Majeſté. N°. 32. Fruiterie du Roi, où ſe diſtribue le fruit pour les tables du Grand-Maître, du Chambellan, & les tables communes, ainſi que toutes les cires qui ſe conſomment pour les ap-partemens de Sa Majeſté & de toute ſa Maiſon. N°. 33. Office du grand commun du Roi, attenant le lieu où s'apprêtent toutes les tables communes de Sa Majeſté, dont nous avons parlé précédemment, N°. 34.

Toutes les pieces dont nous venons de parler, ſont voûtées, conſtruites avec beaucoup de ſolidité, & munies d'eaux abondantes ſelon les beſoins des différens départemens dont nous venons de faire mention.

Au milieu de la cour ſont auſſi placées des fontaines d'eau de ſource & de riviere, pour l'uſage des perſonnes qui habitent les appartemens diſtribués dans les étages ſupérieurs de ce Bâtiment.

*Deſcription du premier étage du grand commun.* Planche XXV.

N°. 35 & 36. Magaſins du Concierge du grand commun. N°. 37. Logement des  *Diſtribu-* ſous-Gouvernantes des Enfans de France. N°. 38. Logement des Secretaires des  *tion à droi-* Commandemens du Roi. N°. 39. Logement du Médecin Ordinaire du Roi. N°.  *te, dans le* 40. Logement du Major des Gardes Françoiſes. N°. 41. Logement vacant. N°. 41,  *même ordre que le plan* coté A. Logement de l'Aumônier de quartier de Madame la Dauphine. N°. 42.  *précédent.* Logement du Maître d'Hôtel Ordinaire du Roi. N°. 43. Logement des Femmes de chambre de Madame la Dauphine. N°. 44. Logement du Maître d'Hôtel Or-dinaire de la Reine. N°. 45. Logement du premier Chirurgien de Madame la Dau-phine. N°. 46. Logement des Femmes de chambre des Enfans de France. N°. 47. Logement du Médecin des Enfans de France. N°. 48, coté A. Logement du Se-cretaire des Commandemens de Madame la Dauphine. N°. 48, coté B. Logement du Confeſſeur du grand commun. N°. 49. Logement du Maître d'Hôtel du Roi en quartier. N°. 50. Logement du premier Chirurgien de la Reine. N°. 51. Loge-ment de l'Aumônier de la Reine.

N°. 35. Logement du premier Valet de Garde-robe du Roi. N°. 36. Logement  *Diſtribu-* du Commandant des Mouſquetaires Noirs. N°. 37. Logement du Contrôleur Ordi- *tion à gau-* naire de la bouche du Roi. N°. 38. Logement du Contrôleur général de la Mai- *che, dans le* ſon de la Reine. N°. 39. Logement du Maître de la chambre aux deniers. N°.  *même ordre* 40. Logement de l'Ecuyer de main de la Reine, en quartier. N°. 40, coté A. Lo- *que le plan* gement des Femmes de chambre de Madame *Adelaïde.* N°. 41. Logement du  *précédent.* Capitaine des Levrettes. N°. 42. Logement du Maître de l'Oratoire du Roi. N°. 43. Logement du Secretaire du Cabinet du Roi. N°. 44. Logement de l'Introduc-teur des Ambaſſadeurs. N°. 45. Logement de l'Intendant & Contrôleur des Me-nus-plaiſirs de la Chambre du Roi. N°. 46. Logement du Secretaire des Com-mandemens de la Reine. N°. 47. Logement vacant. N°. 48. Logement des Garçons de la Chambre du Roi. N°. 48, coté A. Logement de l'Aumônier du grand commun. N°. 49. Logement du Chirurgien Ordinaire du Roi. N°. 50 & 52. Lo-gement du Maître d'Hôtel du Roi en quartier. N°. 51. Logement du Lieutenant Colonel des Gardes Françoiſes.

On arrive à ces différens appartemens par les quatre principaux eſcaliers ex-primés dans ce plan, indépendamment d'autant d'eſcaliers dérobés qui dégagent chacun de ces logemens, ſoit pour monter de fond, ou pour arriver à des entre-ſols qui en augmentent les commodités, & qui fourniſſent des ſupplémens relatifs aux beſoins des différentes perſonnes à qui l'on accorde ces appartemens.

*Coupe & élévation du grand commun de Verſailles.* Planche XXVI.

La Figure I offre l'élévation d'une des façades du grand commun, du côté de la rue de la Surintendance, & ne differe des trois autres que par la porte principale qui ſe remarque ici, & dont l'ordonnance n'eſt pas un modele d'imitation. Plus d'un Architecte a cru que tout ce qui n'étoit pas principal corps de logis, dans une maiſon d'importance, n'exigeoit pas une certaine attention. Il eſt cependant très-vrai qu'il n'eſt point d'ordonnance qui ne ſoit ſuſceptible des préceptes de l'Art. Encore une fois, rien n'eſt indifférent en fait d'Architecture : tous les membres qui la compoſent doivent être refléchis, & tout, dans un Palais, ainſi que dans ſes dépendances, doit ſe reſſentir de la dignité du Propriétaire & de la capacité de l'Architecte. L'Art, partout, doit accompagner le métier. La ſolidité eſt inſuffiſante ſi elle n'eſt dirigée par le goût, & tous les membres d'Architecture qui ſervent à la décoration d'un Bâtiment, quelque ſimple qu'il puiſſe être d'ailleurs, doivent s'annoncer pour être conçus par l'Architecte, & non par le Maçon. Au reſte l'ordonnance de ce Bâtiment, en général, eſt aſſez conforme à ſon uſage. Un certain caractere de fermeté regne dans ſa décoration : les pleins ſont aſſez bien en rapport avec les vuides ; & à l'exception de la prodigalité des tables que l'on y remarque, cette Architecture n'a rien de révoltant, quoiqu'on puiſſe remarquer qu'on a négligé le rapport qu'il eſt eſſentiel d'obſerver entre la hauteur & la largeur des avant-corps, la dimenſion de ceux-ci avec les arriere-corps, & ces deux parties avec l'étendue du Bâtiment. En effet, on peut obſerver que la peſanteur des deux pavillons des extrêmités de cette façade, ſert non ſeulement à rendre chétif & meſquin l'avant-corps du milieu de ce Bâtiment, mais auſſi à forcer de mettre un plein à la place d'un vuide, ſans néceſſité pour la ſolidité ni pour la commodité de la diſtribution des dedans ; autant de licences que nous avons remarquées dans les aîles du Château du côté de l'entrée, & que *Manſart* s'eſt permiſes ſans doute pour mettre moins de diſparité entre ces additions & ce qui étoit déja fait de Verſailles du tems de *Louis XIII*, & pour donner plus de dignité à ſa nouvelle décoration du côté des Jardins.

La figure II préſente la coupe priſe dans le plan du rez-de-chauſſée ſur la ligne AB, & donne à connoître la décoration d'une des quatre faces de l'intérieur de la cour & la diviſion des principaux planchers qui partagent toute la hauteur de ce Bâtiment dans ſes quatre faces. Nous ne répéterons point ici ce que nous avons dit de ſon ordonnance : elle ſe reſſent partout des mêmes défauts que nous lui avons reprochés ; & la décoration intérieure des différens étages n'offre rien d'aſſez intéreſſant pour nous étendre ici ſur ce ſujet. Le Bâtiment dont nous parlons ayant pour objet l'utilité ſeulement, il ne faut pas s'attendre à trouver de la magnificence dans ſes appartemens : mais nous avons cru qu'en faveur de leur deſtination particuliere, le peu que nous en avons rapporté dans cette deſcription contribueroit au moins à donner une idée d'un département auſſi important dans une Maiſon Royale.

*Fin du quatrieme Volume.*

www.ingramcontent.com/pod-product-compliance
Ingram Content Group UK Ltd.
Pitfield, Milton Keynes, MK11 3LW, UK
UKHW020146130726
13696UKWH00002B/414